Venedig

„Venedig ist ein Land für sich. Es kann nicht richtig Teil sein, nicht von Italien, von nichts. Es schwimmt, verankert in seinem eigenen Wollen, inmitten seiner Kuppeln und Campanile, im Herzen unabhängig und exotisch, eine Ansammlung von Bauten zwischen Wasserwegen, Monumente unabhängigen Willens, eine Stadt von unabhängigem Willen."
Harold Brodkey, *Profane Freundschaft*
Rowohlt Verlag, Hamburg

Reise-Verlag

Michelin Reifenwerke KGaA
Reise-Verlag
Redaktion Der Grüne Reiseführer
Postfach 21 09 51
D-76159 Karlsruhe
www.michelin-travel.com
DerGrueneReisefuehrer@de.michelin.com

Manufacture française des pneumatiques Michelin

Société en commandite par actions au capital de 2 000 000 000 de francs
Place des Carmes-Déchaux – 63 Clermont-Ferrand (France)
R.C.S. Clermont-Fd B 855 200 507

© Michelin et Cie, propriétaires-éditeurs, 2000
Dépôt légal Juin 2000 – ISBN 2-06-000045-9 – ISSN 0763-1375

Jede Reproduktion, gleich welcher Art, welchen Umfangs und mit
welchen Mitteln, ohne Erlaubnis des Herausgebers ist untersagt.

Printed in the EU 05-00/1

Compograveur : APS-CHROMOSTYLE, Tours
Imprimeur-Brocheur : MAME, Tours
Maquette de couverture extérieure : Agence Carré Noir à Paris 17ᵉ

DER GRÜNE REISEFÜHRER,
die Kunst des Reisens

DER GRÜNE REISEFÜHRER hat sich zum Ziel gesetzt, aus Ihrem Urlaub eine aufregende Zeit zu machen, an die Sie sich gerne erinnern; er möchte Sie bei der Entdeckung neuer Horizonte begleiten und Ihnen anregende Lektüre zugleich sein.
Mit einem Wort, er möchte Ihre Reiselust entfachen.
Auch abseits der Touristenpfade erweist sich DER GRÜNE REISEFÜHRER als idealer Begleiter, da er Ihnen neue Facetten von Kultur und Natur erschließt. So können Sie Ihren Urlaub selbst gestalten und auf Entdeckung gehen.
DER GRÜNE REISEFÜHRER und Urlaub, das heißt auch, seine Zeit zu genießen und sich selbst zu verwöhnen, das malerische Hotel, das urige Restaurant und die gute Adresse schätzen zu lernen, die er für Sie ausgesucht hat.
DER GRÜNE REISEFÜHRER macht Ihren Urlaub zum besonderen Erlebnis. Er zeigt Ihnen dazu die Wege auf und lädt Sie ein, ihm zu folgen und zu entdecken, was die Kunst des Reisens bedeutet.

Inhalt

Hinweise zur Benutzung	8
Zeichenerklärung	9
Karte der Lagune	11, 12
Übersichtsplan: Hauptsehenswürdigkeiten	13-15
Venedigs Venezianer	16
Stadtplan Venedig	17-27
Vaporetto-Plan	28,19

Einführung 30

Die Lagune	32
Wege über das Wasser	39
Geschichtlicher Überblick	43
Hausbau in Venedig	54
Architektur und Skulptur: Die Freude am Dekor	56
Venezianische Malerei: Eine Welt aus Licht und Farbe	67
Musik	75
Literatur	78
Venezianischer Grundwortschatz	81
Filmstadt Venedig	84
Karneval	86
Venedig bittet zu Tisch	88

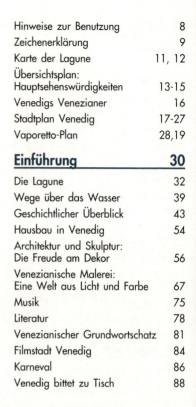

Reichgeschmückte Gondel auf der Regatta Storica

Wunderschöne Photomotive: Die bunten Fischerhäuser von Burano

Streifzüge durch Venedig 90

Accademia	92
Arsenale	99
Ca' d'Oro	103
Canal Grande	109
I Carmini	116
La Fenice	122
I Frari	128
Ghetto	134
Giudecca	139
Piazza San Marco	141
Rialto	164
La Salute	171
Sant'Elena e San Pietro	174
San Giorgio Maggiore	177
San Giorgio degli Schiavoni	180
San Rocco	183
San Zaccaria	188
San Zanipòlo	190

Die Inseln der Lagune 198

Burano	200
Chioggia	203
Lido	204
Murano	205
San Francesco del Deserto	209
San Lazzaro degli Armeni	209
Torcello	212

Im Land der Brenta 216

Die Villen der Brenta	218

Praktische Hinweise 226

Vor der Abreise	228
Unterkunft	231
Essen und Trinken	233
Venezianische Verkehrsmittel	236
Tägliches Leben	238
Buchtips	240
Veranstaltungskalender	241
Besichtigungsbedingungen	242
Wörterverzeichnis	248
Register	249

V. Carpaccio: *Bildnis des Dogen Leonardo Loredan* (Bergamo, Accademia Carrare)

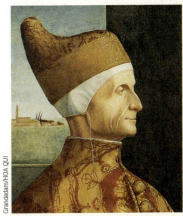

„Gondola, Gondola...". Am Canal Grande wartet ein Gondoliere auf Kundschaft.

Karten und Pläne

ZU DIESEM REISEFÜHRER EMPFEHLEN WIR:

„Alle Straßen führen nach Rom", sagt man – doch keine einzige führt nach Venedig hinein. Kurz vor der Lagunenstadt heißt es für alle Autofahrer: aussteigen.
Bei der Fahrt nach Venedig und Ausflügen in sein reizvolles, an Kunstschätzen reiches Umland leisten drei unserer Straßenkarten jedoch gute Dienste:

– **Michelin-Karte Nr. 429 Italia Nord-Est,**

eine detaillierte Karte des Nordosten Italiens im Maßstab 1:400 000 mit alphabetischem Ortsverzeichnis;

– **Michelin-Atlas Italia,**

ein handlicher Straßenatlas mit Spiraleinband im Maßstab 1:300 000 mit alphabetischem Ortsverzeichnis und 70 detaillierten Plänen von Städten und städtischen Ballungsräumen;

– **Michelin-Karte Nr. 988 Italia,**

eine praktische Karte im Maßstab 1:1 000 000, die einen Gesamtüberblick über das Straßenverkehrsnetz des Landes bietet.

Weitere Reisetips ...

... erhalten Sie über unseren Informationsdienst für Autofahrer im Internet: www.michelin-travel.com. Er hilft Ihnen mit Streckenempfehlungen, Entfernungsberechnungen und Hinweisen auf Hotels und Restaurants bei der Ausarbeitung Ihrer persönlichen Reiseroute.

VERZEICHNIS DER KARTEN UND PLÄNE

Karte der Lagune	11, 12
Übersichtsplan: Hauptsehenswürdigkeiten	13-15
Stadtplan Venedig	17-27
Vaporetto-Plan	28, 29
Thematische Pläne	
Venedig im Laufe der Jahrhunderte	43
Canal Grande	110, 111
Piazza San Marco	156
Burano	202
Murano	207
Torcello	213
Riviera del Brenta	220, 221

Lagepläne von Kirchen, historischen Bauten und Museen

Gallerie dell'Accademia	93
I Frari	129
Basilica di San Marco	145
Palazzo Ducale	153
San Zanipòlo	192

Die „Carta Venetiae" von I. Danti, (16. Jh., Galleria delle Carte Geografiche, Musei Vaticani)

Hinweise zur Benutzung

• Das Kartenmaterial am Anfang dieses Bandes hilft bei der Orientierung in Venedig und Umgebung: Auf der ersten Karte ist die Lagune dargestellt, Venedigs „blaue Lunge". Der Übersichtsplan ermöglicht, die wichtigsten Sehenswürdigkeiten der Stadt – Kirchen, Palazzi und Museen – auf einen Blick zu lokalisieren. Zehn detaillierte Stadtpläne helfen dabei, sich in Venedigs Gassen zurechtzufinden. Ergänzend dazu: der Vaporetto-Plan auf S. 28 und 29.

• Die Einführung macht mit Venedigs Geschichte, Kunst und Kultur, seinen Menschen und deren besonderem Lebensumfeld bekannt.

• Im Hauptteil sind in alphabetischer Reihenfolge Streifzüge durch Venedig beschrieben. Den berühmten Sehenswürdigkeiten und Vierteln ist jeweils ein Kapitel gewidmet; der Reisende wird dabei aber auch in versteckte Gegenden abseits der großen Touristenströme, ins „Venedig der Venezianer", geführt. Dazu gehören selbstverständlich auch Aufenthalte in Restaurants, Cafés und original venezianischen „Bacarí".
Im Anschluß daran werden die Inseln der Lagune vorgestellt (ebenfalls in alphabetischer Reihenfolge). Letzter Teil der Reise ist ein Ausflug ins Hinterland, zu den Villen der Brenta.

• Die Praktischen Hinweise sollen bei der Vorbereitung der Reise helfen: Sie informieren über Formalitäten, Anreise, Unterkunft und Alltagsleben. Unter dem Titel Besichtigungsbedingungen sind die Öffnungszeiten und Eintrittspreise der im Hauptteil beschriebenen Museen und Kirchen vermerkt (das Zeichen ⊙ im Anschluß an den Namen einer Sehenswürdigkeit verweist auf dieses Kapitel). Das Register ermöglicht, rasch den entsprechenden Text zu einer Sehenswürdigkeit, einer bedeutenden Persönlichkeit oder einem Begriff zu finden.

• Da wir unseren Reiseführer immer weiter verbessern wollen, freuen wir uns über Anregungen und Kommentare unserer Leser. Schreiben Sie uns: Michelin Reifenwerke KGaA, Reise-Verlag, Redaktion Der Grüne Reiseführer, Postfach 21 09 51, D-76159 Karlsruhe oder schicken Sie uns eine E-Mail: DerGrueneReisefuehrer@de.michelin.com.

Zeichenerklärung

	Sehens-würdigkeit	Badeort	Wintersportort	Thermal-bad
Einzigartig	★★★	≋≋≋	✻✻✻	♨♨♨
Herausragend	★★	≋≋	✻✻	♨♨
Besonders sehenswert	★	≋	✻	♨

Sehenswürdigkeiten

- ⓥ Besichtigungsbedingungen am Ende des Bandes
- Beschriebene Strecke Ausgangspunkt der Besichtigung
- Kirche
- Synagoge – Moschee
- Gebäude
- Statue, kleines Gebäude
- Bildstock
- Brunnen
- Befestigungsmauer – Turm – Tor
- ►► Ebenfalls sehenswert
- AZ B Markierung einer Sehenswürdigkeit auf dem Stadtplan
- Informationsstelle
- Schloß, Burg – Ruine(n)
- Staudamm – Fabrik, Kraftwerk
- Festung – Grotte, Höhle
- Megalith-Steindenkmal
- Orientierungstafel – Aussichtspunkt
- Sonstige Sehenswürdigkeiten

Sport und Freizeit

- Pferderennbahn
- Eisbahn
- Freibad – Hallenbad
- Jachthafen
- Schutzhütte
- Luftseilbahn, Kabinenbahn
- Museumseisenbahn
- Ausgeschilderter Weg
- Freizeiteinrichtungen
- Vergnügungspark
- Tierpark, Zoo
- Blumenpark, Arboretum
- Vogelpark, Vogelschutzgebiet

Sonstige Zeichen

- Autobahn oder Schnellstraße
- ❶ Autobahneinfahrt und/oder -ausfahrt
- Fußgängerzone
- Gesperrte oder zeitweise gesperrte Straße
- Treppenstraße – Weg
- Bahnhof – Omnibusbahnhof
- Standseilbahn, Zahnradbahn
- Straßenbahn – U-Bahnstation
- Bert (R.)... Auf den Stadtplänen vermerkte Einkaufsstraße
- Hauptpostamt – Telefon
- Markthalle
- Kaserne
- Bewegliche Brücke
- Steinbruch – Bergwerk
- B F Fähre
- Auto- und Personenfähre
- Personenfähre
- ③ Kennzeichnung der Ausfallstraßen auf den MICHELIN-Stadtplänen und Karten

Abkürzungen und besondere Zeichen

- **H** Rathaus (Municipio)
- **J** Justizpalast (Palazzo di Giustizia)
- **M** Museum (Museo)
- **P** Präfektur (Prefettura)
- **POL.** Polizei (Polizia) (in Großstädten: Questura)
- **T** Theater (Teatro)
- **U** Universität (Università)
- **🅐** Hotel
- Palast, Villa
- **8 EX** Seitenzahl und Koordinaten des Feldes auf dem Stadtplan von Venedig **2** - **11**

Ven. al 1 bis

Venezia — Map

Sestieri / Districts: CANNAREGIO, S. CROCE, S. POLO, S. MARCO, DORSODURO

Key locations (labels visible on map):

- S. GIULIANO ℗
- MESTRE — Ponte della Libertà
- TRONCHETTO ℗
- Canale della Giudecca
- Fondam. di Cannaregio
- P.te dei Tre Archi
- Campo S. Giobbe
- Campo di Ghetto Nuovo
- S. ALVISE ★
- MADONNA DELL'ORTO ★
- Campo d. Mori
- Fondamenta d. Misericordia
- Sinagoga Spagnola
- Museo ebraico
- GHETTO ★★
- Rio T. S. Leonardo
- P.te d. Guglie
- Campo S. Geremia
- PALAZZO LABIA ★★
- PAL. VENDRAMIN CALERGI (CASINO)
- GESUITI ★
- Fondamenta Nuove
- LAGUNA
- ISOLA DI S. MICHELE
- S. Lucia
- P.te d. Scalzi
- Rio Terà di Lista Spagna
- CANAL GRANDE
- S. GIACOMO DALL'ORIO ★
- CA' PESARO ★★
- CA' D'ORO ★★★
- Ca' Corner della Regina
- S. MARIA D. MIRACOLI ★
- Campiello Widman
- SCUOLA GRANDE DI S. MARCO ★
- S. ZANIPOLO ★★
- Calle del Fumo
- Ruga d. Oreficì
- Fondaco d. Tedeschi
- P.TE DI RIALTO ★★★
- Campo S. Maria Formosa
- Campo S. Lorenzo
- Piazzale Roma ℗
- I FRARI ★★★
- Campo dei Frari
- Campo S. Polo
- Campo S. Silvestro
- Rio Terà del Pensieri
- SCUOLA GRANDE DI S. ROCCO ★★★
- S. Pantalon
- Pal. Bernardo
- Pal. Fortuny
- C. dei Fabbri
- MERCERIE
- FOND. QUERINI STAMPALIA
- SCUOLA DI S. GIORGIO DEGLI SCHIAVONI ★★★
- Campo S. Margherita
- Ca' Foscari
- B — CA' REZZONICO ★★
- Pal. Mocenigo
- Pal. Grassi ★★
- Scala del Bovolo
- SAN MARCO ★★★
- S. ZACCARIA ★★
- S. GIOV. IN BRAGORA ★
- SCUOLA GRANDE DEI CARMINI ★
- C. del Traghetto
- SANTO STEFANO ★★
- LA FENICE
- Frezzeria
- P.ZZA S. MARCO
- MUSEO CORRER
- P.TE DEI SOSPIRI ★★
- PAL. DUCALE ★★★
- Riva d. Schiavoni
- Angelo Raffaele
- S. SEBASTIANO ★★★
- C. Lunga S. Barnaba
- Palazzo Loredan dell'Ambasciatore
- GALLERIE D. ACCADEMIA ★★★
- CA' DARIO
- COLL. P. GUGGENHEIM ★★
- S. MARIA DELLA SALUTE ★★
- Dogana da Mar
- BIBLIOTECA MARCIANA
- Bacino di S. Marco
- S. GIORGIO MAGGIORE ★
- ISOLA DI S. GIORGIO MAGGIORE ★★
- TEATRO VERDE
- S. Trovaso
- Rio Terà A. Foscarini
- ZATTERE ★
- CANALE DELLA GIUDECCA
- Fondamenta S. Eufemia
- ISOLA DELLA GIUDECCA
- REDENTORE ★
- FUSINA ℗
- S. Maria della Grazia
- S. Clemente

Scale: 0 — 300 m

HAUPTSEHENSWÜRDIGKEITEN

MURANO ★★
TORCELLO ★★
BURANO ★★
S. FRANCESCO
D. DESERTO ★
S. Erasmo

★★★ **Einzigartig**

★★ **Herausragend**

★ **Besonders sehenswert**

S. POLO Grenze und Namen eines Stadtteils (Sestiere)

Vaporetto-Linie und Anlegestelle

2 Nr. der entsprechenden Stadtplanseite

Accademia (Ponte dell')............................. 3	San Marco (Piazzetta).............................. 52
Bandiera e Moro (Campo).......................... 6	S. Maurizio (Campo)................................ 55
Capello (Ramo).. 10	San Moisé (Salizzada).............................. 58
Gallina, Giacinto (Calle larga)................. 18	San Salvador (Merceria).......................... 61
Leoncini (Piazzetta dei)............................ 21	San Samuele (Campo).............................. 64
Libertà (Ponte della)................................ 24	San Simeon Profeta (Campo)................... 66
Misericordia (Fondamenta della).............. 27	San Zulian (Merceria).............................. 67
Nuova (Strada).. 28	Sant'Angelo (Campo)................................ 70
Orologio (Merceria dell')........................... 31	Santi Apostoli (Rio Terà dei).................... 75
Pescaria (Campo della)............................ 34	Sauro Nazario (Campo)............................ 76
San Bartolomeo (Campo).......................... 39	Seriman (Salizzada)................................. 78
San Giovanni Crisostomo (Salizzada)....... 43	Traghetto (Campo del)............................. 79
San Lorenzo (Calle larga)........................ 46	Verona (Calle della)................................. 82
San Marco (Calle larga)........................... 49	2 Aprile (Via).. 83

A	Palazzo dei Camerlenghi	**M⁵**	Fondaco dei Turchi (Museo di storia naturale)
E	Palazzo Lando Corner Spinelli	**N**	Torre dell'Orologio
B	Palazzo Balbi (Pal. della Regione)	**P**	Pal. Corner della Ca' Granda (Prefettura)
H	Palazzo Loredan (Municipio)	**Q**	Campanile
M	Museo diocesano di arte sacra	**T¹**	Teatro Goldoni

Venedigs Venezianer

Zwar gibt es in Venedig inzwischen schon mehr Touristen als Einheimische, doch sollte man darüber nie vergessen, daß es ihre Einwohner waren, die diese Stadt allen natürlichen Hindernissen zum Trotz aus dem Schlick der Lagune haben entstehen lassen und denen die Serenissima, die „Erlauchteste", ihre außergewöhnliche Rolle auf der Bühne der Welt verdankte. Jeder Versuch, die Lagunenstadt in all ihren Facetten zu beschreiben, ist zum Scheitern verurteilt, läßt man dabei ihre Menschen außer acht. Ohne sie ist Venedig das, wofür es oft irrtümlich gehalten wird: eine Museumsstadt, ein Monument der Vergangenheit, dem man sich wie dem Studium einer toten Sprache widmet. Daß Venedig in Wirklichkeit eine äußerst lebendige Stadt ist, merkt man spätestens bei einem Spaziergang entlang der Marktstände des Campo della Pescaria oder durch die Gassen von Cannaregio. Auch sonst bieten sich unzählige Möglichkeiten, ins Alltagsleben der Venezianer einzutauchen: z. B. bei einer Pause auf einer der Bänke des belebten Campo San Giacomo dell'Orio, bei einem Einkaufsbummel durch das volkstümliche Viertel Sant'Elena oder bei einem Stop in einer der Bars am Campo San Luca oder in einem der unzähligen *bàcari*, in denen sich die Venezianer auf eine *ombra*, ein Glas Wein, treffen.
Am besten lernt man die Stadt kennen, wenn man sich so wenig „touristisch" wie möglich benimmt – was natürlich nicht immer leicht ist. Nach alter Kaufmannsmanier sind die Venezianer bestrebt, sich den Wünschen ihres jeweiligen Gegenübers anzupassen und diese mit ihren eigenen Interessen in Einklang zu bringen: An Touristenattraktionen herrscht daher kein Mangel.

Das Venedig der Touristen und das der Venezianer – Selbstverständlich ist auch das Venedig der Touristen mit seinen Souvenirläden, seinen vermeintlich preiswerten Restaurants mit den mehrsprachigen Speisekarten, seinen Maisverkäufern und deren Gefolge, den Tauben, Teil der Stadt. Doch wird dieses Klischee ihrer Einzigartigkeit und Vielfältigkeit nicht gerecht.
In Venedig kann jeder etwas ganz Eigenes entdecken, die Stadt – und dies macht ihre Besonderheit aus – spricht zu jedem, der ihr zuhört, mit anderen Farben und Klängen. Wer sich diese Mühe nicht macht, dem entgeht nicht nur das Wesentliche, sondern der beleidigt auch Venedigs stolze Bürger.
Nur wenige Schritte entfernt von den überlaufenen Calli und Campi, durch die sich die Touristenströme wälzen, kann man noch den „einfachen Mann von der Straße" treffen, der eine Fülle amüsanter Anekdoten über seine Stadt zu erzählen weiß, oder einem der Hausangestellten begegnen, die über die Geheimnisse der prunkvollen Paläste wachen. Und manch ein Priester entführt den Besucher gleich in seine Sakristei, um ihm die Doktorarbeit zu zeigen, die über „seine" Kirche geschrieben wurde.
Alle diese Menschen haben Teil am unendlich vielschichtigen Wesen dieser Stadt, die jede vereinfachende Definition Lügen straft.

Facettenreiche Charaktere – Es läßt sich nicht leugnen, daß die Venezianer einen angeborenen Sinn für Humor besitzen, der durch das ihnen eigene Phlegma erst richtig zur Geltung kommt. Was jedoch nicht heißt, daß sie nicht zu Gefühlswallungen fähig wären: Geht es um „ihre" Lagune, sind sie nicht zu bremsen. Ganz geben sie die vornehme Gleichgültigkeit, die sie so gerne zur Schau stellen, jedoch nie auf. Damit geht auch eine große Toleranz einher, die durch die jahrhundertelangen Kontakte der Seefahrernation mit fremden Kulturen gefestigt wurde. Überraschend ist die Neugierde der Venezianer, die im Gegensatz zu ihrem nahezu britischen Phlegma zu stehen scheint. Die hervorstechende Eigenschaft der Venezianer ist jedoch ihre Redelust und -gewandtheit, die man in allen Gesellschaftsschichten ohne Unterschied des Alters, der sozialen Herkunft oder der Schulbildung antrifft.
Ihr „Schwätzchen", die *ciàcola*, halten die Venezianer vorzugsweise im Dialekt, mit dem sich viel frecher antworten läßt. Die Venezianer reden, wo immer sich reden läßt: in den *bàcari* und den Geschäften, auf den Calli, Campi und Brücken. Im Gegensatz zu den Bewohnern anderer Metropolen Europas scheinen die Venezianer begriffen zu haben, daß eine Stadt ohne Kommunikation keine echte Stadt ist. Vielleicht ist es dies, was den Venezianern ihre geradezu philosophische Gelassenheit gibt, mit der sie den Widrigkeiten des täglichen Lebens begegnen und die sie alles relativieren läßt.
Obwohl die Venezianer liebend gerne eine kleine Pause einlegen, um ein Schwätzchen zu halten oder ein Gläschen an der Theke zu trinken (am besten mit einem *cichèto*, einem schmackhaften Häppchen, dazu), scheinen sie es zumeist eilig haben. Und gemächlich flanierende, staunend nach oben blickende Touristen werden von ihnen vorzugsweise mit einem autoritären „atension!" zur Seite gedrängt.
Böse Absichten hegen Venedigs Bewohner jedoch nur selten – schließlich leben sie in einer Stadt, die sich wahrlich nicht für Handgreiflichkeiten und tätliche Angriffe eignet: Der Fluchtweg ist ausgeschlossen, es sei denn, man spränge ins Wasser (und das ist nicht gerade von einladender Sauberkeit). Die Venezianer pflegen im allgemeinen einen freundlichen Umgang miteinander, und ihre Gäste wissen die entspannte Atmosphäre ihrer Stadt zu schätzen, in der sie noch spät in der Nacht ohne Angst spazierengehen können.

STADTPLAN VENEDIG

Straßenverzeichnis

Straße	Seite	Feld	Nr.
Abazia (Calle dell')	s. 8	EX	
Abbazia (Campo dell')	s. 4	FT	
Abbazia (Fondamenta dell')	s. 4	ET	109
Accademia (Ponte dell')	s. 7	DX	
Accademia dei Nobili (Calle Lunga del)	s. 7	CX	
Anconeta (Calle dell')	s. 3	DT	19
Arsenale (Fondamenta dell')	s. 10	HX	111
Avogaria (Calle dell')	s. 7	CX	
Bandiera e Moro (Campo)	s. 9	HX	
Barbarigo (Fondamenta)	s. 6	BX	102
Bari (Calle Larga dei)	s. 3	CT	
Bastion (Calle)	s. 8	EX	
Beccarie (Campo delle)	s. 4	EU	
Bergamaschi (Calle)	s. 3	CU	
Bergami (Calle)	s. 3	CT	3
Boselo (Calle)	s. 9	HX	4
Botteghe (Calle delle)	s. 7	CDX	22
Botteri (Calle dei)	s. 4	EU	
Briati (Fondamenta)	s. 7	BCX	
Buccari (Calle)	s. 11	KLY	
Ca' d'Oro (Calle)	s. 4	ET	28
Cannaregio (Fondamenta di)	s. 3	CST	
Capitello (Calle dei)	s. 3	DS	
Cappeller (Calle del)	s. 3	DX	7
Cappuccine (Fondamenta delle)	s. 3	CDS	
Carbon (Calle del)	s. 8	EFV	
Carità (Campo della)	s. 7	DX	
Carmini (Campo dei)	s. 7	CX	
Carnaro (Calle)	s. 11	KLY	
Case Nuove (Corte delle)	s. 3	CU	
Cason (Campiello del)	s. 4	FT	
Cazziola (Fondamenta)	s. 7	CV	103
Cereri (Fondamenta dei)	s. 6	BX	
Chiesa (Calle della)	s. 9	GV	
Chiesa (Campo della)	s. 6	ABY	
Chiesa (Rio Terà dietro la)	s. 3	DT	138
Chioverette (Calle delle)	s. 3	CT	
Chioverette (Calle Lunga)	s. 3	CT	
Contarini (Fondamenta Gasparo)	s. 4	ES	
Convertite (Fondamenta delle)	s. 7	CY	
Corfù (Calle)	s. 7	DX	9
Corner (Calle)	s. 4	ET	
Correra (Calle)	s. 10	JX	
Cortesia (Calle della)	s. 8	EX	
Cristi (Calle dei)	s. 4	EU	13
Cristo (Rio Terà del)	s. 3	DT	135
Croce (Fondamenta della)	s. 8	EFY	
Crocera (Calle)	s. 11	KX	
Dogana alla Salute (Fondamenta)	s. 8	FX	
Dose (Calle del)	s. 9	HX	
2 Aprile (Via)	s. 4	FUV	
Farnese (Calle)	s. 3	DT	
Farsetti (Rio Terà)	s. 3	DT	
Foscari (Calle Larga)	s. 7	DVX	33
Foscarini (Fondamenta)	s. 7	CX	
Frari (Campo dei)	s. 3	DU	
Frari (Fondamenta dei)	s. 3	DU	106
Frati (Calle dei)	s. 8	ET	15
Fronte (Fondamenta di)	s. 10	HX	
Furlani (Fondamenta dei)	s. 9	HV	108
Garibaldi (Via)	s. 10	JX	
Garibaldi (Viale)	s. 10	JX	
Gatte (Salizzada delle)	s. 10	HV	
Ghetto Nuovo (Campo di)	s. 3	DS	
Ghetto Nuovo (Fondamenta di)	s. 3	DT	112
Ghetto Vecchio	s. 3	DT	
Giacinto Gallina (Calle Larga)	s. 5	GTU	
Grande (Corte)	s. 7	CDY	
Greci (Salizzada dei)	s. 9	HV	139
Guglie (Ponte delle)	s. 3	DT	
Laca (Calle della)	s. 3	CU	
Larga (Calle)	s. 4	ET	
Lavraneri (Calle Larga dei)	s. 6	BY	
Leoncini (Piazzetta dei)	s. 8	FX	126
Libertà (Ponte della)	s. 2	AST	
Lista di Spagna (Rio Terà)	s. 3	CT	
Lizza (Fondamenta)	s. 6	BX	
Maddalena (Rio Terà della)	s. 4	ET	
Magazen (Calle del)	s. 7	DX	16
Manin (Campo)	s. 8	EV	
Marco Stringari (Campo)	s. 11	LY	
Marina (Secco)	s. 11	JKX	
Mendicanti (Fondamenta dei)	s. 5	GT	
Michelangelo (Calle)	s. 8	FYZ	
Misericordia (Calle della)	s. 4	CT	
Misericordia (Fondamenta della)	s. 4	ES	
Molin (Calle)	s. 8	EX	45
Mori (Campo dei)	s. 4	ES	
Muneghette (Calle delle)	s. 10	HV	24
Muneghette (Campiello delle)	s. 3	CU	48
Nani (Calle Larga)	s. 7	DVX	34
Nani (Fondamenta)	s. 7	DXY	
Nave (Fondamenta)	s. 6	BX	
Nazario Sauro (Campo)	s. 3	DT	
Nicoli (Calle)	s. 7	DY	
Nova (Strada)	s. 4	EFT	
Nuova (Calle)	s. 3	DT	
Nuova (Corte)	s. 9	HV	
Nuove (Fondamenta)	s. 5	FGT	
Olio (Calle dell')	s. 3	DU	10
Orologio (Merceria dell')	s. 4	FV	121
Orsetti (Calle)	s. 3	DT	
Oslavia (Calle)	s. 11	KX	
Ostreghe (Calle delle)	s. 8	EX	25
Ovo (Calle dell')	s. 8	FV	
Partigiani (Riva dei)	s. 10	JXY	
Pasubio (Calle del)	s. 11	KX	
Pesaro (Fondamenta)	s. 4	ET	114
Pescaria (Campo della)	s. 4	EFU	
Pescaria (Fondamenta)	s. 3	CDT	
Piave (Viale)	s. 11	LY	
Pistor (Salizzada del)	s. 4	FT	
Ponte Piccolo (Fondamenta del)	s. 7	DY	
Preti Crosera (Calle dei)	s. 7	DV	
Priuli (Fondamenta)	s. 7	DX	
Proverbi (Calle Larga dei)	s. 4	FT	31
4 Novembre (Viale)	s. 11	KLY	
Querini (Campiello)	s. 9	GV	49
Rabbia (Calle della)	s. 3	DT	
Regina (Calle della)	s. 4	ETU	
Rialto (Ponte di)	s. 4	FU	
Riello (Calle)	s. 3	CT	
Riformati (Fondamenta dei)	s. 3	DS	
Rimedio (Fondamenta)	s. 5	HV	
Rio Nuovo (Fondamenta del)	s. 7	CV	
Roma (Piazzale)	s. 2	BU	
Rossa (Fondamenta)	s. 7	CX	
Ruga Vecchia (Calle)	s. 3	DT	37
S. Agnese (Campo)	s. 7	DY	
S. Alvise (Campo di)	s. 3	DS	66
S. Angelo (Campo)	s. 8	EX	
S. Anna (Campo)	s. 11	JKX	
S. Antonin (Salizzada)	s. 9	HVX	
S. S. Apostoli (Campo)	s. 4	FT	
S. S. Apostoli (Rio Terà dei)	s. 4	FT	133
S. Barnaba (Calle Lunga)	s. 7	CX	
S. Barnaba (Campo)	s. 7	CX	
S. Bartolomeo (Campo)	s. 4	FU	
S. Biagio (Campo)	s. 10	HX	
S. Biagio (Fondamenta)	s. 7	CY	
S. Cassiano (Campo)	s. 4	EU	76
S. Cosmo (Campo)	s. 7	CY	
S. Cristoforo (Calle)	s. 8	EX	40
S. Elena (Viale)	s. 11	LY	
S. Fantin (Campo)	s. 8	EX	
S. Felice (Fondamenta di)	s. 4	ET	117
S. Fosca (Campo)	s. 4	ET	
S. Francesco (Calle)	s. 5	HU	
S. Francesco (Ramo Ponte)	s. 10	HU	132
S. Francesco della Vigna (Campo di)	s. 10	HU	67
S. Geremia (Campo)	s. 3	CT	
S. Geremia (Salizzada)	s. 3	CT	141
S. Giacomo (Calle)	s. 8	EYZ	
S. Giacomo (Fondamenta)	s. 8	EY	
S. Giacomo di Rialto (Campo)	s. 4	FU	79
S. Giobbe (Fondamenta di)	s. 3	CST	
S. Giorgio (Campo)	s. 9	GY	
S. Giorgio degli Schiavoni (Fondamenta)	s. 9	HV	118
S. Giovanni (Fondamenta)	s. 9	GY	
S. Giovanni Grisostomo (Salizzada)	s. 4	FU	142
S. S. Giovanni e Paolo (Campo di)	s. 5	GU	
S. Giuseppe (Campo)	s. 10	JX	
S. Giustina (Salizzada)	s. 5	HU	
S. Leonardo (Rio Terà)	s. 3	DT	
S. Lorenzo (Calle)	s. 5	GHV	42
S. Lorenzo (Campo)	s. 5	GU	
S. Luca (Campo)	s. 8	FV	
S. Lucia (Fondamenta)	s. 3	CTU	
S. M. Zobenigo (Campo)	s. 8	EX	
S. Marco (Piazza)	s. 8	FX	
S. Marco (Piazzetta)	s. 8	FGX	
S. Marcuola (Campo)	s. 3	DT	88
S. Margherita (Campo)	s. 7	CX	
S. Maria Formosa (Campo)	s. 5	GU	
S. Maria Nova (Campo)	s. 4	FTU	91
S. Marina (Campo di)	s. 4	FU	
S. Maurizio (Campo)	s. 8	EX	
S. Moisè (Salizzada)	s. 8	FX	144
S. Pantalon (Calle)	s. 7	CV	39
S. Pietro (Calle Larga)	s. 11	KX	36
S. Pietro (Campo)	s. 11	KX	
S. Polo (Campo)	s. 3	DU	
S. Provolo (Salizzada)	s. 9	GX	
S. Rocco (Calle)	s. 7	DV	
S. Salvador (Merceria)	s. 4	FV	
S. Sebastiano (Fondamenta)	s. 7	CX	
S. Simeon Piccolo (Fondamenta)	s. 3	CTU	
S. Stefano (Campo)	s. 8	EX	
S. Stin (Campo)	s. 3	DU	
S. Tomà (Campo)	s. 3	DV	
S. Trovaso (Campo)	s. 7	DX	
S. Vio (Rio Terà)	s. 8	EY	
S. Zaccaria (Campo)	s. 9	GX	
S. Zulian (Merceria)	s. 4	FV	124
Saloni (Rio Terà ai)	s. 8	EXY	
Salute (Campo della)	s. 8	FX	
Saoneri (Calle)	s. 3	DV	43
Scalzi (Fondamenta degli)	s. 3	CT	105
Scalzi (Ponte degli)	s. 3	CT	
Schiavoni (Riva degli)	s. 9	GHX	
Scuola (Calle della)	s. 8	EY	
Scuole (Calle delle)	s. 7	DYZ	
Sensa (Fondamenta della)	s. 3	DS	
Seriman (Salizzada)	s. 4	FT	
Solda (Corte)	s. 10	JX	100
Spezier (Calle dello)	s. 8	EX	27
Squero (Calle dello)	s. 8	FYZ	
Stretta (Salizzada)	s. 11	KX	
Tabacco (Calle del)	s. 3	DU	10
Te Deum (Calle del)	s. 5	HU	18
Tre Archi (Ponte dei)	s. 3	CS	
Tre Ponti (Fondamenta)	s. 7	CV	120
Vecchia (Corte)	s. 4	ET	
Venier (Fondamenta)	s. 3	CT	
22 Marzo (Calle Larga)	s. 8	EFX	
Veste (Calle delle)	s. 8	EX	
Vittorio Veneto (Viale)	s. 11	KX	
Zattere	s. 8	CFXY	
Zitelle (Fondamenta delle)	s. 8	EY	
Zorzi (Calle)	s. 5	HU	46

17

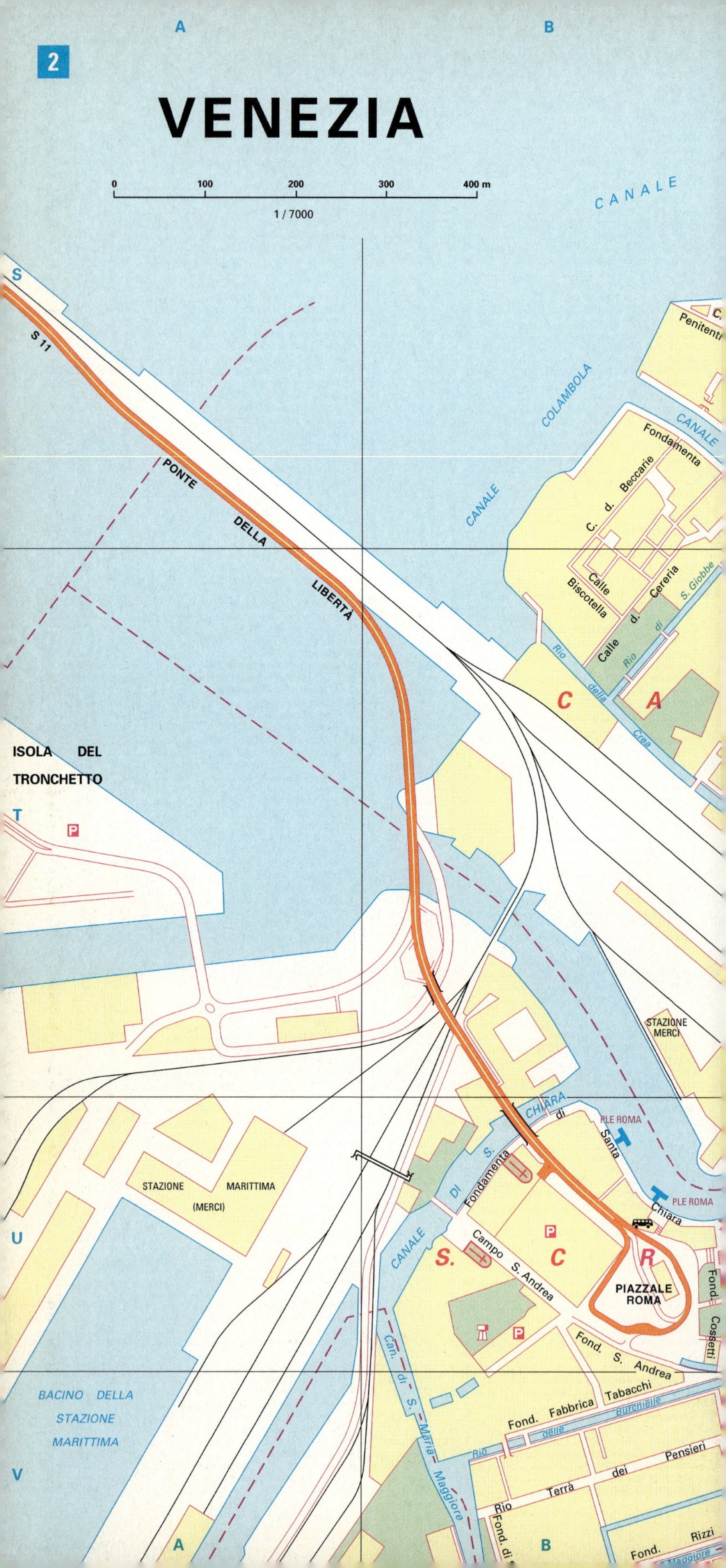

VENEZIA

0 100 200 300 400 m
1 / 7000

S 11
PONTE DELLA LIBERTÀ

CANALE COLOMBOLA
CANALE

Fondamenta Beccarie
C. d.
Calle Biscotella
Calle d. Cereria
Rio di S. Giobbe

ISOLA DEL TRONCHETTO

STAZIONE MERCI

STAZIONE MARITTIMA (MERCI)

CANALE DI S. CHIARA
Fondamenta S. Chiara
PLE ROMA

Campo S. Andrea
PIAZZALE ROMA
Fond. Cossetti
Fond. S. Andrea
Fond. Fabbrica Tabacchi
Rio della Burchielle
Fond. dei Pensieri
Rizzi

BACINO DELLA STAZIONE MARITTIMA

Rio Terrà S. Maria Maggiore
Fond. di

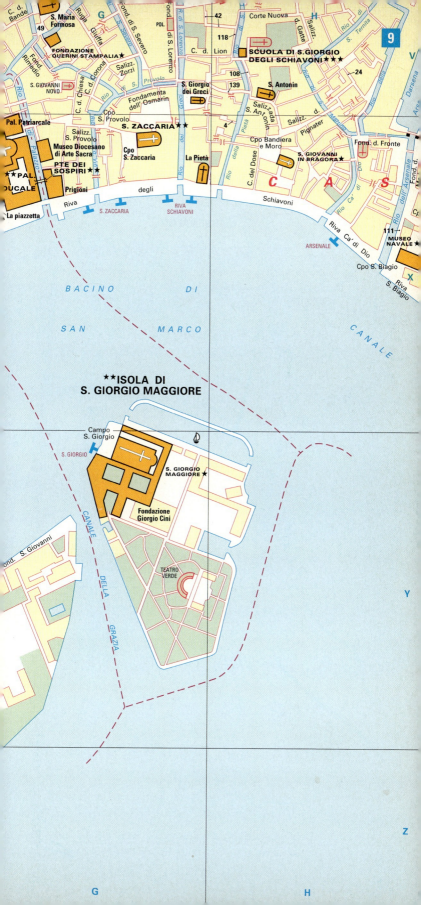

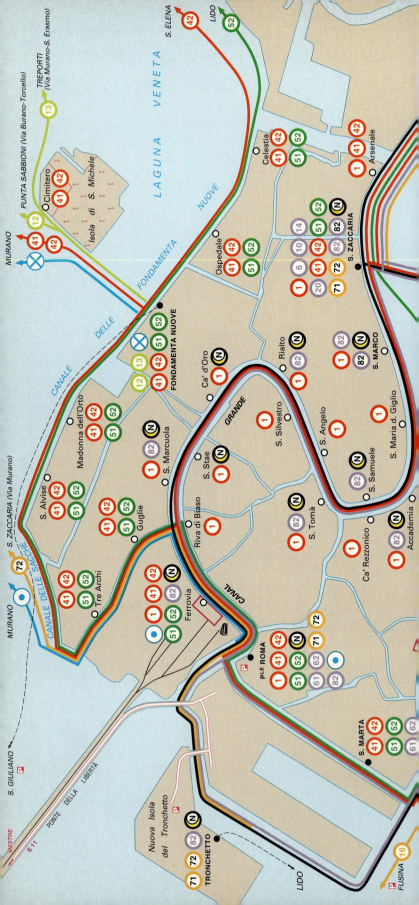

Einführung

Die Lagune

Die *Laguna Veneta*, mit 550 km² die größte Lagune Italiens, ist nach der Eiszeit am Zusammenfluß mehrerer aus den Alpen und den Apenninen kommender Wasserläufe entstanden. Damals reichte sie noch fast vom heutigen Aquileia bis nach Ravenna.
Die Lagune ist ein äußerst komplexer natürlicher Lebensraum, den schmale, von Nordost nach Südwest verlaufende Sandstreifen, die sog. *Litorale,* von der Adria trennen. Das Meer ist seit alters eine große Bedrohung für die Lagune, erhält sie aber zugleich am Leben: Es sind die Gezeiten, die dafür sorgen, daß immer wieder frisches Wasser in die Kanäle fließt. Das Meerwasser dringt durch drei natürliche, im 19. und 20. Jh. mit Deichen befestigte Öffnungen, die **bocche di porto** bei Chioggia, Malamocco und am Lido in die Lagune ein.
Auf dem Festland, der *Terra ferma*, mit der Venedig über die Ponte della Libertà verbunden ist, werfen die Fabrikschornsteine von Mestre und **Porto Marghera** düster ihren Schatten über die Lagune. Unmittelbar daneben, bei Malcontenta, zeigt sich das Hinterland der Lagune von einer ganz anderen Seite: Hier mündet der Naviglio Brenta, dessen Ufer von schönen palladianischen Villen gesäumt ist, in die Lagune. Nordöstlich von Mestre liegen der moderne Flughafen von **Tessera** und – am Ostzipfel der Lagune – der Badeort Lido di Iesolo, bei dem der lange, sich bis nach Punta Sabbioni erstreckende Sandstreifen, der die Lagune vom Meer trennt, seinen Anfang nimmt. Auf dieser natürlichen Barriere, über die sich eine von Bäumen gesäumte Uferstraße hinzieht, herrscht im Sommer großer Trubel: Die Badeorte Lido di Iesolo, Cavallino, Ca' Savio, Treporti und Punta Sabbioni locken wegen ihrer vielen Hotels, Campingplätze und Ferienwohnungen und der günstigen Verkehrsverbindungen nach Venedig (mit dem Vaporetto ab Punta Sabbioni und Treporti) zahllose Feriengäste an.

Was stets sich wandelt, hat Bestand

Ein altes Übel — Im 12. Jh. kam es, nachdem in Europa über lange Zeit hinweg ein relativ gemäßigtes Klima geherrscht hatte, zu einem deutlichen Temperaturanstieg. Er war von sintflutartigen Regenfällen begleitet und zog verheerende Überschwemmungen und Stürme nach sich. Die Brenta trat aus ihrem Bett und überschwemmte einen Teil der Lagune mit den Abwässern und Abfällen, die sie mit sich führte. Malaria-Epidemien brachen aus. Zum Schutz der Lagune ließ die Republik Venedig Palisaden entlang der Litorale errichten, die Brenta umleiten und Dämme bauen. Die Bedrohung blieb bestehen. Vom 15. bis zum 17. Jh. wurden immer wieder umfangreiche Arbeiten zur Umleitung der Flußläufe von Brenta, Piave, Livenza und Sile unternommen. Erst 1896 war die Brenta ganz in die Mündung des Bacchiglione umgeleitet.
Unterdessen schwemmten die Flüsse weiter große Mengen an Sand in die Lagune, die Meer und Wind wieder zum Festland drängten. Dieser Hin- und Herbewegung ist die Entstehung und Befestigung der Sandstreifen zwischen Meer und Lagune zu verdanken – ebenso wie die Lagune selbst das Resultat des tausendjährigen Wechselspiels der erodierenden Kräfte des Meeres und der "aufbauenden" Kräfte der Flüsse und ihrer Sedimente ist.

Wasser und Sand — In der Lagune herrscht ein prekäres Gleichgewicht: Bald nehmen die von den Flüssen angeschwemmten Sedimente überhand, und sie droht zu verlanden, bald reichen sie nicht aus, um die Erosionen zu stoppen, und das Meer erobert die Lagune.
Etwa ein Viertel der Lagune besteht aus sog. **barene**, kleinen Bodenerhebungen aus Treibsand und Schilf, die kaum aus dem Wasser hervorschauen und das biologische Gleichgewicht der Lagune bewahren helfen: Sie fangen die Anschwemmungen auf und dämpfen das stete, zerstörerisch wirkende Auf und Ab der Brandung. Zudem bieten sie unzähligen Pflanzen- und Tierarten eine Heimstätte. Wer im Sommer im Boot von Venedig nach Burano den Blick über die Lagune schweifen läßt, meint gelegentlich Fischer auf dem Wasser gehen zu sehen. In Wirklichkeit geschehen in der Lagune keine Wunder – oder zumindest nur selten –, und die Fischer von Burano haben durchaus festen Boden unter den Füßen: Barene nämlich. Anders als die Barene sind die *velme* – ebenfalls Bodenerhebungen aus Treibsand – nur dann sichtbar, wenn der Wasserstand bei Ebbe stark sinkt.
Die vielen großen und kleinen Inseln – einige davon bewohnt, andere verlassen – erstrecken sich über insgesamt 4 000 ha, die restlichen 40 000 ha der Lagune sind mit Wasser bedeckt.
Dieses Wasser ist in der Regel nicht sehr tief: Die Kanäle haben im Schnitt eine Tiefe von nur 1-2 m, einige wenige erreichen 8-10 m. Bei Ebbe kann es vorkommen, daß sich Teile der Lagune in Schlickfelder verwandeln.
Dennoch ist die Lagune kein stilles Gewässer: Sie ist von einem engen Geflecht von Wasserläufen durchzogen. Die schiffbaren Kanäle sind durch **bricole** gekennzeichnet, zusammengebundene Holzbalken, deren Zahl, Form und Farbe durch ein kompliziertes Regelwerk festgelegt sind. Die Kanäle werden immer tiefer, je mehr man sich dem Meer nähert, und immer enger, je weiter man in Richtung Festland vordringt. Dann winden sie sich als kleine **ghebi** zwischen den Barenen hindurch und verlieren sich in brackigen, mit Regenwasser durchmischten Tümpeln, *chiari* genannt.

Marmorlandschaft der Lagune

Gezeitenwechsel und Hochwasser

Die Flut, „Lebenselixier" und Fluch der Lagune – Das Meerwasser strömt bei Gezeitenwechsel, d. h. viermal täglich, durch die drei Bocche di Porto in die Lagune hinein und wieder heraus. Bei niedrigem Luftdruck und wenn der Schirokko oder der Bora – ein kalter, trockener Wind aus Mitteleuropa – wehen, stiegt das Wasser bei Flut besonders stark an; bei hohem Luftdruck und bei Nordwestwind sinkt es bei Ebbe besonders tief – manche Rii leeren sich dann ganz.

Es ist dieser durch die Gezeiten gewährleistete Wasseraustausch, der die Lagune am Leben erhält. So ist es kein Zufall, daß der Teil der Lagune, der von den Gezeiten erfaßt wird, seit alters **Laguna Viva**, „Lebendige Lagune", heißt und der, der nicht oder nur wenig mit frischem Meerwasser versorgt wird, **Laguna Morta**, „Tote Lagune", genannt wird. Die Laguna Morta besteht aus Sümpfen, Ghepi und *valli da pesca*, kleinen eingedeichten Seen, die dem Fischfang dienen.

Seit der Umleitung der Flüsse, deren Strömung dafür sorgte, daß das Lagunenwasser ins Meer zurückgespült wurde, ist der Wasseraustausch in der Lagune nur noch durch die Gezeiten und daher nur noch teilweise gewährleistet. Zu Zeiten der Republik Venedig wußte man um das fragile Gleichgewicht der Lagune und die Gefahren, die sich aus der – zur Bekämpfung der Verlandung damals jedoch unabdingbaren – Umleitung der Flüsse ergaben. Daher drohten die damaligen Herrscher jedem, der dem öffentlichen Wasserbereich Schaden zufügte, mit drakonischen Strafen. Jahrhunderte bevor die Welt ökologische Probleme überhaupt zur Kenntnis nahm, war die Serenissima bereits der erste „umweltbewußte" Staat Europas.

Die späteren Herren der Stadt wollten davon jedoch nichts mehr wissen: Ihnen ging es um die wirtschaftliche Entwicklung der Lagune. Es begann damit, daß die Bauern die Wasserflächen verringerten, indem sie Flachstellen trockenlegten, um darauf Äcker anzulegen. Dann nahm auch die Wasserverschmutzung immer stärker zu – ein Problem, das sich im 20. Jh. durch die Ansiedlung der zahlreichen Industriebetriebe bei Mestre und Porto Marghera deutlich verschärft hat.

Die Gezeiten

Der Wechsel der Gezeiten – Ebbe und Flut – ist das Resultat des Zusammenwirkens von Anziehungs- und Fliehkräften, die bei der Bewegung des Mondes und, in geringerem Maße, der Erde um die Sonne verursacht werden. Wenn der Mond über dem Meer steht, zieht er die Wassermassen an, der Meeresspiegel steigt: Dann ist Flut. Die Gezeiten wechseln jedesmal, wenn die Erde eine Viertelumdrehung um ihre Achse absolviert hat, also alle sechs Stunden. Bildet die Achse Sonne-Erde einen rechten Winkel zur Mondachse, was im ersten und letzten Mondviertel geschehen kann, heben sich die Einflüsse der beiden Himmelskörper z. T. gegenseitig auf, und die Flut ist besonders schwach. Stehen Sonne und Mond im Verhältnis zur Erde in einer Linie, was bei Voll- und Neumond der Fall ist, addiert sich ihre Anziehungskraft, und die Flut ist besonders stark. Doch auch der Luftdruck und der Wind, in Venedig der Schirokko, haben bei den Gezeiten die Hand im Spiel und sind mitschuldig an den schweren Hochwassern, die die Lagune immer wieder heimsuchen.

Erschwerend kam dabei hinzu, daß die dortigen Industrieanlagen große Mengen an Grundwasser abpumpten, was zu einer zusätzlichen Absenkung des Lagunenbodens führte. Seit zudem für die Öltanker ein tiefer Kanal quer durch die Lagune gegraben wurde, dringt bei Flut ein Vielfaches der früheren Menge an Wasser ein. All dies hat zur Folge, daß die Lagune bei Flut immer hochwassergefährdeter ist. Durch die Überdüngung der Felder und die Industrieabfälle ist in den Kanälen der Sauerstoff knapp geworden, die einst reiche Wasserfauna und -flora ist im Schwinden begriffen. Dafür hat die Zahl der Mücken zugenommen; eine bis dahin unbekannte Moskitoart ist in der Lagune aufgetaucht. Auch die schädlichen Riesenalgen *(ulva rigida)* verbreiten sich immer mehr.

Acqua alta – An der venezianischen Küste sind die durch die Gezeiten verursachten Schwankungen des Meeresspiegels relativ hoch. Zu Überschwemmungen kommt es, wenn der Meeresspiegel bei Flut 1,10 m über den Normalpegel ansteigt. Noch immer ist das große Hochwasser vom 4. November 1966 in Erinnerung, das durch extrem schlechte Wetterverhältnisse in ganz Italien ausgelöst wurde (in Florenz ist damals der Arno über die Ufer getreten und hat schwere Schäden verursacht). Aus dieser Zeit stammen auch die Katastrophenszenarios, die die Lagunenstadt bereits ganz im Meer verschwinden sahen. Sie haben sich glücklicherweise nicht bewahrheitet – u. a. dank der Schließung der artesischen Brunnen auf dem Festland, die für die allmähliche Absenkung der Stadt zumindest mitverantwortlich waren.

Die Überschwemmungen des Jahres 1966 waren jedoch nur der vorläufige Höhepunkt einer langen Reihe von Hochwassern, deren Geschichte weit in die Vergangenheit zurückreicht (die frühesten Zeugnisse stammen aus dem Jahr 589). Alte Chroniken berichten von entsetzlichen Verwüstungen. So schrieb z. B. **Paolo Diacono** (um 720-799), von dem die früheste erhaltene Schilderung eines Hochwassers stammt, lakonisch: „Non in terra neque in aqua sumus viventes" (Nichts lebt mehr, weder zu Lande noch zu Wasser). Über das Acqua alta des Jahres 1410 ist zu lesen: „Unter denen, die von der Messe in Mestre und anderen Orten hierherkamen, sind an die Tausend in den Fluten umgekommen."

Dennoch läßt sich nicht leugnen, daß sich Venedig seit dem 17. Jh. um 40 cm abgesenkt hat. Früher ist das Wasser nur etwa alle fünf Jahre bei Flut über den Sockel aus istrischem Stein, der die Häuser vor Salpeterbefall schützt, hinaus angestiegen. Derzeit geschieht dies in den unteren Bereichen der Stadt im Schnitt an 40 Tagen im Jahr, wodurch die Bausubstanz großen Schaden nimmt. Außerdem kommen durch die stärkeren Schwankungen des Wasserspiegels immer wieder Teile der Holzpfähle, auf denen die Stadt ruht, mit der Luft in Berührung: Und damit beginnen sie zu modern (solange Holz nicht mit Sauerstoff in Berührung kommt, hält es Jahrhunderte).

Venedig unter Wasser – Bei der Sturmflut vom 4. November 1966 wurde in der Meßstation von Punta della Salute ein Anstieg des Wasserspiegels um 1,94 m über dem Normalwert verzeichnet. Der Markusplatz steht schon bei einem Anstieg von 70 cm unter Wasser – 30 cm mehr, und auch die Calli (Gassen) sind überflutet.

Die Bricola – ein gastliches Haus

Die zusammengebundenen Holzpfosten, die die schiffbaren Passagen der Lagune kennzeichnen, haben sich unzählige Meeresbewohner zur Heimstätte erkoren. Außen sind sie mit kleinen Schalentieren bedeckt, innen haben emsige Bohrwürmer endlose Gänge gegraben.

Die verschiedenen Tier- und Pflanzenarten leben wie in einem richtigen Mietshaus auf mehrere Etagen verteilt: In den oberen, von der Brandung umspülten „Geschossen" haben sich Krustentiere und Grünalgen angesiedelt; die Miesmuscheln sitzen einen Stock tiefer; der untere Bereich ist das Reich der Schwämme, Seescheiden (Ascidiacea) und Hydrozoen (Nesseltiere wie z. B. Polypen).

Lebensraum Lagune

Venedigs Lagune ist reich an verschiedensten Pflanzen und Tieren. Einen Eindruck davon bekommt man bereits im Vaporetto von Venedig nach Burano oder bei einer Fahrt auf der Uferstraße des Litorale del Cavallino. Die ideale Art, die Tier- und Pflanzenwelt der Lagune zu erkunden, ist jedoch ein Bootsausflug durch das Mosaik der Barene und Kanäle.

Der Salzgehalt des Lagunenwassers ist nicht einheitlich: Nahe der Flußmündungen ist er sehr gering, in der Nähe der Hafeneinfahrten *(bocche di porto)*, wo das Meerwasser in die Lagune eindringt, sehr hoch. Auch die Zusammensetzung des Lagunengrundes ist unterschiedlich: Nahe der Flußmündungen und zum Festland hin ist er schlickhaltig, auf der Meerseite jedoch sandig.

Fauna – In der Lagune wimmelt es von mikroskopisch kleinen Lebewesen, darunter unzähligen **Weichtieren**, die in den Bricole nisten. Es ist jedoch in erster Linie die **Fischfauna**, die das Erscheinungsbild der Lagune prägt (die Valli da Pesca sind in diesem Zusammenhang ein besonders interessantes Phänomen). Fische und Schalentiere haben zudem eine große wirtschaftliche Bedeutung.

Ganz oben bei den Fanggrößen – und auch auf Venedigs Speisekarten – stehen die **Krebse** und **Krabben**.

An den Valli da Pesca tummeln sich Tausende von Wasservögeln, darunter **Wildenten** (u. a. Stock- und Knäkenten), **Wasserhühner, Reiher** und **Rohrweihen**.
Neben den „Allerweltsvögeln" Spatzen, Schwalben und Amseln begegnet man in der Lagune auch seltenen, durch ihre Farbenpracht bestechenden Arten. Es handelt sich zumeist um Zugvögel.
Die Vögel der Lagune fallen jedoch nicht nur durch ihre Schönheit, sondern auch durch ihre erstaunliche Geschicklichkeit auf. Die **Sumpfmeise** mit ihrem kleinen schwarzen Kehllatz klettert flink am Schilfrohr hinauf, der **Rohrsänger** baut sein Nest zwischen vier Schilfhalmen, so daß es je nach Wasserstand auf und ab rutschen kann, der **Eisvogel** macht geradezu akrobatische Sturzflüge ins Wasser, das **Wasserhuhn** wippt zwischen zwei Schwimmzügen lustig mit dem Kopf, und der **Steißfuß** verschwindet urplötzlich im Wasser, um dann wenig später dort, wo man am wenigsten mit ihm gerechnet hätte, wieder aufzutauchen.
In der Lagune leben neben den obligaten **Möwen** auch **Kormorane** und **Seeschwalben**, die dank ihres schnellen Flügelschlags mit geöffneter Schwanzfeder in der Luft stehen können.
Auch **Seidenreihern** begegnet man gelegentlich; ihre Federn erfreuten sich zu Beginn des 20. Jh.s bei der Damenwelt größter Beliebtheit. Noch schöner ist der elegante **Strandschreiter** mit seinem weißen Federkleid, den pechschwarzen Flügeln und den roten Stelzen. Der König der eleganten Vogelgesellschaft der Lagune ist natürlich der **Höckerschwan**.
Unter den Greifvögeln verdienen die **Rohr-** und die **Kornweihen** Erwähnung.
Weniger begrüßenswert sind die Nagetiere der Lagune. **Ratten**, *pantegane* genannt, fühlen sich dort leider auch sehr wohl, auf den unvermeidlichen Müllkippen ebenso wie in Feldern, Kloaken und auf Dachböden.

Flora – Reich ist die Pflanzenwelt der Barene: **Queller, Widerstoß** und **Salzastern** färben die kleinen Inseln bald grün oder rot, bald blau und grau. Es wächst dort auch eine reizvolle Stechginsterart mit langen Stilen und ährenförmigen Blüten. An den Stränden sprießen **Winden** mit rosaroten Blüten und dunkelgrün leuchtenden Blättern und violett blühender **Meersenf**.
Auf den vordersten Dünen, wo der Sand noch nicht fest ist, wachsen immergrüne Gräser, sog. **Quecken**. Weiter hinten finden sich **Strandhafer** und **Wolfsmilch**, deren lange Stile sich mit lanzenförmigen Blättern und gelblichen Blüten bedecken. Es wachsen dort auch buschhohe Gräser, auf lateinisch unter dem Namen *Erianthus ravennae* bekannt.
Entlang der Nazionale Romea, südlich von Choggia, zwischen Sant'Anna und Cavanella d'Adige, erstreckt sich ein schöner Wald mit immergrünen **Stieleichen**, genannt „**Il Bosco Nordio**".
Vor allem im Südteil der Lagune wird Gemüse angebaut. Bekannt ist Chioggia für seinen bei Feinschmeckern beliebten **Radicchio**, der als einer der besten Italiens gilt.

Valli da Pesca

Die *valli da pesca*, „Fischtäler", sind eingedeichte Wasserflächen zwischen den Barene, die vom Wechsel der Gezeiten nicht erreicht werden und die dem Fischfang dienen, wobei die natürlichen Wanderbewegungen der Fische ausgenutzt werden. Die von den Flüssen angeschwemmten organischen Abfälle und der durch die Schneeschmelze bedingte Wasserreichtum locken die Fische – vor allem Goldbrassen, Seewolf und Aal – im Frühjahr in die Lagune und damit auch in die *valli da pesca*. Im Winter, wenn das Wasser zu kalt und die Nahrung knapp wird, versuchen die Fische, zurück ins Meer zu schwimmen.
Doch das gelingt nur einem Teil von ihnen; denn bei den *chiaveghe*, jenen schleusenartigen Vorrichtungen, die den Salzwasserzufluß regulieren, werden die schönsten und größten Exemplare abgefischt. Die Fangtechniken haben sich seit Urzeiten nicht geändert: Die noch immer am häufigsten verwendeten Netze sind das *bilancione*, ein großes viereckiges Netz, das an vier Stangen befestigt ist, und das *cogòlo*, eine Art riesiger Trichter, durch den die Fische bis in die zylindrischen Reusen am Ende des Netzes geschleust werden.

Venedig ruft um Hilfe

Was geschieht bei Hochwasser? – Die Zeit zwischen September und April ist die Zeit des Acqua alta. Drohende Hochwasser können etwa 24 Std. im voraus angekündigt werden. Dies ist Sache des **Centro previsioni e segnalazioni maree**, das dann umgehend den Gazzettino informiert und Warnschilder an den Vaporetto-Anlegestellen anbringen läßt. Falls das Hochwasser die 1,10-m-Marke überschreiten wird, ertönen drei bis vier Stunden zuvor 16 Sirenen fünfmal hintereinander jeweils für 10 Sekunden. Wird das Wasser aller Voraussicht nach nicht um mehr als 1,20 m über normal ansteigen, läßt die **Azienda Multiservizio Ambientale Venezia (A.M.A.V)**, die auch für die Müllabfuhr zuständig ist, nach einem genau festgelegten Plan Stege anbringen. Steigt das Wasser über 1,20 m, hilft das nichts mehr – schlimmer noch, die Stege stellen dann eine zusätzliche Gefahr da, weil sie weggeschwemmt werden und durch die Straßen treiben. Bei Hochwasser können übrigens auch die Müllabfuhrboote nicht mehr fahren.

„Land unter" auf der Piazzetta

Neue Probleme – Früher war die Trennung zwischen Land und Wasser klar; die Lagune war der Verbindungsring zwischen den beiden Elementen, die ihren Fortbestand sicherten. Industrie, Landwirtschaft und Verstädterung haben jedoch das Gesicht der „Gronda", jener Landstreifen, die die Lagune säumen, nachhaltig verändert. Jahr für Jahr setzen sich 1 000 000 m³ Festkörper, die vom Festland her angeschwemmt werden, in der Lagune ab. Aufgrund der Erosion und des Anstiegs des Wasserspiegels senkt sich der Boden der Lagune immer weiter ab. Falls dagegen nichts unternommen wird, drohen die Barene im Jahre 2050 gänzlich unter der Wasseroberfläche zu verschwinden.
Im letzten Jahrhundert haben die **eustatischen Schwankungen**, d. h. die weltweiten Hebungen und Senkungen des Meeresspiegels, im Schnitt um 8 cm zugenommen. Aufgrund **tektonischer Bewegungen** und unter dem Druck der Ablagerungen hat sich der Lagunenboden zugleich um 15 cm abgesenkt, so daß Venedig seit 1900 um 23 cm gesunken ist. Auch das Ausbaggern der Kanäle und die Wasserbewegungen begünstigen das Absinken des Grundes und das Verschwinden der Barene.
Hinzu kommt, daß die Zahl der Samenpflanzen durch die **Wasserverschmutzung** stark zurückgegangen ist. Diese für das biologische Gleichgewicht so wichtigen Wasserpflanzen wirken mit ihren Wurzeln der **Erosion** entgegen und festigen den Sand- und Schlickboden. Wenn sie verschwinden, können sich auch die vielen anderen Pflanzen, an denen sich die Anschwemmungen ablagern und die so den Fortbestand der Sandbänke sichern, nicht mehr halten.

Was bislang unternommen wurde – Die Sorge, Venedig könne von den Fluten verschlungen werden, ist in Italien so groß, daß die Regierung die Rettung der Lagunenstadt zu einem „vorrangigen nationalen Anliegen" erklärt hat.
Es wurden Pläne zum Schutz der bewohnten Bereiche der Lagune vor Hochwasser ausgearbeitet. Als erschwerend erweist sich dabei das für Venedig und die Inseln der Lagune typische enge Nebeneinander von einfachen Wohnhäusern, Baudenkmälern und Kunstschätzen, die jeweils ganz unterschiedliche Schutzmaßnahmen erfordern. Die Stabilität des Pflasters, der Brücken und der Gebäude auf San Marco und Tolentini sowie der Zustand der unterirdischen Kanäle und der Abwasserleitungen wurden überprüft.
In den tieferliegenden Bereichen der Lagune wurden zum Schutz des bedrohten Baugrundes Pflaster angelegt und die Uferböschungen verstärkt, um zumindest Hochwasser unter 1 m über normal (1,20 m in Chioggia) stoppen zu können.
Die Gefahr starker Hochwasser soll durch die Schaffung mobiler Stahlschleusen an den drei Bocche di Porto gebannt werden. Ein Prototyp dieses Systems – genannt **Mo.S.E** (Modulo sperimentale Elettromeccanico) in Erinnerung an Mosè bzw. Moses, der ja bekanntlich das Wasser des Roten Meeres zum Weichen gebracht haben soll – wurde zwischen 1988 und 1992 am Canale de Treporti (Lido) getestet. Es handelt sich um ein

> **Venedigs „Insule"**
>
> Was andernorts der Häuserblock – die Grundeinheit städtischen Lebens – ist in Venedig die Insel. Sie ist von Kanälen bzw. *Rii* begrenzt und mit den Nachbarinseln über Brücken verbunden. Die einzelnen „Inselgruppen" bilden die Sestiere, die sechs Stadtteile Venedigs.

riesiges Ventilschütz, das den Meerwasserzufluß in die Lagune regulieren soll. Ursprünglich war geplant, insgesamt 79 solcher Stahlschleusen – *paratoie* genannt – anzubringen.

Im *Centro sperimentale per modelli idraulici*, einem Forschungslabor in Voltabarozzo bei Padua, steht ein riesiges Modell, an dem die Strömungsbewegungen in der Lagune untersucht und die verschiedenen Projekte zum Schutz der Uferbezirke und Molen sowie zur Regulierung des Wasserstands in Simulationen getestet werden.

> ### Die „Paratoie"
> *Paratoie*, Schleusen, heißen die vielversprechenden Schütze, die – nebeneinander aufgestellt und am Boden befestigt – in der Lagune einen schwimmenden, von den Wellen getragenen Schutzgürtel bilden sollen: Bei Hochwasser können die 20 bis 30 m langen, 20 m breiten und 3 bis 5 m tiefen. Stahlschleusen durch Preßluft automatisch hochgeklappt werden.

An den Litorali von Cavallino und Pellestrina wurde derweil mit den Arbeiten begonnen. 2 000 000 m³ Sand wurden aus dem Meer gebaggert, um damit die Dünen aufzuschütten, die die Landstreifen vor der Brandung und dem Wind schützen. Um sie zu befestigen, wurde ein typisches Dünengras, der Strandhafer, angepflanzt.

Auch der Norddamm von Chioggia wurde verstärkt. 50 km Kanäle wurden ausgebaggert und mit ihrem Sand 300 ha Barene aufgeschüttet. Zugleich wurde der Meeresboden der Lagune saniert, indem die Algen beseitigt wurden, unter denen er zu ersticken drohte. Die Verantwortung für die Ausarbeitung und Durchführung dieser Projekte liegt bei dem Industriekonsortium **Venezia Nuova**.

Venedigs Schutzengel – Das große Hochwasser von 1966 hat die UNESCO auf den Plan gerufen. Das **Ufficio per la Salvaguardia di Venezia** sowie zahlreiche private Stiftungen, die sich für den Schutz der Stadt und ihres Kunsterbes einsetzen, wurden ins Leben gerufen. Die sog. Soprintendenza ist mit der Durchführung der Arbeiten betraut, die UNESCO überwacht die Verwendung der von den verschiedenen privaten Komitees gesammelten Gelder. Jedes Jahr werden rund zwei Milliarden Lire für die Bewahrung der Baudenkmäler und historischen Stätten sowie für Forschungsstipendien aufgewendet. Die verschiedenen Komitees sind zudem jeweils für die Finanzierung eines einzelnen Rettungsprojekts verantwortlich. Zu den zahlreichen Stiftungen, die sich um die Lagunenstadt bemühen, gehören der britische **„Venise in Peril Fund"**, die amerikanische **„Save Venice Inc."**, das **„Comité français pour la Sauvegarde de Venise"** und **„Venedig lebt"** in Österreich.

Als Ende des 18. Jh.s der erste Teil der Riva degli Schiavoni fertiggestellt wurde, ordnete die venezianische Stadtverwaltung an, daß in die Wände der Häuser und in die Kaimauern in einer genau festgelegten Höhe der Buchstabe „C" eingemeißelt werden solle. Er stand für „Comune marino" und zeigte den Wasserstand an, ab dem Hochwasseralarm gegeben werden sollte. Heute sind diese Markierungen fast nirgends mehr zu sehen: Die meisten liegen inzwischen unter dem normalen Wasserpegel der Lagune.

Wege über das Wasser

Genaugenommen ist die Lagune der denkbar ungeeignetste Ort für eine Stadt. Es mutet fast wie ein Wunder an, daß gerade dort – auf schlammigem Grund, stets vom Wasser bedroht – eine so ruhmreiche Stadt wie Venedig entstanden ist. Möglich war dies nur, weil ihre Bewohner ein ungewöhnliches Maß an Anpassungsvermögen entwickelt haben, um in diesem noch ungewöhnlicheren Lebensumfeld bestehen zu können, und vor allem, weil sie über einen ganz erstaunlichen Erfindungsreichtum verfügen: Um sich vom Wasser, das mal zu hoch, mal zu niedrig ist, nicht „unterkriegen" zu lassen und zwischen den Myriaden von Inseln den Überblick nicht zu verlieren, haben die Venezianer Gondeln und Brücken gebaut und Tausende von Pfählen in den Boden gerammt.

Kanäle und Rii

Im allgemeinen Sprachgebrauch heißen alle Wasserwege, die Venedig durchqueren, Kanäle. In Wirklichkeit gibt es in der Lagunenstadt jedoch nur drei Kanäle: den Canal Grande, den Canale della Giudecca und den Canale di Cannaregio. Kanäle sind Wasserwege der Lagune, nicht der Stadt. Die unzähligen – außer in Cannaregio – zumeist gewundenen Querverbindungen, die die Stadt durchschneiden, nennt man *Rii*.

Gondeln

Vom Verkehrsmittel zum Symbol – Wann die erste Gondel in Venedig zu Wasser gelassen wurde, ist unbekannt. Doch bereits in einem Dekret des Dogen Vitale Falier aus dem Jahre 1094 ist von einer *gundula* die Rede. Allerdings hatte deren Erscheinungsbild noch viel mit dem der heutigen Gondeln gemein: Es handelte sich um ein gedrungenes Boot mit einer ganzen Mannschaft Ruderer.
Im 15. Jh. fuhren kleine, in der Mitte mit einem Tuch überspannte Boote, die an Bug und Heck mit metallenem Zierwerk geschmückt waren, durch die Wasserstraßen der Stadt. Bereits gegen Ende desselben Jahrhunderts wurden die Boote länglicher und leichter, Bug und Heck wurden erhöht und *fèlze* hinzugefügt: (abnehmbare) Bugkästen, die die Insassen vor Regen und Wind schützten. Den Bug einiger Gondeln zierte nun opulenter Goldschmuck, andere wurden mit Brokat und Seide bespannt und bunt bemalt, wieder andere glänzten im Schein blankpolierter Messingbeschläge. Auf Bug und Heck prangte – gelegentlich von kleinen Engeln getragen – das Familienwappen der Besitzer.
Im 17. Jh. war mit dieser Prunkentfaltung Schluß – die Gondeln mußten von nun an einheitlich schwarz sein. Oft wird das Schwarz der Gondeln für ein Zeichen der Trauer gehalten, doch ist dies ein Irrtum: Die Farbe der Trauer war in Venedig Rot.

Gondelbau – Die heutige Gondel ist knapp 11 m lang, 1,42 m breit und setzt sich aus 280 verschiedenen Holzteilen, die wiederum aus verschiedenen Hölzern bestehen, zusammen. Diese 280 Holzteile werden nach alten, von Generation zu Generation überlieferten Bauplänen von Hand und mit größter Sorgfalt zugeschnitten, gebogen oder geschnitzt. Die Werkstätten, in denen die Gondeln gebaut und repariert werden, heißen *squero*. Früher gehörten die meisten Squeri Familien aus dem Cadore in den Dolomiten. Noch heute erinnern daran ihre Häuser, die wie Bergbauernhöfe mit großen hölzernen Balkonen geschmückt sind *(s. ACCADEMIA, Squero di San Trovaso)*.

Gondelbauer bei der Arbeit

Das *ferro*, das Bugeisen, ist der wohl typischste Teil der Gondel. Ursprünglich sollte es die Boote vor Stößen schützen. Heute dient es vor allem dazu, den Schwerpunkt auszubalancieren. Anscheinend benutzen die Gondoliere es aber auch als Richtungsmarke, wenn sie sich in enge Durchfahrten hineinmanövrieren müssen. Der gebogene obere Teil soll der Dogenmütze nachempfunden sein, die sechs vorderen Zacken stehen angeblich für die sechs Sestiere – Stadtteile – Venedigs, der siebte, dem Gondelinneren zugewandte Zacken symbolisiere, so heißt es, die Giudecca. Die *forcola*, die Rudergabel, ist kunstvoll aus Nußbaumholz geschnitzt. Ihre komplizierte Form gewährleistet eine größtmögliche Beweglichkeit des Ruders, das unter Beachtung der Maserung aus einem einzigen Stück Buchenholz geschnitten wird. Die Sitzriemen sind an Seepferdchen aus Messing befestigt.

„Wer hätte nicht einen flüchtigen Schauder, eine geheime Scheu und Beklommenheit zu bekämpfen gehabt, wenn es zum ersten Male nach langer Entwöhnung galt, eine venezianische Gondel zu besteigen? Das seltsame Fahrzeug, aus balladesken Zeiten ganz unverändert übernommen und so eigentümlich schwarz, wie sonst unter allen Dingen nur Särge es sind, – es erinnert an lautlose und verbrecherische Abenteuer in plätschernder Nacht, es erinnert noch mehr an den Tod selbst, an Bahre und düsteres Begräbnis und letzte schweigsame Fahrt. Und hat man bemerkt, daß der Sitz einer solchen Barke, dieser sargschwarz lackierte, mattschwarz gepolsterte Armstuhl, der weichste, der üppigste, der erschlaffendste Sitz von der Welt ist?"

Thomas Mann, „Der Tod in Venedig" (S. Fischer Verlag)

Paline

Pali, Paline, Dame und Bricole

Venezianische Verkehrshinweise – Wer immer ein Vaporetto, eine Gondel oder ein anderes kleines Wasserfahrzeug durch Venedig steuert, muß – will er nicht auf Grund laufen – genau auf die **bricole** achten, die dort den Verlauf der schiffbaren Passagen kennzeichnen.

Es handelt sich dabei um dicke Pfähle, die Duckdalben ähneln und aus rund zehn zusammengebundenen Masten bestehen. Auf der Seite, die der schiffbaren Passage zugewandt ist, sind sie oben mit einem weißen Fleck versehen.

Dank der aufgespritzten Nummer können die Bricole von dem für ihre Instandhaltung zuständigen Personal auf der Karte identifiziert werden. Da die Brandung beständig an ihrem Holz zehrt, müssen die Bricole etwa alle 20 Jahre erneuert werden.

Die *dame* kennzeichnen Kreuzungen und Kanaleinfahrten. Auch sie bestehen aus zusammengebundenen Masten, sind jedoch etwas kleiner.

Anlegepfosten – *Paline* heißen die schmalen Anlegepfosten, an denen die Privatboote festgemacht werden. Die meisten sind wie Bricole und Dame aus rohem Holz. Einige jedoch sind spiralförmig mit bunten Streifen verziert. Wie riesige Zuckerstangen ragen sie vor den herrschaftlichen Palazzi aus dem Wasser des Canal Grande. Früher trugen sie die Farben der Adelsfamilien, denen sie gehörten.

Brücken

Wege über das Wasser – In einer wie Venedig von unzähligen Wasserstraßen durchzogenen Stadt gehören Brücken zum Alltag. Sie sind die dienstbaren Geister der Stadt: Insgesamt gibt es in Venedig 446 Brücken – zwei Drittel sind aus Stein, ein knappes Fünftel aus Eisen, der Rest aus Holz. Zugleich gibt es dort auch nicht weniger als 10 000 Stufen, die über diese Brücken führen. Die Brücken sind die einzigen Erhebungen, die der Spaziergänger in dieser direkt über dem Wasser erbauten und damit vollkommen ebenen Stadt überqueren muß. Wie Schiffe schwanken auch sie manchmal ein wenig mit der Brandung und erinnern an die Nähe des „gelobten Meeres", dem die Stadt ihre Existenz und ihren Ruhm verdankt.

Geländer – Viele der venezianischen Brücken hatten früher kein Geländer. Im Laufe der letzten zwei Jahrhunderte wurden insgesamt 175 Brücken abgerissen. Die übriggebliebenen wurden ebenso wie die neu gebauten mit Geländern versehen. Allein zwei Brücken wurden dabei vergessen: die Ponte del Diavolo, die „Teufelsbrücke", auf der verlassenen Insel Torcello und die Ponte Chiodo in Venedig selbst *(s. unter CA' D'ORO)*. Während der als *Guerre dei Pugni*, „Faustkriege", in die Annalen der Stadt eingegangenen Handgreiflichkeiten zwischen den verfeindeten Clans der Castellani und der Nicoletti war die Ponte Chiodo das beliebteste Schlachtfeld: Die wackeren Kämpfer stürzten damals scharenweise rechts und links der Brücke ins Wasser *(s. unter I CARMINI, Kasten „Ponte dei Pugni")*. Heute werden die Brücken noch immer zur „sportlichen Betätigung" genutzt, allerdings auf weit liebenswertere Weise: beim alljährlichen Volkslauf „Su e zo per i ponti" („Die Brücken hinauf und hinunter", *s. Veranstaltungskalender am Ende des Bandes*).

Bauweise – So gut wie alle Brücken Venedigs haben nur einen einzigen Bogen. Es gab zwar auch Pläne für dreibogige Brücken, doch war ihnen kein Erfolg beschieden *(s. unter GHETTO, Ponte dei Tre Archi und Kasten)*. Der Bau folgt stets dem gleichen Schema: Zuerst wird der Kanal, über den die Brücke führen soll, trockengelegt. Dann werden der Bogen und das Steingerüst gesetzt und mit Mauerwerk ausgefüllt. Treppen und Geländer kommen zuletzt. Daran ist an und für sich nichts ungewöhnlich; dennoch ist die venezianische Brücke keine Brücke wie jede andere, zumindest nicht für die Venezianer, die es sich zur Gewohnheit gemacht haben, Wegentfernungen in ihrer Stadt in Campi, Calli und Ponti – Plätzen, Gassen und Brücken – auszudrücken und ihre Eingangstür manchmal sogar über eine kleine Privatbrücke, ein *pontezèlo*, erreichen.

Geschichte der venezianischen Brücken – Bis ins 19. Jh. führte nur eine einzige Brücke über den Canal Grande, und zwar am Rialto. Die erste Brücke, die dort – sieben Jahrhunderte zuvor – gebaut wurde, war noch eine Art hölzerne Pontonkonstruktion. Erst später entstand dort eine feststehende Holzbrücke. Brücken aus Stein und Mauerwerk sind eine Erfindung aus neuerer Zeit, ebenso wie der Brückenbogen selbst, der *ocio del ponte*. Früher waren die Brücken flach, damit sie von den Pferden leichter überquert werden konnten.

Auch die weltberühmte **Rialtobrücke** war Ende des 15. Jh.s noch aus Holz und hatte noch keine Treppen. Wie auf Carpaccios Gemälde von der „Heilung eines Besessenen" *(s. unter ACCADEMIA)* zu sehen ist, konnte sie damals in der Mitte hochgeklappt werden, um die Schiffe durchzulassen.

Die **Ponte dei Sospiri**, die Seufzerbrücke, weckt noch immer heftige Emotionen: Die Gefangenen, die sie in früheren Jahrhunderten überqueren mußten, seufzten aus Verzweiflung, die heutigen Besucher vor lauter Romantik.

Heute bemißt sich die Bedeutung einer Brücke in aller Welt jedoch eher nach der Zahl ihrer Bögen. Trotzdem kann Venedig, die Stadt der einbogigen Brücken, auch hier mithalten: Schließlich besitzt Venedig seine Eisenbahn- und Straßenbrücke, die auf immerhin 222 Bögen ruht. Berühmt ist diese Brücke jedoch vor allem wegen ihres Symbolgehalts, weil sie 1841 die legendäre Lagunenstadt gewissermaßen auf einen Schlag mit der Wirklichkeit der Moderne, dem Festland, verband.

„Dies Geschlecht hat sich nicht zum Spaß auf diese Inseln geflüchtet, es war keine Willkür, welche die Folgenden trieb, sich mit ihnen zu vereinen; die Not lehrte sie ihre Sicherheit in der unvorteilhaftesten Lage suchen, die ihnen nachher so vorteilhaft ward und sie klug machte, als noch die ganze nördliche Welt im Düstern gefangen lag; ihre Vermehrung, ihr Reichtum war notwendige Folge. Nur drängten sich die Wohnungen enger und enger, Sand und Sumpf wurden durch Felsen ersetzt, die Häuser suchten die Luft, wie Bäume, die geschlossen stehen, sie mußten an Höhe zu gewinnen suchen, was ihnen an Breite abging. Auf jede Spanne des Bodens geizig und gleich anfangs in enge Räume gedrängt, ließen sie zu Gassen nicht mehr Breite, als nötig war, eine Hausreihe von der gegenüberstehenden zu trennen und dem Bürger notdürftige Durchgänge zu erhalten. Übrigens war ihnen das Wasser statt Straße, Platz und Spaziergang. Der Venezianer mußte eine neue Art von Geschöpf werden, wie man denn auch Venedig nur mit sich selbst vergleichen kann."

Johann Wolfgang von Goethe, „Italienische Reise"

Geschichtlicher Überblick

Wie alles begann

Bereits bei Homer ist von den Venetern die Rede. Der erste Dichter des Abendlandes berichtet in der Illias (8. Jh. v. Chr.) von einem indoeuropäischen Volksstamm, der von Paphlagonien (nördliches Kleinasien) aus dem trojanischen König Priamos zu Hilfe eilte. Danach haben die **Veneter** anscheinend ihre Heimat verlassen. Später tauchten Völker mit diesem Namen an drei verschiedenen Orten Europas wieder auf: im östlichen Baltikum, in Armorika – der heutigen Bretagne – und im Adriaraum. Die Veneter an der Adria vertrieben die Euganäer und gründeten Altino (östlich von Venedig an der Lagune). Im 2. Jh. v. Chr. wurden sie von den Römern niedergeworfen.

1000–700 vor Chr.	Entstehung der venetischen Zivilisation bei Este (Atestae).
530 vor Chr.	Gründung des etruskischen Spina.
181 vor Chr.	Gründung von Aquileia.
42 vor Chr.	Erste Erwähnung des Hafens Altino.
5. Jh.	Die in Padua, Altino, Concordia Sagittaria, Aquileia und Oderzo ansässigen späteren Bewohner Venedigs nutzen die Lagune zur Salzgewinnung und für den Fischfang. Man weiß von einem im 6. Jh. ergangenen Dekret, in dem der römische Staatsmann Cassiodor (um 490–583) seine „Bootsleute, Fischer und Salzarbeiter" aufforderte, Ravenna zu beliefern.
453	Die **Hunnen** verwüsten die Adriaküste; die Veneter flüchten vom Festland auf die Inseln der Lagune.
568	Die **Langobarden** fallen über Italien her; die oströmische (byzantinische) Provinz Venetia wird schrittweise besetzt.
639	Fall von Oderzo, der Hauptstadt Venetiens. Der byzantinische Tribun zieht nach Cittanova um, das fortan **Heraklea** heißt zu Ehren des Kaisers Herakleios. Bau der Kathedrale Santa Maria Assunta auf Torcello.
697	Die Volksversammlung von Heraklea wählt den ersten Dogen (damals noch Dux genannt): **Paoluccio Anafesto**. Die Wahl wird von Byzanz abgesegnet, denn noch untersteht der Doge dem oströmischen Kaiser.
742	Der Sitz des Dogen wird von Heraklea nach Malamocco verlegt.
775	Olivolo, das heutige San Pietro di Castello, wird Bischofssitz. Das Bistum ist noch dem Patriarchen von Grado unterstellt; erst 1451 erhält Venedig in der Person des **Lorenzo Giustinian** einen eigenen Patriarchen.

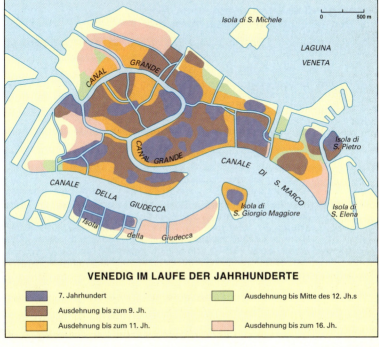

VENEDIG IM LAUFE DER JAHRHUNDERTE

- 7. Jahrhundert
- Ausdehnung bis zum 9. Jh.
- Ausdehnung bis zum 11. Jh.
- Ausdehnung bis Mitte des 12. Jh.s
- Ausdehnung bis zum 16. Jh.

| 810 | Pippin, Sohn Karls des Großen und König von Italien, scheitert beim Versuch, Dalmatien und die Lagune an sich zu reißen.
Viele Bewohner der Lagune lassen sich auf den späteren Rialto-Inseln *(rivo alto)* nieder; bald folgt auch der Doge. Die Wahl von **Agnello Partecipazio** in das höchste Amt der Stadt im Jahre 811 gilt als die Geburtsstunde Venedigs.

Venedig herrscht über die Adria

| 814 | In der in Aachen unterzeichneten **Pax Nicephori** verzichtet Karl der Große auf seine Ansprüche auf die Lagune, die damit im byzantinischen Herrschaftsbereich verbleibt. Der Vertrag sichert Venedigs Neutralität in den heftigen Machtkämpfen zwischen dem Papst, dem Kaiser, den selbständigen Kleinstaaten und den aufstrebenden Städten, die Italien in der Folgezeit erschüttern.
| 828 | Raub der Reliquien des Evangelisten Markus durch venezianische Kaufleute, die sie in ihre Heimatstadt bringen.
| 829 | Gemäß den testamentarischen Bestimmungen des Dogen Giustiniano Partecipazio wird für die Gebeine des Evangelisten ein ihm geweihtes Gotteshaus errichtet, das zugleich die Palastkapelle der Dogen wird.
| 840 | Mit dem **Pactum Lotharii**, den Venedig direkt mit seinem fränkischen Nachbarn schließt, emanzipiert sich die Lagunenstadt von der byzantinischen Herrschaft und bekräftigt zugleich ihre Machtansprüche auf das Adriatische Meer.
| 976 | Venedig erhebt sich gegen den tyrannischen Dogen **Pietro IV. Candiano**, der wenig Interesse an der Stellung der Lagunenstadt als Seemacht zeigt, sondern versucht, den Herrschaftsbereich der Stadt mit Hilfe ausländischer Söldner auf das Festland auszudehnen – und zwar, um sich persönlich zu bereichern. Es kommt zu blutigen Ausschreitungen: San Marco, der Dogenpalast, San Teodoro und über 300 der damals hauptsächlich aus Holz gebauten Häuser der Stadt brennen nieder.
Pietro Candiano muß für seine Raffgier mit dem Tod bezahlen.
In San Pietro di Castello wird **Petro I. Orseolo** zu seinem Nachfolger gewählt.
| 992 | Ein Vertrag zwischen dem byzantinischen Kaiser Basileios und **Pietro II. Orseolo** sichert den venezianischen Kaufleuten Privilegien zu und anerkennt damit Venedigs Unabhängigkeit.
| 1000 | Venedig erobert die dalmatinische Küste, die venezianisches Protektorat wird; der Doge nennt sich nunmehr auch *Dux Dalmatinorum*.
| 1032 | Um die Gefahr einer quasimonarchischen Alleinherrschaft zu bannen, werden dem Dogen zwei Räte zur Seite gestellt. Jeder von ihnen ist für eine Hälfte der Stadt verantwortlich (Trennlinie ist der Canal Grande).

Venedig wächst und dehnt seine Macht auf den östlichen Mittelmeerraum aus

| 11. Jh. | Neubau der Markusbasilika nach dem Vorbild der heute zerstörten Apostelkirche in Konstantinopel.
Die neue Basilica di San Marco wird im Jahre 1094 geweiht.
| 1081 | Venedig eilt Byzanz zu Hilfe, das vom Normannenkönig Robert Guiscard bedrängt wird.
Zum Dank erteilt der oströmische Kaiser Alexios I. Komnenos Venedig im Jahr darauf weitreichende Handelsprivilegien *(Crisobollo)*.
| 1099 | Sieg über Pisa in der Schlacht von Rhodos, wo sich die Flotten der beiden Städte im Ersten Kreuzzug gegenüberstehen. Die Gefangenen werden freigelassen, doch muß sich Pisa verpflichten, nicht mehr in die byzantinischen Hoheitsgewässer einzudringen.
| 1104 | Gründung der venezianischen Kriegswerft, des „Arsenale".
Im darauffolgenden Jahr wird Venedig von Feuersbrünsten verwüstet.
| 1122-1124 | Unter dem Dogen **Domenico Michiel** greift Venedig eine ägyptische Flotte an, nimmt Kaufleute gefangen und beraubt sie ihrer Schätze, beteiligt sich an der Belagerung von Tyrus und plündert die byzantinischen Häfen an der Ägäis und der Adria. Diese Gewaltakte dienen vor allem einem Zweck: Venedig muß seine Machtposition verteidigen, die vom ungarischen König und vom oströmischen Kaiser **Johannes Komnenos** angefochten wird.
| 1143 | Erste Erwähnung des **Rates der Weisen** *(Consiglio dei Savi, Consiglium Sapientium)*. Er zählt rund 35 Mitglieder und ist dem Dogen unterstellt; aus ihm geht später der Große Rat, der *Maggior Consiglio*, hervor.
| 1145-1153 | Istrien, bereits venezianisches Protektorat, wird unterworfen. Der Doge nennt sich nun *totius Istriae dominator*, „Herr über ganz Istrien".

Der Bucintoro, die Prunkgaleere der Dogen, auf einem Gemälde von Francesco Guardi (Louvre, Paris)

1171	Unter dem Dogen **Vitale II. Michiel** wird Venedig in Stadtteile – *sestieri* – eingeteilt, um die Eintreibung der Salzsteuer zu erleichtern. Die Handelsaktivitäten und Plünderungen der Venezianer, Genueser und Pisaner führen zum offenen Konflikt mit Byzanz. Das Scheitern einer vom Dogen gestarteten Strafexpedition – die Besatzung wurde von der Pest dahingerafft – weckt den Unmut des Volkes, der sich in der Ermordung von Vitale Michiel entlädt. Sein Nachfolger, **Sebastiano Ziani**, wird nach einem Verfahren gewählt, das bereits dem ähnelt, das 1268 gesetzlich festgeschrieben wird und bis zum Ende der Republik Gültigkeit behält.
1175	Bau der ersten Rialtobrücke.
1177	Der Stauferkaiser **Friedrich Barbarossa** versöhnt sich auf Betreiben des Dogen Sebastiano Ziani in Venedig mit Papst Alexander III. Es heißt, daß der legendäre Ring, auf den die symbolische Vermählung der Stadt mit dem Meer zurückgeht, dem Dogen bei dieser Gelegenheit vom Papst überreicht wurde.
1178	Ernennung der elf Männer, die die 40 Wahlmänner bestellen, die ihrerseits den Dogen wählen. Die Zahl der Berater des Dogen wird auf sechs erhöht, einer für jedes Sestiere.

Venedigs Vermählung mit dem Meer

Am Himmelfahrtstag fuhr der Doge in seinem prunkvollen Bucintoro in die Lagune hinaus, um die *Sposalizio del Mare* zu zelebrieren: Mit den feierlichen lateinischen Worten „Wir vermählen uns mit Dir, oh Meer, zum Zeichen unserer ewigen und wahrhaftigen Herrschaft" warf er einen goldenen Ring in die Fluten. Die Zeremonie nahm auf dem Markusplatz ihren Anfang, von dort begab sich der feierliche Zug zum Fort Sant'Andrea, nahe dem Lido, wo der Ring in das Wasser geworfen wurde. Auf dem Rückweg machte der Doge in San Nicolò del Lido halt, um die Messe zu hören. Eine Legende besagt, daß der Ring kein Geschenk des Papstes Alexander, sondern des Evangelisten Markus selbst gewesen sei. Der habe ihn in einer Sturmnacht, da der Teufel die Stadt in die Fluten zu reißen drohte, einem Fischer gegeben.

Eroberung des Kolonialreiches; Krieg gegen Genueser und Osmanen

Als Seefahrer- und Kaufmannsstadt konnte Venedig während der Kreuzzüge nicht im Abseits bleiben. Der bereits greise, doch deshalb nicht weniger gerissene Doge **Enrico Dandolo** wußte aus dem 4. Kreuzzug Kapital zu schlagen. Er lenkte die Kreuzfahrer 1204 von ihrem ursprünglichen Ziel Jerusalem ab und lockte sie nach **Konstantinopel**, wo er das Beutegut an sich riß (darunter die berühmte Quadriga von San Marco). Venedig herrschte nunmehr über „anderthalb Viertel" des einstigen byzantinischen Reiches:

Zum Machtbereich der Serenissima gehörten jetzt auch die **Ionische Küste**, der **Peloponnes**, **Kreta** (Kandia), **Euböa** und das strategisch wichtige **Gallipoli** an den Dardanellen; mit ihren Handelsniederlassungen in Kleinasien und Ägypten wachte sie über die Tore zum Orient.

Marco Polo (1254-1324) konnte so nach China aufbrechen und die abendländische Welt bei seiner Rückkehr mit seinen abenteuerlichen Reiseberichten beeindrucken. Dank ihrer mächtigen Flotte, die im Arsenale, der größten Schiffswerft der damaligen Zeit, gebaut und ausgerüstet wurde, eroberten die venezianischen Kaufleute fast die ganze damals bekannte Welt: Ihre Galeeren fuhren vom Orient bis hoch nach London und Brügge.

1201-1204	**Vierter Kreuzzug**. 1204 wird Konstantinopel erobert und geplündert. Das griechische wird durch das lateinische Kaisertum abgelöst. Der neue Kaiser, **Balduin I. von Flandern**, wird gegen den Willen der Einheimischen von sechs Venezianern und sechs Kreuzfahrern eingesetzt.
um 1220	Einberufung des Rates der Vierzig als Teil des Großen Rates. Die sog. **Quarantia** ist für die Rechtsprechung zuständig.
1240	Durch die Belagerung von Ferrara sichert sich Venedig die Macht über den Handel in der Po-Ebene.
1255	Erste zuverlässige Erwähnung der **Pregadi**, der Mitglieder des Senates, so genannt, weil sie „gebeten" wurden – *pregadi* auf venezianisch –, ihr Amt auszuüben und ihre Meinung kundzutun. Die Pregadi gehörten dem Großen Rat an und waren zuerst für die Seefahrt und die Außenpolitik zuständig. Später wurde der Senat als exekutives und legislatives Staatsorgan vom Großen Rat bestellt.

Machtkampf mit Genua – Der Einfluß der venezianischen Kaufleute in Europa und im Orient weckte den Neid eines anderen großen italienischen Handelshafens: Genua. Die Seemacht an der ligurischen Küste hatte bereits den neuen byzantinischen Kaiser, den Usurpator **Michael Palaiologos**, bei der **Rückeroberung Konstantinopels** im Jahre 1261 unterstützt. Dies führte zu zahlreichen kriegerischen Auseinandersetzungen zwischen den beiden Seemächten, die sich ihre Handelsniederlassungen streitig machten. Der Konflikt erreichte im 14. Jh. im sog. Chioggiakrieg seinen Höhepunkt. 1380 gelang es den Venezianern, die Stadt ihren Genueser Besatzern wieder zu entreißen. Der **Frieden von Turin** besiegelte im darauffolgenden Jahr den Sieg der Serenissima.

1257-1270	Erste Phase des Konfliktes mit Genua, das bei Akkon von Venedig geschlagen wird. Die Venezianer kehren mit den beiden Marmorsäulen zurück, die heute rechts des Markusdomes aufragen. Die Rückeroberung Konstantinopels durch den von den Genuesern unterstützten Michael Palaliologos beendet das lateinische Kaisertum, das venezianische Viertel der Stadt wird zerstört. Im Friedensvertrag von 1270 stellt sich Genua unter den Schutz des französischen Königs Ludwig IX., der die Genueser im Siebten Kreuzzug auf seiner Seite haben will.
1268	Festschreibung des Verfahrens zur Wahl des Dogen. In zehn Etappen werden durch Losentscheid und Wahl die **Quarantaun** – die einundvierzig Wahlmänner – ermittelt, die den Dogen ernennen. **Lorenzo Tiepolo** ist der erste Doge, der nach dem neuen Gesetz gewählt wird.
1271-1295	Marco Polos Chinareise.
1284	Erstprägung des venezianischen **Golddukatens**, der das gleiche Gewicht (3,55 g) und die gleiche Titrierung (0,997 % Feingold) wie der bereits seit rund dreißig Jahren im Umlauf befindliche Florentiner Gulden hat. In dem Erlaß, der die Prägung begleitet, verfügen die venezianischen Machthaber, daß ihr Golddukaten „besser" zu sein habe als der der Toskaner. Der Golddukaten bleibt noch bis zum Ende der Republik deren offizielles Zahlungsmittel, wird jedoch nach der Einführung der Silberdukaten (1561) *zecchino* genannt.
1294-1299	Erneute Auseinandersetzungen mit Genua. Die Venezianer siegen in der Seeschlacht von **Curzola** (1298), haben aber schwere Verluste zu verzeichnen. Im Frieden von 1299 werden die Machtverhältnisse im Mittelmeerraum neu geregelt: Genua wird die Oberherrschaft über die Ionische Küste zugesprochen, Venedig kann seine Hegemonie über die Adria sichern.
1297	Ein neues Gesetz, die **Serrata del Maggior Consiglio**, erhöht die Zahl der Mitglieder des Großen Rates auf über tausend und legt die Kriterien für ihre Ernennung fest: Allein Mitglieder der Familien, die bereits einen Ratssitz haben oder in der Vergangenheit einen hatten, dürfen in den Maggior Consiglio aufgenommen werden. 1323 wird die Mitgliedschaft im Rat ein erbliches Amt auf Lebenszeit und Venedig damit zu einer Patrizierrepublik.
1308-1313	Um seine Handelsmacht in der Po-Ebene zu festigen, greift Venedig erneut Ferrara an. Der in Avignon residierende Papst **Clemens V.**, der die Oberhoheit über die Stadt am Po hat, belegt Venedig daraufhin mit dem **Kirchenbann**. Der Bann wird 1313 aufgehoben.

Die „Bocche di Leone"

Die „Mäuler des Löwen", anmaßend auch „Münder der Wahrheit" genannt, wurden längs der Straßen und an den öffentlichen Gebäuden in die Mauern eingelassen. Sie zeigten ein Relief mit einem haßverzerrten Gesicht, durch dessen Mund anonyme Anschuldigungen in einen dahinter gelegenen „Briefkasten" geschoben werden konnten. Diesen Anschuldigungen wurde aber nur dann nachgegangen, wenn der Denunziant mindestens zwei Zeugen nennen konnte.

Eine *bocca di leone* am Dogenpalast

1310	**Baiamonte Tiepolo**, ein venezianischer Edelmann, versucht, den Dogen Pietro Gradenigo zu stürzen. Der Aufstand wird blutig niedergeschlagen. Daraufhin wird der **Rat der Zehn** *(Consiglio dei Dieci)* einberufen, ein Ausnahmegericht zum Schutz des Machtapparats der Republik. Der Rat untersteht direkt dem Dogen und setzt sich aus zehn Senatsmitgliedern und sechs Weisen zusammen. Er unterhält eine Geheimpolizei und bezahlte Spitzel, die verdächtige Venezianer beschatten und den anonymen Denunziationen nachgehen, die in die sog. *bocche di leone* geschoben werden. Ein großer Teil des freiheitlichen Geistes, der bis dahin die Herrschaft der Serenissima auszeichnete, geht damit verloren.
1321	Dante ist als Botschafter Ravennas in Venedig.
1347-1348	Eine von der Krim zurückkehrende venezianische Galeere bringt die **Pest** nach Venedig. Drei Fünftel der zuvor noch 100 000 Einwohner der Serenissima kommen um.
1350-1355	Wiederaufflammen des Konfliktes mit Genua.
	1350 hat der (Pferde- und Fußgänger-)Verkehr in der Stadt so stark zugenommen, daß es häufig zu Unfällen kommt. Man beschließt, den Pferden Glöckchen umzuhängen, um die Fußgänger zu warnen.

Der jähzornige und rachsüchtige Doge Marino Falier

Bereits der Amtsantritt des damals schon achtzigjährigen Dogen Marino Falier stand unter einem schlechten Stern: Das Bucintoro, die Prunkgaleere des Dogen, verfehlte im Nebel den Landesteg, anschließend ging der Doge – ein weiteres böses Omen – geradewegs zwischen den beiden Säulen auf der Piazzetta hindurch, zwischen denen die Verbrecher hingerichtet wurden. Als dann sein Thron mit Anschuldigungen gegen seine Frau besudelt wurde, geriet er außer sich vor Wut. Die seiner Ansicht nach viel zu milde Strafe, die über den jugendlichen Täter verhängt wurde, reizte ihn bis aufs Blut. Er begann ein Komplott zu schmieden, um sich an den Adelsfamilien zu rächen, von denen er sich verraten glaubte. Doch die Verschwörer wurden entdeckt. Der Doge selbst wurde des Verrats bezichtigt und 1355 zum Tode verurteilt.
Sein Porträt hängt noch heute im Versammlungssaal des Großen Rates im Dogenpalast – bedeckt mit einem schwarzen Tuch, auf dem eine Inschrift daran erinnert, wie schmachvoll er sein Amt mißbrauchte. Seine Lebensgeschichte wurde von Byron und Swinburne literarisch aufbereitet und inspirierte auch Donizetti und Delacroix.

1354	Die **Osmanen** (die späteren Türken), die ihren Herrschaftsbereich seit dem 13. Jh. stetig nach Westen ausgeweitet haben, erobern die venezianische Handelsniederlassung Gallipoli (Gelibolu) an den Dardanellen.
1354-1355	Mißglückte Verschwörung des Dogen **Marino Falier**; der Doge wird hingerichtet.
1358	Venedig muß Dalmatien (die Schiavonia) an Ungarn abtreten.
1372	Die Genueser besetzen Famagusta auf Zypern. Venedig verliert Zara.
1378-1381	Vierter Krieg gegen Genua. **Chioggia** wird von den Genuesern und Paduanern besetzt, doch von Venedig zurückerobert.
1386	Korfu gelangt in venezianischen Besitz.

Gefährliche Zeiten

Kaum war der Konflikt mit Genua beigelegt, schon mußte Venedig seine für den Handel lebenswichtigen Besitzungen auf dem italienischen Festland, insbesondere in der Po-Ebene, vor feindlichem Zugriff sichern. 1423 begann der Doge **Francesco Foscari** seinen langen Kampf gegen Mailand, bei dem er zuerst die mächtigen Viscontis und dann Francesco Sforza zum Gegner hatte. 1454 wurde der Konflikt im **Frieden von Lodi** beigelegt.
1482 zogen die Venezianer wieder gegen Ferrara zu Feld.
Als sich Frankreich, Spanien und das Römische Reich zur **Liga von Cambrai** zusammenschlossen, erwuchs aus dem lokalen Konflikt ein europaweiter Machtkampf.
Angesichts der Übermacht ihrer Gegner mußte die Dogenrepublik 1509 fast alle ihre Besitzungen auf dem italienischen Festland aufgeben.
In der Folgezeit bemühte sich die Republik im Rahmen des Möglichen um Frieden mit ihren Gegnern. Trotz einiger glanzvoller Ereignisse wie der Anerkennung der Herrschaft über die Adria durch den Kaiser (Frieden von Bologna, 1529) und der Bestätigung der Grenze von Adda (Frieden von Cateau-Cambrésis, 1559) kündigte sich in Venedigs defensivem, vorsichtigem Gebaren dieser Jahre bereits der Niedergang der Republik an, die nach und nach von inneren Konflikten zermürbt wurde.

1402-1406	Kämpfe in Norditalien, wo Venedig eine Handelssperre droht. Verona, Vicenza und schließlich auch Padua werden besiegt.
1409	Venedig bringt Dalmatien wieder unter seine Herrschaft.
1410	Ein großes Hochwasser verwüstet die Stadt.
1423	Wahl des Dogen **Francesco Foscari**. Venedig wird zur Oligarchie: Die Worte „Se a voi piace", mit denen der Doge früher zum Ausdruck brachte, daß seine Herrschaft dem Willen des Volkes unterworfen war, werden fortan nicht mehr ausgesprochen.
1425-1454	Konflikt mit Mailand. Nach 30 Jahren Krieg reicht der venezianische Herrschaftsbereich wieder bis nach Adda.
1424	Beginn des Baus des Ca' d'Oro.
1428	Erneut verheerendes Hochwasser.
1454	Im **Frieden von Lodi** wird der Konflikt mit Mailand beigelegt. Venedig erreicht seine größte territoriale Ausdehnung.
1463-1479	Mit der Rückeroberung von Argos durch die Osmanen beginnt ein für Venedig erniedrigender Krieg. Die Serenissima verliert Negroponte (Euböa) in der Ägäis und Shkodër in Albanien und muß den Türken einen jährlichen Tribut von 10 000 Dukaten zahlen.
1472	**Caterina Cornaro** wird durch ihre Heirat mit dem Herrscher der Insel, Jakob II. von Lusignan, Königin von Zypern. Ein Jahr später, nach dem Tod ihres Gemahls, wird ein Staatsstreich gegen sie verübt *(s. unter RIALTO)*.
1481	Nach dem Tod Muhammads II. wird Venedig von der Verpflichtung befreit, jährlich 10 000 Dukaten an die Türken zu zahlen.
1484	Die venezianische Flotte erobert Gallipoli zurück.
1489	Caterina Cornaro tritt Zypern an Venedig ab.
1490	**Aldus Manutius d. Ä.** gründet in Venedig eine Druckerei, die wegen der Qualität ihrer am Signet mit dem Delphin und dem Anker zu erkennenden Erzeugnisse zu großer Berühmtheit gelangt.
1494	König Karl VIII. von Frankreich trifft in Italien ein, um gegen das Königreich Neapel ins Feld zu ziehen. Der antifranzösischen Liga, der Venedig an der Seite Mailands angehört, gelingt es nicht, seinen Vormarsch aufzuhalten: Sie wird im darauffolgenden Jahr in der Schlacht von **Fornovo** geschlagen.
1499	Die Osmanen greifen Lepanto (Nafpaktos) an. Antonio Grimani wird vor Sapienza geschlagen, was ihm in Venedig den Beinamen „Ruin der Christenheit" einträgt. Die Türken plündern Friaul. Im Friedensvertrag von 1503 muß Venedig auf Lepanto sowie Corone und Modone (Morea, Peloponnes) verzichten.
1500	Veröffentlichung der überaus detailgetreuen **Pianta De' Barbari**, der ersten wirklich aussagekräftigen Stadtansicht von Venedig. Sie trägt den Namen ihres Urhebers, Jacopo De' Barbari.

Pianta De' Barbari (Museo Correr)

1508	Mit dem Ziel, Venedig seines italienischen Festlandbesitzes zu berauben und diesen unter sich aufzuteilen, bilden Ludwig XII. von Frankreich, Kaiser Maximilian I. und Papst Julius II. die **Liga von Cambrai**, der sich auch Spanien, Ungarn, die Herzöge von Savoyen und Ferrara sowie der Marquese von Mantua anschließen. Nach der schweren Niederlage, die Venedig zu Beginn des Krieges erleiden muß, braucht die Serenissima sieben Jahre, um ihren Machtbereich wieder bis nach Adda auszudehnen.
1514	Die Rialto-Markthallen fallen einer Feuersbrunst zum Opfer.
1516	Venedigs Juden müssen ins **Ghetto** ziehen.
1538	Andrea Doria, Admiral des mit Venedig verbündeten Kaisers Karl V., wird bei Prevesa geschlagen. Die Osmanen sind nun die Herrscher über das Meer.
1539	Einberufung des „Obersten Gerichts", des von den **Inquisitori di stato** gebildeten Sicherheitsorgans. Venedig hat drei staatliche Inquisitoren: Der „Rote", so genannt wegen seiner scharlachroten Robe, ist ein Berater des Dogen, die beiden „Schwarzen" gehören dem Zehnerrat an. Sie schaffen ein dichtes Spionagenetz, das den äußeren und inneren Feinden der Republik das Handwerk legen soll.
1570	Die Osmanen landen auf Zypern und nehmen Nikosia ein.
1571	Belagerung und Fall von Famagusta im August. **Mercantonio Bragadin**, der Kommandant der venezianischen Festung auf Zypern, wird bei lebendigem Leib gehäutet. Im Oktober besiegt Venedig die Osmanen in der Seeschlacht von **Lepanto**.
1577	Der Dogenpalast brennt nieder. Antonio Da Ponte wird mit seinem Wiederaufbau betraut.
1587	Gründung der ersten öffentlichen Bank Venedigs, der **Banco della Piazza**. Die zweite, die **Banco del Giro**, wird 1619 gegründet.
1588	Neubau der Rialtobrücke aus Stein.

Die *Schlacht von Lepanto* von Michieli (Dogenpalast)

Lepanto

Als Bundesgenosse des Papstes und Spaniens in der Heiligen Liga muß sich Venedig am 7. Oktober 1571 dem Kampf gegen die Türken stellen. Die Flotte der Christen – über die Hälfte ihrer Schiffe stammt aus Venedig – setzt sich aus 208 Galeeren zusammen und untersteht dem Oberkommando **Sebastiano Veniers**. Die Türken rücken mit 208 Galeeren und 63 leichten Schiffen an, erleiden jedoch eine schwere Niederlage: 80 Schiffe gehen unter, 140 werden erbeutet und 30 000 Mann werden als vermißt gemeldet. Die Heilige Liga hat 7 600 Tote zu beklagen und 12 Galeeren verloren.

Unter den verletzten Christen befand sich auch **Cervantes**, der Autor des „Don Quichotte", der die Schlacht nicht nur für das wichtigste Ereignis seines Lebens, sondern der Geschichte überhaupt hielt. Cervantes pflegte zu sagen, daß ihm seine verletzte linke Hand mehr zur Ehre gereichte als seine schreibende rechte.

1593	Um seine östlichen Grenzen gegen die Osmanen und die Habsburger zu verteidigen, baut Venedig die Festung Palmanova. Ihr Grundriß hat die Form eines neunzackigen Sterns. In Gedenken an die Schlacht von Lepanto wird der Grundstein an einem 7. Oktober gelegt.
1599-1604	Nach einer Hochwasserkatastrophe, bei der angeschwemmter Schlamm Chioggia verwüstet hat, wird ein Mündungsarm des Po nach Goro umgeleitet.
1600	Eine erneute Hochwasserkatastrophe richtet in Venedig große Schäden an.

Spannungen zwischen Venedig und dem Heiligen Stuhl im 17. Jh.

Wie groß das Konfliktpotential zwischen dem Papsttum und der Serenissima war, zeigt sich schon an zwei sprichwörtlichen Aussprüchen der Bürger der Lagunenstadt, die von sich sagten, daß sie „zuerst Venezianer und dann Christen" seien und im übrigen „enorm an den hl. Markus, recht viel an Gott und ein wenig oder überhaupt nicht an den Papst" glaubten. Dieser war bereits über die Freiheiten, die Venedig den Protestanten zubilligte, wenig erbaut. 1605 brachte eine vom Zehnerrat erhobene Anklage gegen zwei Priester das Faß zum Überlaufen. Der Papst war der Ansicht, die beiden hätten der kirchlichen Autorität überantwortet werden müssen. Der venezianische Theologe **Paolo Sarpi**, der die Haltung der Republik verteidigt hatte, wurde exkommuniziert; seine Argumentation wurde als ketzerisch verurteilt. Die Antwort Venedigs ließ an Klarheit nichts zu wünschen übrig: „Wir halten diese Exkommunizierung für null und nichtig und messen ihr keinerlei Bedeutung bei." Der Bann wurde noch ein Jahr aufrechterhalten. Dann verbesserten sich die Beziehungen zwischen dem Vatikan und Venedig. Paolo Sarpi wurde 1607 jedoch Opfer eines Attentats. Als er sich wieder erholt hatte und man ihm den Dolch zeigte, mit dem er niedergestochen worden war, rief er aus: „Da erkenne ich den Stil der römischen Kirche!" – wobei das lateinische Wort für Stil, *Stylus*, zugleich Dolch bedeutet.

1609	**Galileo Galilei** (1564-1642) führt dem Dogen das von ihm konstruierte Fernrohr vor.
1613-1617	Als Antwort auf die Vorstöße der **Uskoken** – bosnischer und dalmatinischer Piraten, die von Habsburg unterstützt werden – kommt es zum Krieg von Gradisca, der mit der Umsiedlung der Uskoken nach Zentralkroatien endet.
1622	Der Senator **Antonio Foscarini**, Venedigs Botschafter in England und Frankreich, wird der Spionage angeklagt und hingerichtet. Wenig später erweist sich die gegen ihn erhobene Anklage als falsch: Der Denunziant wird zum Tode verurteilt, das Oberste Gericht der Republik gesteht öffentlich seinen Irrtum ein.
1628-1630	Nach dem Tode des Herzogs von **Mantua**, Ferdinand von Gonzaga, erheben sowohl der einer Nebenlinie entstammende Franzose Karl von Gonzaga-Nevers als auch die Habsburger Anspruch auf Mantua. Der österreichische Kaiser läßt seine Söldnertruppen vor Mantua aufmarschieren. Venedig eilt der bedrängten Stadt zu Hilfe, wird jedoch geschlagen. Den Sieg tragen die Franzosen davon. Mantua wird geplündert. In der Stadt bricht die **Pest** aus, die die habsburgischen Truppen eingeschleppt haben. Ein großer Teil der Bevölkerung stirbt an der Seuche, die auch nach Venedig weitergetragen wird. Dort rafft sie in etwas mehr als einem Jahr 50 000 Menschen dahin. Als die Epidemie ein Jahr später endlich besiegt ist, errichten die Venezianer der Hl. Jungfrau zum Dank für die Erlösung vom Schwarzen Tod die Kirche Santa Maria della Salute (1631).
1640	Wiederaufflammen des Türkenkrieges.

1644-1669	Die Malteserritter, die sich zum Schaden Venedigs, dessen Handelsbeziehungen mit dem Orient darunter litten, schon öfters der Seeräuberei schuldig gemacht haben, entern in der Ägäis eine türkische Galeone und erbeuten einen Teil des Harems des Sultans. Der rächt sich, indem er nicht etwa Malta, sondern Kandia (Kreta) angreift, da er überzeugt ist, die Venezianer stünden hinter dieser Schandtat. Die **Belagerung Kandias** zieht sich über 24 Jahre hin. Trotz der Niederlage der osmanischen Flotte im Jahre 1656, der schwersten seit der Schlacht von Lepanto, und trotz der Unterstützung durch ein von Ludwig XIV. entsandtes französisches Geschwader muß **Francesco Morosini**, dem nur noch 3 600 Mann geblieben sind, 1667 die Kapitulation unterzeichnen. Kreta ist damit endgültig für die Dogenrepublik verloren.
1684-1699	**Francesco Morosini** erobert als Verbündeter Österreichs und Rußlands den Peloponnes, was ihm nach seiner Wahl zum Dogen 1688 den Beinamen „Il Peloponnesiaco" einträgt. Venezianische Kugeln treffen den Parthenon in Athen, der schon stark darunter gelitten hatte, daß er von den Türken als Pulverlager mißbraucht wurde. Obwohl die Rückeroberung der Halbinsel kein voller Erfolg ist, wird Morea (Peloponnes) im 1599 geschlossenen **Frieden von Karlowitz** den Venezianern zuerkannt.

18. Jahrhundert: Niedergang und Fall der Republik

Die bereits dem Untergang geweihte Dogenrepublik entscheidet sich in einem letzten Aufbäumen für ihre Unabhängigkeit und gegen ein Schutzbündnis mit einer der beiden sich seit über 200 Jahren bekriegenden Mächte Frankreich und Habsburg.

1718	Im **Frieden von Passowitz**, der den letzten Türkenkrieg beendet, verliert Venedig endgültig Morea (Peloponnes). Das einst gewaltige Reich der Venezianer ist damit auf Istrien, Dalmatien, die Ionischen Inseln und kleinere Gebiete in Albanien zusammengeschrumpft.
1744-1782	Bau der **Murazzi** von Pellestrina und Sottomarina. Es handelt sich um Deiche aus mit Sand und Kalk gebundenem istrischem Stein und Puzzolan. Sie sind 14 m breit und ragen 4,5 m über dem normalen Wasserpegel auf, sind aber nicht völlig dicht.
1784	Der Prokurator **Andrea Tron**, wegen seiner autoritären Ausstrahlung (er flößte selbst dem Dogen Respekt ein) „El Paron" – der Chef – genannt, beklagt, daß seine Mitbürger und Untertanen „keinerlei Ähnlichkeit mehr mit den Kaufleuten früherer Zeiten aufweisen" und daß in Venedig „Willenlosigkeit, übermäßiger Luxus, Müßiggang und eitle Vergnügungssucht" um sich greifen.
1784-1786	Letzte Kämpfe um die Herrschaft auf dem Meer. **Angelo Emo** geht gegen die Piraten an der nordafrikanischen Küste vor.
1789	Wahl von **Lodovico Manin**: Der letzte Doge ist zugleich der erste, der nicht dem venezianischen Adel entstammt. Seine Familie kam ursprünglich aus Friaul und hatte 1651 ihre Aufnahme in das „Goldene Buch" mit 10 000 Dukaten bezahlt.
1792	Einweihung der **Fenice** (Opernhaus). Zum letzten Mal in ihrer jahrhundertelangen Geschichte sorgt sich die Serenissima um ihre Lagune. Die *conterminazione lagunare* wird festgelegt: Innerhalb dieses Bereiches, dessen Grenzen genau definiert werden, ist alles verboten, was in irgendeiner Weise das fragile biologische Gleichgewicht der Lagune gefährden könnte.
1796/97	Bei der Verfolgung der flüchtenden österreichischen Truppen dringt **Napoleon Bonaparte** in venezianisches Territorium ein. In dem am 18. April 1797 unterzeichneten **Vorfrieden von Leoben** muß Österreich auf Belgien und die Lombardei verzichten, erhält dafür aber Istrien, Dalmatien und einen Teil des venezianischen Festlandes. Nur die Lagune und etwas Land in der Umgebung bleibt noch im Besitz der Republik Venedig.

> ### Das „Goldene Buch"
> Das seit dem 16. Jh. existierende *Libro d'Oro*, das „Goldene Buch", war das Standesregister der venezianischen Patrizierfamilien. Wer darin aufgenommen werden wollte, mußte strenge Bedingungen erfüllen. Ohne den Eintrag in das Goldene Buch war der Zugang zu den öffentlichen Ämtern der Stadt verwehrt.

Napoleon empfindet einen derartigen Widerwillen gegen die Dogenrepublik, daß er sagt: „Ich will keine Inquisition mehr und keinen Senat. Ich werde ein Attila für Venedigs Staatsapparat sein." Nach der Kriegserklärung tritt der Große Rat am 12. Mai zum letzten Mal zusammen. Obwohl die für die Gültigkeit der Wahl erforderliche Mitgliederzahl nicht anwesend ist – ein Großteil der Räte ist bereits geflüchtet –, wird in gespannter Atmosphäre eine Übergangsregierung bestellt. Lodovico Manin dankt als Doge ab.

Am 18. Oktober teilen sich Kaiser Franz II. und Napoleon Bonaparte im **Frieden von Campoformio** die spärlichen Reste des venezianischen Reiches: Österreich erhält die Lagunenstadt, Venetien bis zum Adige, Friaul, Istrien, Dalmatien und die Adriainseln, Frankreich die albanische Küste und die Ionischen Inseln.

Dogenmütze (Museo Correr)

Venedig und die Einigung Italiens

1805	**Frieden von Preßburg**: Napoleon entreißt den Österreichern Venedig und gliedert es dem Königreich Italien an.
1815	Im **Wiener Kongreß** gehen Venedig, Venetien und die Lombardei wieder an Österreich.
1821	Die Italiener streben nach nationaler Einheit, immer häufiger kommt es zu Erhebungen gegen die österreichischen Besatzer.
1839-1853	Errichtung der Nord- und Süddämme bei Malamocco.
1841	Bau der Eisenbahnbrücke zwischen Venedig und Mestre.
1844	Die beiden venezianischen Patrioten **Attilio** und **Emilio Bandiera**, Gründer des Geheimbundes Esperia und Anhänger des Freiheitskämpfers Mazzini und seiner „Giovane Italia", werden zusammen mit Domenico Moro, einem anderen Mitglied des Bundes, in Cosenza erschossen.
1847	Auf dem IX. Wissenschaftskongreß treten zwei bedeutende venezianische Persönlichkeiten, der Anwalt **Daniele Manin** und der Schriftsteller **Niccolò Tommaseo**, für ihre revolutionären Ideale ein.
1848	In Venedig wird die **Republik von San Marco** ausgerufen. Daniele Manin wird ihr Präsident; eine Übergangsregierung wird ernannt. Manin stellt sich an die Spitze des Aufstandes gegen Österreich, an dem auch Niccolò Tommaseo teilnimmt.
1849	Trotz der aussichtslosen Situation der Republik von San Marco ergeht in einer Parlamentssitzung der Beschluß, „um jeden Preis Widerstand zu leisten". Die Österreicher erobern die Stadt zurück. Manin, Tommaseo und ihre Mitstreiter werden in die Verbannung geschickt.
1854-1858	Bau zweier identischer Brücken über den Canal Grande, die eine nahe dem Bahnhof, die andere bei der Accademia. Fast sieben Jahrhunderte nach dem Bau der ersten Rialtobrücke führen nun drei Brücken über den Canal Grande.
1866	Nach dem Sieg der von den Italienern unterstützten Preußen über Österreich bei Sadowa sind endlich die Voraussetzungen für die Angliederung Venetiens an das 1861 proklamierte Königreich Italien gegeben. Die Einwohner Venedigs und Venetiens entscheiden sich mit überwältigender Mehrheit (674 426 Ja- gegen 69 Neinstimmen) für Italien.
1895	Die **Biennale Internazionale d'Arte** wird ins Leben gerufen. In den Grünanlagen von Castello, wo die Kunstausstellung stattfindet, entstehen im Laufe des 20. Jh.s mehrere avantgardistische Pavillons.
1902	Einsturz des Campaniles von San Marco. 1911 ist er wieder aufgebaut.
1915-1918	Venedig wird im I. Weltkrieg bombardiert. 1916 kommt es zudem zu einer erneuten Hochwasserkatastrophe.

1932	In Venedig finden zum ersten Mal Filmfestspiele statt.
1933	Einweihung der Ponte Littorio, die später in Ponte della Libertà, „Brücke der Freiheit", umgetauft wird.
1953	Guiseppe Roncalli, der spätere **Papst Johannes XXIII.**, der das berühmte II. Vatikanische Konzil einberufen wird, übernimmt das Amt des Patriarchen von Venedig.
1953-1959	**Frank Lloyd Wright** (1869-1959) arbeitet an Plänen für ein Studentenhaus am Canal Grande (Masieri Memorial). Sie werden allerdings nie umgesetzt.
1964	**Le Corbusier** (1887-1965) entwirft ein Krankenhaus, das jedoch nicht über das Planungsstadium herauskommt.
1966	Jahrtausendhochwasser.
1969	**Louis Kahn** (1901-1974) entwirft einen Kongreßpalast. Auch er wird niemals realisiert.
	Albino Luciani wird Patriarch von Venedig. Er stirbt 1978 als **Johannes Paul I.** nach kaum mehr als einem Monat auf dem Stuhl Petri.

Die Zukunft der Lagune

Wenn auch die glorreichen Zeiten der Serenissima längst vergangen sind, hat der Ruhm der einzigartigen Lagunenstadt doch die Jahrhunderte überdauert – und dies trotz oder gerade wegen der ständigen Bedrohung, die das Meer für sie darstellt.
1925 stand der Markusplatz, der „schönste Salon der Welt", achtmal unter Wasser. In den letzten Jahren war dies an rund 50 Tagen der Fall.
Doch nicht länger ist das Hochwasser der einzige Feind der Stadt: Verheerend sind auch die Auswirkungen der Umweltverschmutzung. Im 20. Jh. wurde die Lagune von der Industrie erobert. In den 20er Jahren entstand **Porto Marghera**, dessen Industrieansiedlungen seit dem Ende des Zweiten Weltkrieges stetig gewachsen sind. Nicht nur die Schaffung des großen Öltankerkanals, sondern auch die Trockenlegung der Gebiete bei Tessera für den Bau des Marco-Polo-Flughafens brachte das fragile Gleichgewicht der Lagune ins Wanken. Zwischen 1950 und 1970 wurde ein Teil der Abwässer der Chemie- und Stahlwerke und der Raffinerien von Porto Marghera sogar noch in die Lagune geleitet. In den 80er Jahren stammten rund 80 % der in den Kläranlagen entsorgten Abwässer aus den Industrieanlagen der Lagune.
Auch die landwirtschaftliche Nutzung schadet der Lagune. Das Wasser ist mit Düngemitteln, Pestiziden und Insektiziden verseucht. Der Stickstoff- und Phosphatgehalt hat in beunruhigender Weise zugenommen. Viele Tier- und Pflanzenarten sind vom Aussterben bedroht. Die Umweltverschmutzung fördert die Entwicklung der schädlichen Riesenalgen und zerstört die Samenpflanzen, deren Wurzeln die Erosion aufhalten.

1973	Die italienische Regierung erklärt den Schutz Venedigs zu einem „vorrangigen nationalen Anliegen".
1988-1992	Testlauf von Mo.S.E., einem Prototyp des neuartigen Ventilschützes, das den Wasserzufluß in die Lagune regulieren soll.
1996	Am 29. Januar, um 21.15 Uhr, bricht in der Fenice ein schreckliches Feuer aus. In nur 1 1/2 Stunden wird das berühmte Opernhaus zum dritten Mal in seiner Geschichte in Schutt und Asche gelegt.

„Heute früh war ich bei dem Hochamte, welchem der Doge jährlich an diesem Tage wegen eines alten Sieges über die Türken in der Kirche der heiligen Justina beiwohnen muß. Wenn an dem kleinen Platz die vergoldeten Barken landen, die den Fürsten und einen Teil des Adels bringen, seltsam gekleidete Schiffer sich mit rot bemalten Rudern bemühen, am Ufer die Geistlichkeit, die Brüderschaften mit angezündeten, auf Stangen und tragbare Leuchter gesteckten Kerzen stehen, drängen, wogen und warten, dann mit Teppichen beschlagene Brücken aus den Fahrzeugen ans Land gestreckt werden, zuerst die langen violetten Kleider der Savj, dann die langen roten der Senatoren sich auf dem Pflaster entfalten, zuletzt der Alte, mit goldener phrygischer Mütze geschmückt, im längsten goldenen Talar mit dem Hermelinmantel aussteigt, drei Diener sich seiner Schleppe bemächtigen, alles auf einem kleinen Platz vor dem Portal einer Kirche, vor deren Türen die Türkenfahnen gehalten werden, so glaubt man auf einmal eine alte gewirkte Tapete zu sehen, aber recht gut gezeichnet und koloriert."

Johann Wolfgang von Goethe, „Italienische Reise",
Venedig, den 6. Oktober 1786

Hausbau in Venedig

Pfahlbauten – Venedig ist nicht am Wasser gebaut, sondern auf dem Wasser: Eine „Biberrepublik" nannte Goethe die Stadt. Als Baugrund dienen Sandbänke, die teils aus dem Wasser auftauchen und zu Inseln geworden sind, teils knapp unter oder über der Wasseroberfläche liegen. Dieser sandige, mehr oder minder schlickreiche Baugrund ist relativ instabil. Daher ruhen die Fundamente der Häuser auf Lärchen- oder Eichenpfählen *(pali)*, die tief in den Grund der Lagune gerammt werden, wo sich eine harte Tonschicht befindet. Die 2 bis 4 m hohen Pfosten sind in einem Abstand von 60 bis 80 cm von außen nach innen in konzentrischen Kreisen oder spiralförmig angeordnet. Auf diesem Grundgerüst werden sich überkreuzende Balken befestigt, auf die wiederum Blöcke aus istrischem Stein geschichtet werden, die den Unterbau aus Ziegeln und Mörtel tragen, auf dem das Haus errichtet ist. Für den Bau von Santa Maria della Salute mußten nicht weniger als 1 160 657 Pfähle in den Boden gerammt werden, für die Rialtobrücke immerhin 10 000.

Baumaterial – In der Lagune selbst gibt es so gut wie kein Baumaterial, das meiste mußte von weit her geschafft werden. Das **Holz** stammte aus der Cadore-Region in den Dolomiten oder vom Balkan. Es wurde nicht nur für Pfähle, Decken und Dachgerüste verwendet, sondern manchmal auch ins Mauerwerk eingearbeitet, um dem Baugefüge die auf dem instabilen Grund nötige Elastizität zu geben. Der zur Fassadenverkleidung verwendete **Marmor** kam aus den Steinbrüchen der Euganeischen Hügel südlich von Padua oder aus Griechenland. Weit verbreitet, vor allem als Blendwerk, ist der harte **istrische Kalk**, der fast so weiß wie Marmor und zudem sehr widerstandsfähig gegen Salzwasser ist. Einzig die **Ziegel** wurden in der Lagune hergestellt, wo sich genügend Ton findet. Sie wurden vor allem in der Gotik viel eingesetzt. Ein besonders schöner Ziegelbau ist die Frari-Kirche (Santa Maria Gloriosa dei Frari).

Besonderheiten der venezianischen Architektur – Das Bauland für die Klöster, Paläste und Kirchen wurde der Lagune in jahrhundertelanger, mühsamer Arbeit abgetrotzt. Die Allgegenwart des Wassers ließ in den Menschen den Wunsch keimen, aus dem Feind einen Verbündeten zu machen. Das Wasser reflektiert das Licht in tausend Facetten und Farben, verändert die sich in den Kanälen spiegelnden Perspektiven, gibt ihnen einen Hauch von Irrealität, schafft eine träumerische Atmosphäre. Diesen besonderen Zauber wußten die venezianischen Architekten zu nutzen, indem sie ihre Paläste mit phantastischen filigranen Steinmetzarbeiten – feingliedrigem Maßwerk, ziselierten Gesimsen, Arkaden und Bögen – verzierten, die das sich im Wasser spiegelnde Licht immer wieder brechen und deren Konturen in der bald nebligen, bald dunstigen Luft der Lagune zu verschwimmen scheinen.

Wegen der hohen Transportkosten, die bei der Beschaffung des Baumaterials anfielen, wurde in Venedig seit Anbeginn „maßvoll" gebaut. Ab dem 16. Jh. verbesserten sich zwar die Transportmöglichkeiten, so daß das Kostenproblem in den Hintergrund rückte, doch blieben die meisten Prunkbauten verglichen mit denen anderer Städte relativ klein, und auch die heimischen Ziegel wurden weiter gerne eingesetzt. Aufgrund der Instabilität des Bodens sind in Venedig mehr als dreigeschossige Häuser – außer im Ghetto, wo die Stockwerke dafür niedriger sind – eine Seltenheit. Der instabile Grund ist auch schuld daran, daß viele venezianische Bauten, so der Palazzo Dario, die Türme von Santo Stefano und San Barnaba, geneigt sind und sich die Uferkais (z. B. die Riva degli Schiavoni) und Plätze – allen voran der Markusplatz, der schon allein deshalb oft überschwemmt wird – absenken.

Der Campo – Das Herz des venezianischen Lebens ist der *campo*, der Platz, auf dem die Hausfrauen beieinanderstehen und die Wäsche aufhängen, auf dem sich die Nachbarn treffen und die Kinder spielen. Im Gegensatz zum *corte*, der nur einen Zugang hat, und zum *cortile*, dem Innenhof der Patrizierhäuser, liegt der Campo am Schnittpunkt mehrerer Gassen. Gelegentlich spenden Bäume auf dem von gotischen oder Renaissancepalästen gesäumten Campo Schatten; fast immer ist er mit einer Kirche „gesegnet". In der Mitte des Campo steht der Brunnen. Da Venedig kein Grundwasser hat, mußte Regenwasser gesammelt werden. Die Brunnen sind also in Wirklichkeit bis zu 6 m tiefe Zisternen. Sie sind aus Backstein gemauert und mit Flußsand gefüllt. Dieser filtert das Wasser, das in zwei oder vier auf dem Campo verteilten Öffnungen aufgefangen wird. Die Brunnenränder, die *vere di pozzo*, sind oft wahre Kunstwerke. Die frühesten – im Museo Correr sind schöne Beispiele ausgestellt – waren in der Mitte ausgehöhlte Schäfte oder Kapitelle römischer Säulen.

Palazzi und Häuser – Außer am Canal Grande stehen in Venedig die Paläste direkt neben einfachen Wohnhäusern. Die bald aus Haustein, bald aus Ziegeln gemauerten Wohnbauten haben oft zwei Fassaden und zwei Eingänge: Der eine geht auf die Calle, die Gasse, hinaus, der andere auf den Kanal, wo sich das „Wassertor" befindet. Im 1. Obergeschoß, dem *piano nobile*, liegt der *portego*: ein langgestreckter Salon, der vom Innenhof bis zum Kanal, wo er sich in einer arkadengeschmückten Loggia öffnet, reicht. Da Boden Mangelware war, haben die Venezianer ihre Gärten auf die Dächer verlegt. Die Ziegeldächer der Serenissima sind noch heute von malerischen, *altàne* genannten Terrassenkonstruktionen gekrönt. Neben ihnen ragen die typisch venezianischen, oben breiter werdenden Schornsteine auf, die *fumaioli*, die bereits auf den Bildern von Carpaccio zu sehen sind.

Altana: venezianische Dachterrasse, auf der früher die Frauen in der Sonne saßen, um ihre Haare zu bleichen

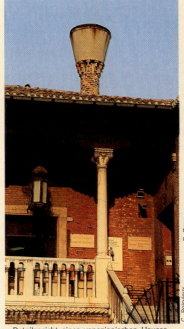

Sottoportego

Detailansicht eines venezianischen Hauses mit dem typischen, nach oben breiter werdenden Schornstein, dem „fumaiolo"

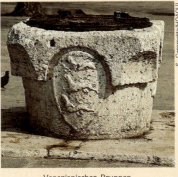

Venezianischer Brunnen

„Wassertor"

Architektur und Skulptur: Die Freude am Dekor

In der venezianischen Architektur verschmelzen verschiedene Einflüsse zu etwas ganz Eigenem und Einzigartigem. Erst hat Byzanz Venedig seinen Stempel aufgedrückt. Dann kamen die Gotik, die Renaissance, der Barock und der Klassizismus. Alle diese Stile sind in der Lagunenstadt auf fruchtbaren Boden gefallen. Doch alle wurden sie dort etwas abgewandelt, auf andere Weise kombiniert und dem besonderen Charakter der direkt über dem Wasser erbauten Stadt angepaßt.

Der venezianisch-byzantinische Stil

Auf Torcello stehen die ältesten Bauwerke der Lagune: Der architektonische Aufbau und das Schmuckwerk der Kathedrale Santa Maria Assunta und der Märtyrerkirche Santa Fosca erinnern noch heute an die einst engen Beziehungen, die einst zwischen Venedig und Ravenna, dem Sitz des byzantinischen Exarchen (Statthalters), bestanden.

Über Jahrhunderte hinweg war Venedig durch seine Eroberungen und den Orienthandel in Kontakt mit der griechischen und der byzantinischen Kultur. Es ist beileibe kein Zufall, daß der im 11. Jh. neu aufgebaute Markusdom eine Kopie der Apostelkirche in Konstantinopel ist. Diese im 6. Jh. errichtete, im 13. Jh. zerstörte Kreuzkuppelkirche diente allen oströmischen Gotteshäusern als Vorbild, ihr Baumeister schuf später nach dem gleichen Modell die gewaltige, prachtvolle Hagia Sophia. Grundriß, Volumenverteilung und Aufbau von San Marco sind die einer oströmisch-byzantinischen Kirche; die Mosaiken im Inneren sind das Werk griechischer Künstler.

Unter oströmischem Einfluß entwickelte sich in Venedig ab dem Frühmittelalter ein besonderer, in der Welt einzigartiger Baustil, den man venezianisch-byzantinisch nennt. Er verband typische Bauformen des Islam (Ornamente, Bögen) mit frühchristlichen Elementen (Trasennen, Kapitellen). Häufig wurden auch Spolien mit eingebaut, d. h. Überreste antiker Bauten: Flachziegel, Marmor und Säulen aus den in der Völkerwanderungszeit verwüsteten römischen Siedlungen an der Adriaküste.

Kirchen – Am deutlichsten ist der Einfluß Ostroms an den Kirchen im **byzantinischen Stil** zu erkennen (Santa Fosca und Santa Maria Assunta auf Torcello, Santi Maria e Donato auf Murano, San Marco in Venedig). Diese Bauwerke sind zumeist über einem griechischen Kreuz errichtet oder weisen die für frühchristliche Kirchen typische basilikale Grundform mit drei Schiffen auf. Ebenfalls kennzeichnend für diese Kirchen ist die Vorhalle (Narthex) bzw. der Portalvorbau – zu Beginn handelte es sich um einen schlichten überdachten Bereich vor dem Portal, später wurde daraus eine richtige, auf Bögen ruhende Vorhalle. Die Taufkapelle lag, wie in Torcello, häufig außerhalb der Kirche.

Byzantinisch ist die Freude an Kuppeln und an Säulen aus kostbarem Marmor. In deren kunstvoll gearbeiteten Kapitellen drückt sich der ganze Formenreichtum der oströmischen Kunst aus: Auf Kelch- oder Korbkapitellen sitzen trapezförmige Kämpfer auf; Niello-Inkrustationen (Gravuren, deren Vertiefungen geschwärzt wurden) wechseln mit Reliefs und durchbrochenen Steinmetzarbeiten ab; auf Pflanzenornamente folgen Palmetten und Fabeltierfriese.

Außen- und Innenwände wurden in der ravennatischen Tradition mit Mosaiken auf Goldgrund verziert, deren Thematik dem Alten und Neuen Testament entlehnt ist. Typisch für das Schmuckwerk der Kirchen der byzantinischen Zeit sind auch die Trasennen („Fensterscheiben" aus dünn geschliffenem, durchbrochenem Marmor oder Alabaster), die mit Schlangenlinien, Palmetten, Rankenornamenten oder frühchristlichen Motiven – Greifen, Adlern, Löwen und Pfauen – verzierten kreisrunden oder rechteckigen Marmormedaillons (Pateras und Pluteos), die marmornen Ambonen (Brüstungen mit Lesepult vor dem Chor) und die Ikonostasen (Bilderwände zwischen Gemeinde- und Altarraum).

In der im 11. und 12. Jh. aufkommenden venezianischen **Romanik** verband sich die byzantinische – aus Ravenna übernommene – Formensprache mit dem für die italienische Romanik ausschlaggebenden lombardischen Vorbild: Die Wände wurden nun weit hochgezogen; die strenge Außenfront lockerten durch Rundbogenfriese verbundene Lisenen und kleine Fensteröffnungen auf. Immer häufiger wiesen die Kirchenanlagen nun nach frühchristlichem Vorbild die basilikale Staffelung mit einem erhöhten, von Nebenschiffen flankierten Mittelschiff auf.

Die ältesten Kirchen Venedigs stammen aus dieser Zeit: San Giacometto di Rialto, San Nicolò dei Mendicoli, San Zan Degolà, San Giacomo dall'Orio und Sant'Eufemia auf der Giudecca. Sie wurden in den späteren Jahrhunderten mehrfach umgebaut. Zu dem Wenigen, das noch aus der Romanik erhalten ist, gehören die massiven Campanile (fast frei stehende Kirchtürme) aus Backstein mit quadratischem Grundriß und Lisenen- und Blendbogenverzierung. Die Turmspitzen stammen oft aus späterer Zeit und sind sechseckig, pyramiden- oder kegelförmig. Die Türme der wiederaufgebauten Kirchen San Zaccaria und San Samuele sind seit der Romanik unverändert geblieben. Von dem leider zerstörten Kloster Sant'Apollonia hat der Kreuzgang (12. Jh.) als eines der wenigen Zeugnisse der romanischen Baukunst die Jahrhunderte überdauert.

Kämpfer, Torcello
(9.-10. Jh.)

Pluteo, Kathedrale von Torcello
(11. Jh.)

Kapitell
mit Pflanzenornamenten,
Torcello

Kirchturm von San Barnaba

Trasenne im Markusdom
(Portale di Sant'Alipio)

Patera

Paläste – Die Paläste im byzantinischen Stil sind die wohl repräsentativsten Äußerungen der venezianischen Architektur des 11. bis 13. Jh.s. Diese *casa-fondaco* genannten Bauten (vom arabischen „fondouc", Lager) dienten zugleich als Warenlager, Handelskontor und Wohnhaus. Zu den am besten erhaltenen Beispielen dieses Bautyps gehören die Fondaco dei Turchi, das Ca' Farsetti, das Ca' Loredan und das Ca' da Mosto (Ca' ist die Abkürzung von *casa*, Haus). Sie zeugen vom schwindelerregenden Aufstieg der venezianischen Kaufleute, die durch den Seehandel zu großem Reichtum gelangten und sich für die byzantinische und die islamische Baukunst begeisterten, der sie auf ihren Orientreisen begegneten.

Der erste Dogenpalast war noch befestigt; in der Zeit, als sich Venedig zur Handelsmacht entwickelte, war dies nicht mehr nötig: Die Fassaden der Kaufmannspaläste konnten sich nun in unzähligen Fenstern und Balkonen nach außen öffnen. Das Bauschema der Paläste blieb über Jahrhunderte hinweg das gleiche, einzig das Dekor wandelte sich: Im 1. Geschoß befand sich das Lager mit dem „Tor zum Wasser" auf der Kanalseite; das 2. Geschoß war das *piano nobile* mit den Empfangsräumen und den Arkaden der Loggia, die zwischen zwei durchgehend gemauerten Türmen eingefaßt waren; darüber lag die von zierlichen Zierzinnen abgeschlossene Dachbrüstung. Später wurden oft zusätzliche Etagen hinzugefügt. Ihren besonderen Reiz erhielten die Paläste der byzantinischen Periode durch die mannigfaltigen Bögen: Man begegnet gestelzten Rund- und Spitzbögen, Hufeisen-, Kiel- bzw. sarazenischen Eselsrückenbögen und arabisierenden Zackenbögen. Sie ruhen auf Säulen aus edlem Marmor mit byzantinischen Kapitellen und Kämpfern, in die Pflanzenornamente und Tiermotive eingemeißelt sind. Über den Bögen sieht man oft kreisrunde Reliefs (Pateras), die gerne Fabeltiere zeigen. Viele Fassaden sind mit Medaillons und Kreuzen aus Marmorinkrustationen oder auch kleinen Figuren geschmückt.

Gotik

Es ist die Formensprache der Gotik oder besser gesagt: der Spätgotik, die Venedigs Bild am nachhaltigsten geprägt hat; ihr entstammt das wie Stein gewordene Spitze wirkende filigrane Maßwerk, das an vielen Campi und Rii die Loggien der Paläste ziert. Die Gotik gelangte erst spät, im 13. Jh., nach Venedig und hielt sich dort noch fast bis zum Ende des 16. Jh.s, als sie überall sonst in Italien schon längst von der Renaissance abgelöst worden war.

Kirchen – Aus der Zeit der venezianischen Gotik stammen die großen Prediger- und Klosterkirchen der Lagune: die Frari-Kirche, San Zanipòlo (San Giovanni e Paolo), die Madonna dell'Orto und Santo Stefano. Im 13. Jh. wurde Venedig vom Einfluß der Bettelorden erfaßt, die in Norditalien die Ideale apostolischer Armut predigten. Diese neue religiöse Bewegung fand in der damaligen von Pest und Elend geprägten Zeit großen Zustrom. In Venedig schlug sie sich nicht nur in der Gründung vieler Klöster, sondern auch und vor allem in der Entstehung der typisch venezianischen Wohlfahrtseinrichtungen der Zünfte nieder, den sog. *Scuole (s. I CARMINI, Kasten)*, die sich um Kranke und Bedürftige kümmerten.

In diesem besonderen Umfeld entstanden um 1245 Venedigs berühmte Kirchen der Dominikaner und der Franziskaner: **San Zanipòlo** und **Santa Maria Gloriosa dei Frari** – gewaltige Bauten, die in der Dogenrepublik eigentlich gegen den guten Ton verstießen; denn dort sollte kein Gotteshaus größer sein als San Marco, die Kirche der Dogen. Schließlich fand sich eine Lösung aus diesem Dilemma: Die Dogen machten die großen Gotteshäuser der Bettelorden zu ihren Grabkirchen und unterstützten deren Bau, so daß ihnen ihr Ruhm nicht von den Mönchen streitig gemacht werden konnte, sondern diese an dem ihren teilhatten.

Der Einfluß der Gotik zeigt sich weniger im Aufbau der damals entstandenen Kirchen (der blieb streng und klar gegliedert), als vielmehr am Schmuckwerk. Ab dem 14. Jh. verbinden sich in der Bekrönung einiger Kirchenfassaden Kurvenlinien und Geraden (San Giovanni in Bragora, Frari-Kirche, Scuola Vecchia della Misericordia). Die schlichten Backsteinfassaden sind noch immer dreigeteilt (mit einem erhöhten Mittelteil), doch sind ihnen nunmehr prunkvolle Portale, Gesimse, Ädikulen und Spitzbogenfriese aus Marmor oder weißem istrischem Stein vorgeblendet. Besonders die Portale sind reich verziert: Sie sind zumeist von einem mit stilisierten Akanthusblättern geschmückten Spitzbogen bekrönt und von kleinen Figuren, Laub- und Flechtbandfriesen und Rankenornamenten gerahmt. Eindrucksvoll ist das hohe Chorhaupt der Kirchen. Die Campanile sind weiterhin quadratisch und aus Backstein, doch bereits stärker gegliedert.

Die gotischen Kirchen sind zumeist auf dem Grundriß eines lateinischen Kreuzes errichtet: Das lange von Seitenschiffen flankierte Langhaus mit dem breiten Querhaus mündet in einen von Kapellen umgebenen Chor (Frari-Kirche, San Zanipòlo). In Santo Stefano und San Giacomo dall'Orio sind die wie ein Schiffsrumpf gewölbten Holzdecken erhalten geblieben, die in der venezianischen Gotik weit verbreitet waren; gemalte Akanthusfriese zieren dort die Scheidbögen. Typisch für die gotischen Kirchen sind auch die teilweise mit Schnitzornamenten verzierten Querstreben aus Holz, die die Wände des Schiffs abstützen.

Paläste – Die schönsten Paläste der Stadt stehen zweifellos am Canal Grande, der in der Gotik begann, zu jener „Prunkallee" über dem Wasser zu werden, die wir heute kennen. Der gotische Palast ist der Prototyp des venezianischen Palastes schlechthin. Der Aufbau ist noch immer derselbe wie in der byzantinischen Zeit. Drei waagerechte Elemente gliedern die manchmal schon verputzte Backsteinfassade: der Portalbau, das Piano Nobile mit der Loggia und die Zierzinnen über dem Dachgesims. Doch sind die spitzbogigen Arkaden der Loggien jetzt reich mit Maßwerk verziert, und es schließt sich an sie links, rechts oder beiderseits eine von einzelnen Fenstern durchbrochene schmale Mauerfront an.

Fassade von San Giovanni in Bragora

Fensteröffnungen im venezianisch-byzantinischen Stil mit gestelzten, Zacken- und Kielbögen (Palazzo Sagredo)

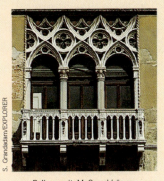
Balkon mit Maßwerkbögen und Vierpaßöffnungen

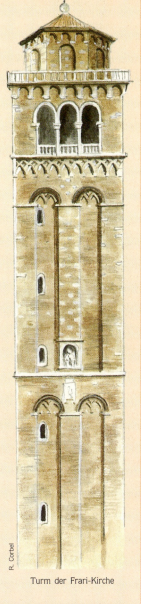
Turm der Frari-Kirche

Gotische Bögen und byzantinische Reliefs am Palazzo Da Mulà auf Murano (15. Jh.)

Der Grundriß der venezianischen Paläste ist U-förmig. Die beiden Seitenflügel umschließen den Cortile, den Innenhof. In einigen Palazzi sieht man dort noch heute das offene, mit Spitzbögen verzierte Treppenhaus, den auf Säulen und einem Architrav ruhenden Portikus oder zumindest die Zisterne.

Anders als z. B. in Florenz ist die Schönheit der venezianischen Fassade eine nach außen gekehrte Schönheit, die ihren Reichtum vor den Augen der Welt entfaltet. So ist es kein Wunder, daß sie ihre Lebendigkeit aus den reich verzierten Loggien und Fenstern bezieht.

Die venezianische Gotik ist noch immer vom Einfluß der byzantinischen und islamischen Kunst geprägt. In den reich mit Maßwerk verzierten Arkaden der Loggien ist die Erinnerung an die frühchristlichen Trasennen lebendig geblieben, Fenstereinfassungen und Bögen sind dem maurischen Vorbild nachempfunden, und auch die byzantinischen Rundreliefs, die Pateras, zieren weiter die Fassaden.

Im Laufe der Jahre kamen immer wieder andere Bogenformen in Mode: Im 14. Jh. herrschten die arabisierenden Zackenbögen vor. Anfang des 15. Jh.s fanden die Bauherren an von Kreuzblumen bekrönten Kiel- und Kleeblattbögen Gefallen. In der 2. Hälfte des 15. Jh.s entwickelte sich dann die venezianische Sonderform des spätgotischen Flamboyantstils. Typisch für diesen Stil, der am Dogenpalast zur vollen Blüte gelangte, sind eine oder mehrere Reihen Vierpaßfenster, die in die darunterliegenden, wie Flechtbandornamente aneinandergereihten Kleeblattbögen der Loggien hineingreifen. Ihren Höhepunkt erreichte die venezianische Gotik mit dem prachtvollen Ca' d'Oro am Canal Grande, an dem zuerst **Marco d'Amadio** (ab 1421) und dann die Familie **Bon** insgesamt zwanzig Jahre lang arbeiteten.

Skulptur – In der Gotik entstanden in Venedig die ersten erwähnenswerten bildhauerischen Arbeiten. Mit **Pier Paolo** und **Jacobello dalle Masegne** (gestorben 1403 und 1409) entwickelte sich eine aus der byzantinischen Tradition schöpfende Kunst, die nach dem Vorbild der Pisaner Bildhauerschule bereits der Weichheit und Grazie der Gotik verpflichtet war. Die Masegne-Brüder schufen u. a. die Ikonostase im Markusdom.

Dennoch kann zu diesem Zeitpunkt noch nicht von einer eigenständigen venezianischen Bildhauerschule die Rede sein. Die Serenissima ließ vor allem ausländische oder durchreisende Künstler für sich arbeiten. Der Einfluß der toskanischen Kunst gewann zusehends an Bedeutung, nicht zuletzt dank Florentiner und Sieneser Künstlern wie **Niccolò Lamberti** und **Jacopo della Quercia**. Letzterer schuf das Reiterstandbild des Paolo Savelli in der Frari-Kirche. Im 15. Jh. schmückte der aus der Lombardei stammende **Matteo Raverti** die Fassade des Dogenpalastes mit dem berühmten Hochrelief *Die Trunkenheit Noahs*. **Marco Cozzi** aus Vicenza arbeitete in etwa zur gleichen Zeit am Schnitzchor der Frari-Kirche, dem einzigen in Venedig erhaltenen Kunstwerk dieser Art.

Die Kunst der Bildhauer kam vor allem an **Grabmälern** und Torbauten zur Entfaltung. Bei den ersten Grabmälern aus dem 14. Jh. handelte es sich um einfache Sarkophage mit der Liegefigur des Verstorbenen, über die die Jungfrau mit dem Kind und Heiligenfiguren wachten. Über dem Sarkophag erhob sich ein Spitzbogen; in das Bogenfeld waren manchmal Reliefs eingemeißelt. Später kam der gotische Baldachin auf, der von zwei Figuren (Engeln, Kriegern) gehalten wurde.

Die Brüder **Giovanni** und **Bartolomeo Bon** (bzw. Buon), die sowohl als Baumeister als auch als Bildhauer tätig waren, haben sich an fast allen venezianischen **Kirchenportalen** verewigt (San Stefano, San Zanipòlo, Madonna dell'Orto, Frari-Kirche). Von ihnen stammen die meisten der bereits erwähnten, ausnahmslos aus weißem Stein oder Marmor gehauenen Portale, die sich deutlich von den Backsteinfassaden abheben; sie sind von gewundenen Rundstäben, Laubfriesen, schmalen Säulen und Ädikulen gerahmt und gipfeln in mit Akanthusmotiven verzierten Spitzbögen, die kleine Figuren tragen. Bartolomeo Bons Meisterwerk ist jedoch die vom spätgotischen Flamboyantstil geprägte Porta della Carta am Dogenpalast.

Die Anfänge der venezianischen Renaissance

Zwar konnte sich die Renaissance angesichts des andauernden Erfolgs der gotischen Kunst in Venedig erst spät durchsetzen, doch dafür entfaltete sie sich dort mit besonderem Glanz und einer noch ganz orientalischen Pracht. Im 15. Jh. kam es unter dem Dogen **Francesco Foscari** zu einem entscheidenden Wandel in der venezianischen Gesellschaft, der zeitlich mit dem Ende des Oströmischen Reiches zusammenfiel. Die Kontakte mit den **florentinischen und lombardischen Künstlern** wurden immer fruchtbarer. Zugleich strömten nach der Eroberung Konstantinopels durch die Türken im Jahre 1453 zahlreiche griechische Gelehrte in die Stadt. Schon allein deshalb ist der Humanismus in Venedig stärker als in anderen italienischen Städten der hellenistischen Kultur verpflichtet. 1495 begann der Druckermeister Aldus Manutius die Werke der großen griechischen Philosophen zu veröffentlichen. Zur gleichen Zeit kam es zur Aufspaltung der Bruderschaften in große und kleine Scuolen; die prachtvollen Zunfthäuser der Scuole Grandi von San Marco, San Giovanni Evangelista und San Rocco wurden gebaut.

In der zweiten Hälfte des 15. Jh.s verlor der rein florentinische Stil an Bedeutung. Der in der Toskana aus der Rückbesinnung auf das antike Ideal entstandene Renaissancestil hatte zwar schnell in ganz Italien Schule gemacht, nahm aber zugleich durch den intensiven Austausch zwischen den zugereisten und den heimischen Künstlern fast überall lokale Züge an. In den zum venezianischen Herrschaftsbereich gehörenden Städten Vicenza und Padua wurden die antikisierenden Formen der Renaissance früher aufgenommen als in der Lagunenstadt selbst. Von Vicenza und Padua aus gelangten sie schließlich nach Venedig, wo sie auf eine sehr eigene Weise abgewandelt und weiterentwickelt wurden.

Der Einfluß der Renaissance zeigte sich zunächst noch nicht an ganzen Baugefügen, sondern nur an Details – Portalen vorzugsweise. Das Tor des Arsenale (1460) ist mit seinen Löwen, mythologischen Figuren und Säulen aus griechischem Marmor das erste Werk der Renaissance in Venedig. Andere Beispiele der venezianischen Frührenaissance sind die Portale von San Giobbe und der Chiesa dei Gesuati sowie der Foscari-Bogen am Dogenpalast.

Zwei bedeutende florentinische Bildhauer der Renaissance hinterließen ihre Spuren in Venedig: Donatello schuf 1438 den überaus ausdrucksstarken *Johannes den Täufer* aus bemaltem Holz in der Frari-Kirche und Verrocchio 1458 das große Reiterstandbild des Condottiere Bartolomeo Colleoni auf dem Campo San Zanipòlo.

Die Lombardos – Die Erneuerung der venezianischen Bildhauer- und Baukunst Ende des 15., Anfang des 16. Jh.s war in erster Linie das Verdienst des aus der Lombardei stammenden **Pietro Lombardo** (1435-1515) und seiner Söhne **Antonio** und **Tullio**. Von den Lombardos, die – aus der Formensprache der Renaissance schöpfend – der venezianischen Baukunst ein neues Gesicht gaben, stammt die Fassade der Scuola di San Marco, die durch ihre erstaunlichen perspektivischen, durch Trompe-l'œil-Dekors erzielten Effekte besticht, sowie die Kirche Santa Maria dei Miracoli und das verwunschene Ca' Dario am Canal Grande. Gemeinsam ist diesen Bauten die Verbindung reichen Schmuckwerks (Medaillons aus Porphyr- und Marmorinkrustationen) mit einer äußerst eleganten und geschickten Linienführung und einem ausgewogenen Volumenaufbau.

An die Stelle des Backsteins der Gotik trat nun Haustein, zumeist Marmor. Die Fassaden durften weiter asymmetrisch sein. Verziert wurden sie mit eleganten Gesimsen, Büsten, Statuen, kannelierten oder mit zarten Reliefs geschmückten Pilastern, Laub- und Tierfriesen sowie Putti.

Pietro Lombardo hat aus dem istrischen Stein mehrere ebenso eindrucksvolle wie elegante Gräber für die Kirche San Zanipòlo gehauen (Grabmäler der Dogen Pietro Mocenigo, Pasquale Malipiero, Niccolò Marcello); auch das Erscheinungsbild der Chiesa San Giobbe hat er geprägt und sie zu einem Meisterwerk der Frührenaissance gemacht. Von seinem Sohn Tullio (um 1455-1532), der viel mit ihm zusammengearbeitet hat, stammen die großen perspektivischen Dekors in der Scuola di San Marco sowie die Gräber der Dogen Giovanni Mocenigo und Andrea Vendramin in San Zanipòlo.

Der lombardische Einfluß zeigt sich am Aufbau der Grabmäler: Ein triumphaler Portikus mit übereinander angeordneten Figurennischen öffnet sich über dem Sarkophag. Der Einfluß der toskanischen Kunst ist an der Grazie und der Feinheit der Figuren zu erkennen.

Die Söhne Tullio und Antonio Lombardo, die gemeinsam an der Cappella San Gerolamo in der Kirche San Francesco della Vigna arbeiteten, orientierten sich bei ihrer Arbeit stärker als der Vater direkt am Vorbild der klassischen Antike. Insbesondere die Arbeiten von Tullio, in denen die virtuose Technik des Bildhauers zum Ausdruck kommt, sind von einem kühlen, stark von der Antike beeinflußten Stil geprägt.

Mauro Codussi (1440-1504) – Auch dem Werk des aus Bergamo stammenden Codussi liegt ein eher ornamentales Architekturverständnis zugrunde, doch ist bei ihm das „toskanische" Element stärker ausgeprägt. Er gilt daher als erster wirklicher Renaissancearchitekt Venedigs. Codussi verwendet die Formensprache des großen Theoretikers der italienischen Frührenaissance Leon Battista Alberti (Kreis und Quadrat als Grundeinheiten von Fassade und Grundriß, klassische Säulenordnung, Bossenquader, Friese, Gesimse, Muschelornamente), kombiniert sie jedoch auf ganz persönliche Weise, wie sich z. B. an der aus Halbkreisen zusammengesetzten Fassadenbekrönung der von ihm vollendeten Scuola di San Marco und an seinen Palästen zeigt. Bestimmte Grundelemente sind kennzeichnend für die Gestaltung der Palastfassaden: Bossenwerk am Erdgeschoß, Säulen, stark ausgeprägte Gurtgesimse und Überfangbögen, die jeweils ein kleines Rund- und ein Zwillingsfenster umschließen.

Seine frühen Arbeiten, der Uhrturm am Markusplatz und San Giovanni Crisostomo, sind noch von der byzantinischen Tradition geprägt. In den später entstandenen prachtvollen Palästen am Canal Grande (Corner-Spinelli, Vendramin-Calergi) drückt sich bereits ein neuer Stil aus, der in seinen Meisterwerken, den beiden Kirchen San Zaccaria und San Michele in Isola, zur Vollendung gelangte: Typisch für ihn ist die Verkleidung mit Marmor und istrischem Kalk, der sowohl in der Horizontalen als auch in der Vertikalen dreigeteilte Aufbau, das hochgezogene Schiff, die Bekrönung aus Kreissegmenten, die verkröpften Gesimse, die Muschelornamente und die Porphyrmedaillons. Von Codussi stammt auch die dem Wasser zugewandte Fassade von Santa Maria Formosa und der schöne Kirchturm aus istrischem Stein von San Pietro di Castello.

Antonio Rizzo (†1499) – Rizzo schuf die große, im Renaissancestil gestaltete Ostfassade im Eingangshof des Dogenpalastes, wo er auch die prachtvolle, mit Marmor verkleidete Scala dei Giganti entwarf. Von ihm stammen die wundervollen überlebensgroßen Figuren Adams und Evas (ebenfalls im Dogenpalast), die ursprünglich den Arco Foscari rahmten. Er griff die Form des Wandgrabes wieder auf und erneuerte sie, indem er dem Dogen Nicolò Tron in der Frari-Kirche ein Monument mit zahlreichen Figurennischen und einem halbkreisförmigen Ziergiebel errichtete (ab 1473).

Klassische Renaissance

Die zweite – klassische – Phase der venezianischen Renaissance begann erst im 16. Jh. Rom, das Florenz um die Wende vom 15. zum 16. Jh. als Hauptstadt der Künste abgelöst hatte, erlitt infolge der achtmonatigen Plünderung durch die Truppen Karls V. 1527 (Sacco di Roma) einen schweren Rückschlag. Venedig übernahm nun die führende Stellung im Kunstschaffen Italiens. Die Klarheit der klassischen Form wurde mehr und mehr zum zentralen gestalterischen Element, bis sie schließlich in den komplizierten Kompositionen des Manierismus zu ihrem Gegenteil verklärt wurde.
In der Blütezeit der Renaissance wurden den Palästen große Arkaden und Säulen in Kolossalordnung vorgeblendet. Die Häuserfronten wurden schwerer, sie schlossen sich wieder. Die Linien wurden strenger. Buckelquader am Erdgeschoß, mit Maskaronen geschmückte Rundbögen und hohe rechteckige Fenster mit Dreiecks- oder Segmentgiebelverdachung, kannelierte oder Doppelpilaster, schwere vorkragende Balkone und ovale Fenster unter dem Kranzgesims bestimmten nunmehr die Fassaden der venezianischen Paläste.

Sansovino, der Meister der klassischen Form – Der Florentiner Jacopo Tatti, genannt Sansovino (1486-1570), war zugleich ein geschickter Bildhauer und ein begnadeter Architekt. Er gewann die Lagunenstadt für die aus der reinen antiken Form schöpfende Hochrenaissance und eröffnete damit die klassische Epoche der venezianischen Architektur. Er mußte 1527 aus Rom flüchten, wo er die Lehren Bramantes und Raffaels angewandt hatte, und gelangte so nach Venedig. Dort wurde ihm in der Nachfolge Bartolomeo Bons der Titel des „Proto", des „Chefarchitekten" von San Marco, verliehen. In diesem Zusammenhang wurde er mit der Ausarbeitung eines Plans zur Erneuerung und Verschönerung der Stadt, in dessen Zentrum der Markusplatz stand, betraut. Von Sansovino stammen die Libreria Vecchia, deren Leitmotiv der antikisierende Architrav ist, die Fabbriche Nuove am Rialto, der Palazzo Corner della Ca' Grande, die Loggetta mit den Bronzefiguren und Reliefs unter dem Campanile von San Marco, die Zecca (Münzanstalt) mit den schweren Buckelquadern im Florentiner Stil, die imposante, wenn auch unvollendete Scuola Nuova della Misericordia und die Scala d'Oro. Waren seine ersten Werke noch feierlich streng, so paßte er sich schon bald der venezianischen Atmosphäre an, indem er der klassischen Architektur eine majestätische, doch zugleich dekorative Dimension gab: Bögen, Fenster und Nischen gliedern rhythmisch die klaren Flächen, während fein gearbeitete Reliefs, Figuren und Friese eine spielerische Note einbringen und für Bewegung sorgen.
In seinem bildhauerischen Werk verdienen die Figuren des Mars und des Neptun an der Scala dei Giganti und der marmorne Johannes der Täufer in der Frari-Kirche Erwähnung.

Die Blütezeit der Paläste – Der Sansovino-Schüler **Sanmicheli** (1484-1559) aus Verona, der sich vor allem in der Wehrarchitektur einen Namen machte – von ihm stammte das Forte di San Andrea am Lido – schuf den großen Palazzo Corner-Mocenigo in San Polo und den majestätischen Palazzo Grimani am Canal Grande.
Der aus Vicenza gebürtige **Vincenzo Scamozzi** (1552-1616), ein Schüler Palladios, setzte Sansovinos Werk am Markusplatz fort, indem er dort nach dem Vorbild der Libreria Vecchia die Neuen Prokuratien (1586) errichtete, wobei er Stilelemente einfließen ließ, die bereits den Barock ankünden. Von ihm stammt auch der Palazzo Contarini dei Sarigni am Canal Grande.
Scarpagnino vollendete die Fondaco dei Tedeschi, das Handelskontor der deutschen Kaufleute, und die von Bartolomeo Bon begonnene Scuola di San Rocco. Seine Formensprache erinnert an den Stil Codussis, doch läßt er z. B. die Säulen an der Fassade schon wesentlich stärker hervortreten. Von ihm stammen die Fabbriche Vecchie in ihrer heutigen Form (am Rialto) sowie der Palazzo dei Dieci Savi, in dem der Rat der Weisen tagte.
Spavento ist die schöne, dem klassischen Geist verpflichtete Fassade des kleinen Hofs der Senatoren im Dogenpalast zu verdanken, und Guglielmo de' Grigi, besser bekannt als **Bergamasco**, baute den Palazzo Papadopoli und den Palazzo dei Camerlenghi am Canal Grande.

Andrea Palladio (1508-1580) – Ende des 16. Jh.s kam der aus Padua stammende Architekt Palladio, der vor allem durch seine Villen am Ufer der Brenta und im venezianischen Hinterland berühmt wurde, in die Lagunenstadt. Ihm gelang es, die Lehren der Antike mit den Anforderungen der Moderne, insbesondere im Bereich des Wohnbaus, in Einklang zu bringen und zugleich eine vollkommene Ausgewogenheit der Formen und Proportionen zu erreichen. Auf Anregung des humanistischen Gelehrten Trissino reiste er mehrmals nach Rom, wo er die Prinzipien des römischen Baumeisters Vitruv (1. Jh. v. Chr.) studierte. 1570 veröffentlichte er das Ergebnis seiner Überlegungen in den „Quattro Libri dell'Architettura", die in ganz Europa große Verbreitung fanden. Noch bis zum 18. Jh. war dieses Werk die exakteste verfügbare Abhandlung über die Bauregeln der Antike.
Ausschlaggebend für Palladios Stil ist der strenge Grundriß, in dem einfache, symmetrische Formen vorherrschen, und die harmonisch-rhythmische Fassadengliederung mit Frontispiz und Portikus im Stil antiker Tempel. Er arbeitete für die reichen venezianischen Adelsfamilien, die sich auf dem Festland komfortable Villen bauen ließen.

Palladio hatte eine ganzheitliche Auffassung von der Architektur: Die musikalische Gliederung der Volumen und die Noblesse der Linienführung verbanden sich bei ihm mit einem außerordentlichen Gespür dafür, wie sich die Bauwerke am besten in die Landschaft einfügten – wobei dem Sockel, der sie gewissermaßen wie riesige Skulpturen wirken läßt, besondere Bedeutung zukam.

Auch in Venedig sah er seine Bauten nie losgelöst von ihrer Umgebung. Seine tempelgleich monumentalen Kirchen San Giorgio Maggiore, Il Redentore, Chiesa delle Zitelle und San Francesco della Vigna scheinen zwischen dem Blau des Himmels und dem des Wassers zu schweben – es sind Meisterwerke der Strenge und Klarheit mit hohen, von korinthischen Kapitellen bekrönten Halbsäulen, Architraven, griechischen Frontispizen, weiten Innenräumen und großen Kuppeln, die einen rhythmischen Kontrast zu den geraden Linien der Fassade bilden.

Palladios Bauten standen am Anfang eines neuen Stils, der noch bis zum 18. Jh. in ganz Europa für den Klassizismus richtungsweisend war: der Palladianismus.

Bildhauerkunst der Hochrenaissance – Die dritte herausragende Persönlichkeit der venezianischen Renaissance neben Palladio und Sansovino ist **Alessandro Vittoria** (1525-1608), der einzige wirklich bedeutende Bildhauer der venezianischen Hochrenaissance. Er meißelte Bildnisse voll strenger Eleganz, darunter zwei sehr ausdrucksstarke Hieronymus-Figuren (in San Zanipòlo und in der Frari-Kirche). Darüber hinaus beschäftigte er sich mit der Innenausschmückung der venezianischen Prachtbauten und schuf das Stuckgewölbe in der Libreria Vecchia und die prachtvolle vergoldete Kassettendecke der Scala d'Oro im Dogenpalast.

Weitere Bildhauer des 16. Jh.s waren **Lorenzo Bregno**, der mehrere Grabmäler und den Hochaltar der Frari-Kirche schuf, **Girolamo Campagna** (kleine Bronzefiguren in der Frari-Kirche und im Museo Correr), **Tiziano Aspetti** (Atlas und Herkules an der Scala d'Oro) und **Andrea Riccio**.

Barock

Im Venedig des 17. Jh.s wurde die klassizistische Tendenz dank Palladios Einfluß nicht ganz durch den Barock verdrängt, so daß der neue Stil in der Lagunenstadt nie so überschwenglich-ungestüme Formen annahm wie anderenorts.

Baldassarre Longhena (1598-1682) – Der Baumeister und Bildhauer Longhena war zugleich der erste und der größte Vertreter des Barock in Venedig. Wie Sansovino und Palladio hat auch er dem Stadtbild seinen Stempel aufgedrückt. Er schuf eine feierliche, theatralische Architektur, die zwar noch aus der klassischen Antike schöpft, deren Grundelementen jedoch durch ornamentale Fülle ein neues Gesicht verleiht. Sein Meisterwerk ist die unvergleichliche Santa Maria della Salute, die wie ein Traum aus dem Wasser des Canal Grande aufzusteigen scheint. Sie ist das wohl beste Beispiel des von der Freude am Triumphalen erfüllten venezianischen Barock: Strahlend weiß ist der Stein, majestätisch die Treppe, die den Portalvorbau in der Art eines Triumphbogens und die sich darüber erhebende, gewaltige Kuppel erst richtig zur Geltung bringt; große Voluten und zahlreiche Figuren – Engel, Propheten – bringen Bewegung in die Komposition.

In der Tradition Sansovinos errichtete Longhena einige der schönsten Barockpalais am Canal Grande, darunter das Ca' Rezzonico und das Ca' Pesaro. Gemeinsam sind diesen Bauten ein monumentales Portal, ein überhöhtes Erdgeschoß mit Buckelquadern und zwei Etagen mit hohen, von Kreissegmenten und Maskaronen bekrönten und von Säulen gerahmten Fenstern, wobei das Piano Nobile, der erste Stock, durch reiches Schmuckwerk stärker hervorgehoben ist. Besondere Bedeutung kommt den architektonischen Zierelementen wie Gesimsen, Balkonen, gesprengten Giebeln und Wappen zu.

Seiner bildhauerischen Arbeit verdankt Venedig zahlreiche Hochaltäre und Grabmäler, darunter das gewaltige, mit einer Fülle allegorischer Figuren, großen Mohren und einem prunkvollen Baldachin geschmückte Grab des Dogen Giovanni Pesaro in der Frari-Kirche.

Longhenas Schüler und Nachfolger – Das Werk des venezianischen Meisters des Barock wurde von **Antonio Gaspari** (Ca' Pesaro) und **Giorgio Massari** (Ca' Rezzonico) fortgesetzt. **Monopola** schuf den eindrucksvollen Palazzo Pisani (17. Jh.) und **Cominelli** die mit Adlern geschmückte Fassade des Palazzo Labia am Canale di Cannaregio.

Die in ihrer ornamentalen Fülle (stark vortretende Obstgirlanden, Figurennischen, Gesimse, Ziergiebel, kannelierte und gewirtelte Säulen, Gesimsfiguren usw.) beeindruckendsten Barockkirchen Venedigs sind die von Longhena stammende Chiesa dell'Ospedaletto mit ihren gewaltigen Atlanten an der Fassade, San Stea sowie die drei von **Sardi**, einem Mitarbeiter Longhenas, erbauten Kirchen Santa Maria del Giglio, Chiesa dei Scalzi und San Salvador. Geradezu erschlagen ist man von der mit Schmuckwerk überladenen Fassade von San Moïsè. **Domenico Rossi** errichtete die gewaltige Chiesa dei Gesuati (18. Jh.), in deren Innerem weißer und grüner Marmor zu theatralischen Draperien aufgeworfen ist.

Die verspielten Rokokodekors der Zeit nach Longhena umschmeicheln die luftigen perspektivischen Deckenmalereien Tiepolos.

Ab 1650 hauchte der flämische Bildhauer Justus Le Court der Barockkunst mit seinen allegorischen Figuren, Altären und Reliefs (z. B. an der Fassade von Santa Maria Zobenigo) neues Leben ein.

Palladio-Villa La Malcontenta: dem Vorbild antiker Tempel nachempfunden

Von Tremignon entworfene Fassade von San Moisè:
ein Musterbeispiel barocken Überschwangs

Klassizismus

Die Gegenreaktion auf den barocken Überschwang kam in der Wahlheimat Palladios schneller als in anderen Regionen Italiens. Geprägt vom Rationalismus der Aufklärung, postulierte der venezianische Theoretiker **Carlo Lodoli**, ein Franziskanermönch: „Nur was eine klare Funktion hat, nur was durch absolute Notwendigkeit bedingt ist, hat in der Architektur seine Daseinsberechtigung." Das Vorbild der antiken Baukunst wurde wieder maßgebend. Arkaden, Kuppeln und vor allem die Pronaos, Risaliten mit von Säulen getragenen Dreiecksgiebeln zur Hervorhebung des Mittelportals, kamen immer mehr in Mode. Die Linien der Paläste wurden wieder strenger, das Dekor schlichter. Die herausragenden Beispiele des venezianischen Klassizismus sind der elegante Palazzo Grassi von Massari am Canal Grande und der Napoleonische Flügel der Piazza di San Marco.

Die Architekten strebten nun nach einfachen, klaren Formen; sie standen unter dem Einfluß Palladios und Piranesis. Die Kupferstiche des 1720 in Venetien geborenen Piranesi ließen die römische Architektur in phantastischen Visionen wiederauferstehen *(Caceri di invenzione)*.

Der herausragende Baumeister dieser Zeit ist **Giorgio Massari** (1686-1766), der die Chiesa dei Gesuati mit der palladianischen Fassade, die Chiesa della Pietà und das Tor der Accademia (1760) schuf. **Andrea Tirali** (1660-1737) wandte die klassizistischen Prinzipien an der Fassade der Chiesa dei Tolentini an, die er mit einem großen, auf korinthischen Säulen ruhenden Pronaos versah. **Scalfarotto** errichtete 1720 San Simeone Piccolo über einem kreisrunden Grundriß; der riesenhafte Pronaos, zu dem eine majestätische, leider durch eine grüne Kuppel erdrückte Treppe führt, ist dem der Tolentini-Kirche nachempfunden. **Temanza** schaltete seiner ebenfalls kreisrunden, von einer Kuppel überspannten Chiesa della Maddalena einen flachen Pronaos vor, und auch die von **Giannantonio Selva**, einem Schüler Temanzas, erbaute Fenice-Oper zierte ein Pronaos.

Antonio Canova (1757-1822) – Die letzte große Persönlichkeit der venezianischen Kunst wurde zum Leitstern der klassizistischen Bildhauerei. Canova stand hoch in der Gunst Napoleons und dessen Familie, für die er in Paris und Rom arbeitete. Die Reinheit seines Stils zeugt von großer künstlerischer Sensibilität. Von dem samtenen Glanz seiner aus weißem Marmor – seinem Lieblingsmaterial – gehauenen Figuren und den fließenden Formen, die der Linie den Vorrang vor der Fläche geben, geht ein Eindruck starker Sinnlichkeit aus, der nur scheinbar im Gegensatz zu Canovas eher kühlem Stil steht. In Venedig sind von ihm u. a. ein Reliefzyklus im antiken Stil und

Dädalus und Ikarus von Canova (Museo Correr)

die berühmte Figurengruppe *Dädalus und Ikarus* im Museo Correr erhalten.

Vom Historismus bis heute

Gegen Ende des 19. Jh.s kam der eklektizistische **Historienstil** auf, der die Kunstformen der Vergangenheit wieder aufgriff: Die Bauten dieser Zeit waren neobyzantinisch (Hotel Excelsior am Lido, 1898-1908), neuromanisch und vor allem neugotisch wie die Pescheria de Rupolo (1907) und der von Camillo Boito wiederaufgebaute Palazzo Cavalli-Francetti. Besonders eigentümlich mutet die Mulino Stucky auf der Isola della Giudecca (1883) an, deren hohe, strenge Mauern an norddeutsche Speichersilos erinnern – der Architekt stammte aus Hannover.

Später konnte keine Bauschule in Venedig mehr richtig Fuß fassen. Dennoch entstanden in neuerer Zeit noch einige gut an das alte Stadtgefüge angepaßte architektonische Ensembles wie das Wohnviertel von Sant'Elena in den 20er Jahren, der Bahnhof (1954) und das berühmte Sparkassengebäude von **Pier Luigi Nervi** und **Angelo Scattolin** am Campo Manin (1968). Bedeutende ausländische Architekten wie Frank Lloyd Wright, Le Corbusier und Louis Kahn arbeiteten an Projekten für die Lagunenstadt, doch wurden sie nie ausgeführt. Das etwas abseits gelegene Biennale-Gelände wurde derweil zur Experimentierwiese moderner Architekten: Besondere Erwähnung verdienen die Pavillons des Österreichers Otto Hoffman (1933), des Venezianers Carlo Scarpa (1954) und des Finnen Alvar Alto (1956).

Im Bereich der Bildhauerei machte sich der Venezianer **Arturo Martini** (1889-1947) einen Namen. Sein gegenständlicher, dem Surrealismus nahestehender Stil stellte einen Gegenpol zur damals vorherrschenden Abstraktion des Konstruktivismus und Kubismus dar.

Venezianische Malerei: Eine Welt aus Licht und Farbe

Typisch für die venezianischen Malerschulen ist das sinnenfreudige Spiel der Formen, die große Bedeutung der Farbe und ein außerordentliches Gespür für Licht, das den Landschaften etwas Poetisches, Elegisches gibt. Es ist eine Kunst, in der sich die besondere Atmosphäre der Lagune widerspiegelt – jener stets schwankenden Welt aus Wasser und Licht, in der es keine klaren Konturen und keine ebenen Oberflächen gibt, in der Formen und Umrisse unter einem wässerigen Schleier verschwimmen und der Horizont in Blau getaucht ist. Besonders deutlich wird dies an den Arbeiten der Maler des 18. Jh.s, denen es in unvergleichlicher Weise gelang, das eigentümliche bläulich-schimmernde Licht Venedigs auf die Leinwand zu bannen.

Mosaiken

Lange bevor in der Lagune Bilder gemalt wurden, entstanden dort Mosaiken – eine Kunstform, die schon bei den Römern und später in Byzanz große Bedeutung hatte. Im 12. und 13. Jh. knüpfte Venedig mit den großen Wandmosaiken von Torcello *(Jüngstes Gericht)*, Murano und San Marco an das Erbe Ravennas an. Nach der Eroberung Konstantinopels 1204 durch die Kreuzfahrer kamen viele griechische Dekorationsmaler und Mosaizisten nach Venedig. Ihnen verdanken wir die Pala d'Oro und die leuchtenden Mosaiken im Markusdom. Ihr Verdienst war es auch, daß in San Marco die biblische Ikonographie Ostroms fortdauerte: In deren Zentrum steht der thronende Christus (in der Apsis), um den die anderen Motive nach einer strengen Hierarchie angeordnet sind.

Mosaiken wurden in Venedig noch über Jahrhunderte hinweg gefertigt, doch verloren sie mit der Zeit ihre künstlerische Ausdruckskraft, was an den bombastischen, zwischen dem 16. und 18. Jh. geschaffenen Mosaiken am Portal von San Marco besonders deutlich wird. Der Reiz der frühen Mosaiken rührte von der vermeintlichen Ungeschicklichkeit der damaligen Künstler her, die die kleinen Glaswürfel unregelmäßig aneinanderreihten, so daß sich das Licht darauf in tausend Facetten brach und die Farben zu schwingen begannen. Ihre Nachfolger setzten die Mosaiksteinchen gerade aneinander und zerstörten damit diesen Zauber, ohne dafür etwas wirklich Neues einzubringen.

Gotik

Im 13. Jh. wurden in Venedig die ersten Freskomaler tätig: Sie malten direkt auf den noch feuchten Verputz, mit dem sich die Farben beim Trocknen verbanden. Leider sind nur wenige Arbeiten in dieser Technik erhalten.

Die venezianischen Maler blieben noch lange der byzantinischen Tradition treu und ließen sich von den Ikonen der Ostkirche inspirieren, in denen die Jungfrau mit dem Kind die zentrale Figur ist.

Paolo Veneziano – Der vermutlich zwischen 1333 und 1358 tätige Paolo Veneziano war der erste große Name der venezianischen Malerei. Seine Kunst, die sich nach und nach vom byzantinischen Kanon (Goldgrund, schemenhafte Gesichter, starre Haltung der Figuren) befreite, weist ihn als einen Meister des Dekors und der Linienführung aus; sie zeugt von einer neuen Bildsprache, in die abendländische Inhalte einfließen *(Marienkrönung)*. Unter dem Einfluß der Gotik werden die Formen eleganter und die Figuren gewinnen an Plastizität.

Im Werk von **Lorenzo Veneziano** (bezeugt 1356-1379), einem Schüler Paolos, verstärkt sich diese Tendenz: Die Gesichter sind ausdrucksvoller, die Körper lebendiger und die Farben nuancenreicher.

Der „Internationale Stil" in Venedig – Zu Beginn des 15. Jh.s ließ die Serenissima den Dogenpalast von den beiden Toskanern **Gentile da Fabriano** und **Pisanello** sowie dem Paduaner **Guariento** mit großen – bei den Feuersbrünsten im 16. Jh. leider zerstörten – Fresken ausschmücken und bekundete damit ihr Interesse für den sog. Internationalen Stil der Gotik. Unter dem Einfluß der Arbeiten der Toskaner in Padua (Giottos Bilderzyklus in der Cappella degli Scrovegni) und der höfischen Porträtmalerei Ferraras entstand eine Kunst von vollendeter Zartheit. In der venezianischen Malerei verband sich der den Künstlern der Lagunenstadt eigene Naturalismus nunmehr mit einer eleganten, geschwungenen Linienführung und einem Sinn für prächtiges Dekor – jenen Elementen, die auch für den Internationalen Stil, wie er sich in Siena, Avignon, Burgund und Prag herausgebildet hatte, kennzeichnend sind.

Erwähnung verdienen in diesem Zusammenhang **Nicolò di Pietro** (bezeugt 1394-1430) sowie zwei der Schüler von Gentile da Fabriano: **Jacobello del Fiore** (bezeugt 1394-1439) und **Michele Giambono** (bezeugt 1420-1462). In Giambonos feinsinnigen Werken sind noch Reminiszenzen an die orientalische Kunst erhalten (*Hl. Crisogono* in San Trovaso und *Erzengel Michael mit der Seelenwaage* in der Accademia).

Die Anfänge einer neuen Kunst – Gegen Mitte des 15. Jh.s begannen die Maler mit perspektivischen Effekten und Landschafts- oder Architekturdarstellungen im Hintergrund zu experimentieren.

Die Vivarinis aus Murano führten in Venedig einen Stil ein, in dem sich bereits die Renaissance ankündigt, dessen Geist aber noch dem ornamentalen Reichtum der gotischen Goldschmiedekunst und der byzantinischen Bilderwelt verhaftet ist. **Antonio Vivarini**, der Vater (von 1441 bis 1450 tätig), arbeitete mit **Giovanni d'Alemagna** zusammen (Marienaltar in der Accademia, Flügelaltäre in San Zaccaria), sein Bruder **Bartolomeo** schuf den Markusaltar in der Frari-Kirche. **Alvise**, der Sohn, ist bereits der Renaissance zuzuordnen (Hl. Antonius von Padua im Museo Correr, Triumph des hl. Ambrosius in der Frari-Kirche, Kreuztragung in San Zanipòlo). Dessen Schüler **Marco Basaiti** (1470-1530) hingegen blieb der Tradition des 15. Jh.s treu; sein Werk bezaubert durch die zarten Landschaften und die Schönheit der Farben.

Renaissance

Deutlich später als in der Toskana, wo die Renaissancemalerei bereits zu Beginn des Jahrhunderts aufkam, bemühten sich ab der Mitte des 15. Jh.s auch die venezianischen Künstler um die genaue Wiedergabe der Realität in der Darstellung der Volumen, Perspektiven und Landschaften. Sie verabschiedeten sich damit endgültig von dem abstrakten Goldgrund, der byzantinischen Schemenhaftigkeit und der dekorativen Formensprache der Gotik.

Die Bellinis – Der Vater Jacopo Bellini († 1470) und die beiden Söhne Gentile und Giovanni waren die ersten, die sich vom byzantinischen und gotischen Erbe lossagten. Der eigentliche Begründer der venezianischen Malerschule ist **Giovanni Bellini** (1430-1516), genannt Giambellini. Er war von den reinen, idealisierenden Formen der florentinischen Maler angezogen, bewunderte aber zugleich die flämischen Meister für ihren Umgang mit dem Licht und den Realismus der Zeichnung. Er stand stark unter dem Einfluß seines aus Padua stammenden Lehrmeisters und Schwagers **Andrea Mantegna** (1431-1506), der zeitweise in Venedig arbeitete. Mantegna, der sich für die Werke der römischen Antike begeisterte, die damals in Padua hoch im Kurs standen, entwickelte einen kraftvollen, düster-harten Stil, der seiner Faszination für die Gesetze der Perspektive Tribut zollt (Hl. Sebastian im Ca' d'Oro). Mantegnas Einfluß auf Giovanni Bellini wurde allerdings durch **Antonello da Messina**, der um 1475/76 in Venedig arbeitete (Pietà im Museo Correr), in eine andere Richtung geleitet. Messina hatte in Flandern die Ölmalerei studiert und machte Giovanni Bellini damit vertraut. Dieser entwickelte einen verinnerlichten Stil, dessen wesentliche Elemente die sanfte, harmonische Farbgebung, die Eleganz der Formen, die auf Mantegna zurückgehende äußerst realistische Darstellung und die interessanten Lichteffekte sind. Der Landschaft im Hintergrund kommt eine wichtige Funktion im Bildaufbau zu: Unter dem weiten, von Wolkenstreifen belebten Himmel prägt sie die Atmosphäre der dargestellten Szene, läßt sie bald düster, bald feierlich oder lieblich wirken.

Giovanni malte zahllose Madonnen voller Grazie, deren Blick zärtlich auf einem lebensnah dargestellten Jesuskind ruht (Madonna zwischen den Bäumen in der Accademia). Zu besonderer Meisterschaft brachte er es in seinen Andachtsbildern vom Typ der Sacra Conversazione (u. a. in San Zanipòlo).

Sein Bruder **Gentile Bellini** (1429-1507) war der erste „Staatsmaler" Venedigs und machte eine brillante Karriere. Er porträtierte mehrere Dogen und malte die ersten Stadtansichten Venedigs – ein Genre, das im 18. Jh. mit großem Erfolg wieder aufgegriffen wurde. Die dargestellten Szenen und Themen – gerne malte er Zeremonien und Festlichkeiten – sind klar umrissen. Seine Prozession auf dem Markusplatz ist ein wertvolles Zeitdokument: Gentile Bellini hatte als getreuer Chronist Freude daran, die Häuser seiner Heimatstadt und die Menschenmengen in ihren Straßen darzustellen.

Die Reifezeit der venezianischen Frührenaissance – Unter dem Einfluß der Bellini-Brüder und von Antonello da Messina verband **Vittore Carpaccio** (um 1455-1526) Elemente der flämischen Malerei mit persönlichen Neuerungen, die er in seine großen, von den Scuole in Auftrag gegebenen Bilderzyklen einfließen ließ (Die Wunder der Kreuzreliquie für die Scuola San Giovanni Evangelista, Leben und Sterben der hl. Ursula in der Accademia, Vitae des hl. Georg und des hl. Hieronymus in der Scuola degli Schiavoni). Carpaccio, der sich direkt auf Gentile Bellini berief, übertraf seinen Meister durch seine künstlerische Sensibilität und sein unvergleichliches erzählerisches Talent. Es gelang ihm, seine Freude an Miniaturmalereien mit seiner Begeisterung für weite Perspektiven in Einklang zu bringen. Die Landschaften und vor allem die Architekturdarstellungen, die in seinen Bildern einen großen Platz einnehmen, sind voller Leben: Zwischen üppigem Grün und Blumen tummeln sich Hunde, Vögel, Hasen, Pfauen, Papageien oder Hirsche; eine wichtige Rolle spielen auch die architektonischen Elemente im Stil der Lombardos (reiche Marmorinkrustationen usw.) und orientalische Details (Turbane, Palmen). Typisch für diese Werke sind die geschickte Beleuchtung, die lebhafte Farbgebung, der klug durchdachte Bildaufbau, die präzise Linienführung und die geradezu dokumentarische Genauigkeit in der Wiedergabe der Kostüme; besonderes Talent zeigte er bei der Inszenierung von Menschenansammlungen.

Cima da Conegliano (Giambattista Cima, 1459-1518) übernahm die Lichteffekte Giovanni Bellinis und die Detailgenauigkeit Carpaccios. Er stellte seine edlen Figuren in herrliche Landschaften, die im Licht eines sanftfarbenen Himmels erstrahlen (Madonna unter dem Orangenbaum in der Accademia, Anbetung der Hirten in der Chiesa dei Carmini).

Hl. Michael
von Michele Giambono
(Accademia)

Hl. Augustinus
von Bartolomeo Vivarini
(San Zanipolo)

Hl. Sebastian
von Mantegna
(Ca' d'Oro)

Madonna unter dem Orangenbaum von Cima da Conegliano (Accademia)

Barbarigo-Altar von Giovanni Bellini (San Pietro Martire, Murano)

Die große Neuerung – Giorgio di Castelfranco, genannt **Giorgione** (1475-1510), revolutionierte zu Beginn des 16. Jh.s die Malerei. Der Frühverstorbene – er wurde nur 34 Jahre alt – gilt als erster Maler der Neuzeit. Er war ein echter Mensch der Renaissance, ein Humanist, dessen vergeistigte, teilweise mystisch anmutende Werke oft mehrere Interpretationen zulassen. Giorgiones Bilder zeugen von seinem Interesse für Literatur, Musik und Philosophie. Sie erzählen von der Vergänglichkeit, der Zerbrechlichkeit aller irdischen Güter und dem Verrinnen der Zeit (*Das Gewitter* und *Die Alte*, beide in der Accademia). Nur wenige Arbeiten können ihm mit Sicherheit zugeschrieben werden. Die klassische Form weicht bei ihm einem eher elegischen Stil. Der Mensch ist nicht mehr Zentrum der Darstellung, die Landschaft nicht länger bloße Kulisse: Sie greift aktiv in das Bildgeschehen ein, wird als kosmisches Rätsel erlebt.

Palma Vecchio, „der Alte" (1480-1528), ließ sich zunächst von Giorgiones Vorbild leiten, geriet dann aber unter den Einfluß Tizians, von dem er die Lichteffekte, die kunstvolle Kombination der Farben und den asymmetrischen Aufbau seiner Altarbilder übernahm. Beachtenswert sind seine Andachtsbilder sowie sein Bildnis des Paolo Priuli in der Collezione Querini-Stampalia. Sein Stil besitzt nicht die Kraft der Werke seiner Meister, doch er erfreut das Auge des Betrachters durch eine großzügige Farbgebung und opulente Kompositionen.

Lorenzo Lotto (1480-1556) entwickelte zu Beginn des 16. Jh.s einen sehr persönlichen, unruhigen Stil, der in seinem Detailrealismus stark von Dürer – der sich um 1495 in Venedig aufgehalten haben muß – beeinflußt wurde. Lotto hatte eine Schwäche für befremdliche Kompositionen (*Der junge Mann mit der Eidechse* in der Accademia). Die Farbenpracht und Sinnlichkeit Giorgiones oder Tizians widerstrebten ihm, er gab statt dessen dem kühl-strengen, um Präzision der Volumen bemühten Stil eines Alvise Vivarini den Vorzug.

Die großen Meister des 16. Jahrhunderts

Tizian – Mit Tiziano Vecellio (um 1485-1576), dem berühmtesten und gefragtesten Maler seiner Zeit, gelangte die venezianische Malerei zur vollen Reife. Der in Pieve di Cadore geborene, im Alter von ungefähr 90 Jahren im Vollbesitz seiner künstlerischen Kräfte verstorbene Schüler Giovanni Bellinis stand am Anfang seiner Karriere stark unter dem Einfluß Giorgiones (er vollendete einige seiner Arbeiten). Später hatte das Werk Raffaels eine große Bedeutung für sein eigenes künstlerisches Schaffen. In den großformatigen Gemälden, die er für Venedigs Scuole und Kirchen malte, gab er der Farbe den Vorrang vor der Form. Ihre Wirkung beziehen diese Werke – darunter die berühmte *Assunta* in der Frari-Kirche – jedoch nicht nur aus der intensiven Farbigkeit, sondern in großem Maße auch aus der dynamischen Komposition, von der eine leidenschaftlich gesteigerte Bewegung ausgeht. Tizians Ruhm reichte bis weit über die Grenzen der Stadt hinaus: An den Höfen von Florenz, Mantua, Ferrara und Urbino porträtierte er die Großen seiner Zeit; er arbeitete für den Papst, den französischen König Franz I. und Kaiser Karl V., der ihn zu seinem Hofmaler ernannte und in den Adelsstand erhob.

Zu Beginn seiner Karriere entwickelte er eine feste, klassische Ausdrucksform. Zwischen 1535 und 1545 wurde er vom Manierismus beeinflußt, der seine Bilder mit großer Bewegtheit erfüllte. Später kehrte er zu einem ruhigen, monumentalen Stil zurück. In der Dramatik einiger der Kompositionen seines Spätwerks kommt der Mystizismus des Künstlers angesichts des nahenden Todes zum Ausdruck (*Pietà* in der Accademia).

Tizian bereicherte die venezianische Malerei durch die bewußt asymmetrische Komposition seiner Altarbilder, die differenzierte Anordnung seiner unzähligen Farbnuancen in großen, ausgewogenen Flächen und die glanzvoll-triumphale Monumentalität seiner Gemälde.

Tintoretto (1518-1594) – Zur gleichen Zeit offenbarte sich auch das Genie des Jacopo Robusti, nach dem Beruf seines Vaters, eines Färbermeisters, Tintoretto genannt. Venedigs eigenwilligster Maler hat seine Heimatstadt, abgesehen von einer nicht nachgewiesenen Reise nach Rom, niemals verlassen und gelangte zu Lebzeiten auch niemals zu großem Ruhm. Er arbeitete wie besessen, begeisterte sich für die Lehren Michelangelos und war in der Seele ein Mystiker; er zog die biblischen Themen denen der klassischen Antike vor und fühlte sich in volkstümlichen Darstellungen eher zu Hause als in der Prunkentfaltung der Welt des Adels. Er entwickelte einen kraftvoll-lyrischen Stil, in dem sich Geschwindigkeit und Präzision mit Gefühlstiefe verbanden. In Gruppen angeordnete Personen in bizarr-verzerrten Haltungen, diagonal geführte Tiefenräume und divergierende Kompositionslinien bringen Bewegung in seine Bilder. Das Spiel mit Helldunkelwirkungen, Farbkontrasten, überlangen Körpern, erstaunlichen perspektivischen Verkürzungen und einer spektralen Lichtführung, die Figuren und Architekturelemente ihrer Farbe beraubt, unterstreicht die dramatische Atmosphäre seiner Gemälde, die bereits dem Manierismus zuzuordnen sind.

Seine Meisterwerke sind *Die Markuswunder*, die er für die Scuola di San Marco malte (heute in der Accademia), *Die Hochzeit zu Kana* (Santa Maria della Salute), *Das Paradies* (Saal des Großen Rates im Dogenpalast), der Bilderzyklus vom *Triumph Venedigs* (Sala delle Quattro Porte im Dogenpalast), der *Tempelgang Mariä* (Madonna dell'Orto) und vor allem die fünfzig Bildtafeln in der Scuola di San Rocco, jenem größten Bilderzyklus der Lagunenstadt, an dem er 23 Jahre lang arbeitete. Sein Sohn Domenico Tintoretto ging ihm bei seiner Arbeit oft zur Hand.

Sacra Conversazione von Palma Vecchio (Accademia)

Tizians
Pesaro-Altar
(Frari-Kirche)

Die Bergung des Leichnams des hl. Markus von Tintoretto (Accademia)

Veronese (1528-1588) – Im Gegensatz zu seinem Rivalen Tintoretto stellte Paolo Caliari aus Verona (daher sein Beiname) in seinen Bildern gerne den Prunk der verschwendungssüchtigen Patrizier der Renaissance dar. Er verwendete leuchtende Farben – darunter das berühmte „Veronese-Grün" – und setzte Daperien und Stoffe theatralisch in Szene. Seine zunächst von Heiterkeit, Phantasie und frühlingshaftem Licht erfüllte Kunst wurde gegen Ende seines Lebens unter dem Einfluß der Helldunkelmalerei Tintorettos und Bassanos dunkler und melancholischer. Veronese überzog die Wände und Decken des Dogenpalastes mit mythologischen Szenen *(Venedigs Apotheose)* und schmückte die Refektorien der venezianischen Klöster mit prächtigen Abendmählern, darunter das gewaltige, für das Dominkanerkloster von San Zanipòlo gemalte *Gastmahl im Hause Levi* (Accademia), eine grandiose Szenerie mit prunkvoll kostümierten Figuren. Von Veronese stammt auch die meisterliche Ausschmückung der Chiesa di San Sebastiano, die er sich selbst als Grabstätte gewählt hatte.

Der venezianische Manierismus – Tizian, Tintoretto und Veronese übten einen starken Einfluß auf ihre Zeitgenossen und die nachfolgenden Generationen aus und begünstigten so die Entwicklung des venezianischen Manierismus.

Tizian hatte viele Nachahmer, darunter neben **Palma Vecchio** auch **Pordenone**, der zwischen 1535 und 1538 erfolgreich in Venedig tätig war, und **Paris Bordone** (1500-1571), der gerne die venezianische Renaissancearchitektur in Szene setzte (*Übergabe des Rings an den Dogen* in der Accademia und *Martyrium des hl. Theodor* in San Salvador) und zu einer übersteigerten Farbgebung tendierte. **Palma Giovane**, „der Junge", (1544-1628), der Großneffe von Palma Vecchio, war ein beliebter Prunkmaler, dessen zahllose Werke fast alle Kirchen der Stadt schmücken.

Andrea Schiavone (um 1510-1563) griff die Sinnlichkeit und leuchtende Farbgebung Giorgiones und Tizians auf und entwickelte einen manieristischen Stil, in dem überlange, irrealistische Formen eine unruhige Atmosphäre schaffen. In seinen Werken spiegelt sich der Einfluß von Parmigianino (1503-1540), der führenden Gestalt des italienischen Manierismus, wider.

Jacopo Bassano (1512-1592) neigte unter dem Eindruck von Tintorettos Arbeiten zu einem übersteigerten Realismus (*Hieronymus* in der Accademia) und arbeitete gerne mit intensiven Lichteffekten (*Christi Geburt* in San Giorgio Maggiore). Seine Söhne **Leandro** und **Francesco** teilten vor allem seinen Sinn für Natürlichkeit und kleideten profane ebenso wie religiöse Inhalte in ein ländlich-pastorales Gewand.

Unter den **Malern des 17. Jh.s** sind der Genremaler **Pietro Liberi**, der Porträtist **Sebastiano Bombelli**, die beiden Mythologienmaler **Pellegrini** und **Lazzarini**, der Barockmaler **Francesco Maffei** und der Historienmaler **Andrea Vincentino** zu erwähnen.

18. Jahrhundert

Die venezianische Malerei, die im 17. Jh. im Schatten der großen Meister des vergangenen Jahrhunderts und des römischen Barock an schöpferischer Energie verloren hatte, blühte im Jahrhundert der Aufklärung und der „fêtes galantes" wieder auf.

Die barocken Deckenmaler – Wieder mit großer Verspätung gegenüber Florenz und Rom begann man im 18. Jh. in Venedig, dem bereits weit zurückliegenden Beispiel Veroneses folgend, Kirchen und Paläste mit Trompe-l'œil-Malereien auszuschmücken.

Sebastiano Ricci (1659-1734), ein Maler des Barock, schuf elegische Kirchengemälde, die durch leuchtende Farben und kühne Kompositionen bestechen (*Maria mit Heiligen* in San Giorgio Maggiore). Doch erst **Giambattista Piazzetta** (1682-1754), seiner Zeit ein bedeutender Meister der religiösen Malerei, brachte die gewaltigen Deckengemälde in Mode, auf denen sich die Figuren in schwindelerregenden Positionen dem göttlichen Licht entgegenzustrecken scheinen (Domenikuskapelle in San Zanipòlo). Piazzetta malte auch volkstümliche Szenen, in denen er gerne mit der Helldunkelwirkung spielte (*Die Wahrsagerin*, Accademia).

Dem von Piazzetta vorgezeigten Weg folgte der Größte des Jahrhunderts: der geniale venezianische Deckenmaler **Giambattista Tiepolo** (1696-1770). Dessen in ihrer theaterhaft-illusionistischen Raumwirkung grandiosen und zugleich luftigen Kompositionen sind von einem goldenen Licht durchflutet; es bringt das reiche Kolorit zur Geltung und gibt den Darstellungen des Himmels jene endlose Weite, die seine Werke so einzigartig macht (Palazzo Labia, Scuola dei Carmini, Chiesa dei Gesuati, Ca' Rezzonico). Neben Deckengemälden und Freskenzyklen schuf er einige große Altarbilder. Er beschäftigte sich mit biblischen und mythologischen Themen und malte großformatige, in prachtvolle architektonische Dekors eingebundene Allegorien der Tugenden.

Porträts und Genremalerei – Venedigs reiche Bürger- und Adelsfamilien wurden im 18. Jh. der Prunkentfaltung der vergangenen Jahrhunderte überdrüssig und wollten ihren Palästen wieder eine intimere Atmosphäre geben. Gut fügten sich in die umgestalteten Räumlichkeiten die Porträts einer **Rosalba Carriera** (1675-1758) ein, die für ihren feinen Pinselstrich und ihre zarten Pastelzeichnungen nicht nur in Venedig, sondern in ganz Europa geschätzt wurde.

Auch **Alessandro Longhi** war ein talentierter Porträtmaler.

Zur gleichen Zeit fand die venezianische Gesellschaft an den kleinen Genreszenen und Interieurs von **Pietro Longhi** (1702-1785) Gefallen. Er malte Karnevalsszenen (*Die neue Welt*), tanzende Paare (*La Fornale*) und Entenjagden auf der Lagune, die von einer großen Beobachtungsgabe zeugen.

Gastmahl im Hause Levi von Veronese (Accademia)

Die Wahrsagerin von Giambattista Piazzetta (Accademia)

Pulcinella von Giandomenico Tiepolo (Ca' Rezzonico)

Ansicht des Rio dei Mendicanti von Canaletto (Ca' Rezzonico)

Die Vedutenmaler – Neben den von allen religiösen, mythologischen oder allegorischen Inhalten befreiten Genrebildern kam im 18. Jh. eine Form der Malerei in Mode, die die Landschaft um ihrer selbst willen darstellte. Eine Sonderstellung nehmen in diesem Zusammenhang die venezianischen Stadtansichten, die sog. Veduten, ein – ein Genre, in dem es **Canaletto** (Antonio Canal, 1697-1768) zu großer Meisterschaft brachte. Seine Veduten sind Momentaufnahmen von fast fotografischer Genauigkeit, und dies, obwohl er oft mit übersteigerten perspektivischen Verkürzungen arbeitete und seine Architekturdarstellungen an Theaterkulissen erinnern. Gerne hielt er die venezianischen Regatten und Festlichkeiten auf seiner Leinwand fest. Nur wenige seiner Werke sind in Venedig geblieben, was vor allem daran liegt, daß er viel im Auftrag wohlhabender Reisender arbeitete, die mit seinen Bildern ein „Venedig-Souvenir" nach Hause nehmen wollten.

In jener Zeit, da die Augen der Welt zum letzten Mal auf Venedig ruhten – die Republik hatte sich inzwischen vom Zentrum der politischen Macht zur Hauptstadt der Künste und der Vergnügungen entwickelt –, inspirierte Canaletto viele venezianische Künstler, die mit Begeisterung ihre Heimatstadt, deren Paläste, galante Feste und Menschen malten. Einer unter ihnen war sein Schüler und Verwandter **Bernardo Bellotto** (1720-1780).

Ganz anders war die Kunst **Francesco Guardis** (1712-1793), dessen Augenmerk der besonderen Atmosphäre der Lagunenstadt galt. Mit seinem nervösen Pinselstrich gelang es ihm, den sanften Wellenschlag des Wassers und die Schwingungen des Lichts auf die Leinwand zu bannen, womit er bereits die Kunst der Impressionisten vorwegnahm. Neben Ansichten der Lagune malte er ebenso wie sein Bruder **Gian Antonio Guardi** Szenen aus dem Alltagsleben in der Art Pietro Longhis *(Sprechzimmer der Nonnen, Karnevalsgesellschaft)*. Ein anderer Aspekt seiner Kunst sind die *Szenen aus dem Leben des Tobias*, mit denen er den Orgelprospekt der Chiesa dell'Angelo Raffaele verzierte. Zur gleichen Zeit trat **Gian Domenico Tiepolo** aus dem Schatten des Vaters. Zwar widmete er sich weiter traditionellen Themen *(Kreuzweg* in der Chiesa San Polo), schuf aber zugleich sehr persönliche Werke: Mit einer gehörigen Portion Ironie malte er die elegante venezianische Gesellschaft, die sich am Ufer der Brenta verlustierte. Auch an Szenen aus dem bäuerlichen Leben fand er Gefallen (Ca' Rezzonico: Fresken für die Villa Zianigo). Gerne schmückte er seine Bilder mit Polchinellen aus der Commedia dell'Arte.

19. und 20. Jahrhundert

Das 19. Jh. war eine Zeit künstlerischen Leerlaufs ohne eigene Impulse. Viele Maler – darunter Ippoliti Caffi und Guglielmo Ciardi – setzten die Tradition der Veduten des 18. Jh.s fort. Alessandro Milesi machte sich als Porträtist einen Namen.

Anfang des 20. Jh.s entstanden unter dem Einfluß der großen Strömungen der europäischen Kunst einige interessante Werke, die heute im Museo di Arte Moderna im Ca' Pesaro zu sehen sind. Zu erwähnen sind in diesem Zusammenhang die Arbeiten von **Federico Zandomeneghi**, einem Mitglied der toskanischen Malergruppe I Macchiaioli (dem italienischen Pendant der Tachisten, die Empfindungen durch spontane Aufträgen von Farbflecken ausdrücken wollten). **Umberto Boccioni** malte in einem Stil, der entfernt an den französischen Neoimpressionisten Signac erinnert (Canal Grande). Die impressionistischen Bilder **Frangiacomos** entstanden unter dem Einfluß Turners (Piazza di San Marco). **Casorati** ist dem Symbolismus zuzuordnen und malte zahlreiche Porträts. Die Maler der **Schule von Burano** – Moggioli, Gino Rossi, Sibellato, Semighini – schenkten vor allem den Inseln der Lagune ihre Aufmerksamkeit, wobei sie sich zuerst am Werk Van Goghs, Gauguins und Cezannes und später an dem der Neoimpressionisten Bonnard und Vuillard orientierten.

Der venezianische „Spatolato"

Die seit der Antike bekannte Technik der Marmorierung, bei der der Marmoreffekt malerisch vorgetäuscht wird, ist in Italien auch unter der Bezeichnung venezianischer Spatolato bekannt, weil sie in den Palästen der Lagunenstadt sehr häufig eingesetzt wurde. Traditionsgemäß wird dabei mit dem Spachtel – daher der Name, *spatolato*, „gespachtelt" – eine dicke Schicht Gips aufgetragen. Auf die noch feuchte Gipsmasse wird dann mit einem Schwamm oder einem Pinsel die Farbe, meist zarte Pastellnuancen oder kraftvoll-warme Töne, aufgetragen. Hierbei kommt es wirklich auf das Talent des Stuckmalers an: Nicht allen gelingt es, den Original-Marmoreffekt zu erzielen. Wenn die Farbe aufgesogen und die Gipsschicht getrocknet ist, wird sie abgeschliffen, bis sie zu glänzen beginnt. Heute ist eine echt venezianische Stukkatur zumeist noch teurer als echter Marmor, aber dafür gibt es inzwischen auch schon Spatolato-Tapeten.

Musik

Die Zeit vor Vivaldi

Renaissance – Während sich in Rom die Meister der Mehrstimmigkeit, allen voran Giovanni Pierluigi Palestrina (um 1525-1594), auch in der Renaissance noch fast ausschließlich der Sakralmusik widmeten, rückte in Venedig die weltliche Musik langsam in den Vordergrund.
In dieser Zeit änderte sich mit dem Weltverständnis der Künstler auch ihr Musikverständnis: Wie die bildenden Künstler strebten die Musiker der Renaissance danach, die Natur nachzuahmen; wie die Maler entdeckten sie den Raum, der von ihnen akustisch erschlossen werden sollte. In Venedig wurde diese Entwicklung dadurch begünstigt, daß sich die Orgeln von San Marco auf zwei gegenüberliegenden Emporen befanden; zudem war es durch die verschiedenen Emporen von San Marco möglich, dem alten wechselchörigen Musizieren eine neue, räumliche Dimension zu geben.
Die Impulse für die Entwicklung eines neuen Musikgefühls gingen in Venedig von dem Flamen **Adrian Willaert** (um 1490-1562) aus. Er war Kapellmeister an San Marco und gilt als Begründer der venezianischen Schule, zu deren wichtigsten Vertretern sein Schüler Andrea Gabrieli und dessen Neffe Giovanni Gabrieli, beides Meister der A-cappella-Technik, gehörten.
Andrea Gabrieli (um 1510-1586) war Organist an San Marco, erwarb sich aber auch einen Ruf als Komponist und Pädagoge. Er hatte entscheidenden Anteil an der Entwicklung des konzertanten Prinzips (auf das Zusammenwirken gegensätzlicher Klanggruppen, z. B. von Instrumenten und Chor, angelegte Kompositionen). Diese neue Musikform spielte mit Kontrasten, Dissonanzen und der Anordnung mehrerer verschieden besetzter Chöre im Raum. Andrea Gabrieli leistete einen großen Beitrag im Bereich der Vokalmusik, der geistlichen (4- bis 12stimmige Motetten, sechsstimmige Messen und Bußpsalmen) ebenso wie der profanen (3- bis 12stimmige Madrigale).
Giovanni Gabrieli (um 1557-1612) trat die Nachfolge seines Onkels an den Orgeln von San Marco an und trug den Ruhm der venezianischen Schule weit über die Grenzen der Serenissima hinaus: Hans Leo Hassler und Heinrich Schütz haben bei ihm gelernt. Typisch für das neue Musikverständnis der Renaissance ist sein dreichöriges Magnifikat, das sich durch das Gegen- und Ineinander der Klänge sowie Imitations- und Echoeffekte auszeichnet. Giovanni Gabrieli schrieb neben geistlichen (darunter die Symphoniae Sacrae) auch viele weltliche Werke und trug wesentlich dazu bei, daß sich die Instrumentalmusik zu einer eigenständigen Gattung entwickeln konnte – u. a. mit seinen Violinsonaten, die zu den ersten ihrer Art gehören. Die Geige war das ideale Instrument für den neuen monodischen Stil, der etwa gleichzeitig mit dem **Generalbaß** aufkam (*basso continuo*, der Komposition zugrunde liegende Baßstimme), dessen er sich im übrigen wesentlich bediente. Giovanni Gabrieli war auch einer der ersten, der Triosonaten für zwei Oberstimmen – zumeist Violinen – und einen Generalbaß, der in der Regel auf dem Cembalo oder dem Cello gespielt wurde, schrieb.

Barock – Das 17. Jh. war für die venezianische Musik eine äußerst fruchtbare Zeit. In der damals gerade erfundenen Oper verbanden sich Musik und dramatische Handlung miteinander; historische Begebenheiten oder Legenden wurden aufwendig in Szene gesetzt. Francesco Cavalli (1602-1676), Kantor von San Marco, Marc'Antonio Cesti (1623-1669) und Giovanni Legrenzi (1626-1690), Kapellmeister an San Marco, gehörten zu denen, die der Oper in Venedig den Weg ebneten. 1637 öffnete mit dem Teatro San Cassiano das erste öffentliche, eintrittspflichtige Opernhaus seine Tore. Häufig wurden dort Werke von **Claudio Monteverdi** aufgeführt, der 1613 nach Venedig kam und bis zu seinem Tod im Jahre 1643 dort blieb. Ihm ist es zu verdanken, daß Venedig im 17. Jh. Florenz und Mantua den Rang als norditalienische Hauptstadt der Oper ablief. Im 17. Jh. gab es in Venedig nicht weniger als 17 Theater.

Das Settecento – Im 18. Jh. machte in Venedig die Opera buffa, die „komische Oper", Furore – ein eigentlich typisch neapolitanisches Genre. Ihr wichtigster Vertreter in der Lagunenstadt war **Baldassarre Galuppi** (s. unter BURANO), der zusammen mit Giovanni Platti (1700-1763) auch zu den ersten Komponisten gehörte, die Cembalosonaten schrieben. Diese neuen Instrumentalwerke bestanden aus einem bis vier wechselvoll gestalteten Sätzen in zweiteiliger Anlage. Sie führten die Kirchensonate fort, zeichneten aber bereits den Weg zur klassischen Sonate auf. Das Cembalo erfreute sich damals größter Beliebtheit. Bald sollte es jedoch durch das von Bartolomeo Cristofori (1655-1732) entwickelte Pianoforte, die Vorform des heutigen Klaviers, verdrängt werden; Cristofori ersetzte die Zupfmechanik des Cembalos durch auf die Saiten schlagende Hämmer. Unter den großen venezianischen Cembalospielern verdient neben Galuppi und Platti auch **Benedetto Marcello** (1686-1739) Erwähnung. Er schrieb Kirchenmusik und Concerti für fünf Instrumente. Sein Bruder **Alessandro Marcello** (1684-1750) komponierte Sonaten für Violine und Generalbaß und Concerti für Oboe und Streicher.
In dieser Zeit arbeitete auch **Tomaso Albinoni** (1671-1750) in Venedig. Sein Instrumentalwerk erinnert an einige Kompositionen seines Freundes Vivaldi, ist aber zugleich der Tradition der deutschen Barockmusik verpflichtet. Albinoni schrieb an die fünfzig Opern; seinen heutigen Ruhm verdankt er jedoch in erster Linie seinem Instrumentalwerk. Einige seiner Themen wurden von Johann Sebastian Bach aufgegriffen.

Vivaldis Venedig

Antonio Vivaldi (1678-1741) ist die große Figur der venezianischen Musik schlechthin. Selbst Bach schaute gerne beim „Prete rosso", dem „rotschöpfigen Priester", ab. Dennoch geriet Vivaldi nach seinem Tod fast völlig in Vergessenheit und wurde erst gegen Mitte des 20. Jh.s wiederentdeckt.

Er schrieb zahllose nach einem dreiteiligen Schema *(allegro – adagio – andante)* aufgebaute Konzerte, darunter insgesamt 344 Solokonzerte – für Violine, Viola d'amore, Cello, Mandoline, Flöte, Oboe, Fagott, Trompete und Horn. Viele seiner Kompositionen haben deskriptiven Charakter (man spricht in diesem Zusammenhang von **Programmmusik**), darunter das Violinkonzert La Notte (Die Nacht) und natürlich die berühmten Vier Jahreszeiten. Zu seinen bekanntesten Arbeiten gehören L'Estro armonico (musikalische Inspirationen) und seine geistlichen Vokalwerke Credo, Gloria und Magnificat.

Das Leben des „Prete rosso" – Giovanni Battista Vivaldi, der Vater, war von Beruf Barbier, betätigte sich aber auch als Musiker, was damals nicht ungewöhnlich war: Unter der Woche schwang er Schere und Rasiermesser, sonntags spielte er in der Pfarrkirche San Martino auf der Violine. Wie später sein Sohn, wurde auch er wegen seiner Haarfarbe „Rossi" genannt. In San Martino hatte eine Scuola ihren Sitz: die Sovvegno di Santa Cecilia. Dort trafen sich die Musiker der Stadt, denn nicht umsonst ist die heilige Cäcilie die Schutzpatronin der Musikanten.

Vivaldis Mutter, Camilla Calicchio, stammte aus dem Viertel bei San Giovanni in Bràgora, wo der Komponist zum zweiten Mal getauft wurde (wegen seiner schwächlichen Konstitution hatte er bereits gleich nach seiner Geburt am 4. März 1678 im Elternhaus eine Nottaufe erhalten).

Vivaldi wurde in San Giovanni Nuovo zum Priester geweiht. Er übte dieses Amt zeit seines Lebens tatsächlich aus, obwohl er sich hauptsächlich der Musik widmete. In der Anfangszeit wohnte er an der Fondamenta del Dose unweit der Ponte del Paradiso, dann zog er von

Antonio Vivaldi

Castello nach San Marco um, wo er an der Riva del Carbon Wohnung nahm. 1740 ging er nach Wien. Vivaldi, der noch kurz zuvor einer der bedeutendsten Violinisten seiner Zeit gewesen war, starb dort im darauffolgenden Jahr, verarmt und von der Welt vergessen.

In Venedig war Vivaldi vor allem im **Ospedale della Pietà** und im **Teatro Sant'Angelo** tätig gewesen. Die Pietà war eines jener großen Hospize *(Ospedali Grandi)*, die im 17. und 18. Jh. zugleich Konservatorien waren und in deren Kirchen daher regelmäßig Konzerte stattfanden. Die Ospedale waren Wohlfahrtseinrichtungen und Waisenhäuser für junge Mädchen, die dort neben der schulischen – sofern sie Talent dafür zeigten – auch eine musikalische Ausbildung erhielten, dank der sie in den Chören und Orchestern mitwirken konnten, die diesen Institutionen zum Ruhm gereichten.

Vivaldi wirkte allerdings nicht in der heutigen, massiven Chiesa della Pietà an der Riva degli Schiavoni, sondern in deren Vorgängerbau, der sich etwas rechts davon befand – dort, wo heute das Hotel Metropole steht.

Auch das Teatro Sant'Angelo gibt es nicht mehr. Es stand an der Riva del Carbon. Vivaldi hatte sich dort zugleich als Musikdirektor, Impressario, Hauskomponist und Violinvirtuose betätigt.

Ein berühmter Orgelbauer

Das Ansehen des **Gaetano Callido** (1727-1813) war so groß, daß er in Venetien, Dalmatien und sogar im Heiligen Land an die vierhundert Orgeln baute. Von ihm stammen die drei im Jahre 1766 entstandenen Orgeln im Markusdom. Vier Jahre später wurde er zum offiziellen Orgelbauer der Republik Venedig ernannt. Seine beiden Söhne Agostino und Antonio setzten sein Werk noch bis 1821 fort.

Die Zeit nach Vivaldi

Nachdem die Lagunenstadt drei Jahrhunderte lang ganz vorne auf der Musikszene gestanden und mit Vivaldi einen der berühmtesten Komponisten aller Zeiten hervorgebracht hatte, verlor die venezianische Musik an Bedeutung. Nur wenige Namen drangen noch über die Grenzen des Landes hinaus, darunter der von **Ermanno Wolf-Ferrari** (1876-1948), der die venezianische mit der deutschen Musiktradition verband. Neben seinem großen Idol Mozart hatten auch die Opera buffa und die Theaterstücke Goldinis großen Einfluß auf seine Werke *(Le Donne curiose, I quattro Rusteghi* und *Il Campiello)*.

In den letzten Jahrzehnten hat sich Venedig wieder als Zentrum der Künste behaupten können. Besondere Bedeutung kommt in diesem Zusammenhang den zeitgenössischen Komponisten **Luigi Nono** (1924-1990) und **Bruno Maderna** (1920-1973) zu, die sich beide u. a. auf dem Gebiet des experimentellen Musiktheaters einen Namen machten. Nono schuf mehrere hochexpressive Orchester- und Vokalwerke, in die er als engagierter Sozialist oft politische Inhalte einfließen ließ. Maderna, der serielle ebenso wie klanglich neue Techniken einsetzte, leitete über zehn Jahre lang das internationale Kammerensemble Darmstadt.

Ebenfalls in Venedig wurde 1946 der Dirigent **Giuseppe Sinopoli** geboren, der u. a. die Londoner Philharmonie leitete und als Spezialist des Mahlerschen Repertoires gilt. Er war zeitweise Dozent für zeitgenössische Musik am Konservatorium in Venedig und schrieb einige Orchesterstücke.

Wahlheimat Venedig

Der aus Cremona stammende **Claudio Monteverdi** (1567-1643), der mit seinem „Orfeo" als eigentlicher Erfinder der Oper gilt, war Kapellmeister an San Marco und verbrachte die letzten 30 Jahre seines Lebens in Venedig; sein Grab befindet sich in der Frari-Kirche.

Monteverdi ist nicht der einzige berühmte italienische oder ausländische Musiker, der in Venedig begraben liegt. Tatsache ist, daß mehrere bekannte Komponisten weniger mit Venedig verbunden werden, weil sie dort gelebt haben, sondern weil sie dort starben. **Domenico Cimarosa** (1749-1801) hauchte sein Leben am Campo Sant'Angelo aus, und **Igor Strawinsky** (1882-1971) liegt auf der Friedhofsinsel San Michele begraben.

Von **Richard Wagner** (1813-1883) heißt es, daß er nach Venedig zurückgekehrt sei, um dort zu sterben. Er hatte sich im Palazzo Vendramin-Calerghi eingemietet, in dem sich heute das Kasino befindet. Eine Gedenktafel erinnert dort an ihn. Er starb am 13. Februar 1883, umsorgt von seiner Gemahlin Cosima, der Tochter von Franz Liszt, die zuvor mit dem Wagner-Dirigenten Hans von Bülow verheiratet war. An seinem Totenbett befand sich auch der Gondoliere Gigio Trevisan, genannt Il Ganassete.

Wenn er in Venedig weilte, spazierte Wagner fast täglich zum Markusplatz, um sich auf die Caféterrasse des Florian oder des Quadri zu setzen. Gelegentlich gesellte sich dort der Leiter des städtischen Musikvereins zu ihm und bat ihn, sein Ensemble zu dirigieren. Dies tat Wagner von Zeit zu Zeit, so daß die Venezianer in den Genuß seiner Stücke kamen. In Venedig schrieb Wagner den zweiten Akt von „Tristan und Isolde" (zu den Passagen mit dem englischen Horn sollen ihn die nächtlichen Gesänge der Gondoliere angeregt haben). Hier soll ihm auch die Idee zu den „Meistersingern" gekommen sein, und zwar vor Tizians Assunta, die er oft in der Frari-Kirche bewundert hatte. Auch ein Teil des Parzifals entstand in Venedig.

Literatur

13. bis 15. Jahrhundert – Die venezianische Literaturgeschichte nahm vor über siebenhundert Jahren ihren Anfang, als **Marco Polo** 1271 gen Osten aufbrach. Trotz seines jugendlichen Alters – er war gerade 16 Jahre alt – beschloß er, seinen Vater Niccolò und seinen Onkel Matteo, die im Handel mit der Levante tätig waren, auf einer langen Expedition zu begleiten, die sie bis an den Hof des Mongolenherrschers Khubilai führen sollte. Sie waren wohl die ersten Europäer, die in diese entlegenen Regionen reisten. Marco Polo wurde vom „großen Khan" mit mehreren Missionen betraut und verbrachte so noch fast zwanzig Jahre in Fernost. Seine Heimkehr nach Venedig im Jahre 1295 stand indes unter einem schlechten Stern: In einer der zahlreichen Seeschlachten zwischen Venedig und Genua wurde der Forschungsreisende gefangengenommen. Im Kerker machte er die Bekanntschaft des Schriftstellers Rusticello da Pisa, der ihm anbot, seine Reiseabenteuer zu Papier zu bringen. Das unter dem Titel *Il Milione* – nach dem Beinamen der Familie Polo „Emilione" – zuerst in einer französisch-italienischen Mischsprache erschienene Werk erregte großes Aufsehen und wurde schon bald ins Italienische, Französische und Lateinische übersetzt (das deutsche Publikum mußte allerdings noch bis 1477 warten, um es in seiner Muttersprache lesen zu können).

Dennoch konnte sich die Lagunenstadt damals noch nicht für die Literatur begeistern, ihr Interesse galt weiterhin in erster Linie dem Handel. So fiel auch der Humanismus in Venedig zunächst auf keinen fruchtbaren Boden. Dies änderte sich erst, als **Aldus Manutius** seine berühmte Druckerei gründete und 1499 das *Hypnerotomachia Poliphili* veröffentlichte: Diesem anonymen, in einer ausdrucksstarken Mischung aus Latein und Venezianisch geschriebenen und in die mittelalterliche Form der Traumvision gekleideten Werk gebührt die Ehre, die Lagunenstadt aus ihrem intellektuellen Halbschlaf geweckt zu haben. Zwar war diesem sprachschöpferischen Meisterwerk selbst noch kein großer Publikumserfolg beschieden, doch es war der Auftakt zu einer ganzen Reihe glanzvoller literarischer Leistungen.

Marco Polo
(Museo Correr, Bibliothek)

Museo Correr, Venezia

Von Bembo bis Goldoni, die Blütezeit der venezianischen Literatur – Unter den Gelehrten, deren Werke über Aldus Manutius' Druckpressen liefen, befand sich auch **Pietro Bembo**, der 1470 als Nachfahre einer großen venezianischen Patrizierfamilie geboren wurde und fast ein Jahrhundert lang in der italienischen Literaturszene das Sagen hatte. 1525 veröffentlichte er die *Prose della volgar Lingua*, ein dreibändiges Werk, in dem er sich mit der damals viel diskutierten Frage beschäftigte, ob auch in der Literatur die Sprache des Volkes Vorrang vor dem Lateinischen haben sollte. Dabei wandte er sich gelegentlich gegen die Sprache des Toskaners Dante und schlug interessante Alternativen vor, wodurch er seinen Teil an der Entwicklung des Italienischen in seiner heutigen Form hatte.

In einem ganz anderen Genre war der 1496 in Padua geborene Angelo Beolco, genannt **Ruzzante**, tätig, der Venedig zu seiner Wahlheimat gemacht hatte. Seinen Beinamen verdankte er einer Figur aus seinen Dialektkomödien, einem Bauern, den er selbst zu spielen pflegte. Sein bekanntestes Werk, *Il Parlamento de Ruzzante*, ist eine unbarmherzige Schilderung des bäuerlichen Lebens vor dem Hintergrund des langen und blutigen Krieges zwischen Frankreich und Venedig.

Einer seiner Zeitgenossen, dessen Name leider nicht überliefert wurde, schrieb eine temperamentvolle, derbe Komödie in venezianischer Mundart mit dem Titel **Venexiana**. Ohne ein Blatt vor den Mund zu nehmen, setzte er darin die guten und vor allem die schlechten Seiten seiner Mitbürger in Szene. Die *Venexiana* ist in vielerlei Hinsicht ein höchst interessantes Werk, denn sie hat nicht nur ein äußerst einfallsreiches Plot voller überraschender Entwicklungen, sondern markiert zugleich einen Wendepunkt im kulturellen Leben der Lagunenstadt: Zwischen 1530 und 1540 begann man, statt „importierter" Werke in der Stadt entstandene und von ihr handelnde Stücke aufzuführen.

Dies ist zumindest zum Teil das Verdienst des aus dem toskanischen Arezzo stammenden **Pietro Aretino**. Nach einem kurzen Aufenthalt in Rom kam er 1527 nach Venedig, wo er *Il Marescalco* und *La Cortigiana* veröffentlichte: zwei der gelungensten Komödien des italienischen 16. Jh.s. Seine Stücke hatten sofort großen Erfolg, und Aretino wußte daraus Kapital zu schlagen, indem er die neuen Möglichkeiten der Vervielfältigung nutzte. Seine enge Zusammenarbeit mit dem Druckereibesitzer Marcolini wurde für beide Beteiligten zu einem ausgezeichneten Geschäft.

Das *Ridotto*, ein Genrebild von Pietro Longhi (Ca' Rezzonico)

Aretino war ein Meister der Sprache des Volkes: Seine Werke sind ungestüm, lebhaft und voller Ironie. Dadurch zog er das Augenmerk der Mächtigen seiner Zeit auf sich, die er gerne mit seinen Spötteleien bedachte – nicht umsonst nannte man ihn die „Geißel der Fürsten" (sein Schweigen ließ er sich gegebenenfalls bezahlen).

In Venedig schien damals trotz der Inquisition – des Staates, nicht der Kirche – ein für diese Zeit erstaunlich freiheitlicher Geist zu herrschen. Anders lassen sich Aretinos Theaterstücke, Spottschriften und Satiren sowie die zahllosen anderen Werke, die anderenorts schnell der Zensur zum Opfer gefallen wären, nicht erklären.

Im 17. Jh. wurde Venedig zu einem der Zentren des **Druckereiwesens**: Wer Wert darauf legte, daß sein Werk sorgfältig gedruckt wurde und Erfolg beim Publikum hatte, wandte sich an die Druckereien der Lagunenstadt. In Venedig gab es damals mehrere hundert Druckereien und wohl noch viel mehr Autoren, die begierig waren, ihre Werke dort drucken zu lassen.

Arm und Reich begeisterten sich in Venedig gleichermaßen für das Theater. An Stücken, zumeist **Komödien**, herrschte kein Mangel, und die meisten stammten aus der Feder heimischer Autoren. Großen Erfolg hatten mundartliche Stücke, in denen dem Publikum bereits wohlbekannte Masken oder Figuren auftraten.

In einem „internationalen" Handelshafen wie Venedig bestand auch ein großer Bedarf an Information. So ist es kein Wunder, daß sich der italienische **Journalismus** ausgerechnet in Venedig entwickelte. 1760 gab Gasparo Gozzi die erste Nummer seiner *Gazzetta Veneta* heraus, die fast ein Jahr lang zweimal wöchentlich erschien und dem Vorbild der englischen Zeitungen nachempfunden war: Artikel über das Gesellschaftsleben und die Sitten der Stadt wurden durch praktische Informationen – Kleinanzeigen, Wechselkurse usw. – ergänzt. In dieser Zeitschrift erschienen auch die ersten Kritiken zu Goldonis Stück *I Rusteghi*.

Carlo Goldoni – Der bedeutendste Vertreter des venezianischen Theaters wurde 1707 als Sohn eines Arztes geboren, der es gerne gesehen hätte, wenn sein Sprößling den gleichen Beruf ergriffen hätte wie er. Mit 13 Jahren schlich sich dieser jedoch aus dem Elternhaus, um sich einer Truppe von Wanderschauspielern anzuschließen. Er wurde zwar bereits in Chioggia wieder aufgegriffen, doch schien ihn das in seiner Theaterleidenschaft nur weiter zu bestärken.

Carlo Goldoni

Den ersten großen Erfolg hatte er 1743 mit *La Donna di garbo*. 1750 wettete er mit seinem Rivalen Pietro Chiari, daß es ihm gelingen würde, binnen eines Jahres mindestens 16 neue Lustspiele zu schreiben. Er gewann die Wette: Seiner Feder entschlüpften in diesem Jahr ganze 17 Stücke, darunter einige seiner Meisterwerke. Sein Erfolgsrezept war einfach: Dank seiner ungewöhnlichen Beobachtungsgabe gelang es ihm, aus den beliebten, doch stereotypen Figuren der Commedia dell'Arte realistische und daher umso komischere Charaktere zu machen; die lebhaft-schwungvolle Handlungsführung tat ein übriges. Beispielhaft dafür ist sein Stück „Der Diener zweier Herren". Von seiner Heimatstadt Venedig berichtet er in seinen Memoiren („Geschichte meines Lebens und meines Theaters").

1750-1850, die Zeit des Umbruchs — Wie groß im 18. Jh. die Anziehungskraft des spritzigen und lebensfrohen venezianischen Theaters war, zeigt sich auch daran, daß **Lorenzo da Ponte**, der illustre Librettist von Mozarts „Hochzeit des Figaro" zwei Jahre dort verbrachte — wobei seine Aufmerksamkeit jedoch laut eigener Aussage nicht nur dem Theater, sondern vor allem der Damenwelt galt.

Ähnlich gelagert waren die Interessen eines anderen namhaften Sohns der Stadt: **Giacomo Casanova** (1725-1798). Dem erging es dort allerdings nicht immer gut, mußte er doch in den Bleikammern, den berühmt-berüchtigten Kerkern der Serenissima, schmachten. Dieses und andere – zumeist galante – Abenteuer schilderte er später in seinen Memoiren („Geschichte meines Lebens").

1793 kam **Ugo Foscolo** (1778-1827) an der Riva degli Schiavoni an. Der junge Dichter, der sein Studium abgebrochen hatte, begeisterte sich für die Werke griechischer und lateinischer Klassiker. Er verschaffte sich Zutritt zu dem exquisiten Salon der Isabella Teotichi Albrizzi, mit der der Sechzehnjährige trotz des großen Altersunterschieds – sie war 18 Jahre älter als er – eine leidenschaftliche Liaison begann. In dieser Zeit entstand seine *Ode a Bonaparte liberatore*. Der Befreier erwies sich indes als Tyrann, dem seine eigenen Machtinteressen mehr am Herzen lagen als die revolutionären Ideale des jungen Foscolo. Als Bonaparte Venedig 1797 an Österreich abtrat, flüchtete Foscolo schwer enttäuscht nach Mailand, wo er seiner Verzweiflung in dem Briefroman „Die letzten Briefe des Jacopo Ortis" Ausdruck gab.

In Venedig hatte Foscolo einen anderen Vertreter der aufkommenden romantischen Dichtung kennengelernt: **Melchiorre Cesarotti**, der als Hauslehrer bei einer venezianischen Patrizierfamilie angestellt war, in deren Salon Foscolo ein und aus ging. Cesarotti hatte von „Ossianischen Dichtungen" erfahren, die ein gewisser Macpherson in England veröffentlicht hatte. In nur sechs Monaten übersetzte er sie ins Italienische. Die *Poesie di Ossian* (1763) machten ihn auf einen Schlag berühmt. Allerdings war Cesarotti einem Schwindel aufgesessen. Die „Ossianischen Dichtungen", die in Europa damals nicht nur Cesarotti, sondern zahlreiche andere Dichter inspirierten, waren einer der aufsehenerregendsten Fälle literarischer Falschmünzerei der letzten zwei Jahrhunderte. Macpherson hatte die vermeintlichen gälischen Lieder des mythischen Helden Ossian in Wirklichkeit selbst geschrieben.

1786 kam **Johann Wolfgang von Goethe** nach Venedig; er widmete der Lagunenstadt ein Kapitel seiner „Italienische Reise".

Gegen Ende des 18. Jh.s wurde in Piemont ein bedeutender romantischer Dichter geboren, **Silvio Pellico**, der Venedigs „Piombi", die Bleikammern, noch einmal in die Literaturgeschichte eingehen ließ. Pellico, dessen politische Überzeugungen den österreichischen Besatzern mißfielen, beschrieb seine insgesamt zehnjährige Kerkerhaft – von 1820 bis 1830 (die meiste Zeit davon verbrachte er allerdings in Brünn) – in „Meine Gefängnisse".

Im **19. Jh.** übte Venedig, weniger wegen seiner Kerker als wegen seiner schattigen Bogengänge und düsteren Kanäle, eine Magnetwirkung auf die romantischen Dichter – allen voran **Lord Byron** – aus. Ein Abstecher nach Venedig gehörte damals zum Pflichtprogramm jeder literarischen Italienreise.

20. Jahrhundert — Diese Tendenz verstärkte sich im darauffolgenden Jahrhundert: Die venezianische Literaturszene war nunmehr fast gänzlich (sieht man einmal von **Gabriele d'Annunzio** ab) von Ausländern in Beschlag genommen.

Um die Jahrhundertwende kam **Marcel Proust** in Begleitung seiner geliebten Mutter nach Venedig. Er arbeitete dort an der Übersetzung einiger der Schriften des Engländers **John Ruskin** (1819-1900), der sich von der Lagunenstadt zu seinem Werk „Die Steine von Venedig" hatte anregen lassen. Venedig machte einen derartigen Eindruck auf Proust, daß er der glücklichen Erinnerung an die Stadt im letzten Teil seines großen Romanzyklus, der „Wiedergefundenen Zeit", einen wichtigen Platz einräumte.

In einem ganz anderen Licht erscheint die Lagunenstadt in Werk **Thomas Manns**. In seinem „Der Tod in Venedig" zeichnet er das Bild einer dem Untergang geweihten Stadt, in der die Cholera wütet, die aber dennoch – oder gerade deshalb – auf die Hauptfigur, den alternden Schriftsteller Gustav von Aschenbach, das alter ego des Dichters, eine geradezu krankhafte Anziehungskraft ausübt.

Arthur Schnitzler ließ sich in Venedig zu „Casanovas Heimfahrt" (1918) inspirieren.

Ein weiterer berühmter Gast der Stadt war **Ernest Hemingway**, der 1948 im Hotel Gritti abstieg. Er saß gerne in Harry's Bar bei einem „Montgomery" (besonders starker Cocktail aus Gin und Martini). Der nicht gerade an übertriebener Bescheidenheit leidende Schriftsteller – er ließ sich gerne *Il Papa*, „der Papst", nennen – behauptete, am Canal Grande dem seiner Größe angemessenen Platz gefunden zu haben. Allerdings war er sonst eher ein Freund wilder Landschaften: Oft sah man ihn auf Torcello Enten jagen.

Auch nach Hemingway und Proust haben noch viele Schriftsteller ihre Erinnerungen an die faszinierende Lagunenstadt literarisch verarbeitet, darunter **Alfred Andersch** („Die Rote", 1960), **Hans Habe** („Palazzo", 1975), der russisch-amerikanische Dichter **Joseph Brodsky** (1940-1996) und der Pole **Gustaw Herling-Grudzinski** (*1919).

Venezianischer Grundwortschatz

Venedig besitzt eine eigene Musik: seinen Dialekt. Straßen und Plätze, Geschäfte und Cafés – alle haben sie in Venedig einen anderen Namen. Um das Venedig der Venezianer zu entdecken, um die Sprache der Calli und Campi zu verstehen, sollte sich der Reisende deshalb mit einigen der geläufigsten Ausdrücke aus Alltagsleben und Küche vertraut machen.

Allgemeines

Barèna	Bodenerhebungen aus Treibsand in der Lagune, zumeist mit Schilf bedeckt
Baùta	Karnevalsmaske mit einer schwarzen Kapuze und einem Cape aus Spitze
Brìcola	Dicke zusammengebundene Holzpfähle, eine Art Duckdalben, zur Kennzeichnung der schiffbaren Passagen
Carèga	Sitz, Stuhl
Ciàcola	Plauderei, Schwatz
Fèlze	Früher auf den Gondeln angebrachte Kabine, die die Passagiere vor Wind und Wetter schützte
Ocio!	Achtung!
Ostreghèta!	Ruhe!
Pantegàna	Unbeliebteste Einwohnerin der Stadt: die Ratte
Portego	Salon der venezianischen Palazzi
Putèo	Kind
Squèro	Gondelwerft
Tòco, tochetìn	Stück, Stückchen

Bei Hunger und Durst

Bacalà mantecà	Cremeartige Speise aus mit Öl, Knoblauch und Petersilie gemischtem Stockfisch, der zuvor in Milch gegart wird
Bàcaro	Venezianische Kneipe und traditioneller Treffpunkt der Venezianer, die dort oft schon am Vormittag einkehren, um ein *cichèto* und eine *ombra* zu bestellen
Baìcoli	Flaches Mürbegebäck, das in fast allen Bäckereien erhältlich ist
Bìgoi	Vollkornspaghetti, zu denen meist eine Soße aus gehackten und in Öl gebratenen Anchovis und Zwiebeln gereicht wird *(bìgoi in salsa)*
Bìsi	Erbsen
Bussolài buranèi	Kranz- oder S-förmige Eierbiskuits aus Burano
Càpe sànte	Jakobsmuscheln
Cichèto	Venezianisches Appetithäppchen, zu dem man eine *ombra* trinkt; es kann sich um etwas *bacalà*, eine *sàrde in saòr*, ein Fleischklößchen oder dicke gefüllte und panierte Oliven handeln
Figà a la venexiàna	In dünne Scheiben geschnittene und mit Zwiebeln geschmorte Kalbsleber
Frìtole	Karnevalskrapfen mit Rosinen und Pinienkernen
Lugànega	Lange, schmale Wurst
Ombra, ombrèta	Das bei den Venezianern so beliebte Glas Rot- oder Weißwein, das vorzugsweise im Stehen an der Theke eingenommen wird
Panàda	Mit Lorbeer, Knoblauch und Öl angemachte und mit Parmesan bestreute Brotsuppe
Peòci	Miesmuscheln
Rìsi e bìsi	Reis mit Erbsen
Sàrde in saòr	In eine Marinade aus Essig, Zwiebeln, Pinienkernen und Rosinen eingelegte gebratene Sardine
Sgropìn	Sorbet aus Zitrone, Wodka und Prosecco, das die Venezianer gerne im Anschluß an Fischmahlzeiten verspeisen
Sprìz	Aperitif aus Weißwein, einem Bitterlikör und stark kohlesäurehaltigem Mineralwasser

Stracaganàse	Mundartliche Verballhornung von *stanca-mascelle* (wörtlich übersetzt: „Kiefernschinder"); es handelt sich um getrocknete Eßkastanien
Soprèssa	Frische Wurst
Tiramesù	Venezianische Schreibweise des in ganz Italien und inzwischen auch in aller Welt bekannten kalorienreichen Nachtischs aus in Café getunktem Biskuit mit einer Creme aus Eiern, Maskarpone und Zucker

Venezianische Toponymie

Die venezianische „Geographie" hat es in sich – nicht nur was die Lage der Stadt, sondern auch was die Ortsnamen und Hausnummern angeht: In der Lagunenstadt sind nämlich nicht nur die Häuser einer Straße fortlaufend durchnumeriert, sondern alle Häuser eines Stadtteils *(sestiere)*, so daß man gelegentlich auf geradezu astronomisch hohe Zahlen stößt. Es hat also überhaupt keinen Sinn, sich nach geraden auf der einen und ungeraden Hausnummern auf der anderen Straßenseite zu orientieren zu versuchen.

Die Campi und Calli der Stadt tragen mundartliche Namen, deren Herkunft oft weit zurückreicht und manchmal auch auf ausländische Einflüsse hindeutet.

Verwirrend: venezianische Hausnummer

In der Folge erklären wir eine Auswahl interessanter Ortsnamen; für die anderen finden Sie die Erklärungen in den entsprechenden Kapiteln dieses Reiseführers.

Altàna	Venezianische Dachterrasse aus Holz, auf der die in ganz Italien für ihr blondes Haar berühmten Venezianerinnen in der Sonne saßen, um ihr Haar zu bleichen. Dazu trugen sie die *Isolana*, eine Art Schild, das ihr Gesicht vor der Sonne schützte. Manche Frauen cremten ihr Haar zuvor mit einer besonderen Pomade ein, die den Ausbleichprozeß beschleunigen sollte.
Assassini	Mörder; in Venedig gibt es einen Rio und eine Calle der Mörder, vielleicht, weil dort früher wirklich einmal Verbrechen begangen wurden.
Beccarìe	Metzgereien; eine Calle, ein Campo, eine Brücke und ein Rio sind in Venedig nach früher oder heute noch dort ansässigen Metzgereien benannt.
Biasio	Name der Riva nahe der Chiesa di San Simeon Grande, in Erinnerung an die schauerliche Geschichte des gleichnamigen Metzgers, der angeblich ein Gericht aus Kinderfleisch, die *sguazzeto alla bechera*, zubereitet haben soll.
Ca' di Dio	Haus Gottes: diesen Namen tragen – in Gedenken an das gleichnamige Hospiz, in dem die Pilger bei ihrer Heimkehr aus dem Heiligen Land Obdach fanden – eine Riva, ein Rio und eine Brücke.
Calle	Gasse, vom lateinischen *callis*
Campiello	Kleiner Campo
Campo	Wörtlich übersetzt: Feld – schließlich waren die Venezianer, bevor sie Seeleute wurden, zunächst Bauern; so heißen in Venedig die Plätze; nur einer, der Markusplatz, darf dort wie sonst überall in Italien Piazza heißen.
Cannaregio	Vom lateinischen *cannarecium* oder *canaleclum*: Sumpfland mit viel Schilf; Name eines der sechs Sestieri
Castello	Burg; der Name dieses Sestieri erinnert vermutlich an die römische Festung Olivolo, die hier stand.
Dorsoduro	Wörtlich übersetzt heißt dieser Stadtteil „harter Rücken", vielleicht weil er gewissermaßen das „Rückgrat" der Amphibienstadt Venedig bildet.
Fiubèra	Name einer Calle und eines Sottoportego; früher befanden sich dort Schmuckläden (eine Fibel bzw. Fibula ist ein antikes Schmuckstück).

Fondamenta	Uferkai an einem Rio oder einem Kanal, der zugleich als Fundament für die dort stehenden Bauten dient
Fòntego (oder Fòndaco)	Bau, in dem die ausländischen Kaufleute und ihre Waren untergebracht wurden
Fornèr	Häufig vorkommender Name, der daran erinnert, daß sich an einem Ort früher ein Backofen befand
Frezzerìa	Berühmte „Einkaufsmeile" gleich beim Markusplatz, so benannt nach einer sich dort befindlichen Pfeilewerkstatt (auf italienisch: *frezze*)
Lista	Name des Straßenabschnitts vor dem Palazzo eines Diplomaten; da diese Bereiche einen Sonderstatus hatten, wurden sie mit weißen Steinen – den sog. *liste* – gekennzeichnet.
Luganeghèr	Metzger
Megio	Hirse: Name einer Fondamenta, einer Brücke, eines Sottopòrtego und einer Calle, in deren Nähe sich die Hirse- und Weizenlager befanden, die die Republik Venedig eingerichtet hatte, um Hungersnöten vorzubeugen.
Miliòn	Beiname der Familie Polo, deren Palast sich am Corte del Milion, hinter der Chiesa San Giovanni Grisostomo, befand. Der Beiname der Familie ist auch der venezianische Titel der berühmten Reiseerinnerungen von Marco Polo.
Paradiso	So wurden eine Calle und eine Brücke bei Santa Maria Formosa genannt, weil diese Gegend am Karfreitag in paradiesischem Lichterglanz erstrahlte.
Parrocchia	Pfarrei; ist als Unterteilung des Sestiere noch immer wichtig, um sich in Venedig zurechtzufinden (was wegen der verwirrenden Hausnummern nicht immer leicht ist).
Pescarìa	Fischmarkt
Piazzetta	Es gibt in Venedig zwei „Plätzchen": die Piazzetta dei Leoncini und die Piazzetta San Marco (auch nur Piazzetta genannt); sie liegen beide neben der einzigen Piazza der Stadt, der Piazza San Marco.
Piovàn	Pfarrer
Pistòr	Alte Bezeichnung für Bäcker
Ponte	Brücke; über 400 gibt es davon in Venedig, und jede trägt einen eigenen Namen.
Ramo	Gäßchen, das zwei Calle miteinander verbindet
Rialto	Vom lateinischen *Rivo altus* („hohes Ufer"), Name der ersten besiedelten Inseln, der Keimzelle der Stadt
Rio terrà	Bezeichnung für eine Straße, die auf einem zugeschütteten Rio angelegt wurde
Ruga	Vom französischen *rue*, Straße; Synonym für Calle
Salizzada	Bezeichnung für eine gepflasterte Straße, vom venezianischen *salizo* für Pflasterstein
San Stae	Kurzform von Santo Eustachio
San Stin	Venezianische Variante von San Stefanin, kleiner St. Stefan
San Zan Degolà	Venezianisch für San Giovanni Decollato („Enthaupteter Johannes der Täufer")
Scaletèr	„Fliegender Gebäckhändler", so genannt nach einem Keks mit einem geometrischen Motiv, das an Treppenstufen erinnerte, und der deshalb auch so heißt: *scelèta*.
Sestiere	„Stadtsechstel": venezianische Verwaltungseinheit. Die sechs Sestieri sind San Marco, Castello, Cannaregio, Santa Croce, San Polo und Dorsoduro mit der Insel Giudecca.
Sottopòrtego	Überdachter Gang; seinen Namen verdankt er dem Umstand, daß diese Gänge zumeist unter den Pòrtegi, den großen Salons der Palazzi, verliefen.
Tette	Umgangssprachlich für Busen; diesen in keiner Weise verhüllenden Namen tragen eine Fondamenta und eine Brücke am Canale della Giudecca, weil sich in diesem Viertel die Prostituierten mit entblößten Brüsten am Fenster zeigten.
Zattere	Der Name dieser langen Fondamenta am Canale della Giudecca erinnert an die Holzflöße, die hier früher festmachten.

Filmstadt Venedig

Venedigs Paläste sind schon unzählige Male über die Filmleinwand gelaufen. Zumeist stellt die Stadt nur die Kulisse, doch alljährlich im September steht sie selbst im Mittelpunkt – und zwar, wenn bei den Internationalen Filmfestspielen der **Goldene Löwe** verliehen wird. Schauplatz des Geschehens sind allerdings nicht mehr die Calle und Rii des historischen Stadtkerns, sondern der Lido, wo sich Stars aus aller Welt ein Stelldichein geben. Doch selbst wenn die Augen der Welt auf der Stadt ruhen, vergißt die Serenissima ihre Bürger nicht: Einige der Campi verwandeln sich dann in Freilichtkinos.

Venedigs Filmfestspiele – 1932 fanden in Venedig die ersten Filmfestspiele der Welt statt, zur Eröffnung wurde „Dr. Jekyll und Mister Hyde" gezeigt. Preise wurden damals noch nicht vergeben, doch wurde das Publikum um seine Meinung gebeten, und das entschied sich für „Es lebe die Freiheit" von René Clair. Das Festival wurde eigentlich als zusätzliche Werbung für die Kunstbiennale ins Leben gerufen, um ein breiteres Publikum in die Stadt zu locken. Bereits 1936 war sein Erfolg jedoch so groß, daß beschlossen wurde, es als eigenständiges Festival alljährlich stattfinden zu lassen. Richtig beginnen konnte die Geschichte der venezianischen Filmfestspiele allerdings erst nach dem Krieg im Jahre 1946. Der begehrte Goldene Löwe wird in Venedig seit 1948 vergeben, ihren heutigen Namen – **Mostra Internazionale del Cinema** – tragen die Filmfestspiele seit 1979.

Kamera läuft! – Das erste Mal wurde Venedig 1896 auf Zelluloid gebannt, und zwar von einem der Pioniere der bewegten Bilder, **Albert Promio**. Seit dieser Zeit ist Venedig einer der großen Stars der Filmkunst.

1935 drehte **Marc Sandrich** hier seinen berühmten Musik- und Tanzfilm „Top Hat" („Ich tanz' mich in dein Herz hinein") mit Fred Astaire und Ginger Rogers.

In den 40er Jahren widmete Pasinetti der Lagunenstadt zwei Dokumentarfilme: „Venezia minore" und „La Gondola".

In den 50er Jahren entstanden bekannte Filme wie „Eine Nacht in Venedig" von **Georg Wildhagen** und „Schatten über dem Canale Grande" von Glauco Pellegrini.

Ein besonders großes Jahr in der venezianischen Filmgeschichte war 1954, als **Lucchino Visconti** einen Teil seines Filmdramas über den italienischen Freiheitskampf („Senso") in Cannaregio drehte und **Renato Castellani** die tragische Geschichte von Romeo und Julia von Verona nach Venedig verlegte und dafür den Goldenen Löwen bekam. Noch im selben Jahr spielte Katherine Hepburn unter der Regie von **David Lean** eine nicht mehr ganz junge Amerikanerin, die in der Lagunenstadt die Liebe entdeckt („Traum meines Lebens").

Dreharbeiten zu „Carrington"

1957 kam Ernst Marischka mit Romy Schneider alias Sissi nach Venedig („Schicksalsjahre einer Kaiserin"), um das Kinopublikum zu Tränen zu rühren. 1959 mimte Alberto Sordi einen recht ungewöhnlichen Gondoliere in **Dino Risis** Persiflage „Venezia, la luna e tu".

1967 drehte **John Mankiewicz** in der Lagunenstadt die brillante Krimi-Komödie „Venedig sehen und ... erben" mit Rex Harrison in der Hauptrolle.

Besonders glorreich waren die 70er und 80er Jahre. 1970 entstand Enrico Maria Salernos „Anonimo Veneziano", eine bewegende Liebesgeschichte mit Florida Bolkan und Tony Muzante. Im selben Jahr verfilmte Visconti mit Dirk Bogarde in der Hauptrolle die berühmte Thomas-Mann-Novelle „Tod in Venedig"; zu den betörenden Klängen der Mahlerschen Musik gelang es ihm, die faszinierend-morbide Atmosphäre der literarischen Vorlage noch zu überbieten.

1973 entstand Nicholas Roegs klassischer Psychothriller „Wenn die Gondeln Trauer tragen" nach einer Erzählung von Daphne du Maurier. Hauptdarsteller war Donald Sutherland, der drei Jahre später noch einmal in Venedig vor der Kamera stehen sollte: in **Fellinis** „Casanova".

1976 beschloß Dino Risi, den Roman von Giovanni Arpino „Un'anima persa" in Venedig statt in Turin zu verfilmen. Catherine Deneuve und Vittorio Gassman spielten die Hauptrollen.

1979 lieferte **Joseph Losey** seine Filmfassung von Mozarts „Don Giovanni" vor dem Hintergrund der palladianischen Villen am Ufer der Brenta.

1982 glitt das Paar aus **Michelangelo Antonionis** „Identifikation einer Frau" durch die Kanäle der Lagunenstadt.

Im selben Jahr ließ Giuliano Montaldo für seine große Fernsehproduktion „Marco Polo" (gespielt von Ken Marshall) in Malamocco das Venedig des 13. Jh.s wiederauferstehen.
1986 setzte Mauro Bolognini in seiner kleinen, freizügigen Filmerzählung „Die Venezianerin" das 16. Jh. in Szene.

1988 verwandelte **Steven Spielberg** die Chiesa San Barnaba in eine alte Bibliothek und scheute sich nicht, seine Titelfigur, den unermüdlichen Archäologen Indiana Jones (Harrison Ford), durch Venedigs Abwasserkanäle zu jagen, aus denen er dann mitten auf einem Campo, genau vor der obenerwähnten Kirche wieder auftauchte.

1995 drehte der Brite **Christopher Hampton** hier einige Szenen aus seinem Film „Carrington" mit Emma Thompson und Jonathan Pryce in den Hauptrollen. 1996 war Venedig neben New York und Paris eine der drei Städte, in denen **Woody Allen** sein ironisches Musical „Everyone says I love you" drehte. Der Venedigreisende wird zweifelsohne die berühmte Scuola di San Rocco wiedererkennen.

Goldene Löwen

1948 „Hamlet" von Sir Laurence Oliver
1949 „Manon" von Henri Georges Clouzot
1952 „Verbotene Spiele" von René Clément
1961 „Letztes Jahr in Marienbad" von Alain Resnais
1965 „Sandra" (Vaghe Stelle dell'Orso) von Luchino Visconti
1967 „Belle de Jour" von Luis Buñuel
1980 „Gloria" von John Casavetes, „Atlantic City" von Louis Malle und „Der große Alexander" von Theos Angelopoulos
1981 „Die bleierne Zeit" von Margarethe von Trotta
1988 „Die Legende vom Heiligen Trinker" von Ermanno Olmi
1992 „Qui Ju" von Zhang Yimou
1993 „Drei Farben: Blau" von Krzystof Kieslowski
1996 „Michael Collins" von Neil Jordan

Silberne Löwen

1953 „I Vitelloni – Die Müßiggänger" von Federico Fellini, „Moulin Rouge" von John Houston und „Thérèse Raquin" von Marcel Carné
1957 „Die weißen Nächte" von Luchino Visconti
1958 „Die Liebenden" von Louis Malle
1958 „Das Gesicht" von Ingmar Bergman
1960 „Rocco und seine Brüder" von Luchino Visconti
1962 „Vivre sa vie – Die Geschichte der Nana S." von Jean-Luc Godard
1992 „Ein Herz im Winter" von Claude Sautet

Karneval

Im 18. Jh. nahm die Karnevalszeit in Venedig fast kein Ende: Sie begann mit der Eröffnung der Theatersaison Anfang Oktober und dauerte mit einer kurzen Unterbrechung in der Weihnachtszeit bis zum Dienstag vor dem Beginn der Fastenzeit am Aschermittwoch. Während dieser Zeit war es üblich, sich zu maskieren, doch taten die Venezianer das nicht nur dann, sondern auch während der zwei Wochen der Sensa *(s. Veranstaltungskalender)*, bei der Dogenwahl, anläßlich der Hochzeiten der Kinder des Staatsoberhauptes sowie bei der Ernennung der Prokuratoren, der Staatskanzler und sogar des Papstes.

„Buongiorno, siora mascara" – Mit diesen Worten grüßten sich in Venedig die Maskierten untereinander. Im 18. Jh. war es derart gang und gäbe, mit der *baùta* – einem Cape mit einer Kapuze und einer Maske – bekleidet aus dem Haus zu gehen, daß die Priester sich gezwungen sahen, ihre Schäfchen höchst amtlich zu bitten, wenigstens in der Kirche die Masken abzulegen. Je mehr es mit der Serenissima abwärtsging, um so wilder wurde in der Lagunenstadt der Karneval gefeiert. In der Zeit des Niedergangs der Serenissima war Venedig in ganz Europa für seine rauschenden, frivolen Festlichkeiten berühmt.
Der Einmarsch der französischen Truppen machte 1797 jedoch nicht nur der fast tausendjährigen venezianischen Republik, sondern auch ihrem Karneval ein Ende: Die müßigen Maskeraden waren fortan verboten.
Erst Ende der 70er Jahre des 20. Jh.s – nach fast zweihundert Jahren Pause – wurde der venezianische Karneval wieder zum Leben erweckt. Heute strömen Menschen aus aller Welt erneut zum Karneval in die Lagunenstadt, um auf dem Markusplatz und in den umliegenden Gassen dem Rausch der prachtvollen Verkleidungen und Festlichkeiten zu erliegen. Die Spielregeln sind heute noch dieselben wie im 18. Jh.: Man darf niemals versuchen herauszufinden, wer sich hinter einer Maske verbirgt – ganz gleich, ob er oder sie sich hinter einer *baùta*, einem *tabàrro* (großes Cape), einem Dreispitz oder dem langen schwarzen Vogelschnabel, den früher die Pestärzte trugen, versteckt.
Vielleicht ist Venedigs Begeisterung für Maskierungen ja auch durch das besondere Lebensumfeld der Stadt bedingt: Die Gassen waren immer schon eng, die Einwohner nie sonderlich zahlreich. Ständig traf man auf ein bekanntes Gesicht, jeder wußte alles über jeden. Kutschen, hinter deren schweren Vorhängen man sich anderenorts vor neugierigen Blicken verbergen konnte, gab es in Venedig nicht. Es war fast unmöglich, anonym zu bleiben. Wenn die Venezianer ihre Masken anlegten, so war das wohl nicht nur ein Spiel, sondern auch ein Ausdruck der Furcht – zumeist nur vor der Neugierde der Nachbarn, manchmal aber auch vor den Spitzeln der Geheimpolizei, die in den Jahren des Niedergangs der Stadt immer mehr Macht gewann.

Venezianische Masken

Venedig bittet zu Tisch

Venedig, das über Jahrhunderte hinweg das Zentrum des Handels mit der Levante und dem Orient war, ist seit jeher eine Stadt der tausend Gesichter: Menschen aus aller Herren Länder erfüllten die Calle und Campi, über denen damals noch der Duft exotischer Gewürze lag, mit Leben und neuen Eindrücken. Sie brachten ihre Sprachen, ihre Kulturen und vor allem ihre kulinarischen Gewohnheiten mit und sorgten so dafür, daß sich in den venezianischen Kochtöpfen Einheimisches mit Fremdländischem mischte. Daran hat sich bis heute nichts geändert, auch wenn inzwischen statt der Kaufleute Touristen durch die Straßen der Stadt drängen.
Doch nicht nur fremde Einflüsse schlugen sich in der venezianischen Küche nieder, auch die lange Geschichte der Lagunenstadt selbst spiegelt sich in ihr wider. So haben neben den edlen Speisen der Patriziertafeln auch einfache, bäuerliche Gerichte die Jahrhunderte überdauert. Sie sind ebenso vielfältig wie die Zutaten, mit denen das fruchtbare venezianische Hinterland seit alters die Lagunenstadt beliefert.
Seit immer mehr Touristen in die Stadt strömen, sind dort zahllose Restaurants aus dem Boden geschossen, die mal eine exquisite, aber leider zumeist unerschwingliche Küche, mal preisgünstigere, aber recht einfallslose Einheitsmenüs anbieten.
Die Freude am guten Essen haben die Venezianer jedoch nicht verloren. Und auf die kleinen Freuden des Alltags, zu denen eben auch die *cichèti* gehören, jene schmackhaften Appetithäppchen, die sie sich zwischen den Mahlzeiten zusammen mit dem traditionellen Glas Wein, der **ombra**, in einem der zahlreichen **bacari** genehmigen, werden die Venezianer wohl auch in Zukunft nicht verzichten wollen.

Vom Fischmarkt direkt auf den Teller – In einer Stadt wie Venedig spielen Fische und Meeresfrüchte bei Tisch selbstverständlich die Hauptrolle, und dies schon bei den Antipasti, den Vorspeisen, wenn den hungrigen Magen **Muscheln** (*peòchi, caparòsoi*), **Meeresschnecken** (*bòvoli*), **Langustinen** (*canòce*), **Meeresspinnen** (*granseole*) und **Krebse** (*gransipori*) erwarten.
Als „Primo" (erste Hauptspeise des italienischen Menüs) ißt man in Venedig gerne **bigoi in salsa** – dicke Vollkornspaghetti mit einer Soße aus Anchovis und Zwiebeln. Etwas befremdlich wirken auf den Touristen zumeist die **spaghetti neri**, die „schwarzen Spaghettis", bei denen entweder der Nudelteig oder die Soße selbst mit Tintenfischtunke eingefärbt ist. Auf diese Weise – *con le seppie* bzw. *in tecia* – können auch die in Venedig so beliebten **Risottos** zubereitet werden; die gibt es allerdings auch in konventionelleren Varianten z. B. als Reis mit Fleisch, mit Fisch oder mit dem Gemüse, das auf den Inseln der Lagune gedeiht.
Die Adriafische werden vorzugsweise gegrillt; im Frühling werden dazu kleine fritierte Artischocken **(castraùre)** gereicht. Die begehrten Aale (auf venezianisch **bisàto**) werden entweder auf dem Kochstein oder in Soße gegart.

Spaghettivariation in Schwarz und Rot

Viele Speisen werden mit Essig zubereitet – die berühmte Saòr-Marinade ist nur eine von vielen Varianten.
Einer der großen Klassiker der venezianischen „Hausmannskost" ist die **bacalà mantecàto**, eine breiartige Speise aus Dorsch, Öl, Knoblauch und Petersilie, zu der die traditionelle **polenta**, der Maiskuchen, serviert wird. In Venedig wird übrigens zwischen dem *stoccafisso* (Stockfisch), d. h. dem getrockneten Dorsch, und der *baccalà*, dem gepökelten Dorsch, unterschieden. Allerdings wird es niemandem wirklich übelgenommen, wenn er die beiden verwechselt, zumal die *bacalà mantecà* just mit Stockfisch zubereitet wird.

Saòr

„Saòr" erinnert nicht nur akustisch stark an das deutsche „sauer" (oder das englische „sour"), sondern heißt auch wirklich so. Seit jeher legen die Venezianer ihren Fisch – und vor allem die Sardinen – in eine einfache Marinade aus Zwiebeln, Olivenöl, Essig und Lorbeerblättern ein; manchmal kommen noch Rosinen und Pinienkerne hinzu. Und wenn der Venezianer sagt, daß etwas „no la ga né amor né saor", d. h. ohne Liebe und Würze – pardon: „Säure" – zubereitet sei, dann ist das ein ganz schlechtes Zeichen, dann schmeckt es nämlich nach nichts.

„Figà a la venexiàna" und „Castradina"
— Unter den venezianischen Fleischspezialitäten gebührt der Ehrenplatz zweifelsohne der „Figà", der in 3 bis 4 mm dünne Scheibchen geschnittenen und mit Zwiebeln bei schwacher Hitze geschmorten Kalbsleber: ein authentisch venezianisches Gericht, das heute in ganz Italien geschätzt wird. Traditionell von Bedeutung im venezianischen Leben ist auch ein anderes, in seiner Volkstümlichkeit fast schon überraschendes Gericht: die „Castradina" — Fleisch vom kastrierten Hammel, zu dem Wirsing gegessen wird. Die Castradina wird anläßlich der Festlichkeiten zu Ehren der Madonna della Salute zubereitet.

Armeleutekost für verwöhnte Gaumen — In Venedig muß ein Gericht nicht teuer sein, damit es schmeckt. Um sich davon zu überzeugen, genügt es, eine *panada venexiàna* zu kosten, eine mit Knoblauch, Öl, Lorbeerblättern und Parmesan

Aal mit Polenta

angemachte Brotsuppe. Sehr zu empfehlen ist auch die *pastissàda*, eine geschickte Mischung aus Gemüse, Käse, Rauchfleisch und Nudeln, die oft mit Polenta kombiniert wird und eigentlich der Resteverwertung dient.

Süßes für Danach und Zwischendurch — Besondere Erwähnung unter dem venezianischen Naschwerk verdienen die *baicoli*, Biskuits, die zum Nachtisch in Kakao oder Dessertwein getunkt werden. Sehr beliebt sind auch die *bussolài*, kranz- oder S-förmige Eierbiskuits (auch *esse buranèi*, „Burano-S" genannt), sowie die Veneziana, ein mit gehackten Mandeln und Kristallzucker bestreutes Hefegebäck.
An Fasching kann man sich an *fritole*, Krapfen mit Rosinen und Pinienkernen, oder *cròstoi* — was soviel heißt wie „Schwätzereien" — laben. Zum Dreikönigsfest kommt in den venezianischen Familien die *pinsa* auf den Tisch, ein großer Kuchen mit Fenchelkörnern, Rosinen, getrockneten Feigen und kandierten Früchten.

Salute! Prosit! — Die in der Lagunenstadt beliebtesten Weine sind der **Soave** und der **Cabernet del Friuli**; zum Dessert wird gerne ein Verduzzo di Ramandolo (D.O.C.), ein Tocolàto di Breganze oder auch ein Recioto getrunken.
Zum Aperitif schätzen die Venezianer den **Bellini**, der aus 1/4 Pfirsichsaft und 3/4 Prosecco, der vorzugsweise aus Conegliano stammt, zubereitet wird; seinen Namen verdankt dieser Aperitif, der inzwischen auch weit über die Grenzen der Stadt hinaus bekannt ist, dem Umstand, daß er im Jahr der großen Giovanni-Bellini-Retrospektive kreiert wurde. **Tiziano** heißt ein anderer beliebter Aperitif nach dem berühmten Tizian-Rot, denn er wird aus einer besonderen Traube mit Erdbeergeschmack, der *uva fragola*, bereitet. Im **Mimòsa** verbindet sich Orangen- mit Mandarinenaroma. Der **Rossini** wird mit Erdbeersaft angemacht. Hemingway pflegte seine Martini-Variante **Montgomery** zu nennen, weil er sich, was Gin und Wermut anbelangte, das gleiche Verhältnis wünschte wie der berühmte Feldherr für seine Soldaten und die des Feindes: 15 zu 1 nämlich. Der **Spriz** ist ein Aperitif aus Weißwein, Bitterlikör und Sprudelwasser.
Den **Sgropin** gibt es erst nach dem Essen, im allgemeinen nach Fischspeisen: Es handelt sich um eine Art Zitronensorbet mit Vodka und Prosecco.

Bacalà mantèca

Man nehme 1 kg getrockneten Dorsch (Stockfisch), 1 l Milch, etwas gehackte Petersilie, 3 zerdrückte Anchovisfilets, 1 gehackte Knoblauchzehe, 1/2 l Olivenöl, Salz und gemahlenen Pfeffer.
Bevor das „Bacalà"-Kochabenteuer beginnen kann, muß man allerdings noch einige Vorbereitungen treffen: Der Stockfisch muß zuerst mürbe geschlagen und dann 24 Stunden in klarem Wasser eingeweicht werden. Dann kann man die Gräten entfernen. Ist dies geschehen, wird der Fisch in kleine Stücke geschnitten. Danach muß er nochmals geschlagene zwölf Stunden eingeweicht werden.
Jetzt kann es endlich losgehen: Die Milch zum Kochen bringen und die Fischstückchen, die man natürlich zuvor abgetrocknet hat, hineingeben. Bei schwacher Hitze abgedeckt 1/4 Stunde köcheln lassen. Die Milch anschließend durch ein Sieb abgießen und beiseite stellen. Die noch warmen Fischstücke werden nun mit der gehackten Petersilie, den Anchovis und dem Knoblauch in eine Schüssel gegeben und mit dem Handrührer zu einer gleichmäßigen, breiartigen Masse verarbeitet. Unter Rühren langsam das Öl hinzugeben, was ungefähr zehn Minuten dauert. Salzen und pfeffern. Um die gewünschte cremige Konsistenz zu erreichen, kann man, falls nötig, zum Abschluß noch etwas von der zurückbehaltenen Milch einrühren.
Serviert wird die Baccalà mit Polenta oder gegrillten Brotstückchen.

Streifzüge durch Venedig

ACCADEMIA★★★

(7 DX)

Vaporetto-Anlegestelle: Accademia od. Zattere

Rundgang: ca. 1/2 Tag (inklusive Besichtigungen)

Im Accademia-Viertel herrscht stets reger Betrieb – schon allein, weil sich hier eine der nur drei über den Canal Grande führenden Brücken befindet. Die umfangreichen Sammlungen der Accademia locken zudem zahllose Touristen und Kunstliebhaber an. Und da sich Venedigs Universität gleich in der Nähe befindet, mischen sich auch viele Studenten unter die Menschenmenge. Der Rundgang durch das Viertel beginnt hoch kulturell mit der Besichtigung der Accademia und hält sodann allerlei Überraschungen bereit, wie die Besichtigung einer Gondelwerft und den überwältigenden, erstaunlich weiten Blick auf die Insel La Giudecca von den Zattere aus. Zwischendurch kann man in einem der vielen gemütlichen Bacaros haltmachen.

Restaurants und Cafés

Gute Pizzas und schmackhafte Fischgerichte ... finden sich auf der Speisekarte des *San Trovaso* am gleichnamigen Rio, bei Nr. 1016 des Sestiere Dorsoduro.

Bei schönem Wetter ... kann man auf einer der zahlreichen Caféterrassen der Zattere, am Ufer des Canale della Giudecca, in der Sonne sitzen oder bei **Nico** ein Eis bestellen *(Zattere ai Gesuati 922)*.

Ponte dell'Accademia (**7 DX**) – Die heutige Brücke ist bereits die zweite Holzkonstruktion, die seit den 30er Jahren an dieser Stelle über den Canal Grande gespannt wurde; zuvor stand dort eine 1854 erbaute Stahlbrücke. Die Ponte dell'Accademia verbindet den eleganten Campo Santo Stefano mit dem berühmten Museum der Kunstakademie und den Zattere, auf die man gelangt, wenn man hinter der Accademia geradeaus weitergeht.

★★★ **Gallerie dell'Accademia** ⊙ (**7 DX**) – Die umfangreichste Kunstsammlung der Stadt bietet einen kompletten Überblick über die venezianische Malerei vom 14. bis zum 18. Jh. Sie befindet sich in einem interessanten architektonischen Ensemble, das sich aus drei Bauteilen zusammensetzt: dem nach Plänen von Palladio erbauten Klostergebäude der Lateranischen Kanoniker, der von Bartolomeo Bon gegen Mitte des 15. Jh.s neu errichteten Chiesa della Carità und der gleichnamigen, 1260 gegründeten Scuola, Venedigs erster „Scuola Grande" *(s. unter I CARMINI, Kasten)*.
Eine Treppe aus dem 18. Jh. führt ins 1. Obergeschoß, wo der Besichtigungsrundgang im einstigen Kapitelsaal beginnt.

Saal I (Sala Capitolare) – Den Saal, in dem im 15. Jh. die Hauptversammlung der Mitglieder der Scuola Grande della Carità zusammentrat, ziert eine herrliche vergoldete Kassettendecke. Die einzelnen Kassetten sind mit Engelsköpfen geschmückt, die jeweils von vier Flügelpaaren umgeben sind; das zentrale Medaillon wird Alvise Vivarini (1445-1505) zugeschrieben und zeigt Gottvater in Person; früher befand sich dort eine Darstellung der barmherzigen Muttergottes.
An den Wänden hängen Altartafeln gotischer Maler des 14. und frühen 15. Jh.s. Besondere Aufmerksamkeit gebührt den Werken von Lorenzo und Paolo Veneziano sowie den Altarbildern von Jacobello del Fiore (um 1370-1439) und Michele Giambono (tätig zwischen 1420 und 1462), den beiden bedeutendsten Vertretern des Internationalen Stils der Gotik in Venedig. Man beachte insbesondere die golden glänzende *Marienkrönung* von Paolo Veneziano und die gewaltige *Marienkrönung im Paradies* hinten rechts im Saal.

Saal II – Altartafeln aus dem 15. und frühen 16. Jh.
Rechts vom Eingang hängt die *Kreuzigung und Apotheose der zehntausend Märtyrer am Berg Ararat*: Carpaccio (um 1465-um 1526) schildert in diesem Werk das Massaker an den römischen Soldaten, die von ihren Feldherren verraten wurden, nachdem sie die armenischen Rebellen niedergeschlagen hatten.

Der Hiobsaltar

Giovanni Bellinis Hiobsaltar ist eine sog. **Sacra Conversazione**, eine „Heilige Unterhaltung" – ein Andachtsbild, das die thronende Maria mit dem Kind im Gespräch mit verschiedenen Heiligen zeigt. Hiob ist zur Linken der Jungfrau dargestellt; das Altarbild befand sich ursprünglich in San Giobbe, der ihm geweihten Kirche in Cannaregio *(s. unter GHETTO)*. **Giovanni Bellini** hat sich zu diesem Werk vermutlich von einem den hl. Kassian zeigenden Altarbild von Antonello da Messina inspirieren lassen. Er war jedoch stärker als sein Vorbild bemüht, der Szene einen feierlichen Charakter zu geben, den er durch die hieratisch strenge Haltung der Jungfrau und die Lichtspiegelungen auf den Mosaiken erzielte.

GALLERIE DELL'ACCADEMIA

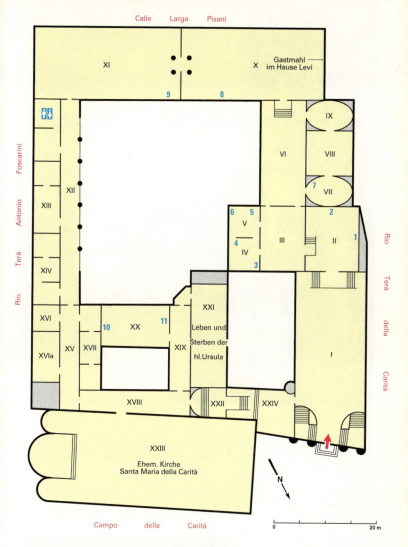

In der Mitte der rechten Wand sieht man die berühmte *Thronende Mottergottes* mit Heiligen und musizierenden Engeln von Giovanni Bellini (um 1426-1516), auch **Hiobsaltar** (1) genannt; rechts davon hängt eine Ölbergszene von Marco Basaiti (um 1470-nach 1530), links die *Darbringung Christi im Tempel* von Vittore Carpaccio. An der Wand gegenüber dem Eingang befindet sich rechts die *Madonna unter dem Orangenbaum* von Cima da Conegliano (1459-1517); links sieht man den *Ungläubigen Thomas*, ebenfalls von Cima da Conegliano: Thomas, der hl. Magnus, Bischof von Apulien, und der Heiland sind vor einem strahlend blauen Himmel und einer weiten Landschaft mit einem Dorf in der Ferne dargestellt. In der Mitte der Wand hängt *Die Berufung der Söhne des Zebedäus* (2) von Marco Basaiti, ein Altarbild, das schon allein durch die Schönheit der Landschaft und die erstaunlichen Farben, die es mit einem besonderen Zauber erfüllen, besticht. An der linken Wand sieht man rechts die *Beweinung Christi* von Giovanni Bellini und seinen Schülern und links eine *Thronende Muttergottes* von Cima da Conegliano.

Saal III – Werke von Sebastiano del Piombo, Cima da Conegliano und Giovanni Bellini.

Saal IV – Der *Hl. Georg* (3) von **Andrea Mantegna** (1431-1506) an der linken Wand huldigt dem humanistischen Ideal der Ausgewogenheit, das der Kunst der toskanischen Renaissance zugrunde lag; die Gesichtszüge des Drachentöters ähneln denen des berühmten Florentiner Bildhauers Donatello. An der rechten Wand hängt links ein weiteres Werk von **Giovanni Bellini** (4), in dem das seitlich einfallende Licht die Figuren – die Jungfrau Maria mit der hl. Katharina und Maria Magdalena – besonders hervorhebt. Rechts befindet sich ein Werk des Flamen Hans Memling (1435/40-1494), das durch den gedankenverlorenen Blick des jungen Mannes von einem Gefühl großer Vergeistigung durchdrungen scheint.

ACCADEMIA

Giorgiones *Gewitter* (Accademia)

Saal V – Hier hängt das berühmte *Gewitter* (5) von **Giorgione** (1476/77-1510), eine mystische Szene voll seelischer Tiefe, in der die mannigfaltigen Grüntöne eine eigentümliche Atmosphäre schaffen. Rechts des *Gewitters* ist das andere bedeutende Werk Giorgiones ausgestellt, *Die Alte* (6), ein unbarmherzig realistisches Porträt, das dennoch voller Poesie ist; es ist eine traurige Reflexion über die Vergänglichkeit – COL TEMPO, „mit der Zeit", ist auf dem Spruchband in der Hand der Alten zu lesen.
Rechts vom Durchgang hängen die Allegorien von Giovanni Bellini, elegante kleine Bildtafeln, die wohl eine Kommode zierten.
Gegenüber dem Ausgang sieht man zwei weitere Werke von Giovanni Bellini: eine *Muttergottes mit roten Putti* und die *Madonna zwischen den Bäumen*; die beiden zarten Bäume werden häufig als Sinnbilder des Alten und des Neuen Testaments interpretiert, sie leiten zugleich zur Landschaft im Hintergrund über, die in der Ferne mit schneebedeckten Gipfeln endet.

Saal VI – In diesem Saal befindet sich die *Mariä Himmelfahrt* von Tintoretto (1518-1594); sie ist von einer anderen Himmelfahrt und einem Fries aus der Chiesa San Giacomo della Giudecca gerahmt, die beide von Veronese (1528-1588) bzw. aus dessen Werkstatt stammen.

Der junge Mann mit der Eidechse von Lorenzo Lotto (Accademia)

ACCADEMIA

Saal VII – Dieser kleine Saal birgt den *Jungen Mann mit der Eidechse* (**7**) von **Lorenzo Lotto** (um 1480-1557), einem aus Bergamo stammenden Künstler, der stark unter dem Einfluß Dürers stand. Sehr eindrucksvoll, fast schon verwirrend, ist der abwesende Gesichtsausdruck des jungen Mannes, der einer Erinnerung nachzuhängen scheint. Der schwarze Hintergrund unterstreicht seine melancholische Blässe.

Der **Saal VIII** mit Werken von Vasari, Palma Vecchio und Tizian führt zum **Saal XI**, in dem Videos gezeigt werden.

Saal X – Die *Thronende Muttergottes* von Veronese links vom Eingang erinnert an Tizians Pesaro-Madonna in der Frari-Kirche. Die fast schon düstere, überaus ergreifende *Pietà* (**8**) rechts vom Eingang stammt von Tizian selbst; sie sollte über seinem Grab in der Frari-Kirche hängen, doch der Künstler starb, bevor er sie vollenden konnte. Man beachte rechts im Bild, zu Füßen der Sybille, die erhobene, hilfesuchende Hand. Links neben dem Durchgang zu Saal XI hängt die *Verlobung der hl. Katherina* von Veronese.

An der Wand gegenüber dem Eingang fällt der Blick auf **Tintorettos Zyklus von den Markuswundern** (das letzte Gemälde, die *Auffindung des Leichnams des hl. Markus*, befindet sich heute in der Mailänder Brera). Von links nach rechts: *Der Traum des hl. Markus*, den Tintoretto gemeinsam mit seinem Sohn Domenico malte, *Der hl. Markus rettet einen Sarazenen*, *Die Errettung eines Sklaven* – besonders dramatisch: die Beleuchtung und die Haltung des Heiligen, der gewissermaßen „kopfüber" aus dem Himmel herabstürzt, um in das Geschehen einzugreifen – und *Die Bergung des Leichnams des hl. Markus*; in diesem letzten Bild überrascht der Kontrast zwischen den plastisch hervorgehobenen Figuren im Vordergrund und den fast schon gespenstisch durchscheinenden Figuren, die in einen alptraumhaft wirkenden Palast flüchten.

Die rechte Wand ist ganz von **Veroneses** gewaltigem *Gastmahl im Hause Levi* ausgefüllt. Das für das Dominikanerkloster San Zanipòlo geschaffene Gemälde ist das letzte einer ganzen Reihe grandioser Abendmähler, die der Meister des venezianischen 16. Jh.s für die Refektorien der Klöster der Lagunenstadt malte. Es ist zugleich auch das einzige, das in Venedig geblieben ist. Es ist eine grandiose, ganz und gar „verweltlichte" Inszenierung mit prunkvoll ausstaffierten Figuren, in der auch die Hunde, Hofnarren und Zwerge nicht vergessen wurden. Für diesen respektlosen Umgang mit einem biblischen Thema mußte sich Veronese allerdings vor der Inquisition verantworten. Dies war auch der Grund, weshalb das Werk seinen eigentlichen Titel nicht tragen durfte: Dem Sünder – da von Beruf Zöllner – Levi (dem späteren Jünger Matthäus) stand solcher Prunk nach Ansicht der damaligen Geistlichkeit eher zu Gesicht.

Saal XI – Hier befinden sich Werke von **Tiepolo** (1696-1770), darunter der Fries mit der *Bestrafung der Schlangen*, die Fresken der Gewölbezwickel aus der Chiesa dei Scalzi und ein Bilderzyklus mit mythologischem Inhalt. Ebenfalls hier ausgestellt ist *Das Mahl des Pharisäers Simon* von Bernardo Strozzi (1581-1644): eine lebhafte Szene, die ihre Kraft aus dem Gesichtsausdruck der Figur schöpft, deren Kelch gerade gefüllt wird. Die *Kreuzigung Petri* stammt von Luca Giordano (1634-1705); Petrus soll unter Kaiser Nero, nach eigenem Wunsch, mit dem Kopf nach unten ans Kreuz geschlagen worden sein.

An der linken Wand befindet sich das Meisterwerk des Bonifacio de' Pitati (um 1487-1553), ***Das Gastmahl des Reichen*** (**9**), eine vordergründig stille Szene, die dennoch voller bewegter Details ist – man sieht u. a. Musikanten, einen Falkner, ein Liebespaar und sogar einen kleinen Brand.

Seitlich des gangartigen **Saals XII** mit Landschaftsbildern von Meistern des 17. und 18. Jh.s, darunter Marco Ricci, Guiseppe Zais und Francesco Zuccarelli, befinden sich die **Säle XIII** und **XIV** mit weiteren Werken des 16. und 17. Jh.s, u. a. von Tintoretto (*Bildnis des Jacopo Soranzo* in Saal XIII).

Weibliches Portrait, Pastellzeichnung von Rosalba Carriera (Accademia)

95

ACCADEMIA

In **Saal XVIII** – seitlich von **Saal XV** – hängen die typisch venezianischen Bilder von Canaletto (1697-1768), Bernardo Bellotto (1721-1780), Francesco Guardi (1712-1793) und Giambattista Piazzetta (1683-1754). Hier sind auch Genrebilder von Pietro Longhi *(Die Tanzstunde)* sowie einige der überaus gelungenen Pastellzeichnungen von **Rosalba Carriera** (1675-1758), in denen die Persönlichkeit der Porträtierten besonders gut zum Ausdruck kommt, ausgestellt.

In **Saal XVI** sind weitere Werke des 18. Jh.s zu sehen, darunter die *Wahrsagerin* von **Piazzetta** (XVIa).

Der ebenfalls gangartige **Saal XVIII** führt an Saal **XXXIII** vorbei, der in der früheren Carità-Kirche eingerichtet wurde und in dem Werke der venezianischen Schule des 15. Jh.s zu sehen sind.

In **Saal XIX** ist eine Kopie der *Verkündigungsmadonna* von Antonello da Messina ausgestellt; sie stammt von der Hand seines Neffen Antonello da Saliba (tätig 1497-1535). Das Original hängt in Palermo.

Saal XX – Der berühmte **Bilderzyklus von den Wundern der Kreuzreliquie**, den die Scuola di San Giovanni Evangelista in Auftrag gegeben hatte, um damit ihr Versammlungshaus zu schmücken und der heute in diesem Saal der Accademia Platz gefunden hat, ist das Werk mehrerer Künstler des 16. und 17. Jh.s.

Gegenüber dem Eingang hängt die *Prozession auf dem Markusplatz* (**10**) von **Gentile Bellini** (1429-1507), die dem heutigen Betrachter ein getreues Bild der Piazza San Marco gegen Mitte des 15. Jh.s vermittelt. Ebenfalls von Gentile Bellini, an der rechten Wand: *Die wundersame Heilung des Pietro de' Ludovico* und *Das Wunder der Kreuzreliquie auf der Ponte di San Lorenzo* – links im Bild ist Caterina Cornaro *(s. unter RIALTO)* zu erkennen. Rechts davon hängt die in einem schönen Renaissance-Interieur dargestellte *Wundersame Heilung der Tochter des Benvegnudo da San Polo*, ein Werk des ungefähr zwischen 1485 und 1526 in Venedig tätigen Giovanni Mansueti.

An der Eingangswand befindet sich die *Heilung eines Besessenen* (**11**) von Carpaccio. Die Titelszene des Bildes scheint jedoch nur eine Nebenrolle zu spielen (sie ist auf der Terrasse links im Bild dargestellt), das eigentliche Thema ist das Leben in Venedig gegen Ende des 15. Jh.s: Man sieht die damals noch aus Holz gebaute Rialtobrücke, die erste, 1505 abgebrannte Fondaco dei Tedeschi, in der die deutschen Kaufleute ihren Sitz hatten, die Ca' da Mostra und die Kirchtürme von San Giovanni Crisostomo und der Chiesa dei Santissimi Apostoli.

Die Heilung eines Besessenen von Carpaccio (Accademia)

Saal XXI — In diesem Saal befinden sich die neun zauberhaft farbenfrohen Gemälde, in denen **Carpaccio** vom *Leben und Sterben der hl. Ursula* berichtet: einer bretonischen Prinzessin, die bei der Rückkehr von einer Pilgerfahrt nach Rom zusammen mit ihrem Bräutigam und 11 000 Jungfrauen in Köln von den Hunnen niedergemetzelt wurde. Der detailfreudige Bilderzyklus entstand zwischen 1490 und 1496 im Auftrag der heute nicht mehr existierenden Scuola di Sant'Orsola.

Es empfiehlt sich, mit dem Bild gegenüber vom Eingang zu beginnen und im Uhrzeigersinn weiterzugehen.

Die Audienz der englischen Gesandten von Carpaccio in der Accademia (Detail)

Das erste Bild, die *Ankunft der englischen Gesandten*, zeigt die Unterhändler eines heidnischen englischen Prinzen, die für ihren Herrn beim König der katholischen Bretagne um die Hand seiner Tochter Ursula anhalten. Rechts sieht man den König und die Prinzessin, die als Bedingung für die Eheschließung verlangt, daß der Prinz sich taufen lasse und mit ihr eine Pilgerfahrt nach Rom unternehme. Man beachte die traurig auf der Treppe sitzende Amme.

Auf dem nächsten Bild, der *Audienz der englischen Gesandten*, überreicht der König seine Antwort, die eilig von einem Schreiber kopiert wird.

In der *Rückkehr der Gesandten nach England* folgt dem feierlichen Zug, der dem Prinzen die Nachricht übermittelt, eine große Menschenmenge – eine bühnenreife Inszenierung vor der Kulisse der Uferkais der Lagune (die Türme erinnern an die des Arsenale). Einige Details sind von besonderem Interesse: der elegante junge Mann in der Mitte des Bildes, der dem Betrachter den Rücken zuwendet, der am Ufer sitzende „Scalco", eine typisch venezianische Figur, die für den musikalischen Empfang der ausländischen Gäste des Dogen zuständig war, und – rechts im Bild – das mit einem Perlhuhn spielende Äffchen.

Das Bild von der *Begegnung Ursulas und des Prinzen und dem Aufbruch der Pilger* erzählt mehrere Begebenheiten auf einmal (als „Trennlinie" dient eine Fahnenstange): die Abreise des englischen Gesandten, den Abschied des Brautpaares vom König und der Königin der Bretagne und die Abreise nach Rom. Auffällig ist der Kontrast zwischen der noch mittelalterlich düsteren Wehrarchitektur der englischen Hauptstadt zur Linken und der freundlichen, in leuchtenden Farben dargestellten „bretonischen" Stadt zur Rechten, die dem (venezianischen) Idealbild der Renaissancestadt entspricht.

Ganz anders ist der Rahmen von *Ursulas Traum*: Der Engel mit dem Palmzweig der Märtyrer erscheint der Prinzessin in der Stille ihres Zimmers; man beachte die geschickte Lichtführung, die die Aufmerksamkeit auf einzelne Gegenstände lenkt.

Die *Begegnung mit dem Papst* ist vor dem Hintergrund der Engelsburg dargestellt. In der Mitte sieht man das Brautpaar, das vom Papst den Segen empfängt, umgeben von den Reihen der Hofdamen der Prinzessin zur Linken und der Prälaten zur Rechten. Auffallend sind die gegenläufigen Diagonalen, die durch die Hellebarden der Wachen und die Mitren der Prälaten vorgegeben sind, sowie die starke Verwendung kontrastierender Rot- und Weißtöne.

Die *Ankunft in Köln* schildert, wie Ursula und der Papst, der sich dem Brautpaar angeschlossen hat, erfahren, daß die Stadt den Hunnen in die Hände gefallen ist.

Die zwei auf dem vorletzten Bild – *Martyrium der Pilger und Begräbnis der hl. Ursula* – dargestellten Episoden sind durch eine Säule getrennt. In der Mitte steht ein Krieger, der ein Schwert zieht.

Der Zyklus endet mit der *Apotheose der hl. Ursula* und ihrer Begleiterinnen, die leider in künstlerischer Hinsicht weniger gelungen scheint als die anderen Bilder.

Kurz vor dem Ende des Rundgangs überrascht **Saal XXIV**, das einstige Gästehaus, den Besucher noch einmal mit einem Meisterwerk von Tizian: dem *Tempelgang Mariä*, einer grandiosen Komposition, in deren Mitte Maria als graziöses kleines Mädchen, von einem Lichtkranz umgeben, mit sicherem Schritt die Treppe zum Priester hinaufsteigt.

SPAZIERGANG ZU DEN ZATTERE

Der Weg zur Chiesa San Trovaso verläuft zunächst parallel zum Canal Grande und führt in ein sehr belebtes Viertel, in dem sich immer mehr Venezianer unter die Touristen mischen.

San Trovaso (**7 DX**) – Die Kirche ist zwei Mailänder Märtyrern geweiht, Gervasio und Protasio; San Trovaso ist eine typisch venezianische Zusammenziehung ihrer beider Namen. Die erste Kirche an dieser Stelle entstand bereits im 9. Jh. und wurde danach mehrmals umgebaut. Der heutige Bau geht auf das 16. und 17. Jh.

zurück. Seine Erbauer haben sich von den palladianischen Prinzipien leiten lassen. Die beiden einander sehr ähnlichen, von Dreiecksgiebeln abgeschlossenen Eingangsfronten mit großen, in Rundbögen eingelassenen Fenstern erinnern an die von Palladio wiederentdeckte Architektur der römischen Thermen.

Innenraum – *Eingang auf der dem Rio zugewandten Seitenfront.* Das einschiffige, von Seitenkapellen flankierte Kircheninnere wurde über einem lateinischen Kreuz errichtet. In der Kapelle rechts vom Chor sieht man den *Christus am Kreuz mit den heiligen Frauen* von Tintorettos Sohn Domenico (um 1560-1635) sowie den prachtvollen *Hl. Crisogono zu Pferde* von Michele Giambono (tätig: 1420-1462). Ebenfalls von Domenico Tintoretto sind die Gemälde an den Seitenwänden des Chors: *Die Anbetung der Heiligen Drei Könige* zur Rechten und die *Vertreibung des hl. Joachim aus dem Tempel* zur Linken.

Von seinem illustren Vater Jacopo Tintoretto selbst stammt die *Versuchung des hl. Antonius* in der Kapelle links vom Chor. Bezeichnend ist, daß der Teufel hier die Züge einer Frau trägt.

In der Kapelle am Ende des linken Querhausarmes (gegenüber dem Eingang) befindet sich rechts ein sehr realistisches, ebenfalls von Tintoretto stammendes *Abendmahl*. Man beachte das feine Strohgeflecht des Stuhls.

Die Kapelle links davon schmückt eine *Pietà* von Palma Giovane (1548-1628), von dem in dieser Kirche noch drei andere Werke zu sehen sind: eine *Mariä Geburt* (erster Altar vom Chor aus an der linken Seite des Langhauses), eine von Heiligen umgebene *Maria mit dem Kind im Glorienschein* (über dem nächsten Altar) und eine *Verkündigung* im rechten Querhausarm. Über dem Eingang, durch den man die Kirche betreten hat, befindet sich eine *Hochzeit zu Kana* von Andrea Vicentino (Ende 16., Anfang 17. Jh.).

Vor dem Verlassen der Kirche lohnt der Blick auf die Orgel (1765) an der Innenseite der dem Campo zugewandten Fassade, ein Werk des Meisters Gaetano Callido.

Der Squero von San Trovaso: alpines Ambiente mitten in Venedig

Am Rio di San Trovaso, zwischen der Kirche und den Zattere, befindet sich ein sog. *squero*, eine Gondelwerft.

Squero di San Trovaso (**7 DX**) – Der zu den letzten der einst zahlreichen venezianischen Gondelwerften gehörende Squero ist zugleich auch der berühmteste, nicht zuletzt, weil er in dieser Stadt voller eleganter, byzantinisch angehauchter Paläste etwas deplaziert wirkt: Das ganz aus Holz gebaute Haus mit Blumentöpfen am Balkon, vor dem die Gondeln fast etwas befremdlich wirken, erinnert an einen Bergbauernhof – vermutlich, weil die ersten Gondelbauer aus den Dolomiten stammten.

Weiter geht es auf den Zattere in Richtung der alten Zollstation **(Dogana da Mar)** bis zur Chiesa dei Gesuati. Der Weg dorthin führt an der Ende des 15., Anfang des 16. Jh.s erbauten und seitdem unveränderten **Chiesa della Visitazione** (**7 DXY**) vorbei, an der noch eine der berühmt-berüchtigten *bocche di leone* zu sehen ist (s. Einführung, Kasten im Kapitel „Geschichtlicher Überblick").

Gesuati (**7 DX**) – Die Chiesa Santa Maria del Rosario ai Gesuati erinnert an den Ende des 17. Jh.s aufgelösten Jesuatenorden, der hier ein Kloster errichtet hatte. Die Dominikaner, die es übernahmen, beauftragten Giorgio Massari (um 1686-1766) mit dem Bau der heutigen Kirche, deren Fassade starke Ähnlichkeit mit der Palladio-Kirche San Giorgio Maggiore aufweist.

Der lichtdurchflutete einschiffige Innenraum ist rechts und links jeweils von drei Seitenkapellen gerahmt. Der Skulpturenschmuck wurde fast vollständig von Giovanni Maria Morlaiter (1699-1781) geschaffen.

Nur ein Werk in der ganz im Geist des 18. Jh.s gestalteten Kirche sprengt den zeitlichen Rahmen: die Kreuzigungsszene von Tintoretto aus dem 16. Jh. über dem dritten Altar zur Linken; allerdings wurde sie im 18. Jh. von Piazzetta restauriert, so daß sie hier nicht ganz fehl am Platze wirkt.

Über dem ersten Altar links hängt ein Werk von Sebastiano Ricci (1659-1734), *Die drei Heiligen*. Auf der rechten Seite, gegenüber von Tintorettos *Kreuzigung*, fällt eines der Meisterwerke Piazzettas (1683-1753) auf, das ebenfalls drei Heilige zeigt: die Dominikanerväter St. Vincentius Ferrerius, St. Hyazinth und St. Ludwig Bertran.

Auf dem Altar daneben sieht man den hl. Domenikus selbst; auch dieses Gemälde ist ein Werk Piazzettas. Den ersten Altar auf der rechten Seite schmückt eine Madonna im Kreise dreier Dominikanerinnen von Tiepolo.

Das in drei Abschnitte unterteilte Deckengewölbe wurde ebenfalls von Tiepolo bemalt: Es zeigt Szenen aus dem Leben des hl. Domenikus; im Mittelpunkt steht die *Darreichung und Erläuterung des Rosenkranzes*.

Spaziergänge in der näheren Umgebung s. unter La SALUTE und I CARMINI.

In diesem Reiseführer werden des öfteren typisch venezianische Begriffe verwendet. Um mehr über ihre Bedeutung zu erfahren, lohnt sich ein Blick in das Kapitel „Venezianischer Grundwortschatz" in der Einleitung, in dem häufig vorkommende Straßennamen sowie die geläufigsten venezianischen Begriffe aus Küche und Alltag vorgestellt werden.

ARSENALE★

(10 DX)

Vaporetto-Anlegestelle: Arsenale od. Riva degli Schiavoni

Rundgang: ca. 3 Std. (inklusive Besichtigungen)

Die beiden Türme und die gewaltigen Löwen seitlich des Eingangsportals der Werft sind die Wahrzeichen des im Sestiere Castello gelegenen Arsenale-Bezirks. Man sieht sie, sobald das Vaporetto in den Rio dell'Arsenale einbiegt.

Selbst in diesem abgelegenen Viertel, dessen Geschichte vor allem die seiner Kriegswerft ist, zeugen Kirchen vom künstlerischen Reichtum der Stadt; hier lassen sich jedoch auch versteckte Seiten Venedigs entdecken.

Zu Wasser und zu Lande

Vaporetto-Tour – Zwar sind die eigenen Beine auch im Arsenale-Viertel Venedigs schnellstes Verkehrsmittel, doch sollte man sich hier die Vaporetto-Fahrt nicht entgehen lassen: Die **Linie 52** (ab Riva degli Schiavoni oder Fondamenta Nuove) fährt an den Hafenbecken *(darsene)* vorbei, in denen die gewaltigen Galeonen der Serenissima gefertigt und repariert wurden, und entführt den Fahrgast in Venedigs glorreiche Vergangenheit als Seemacht.

Restaurants – In dieser Gegend finden sich, abseits der Touristenströme, viele bescheidene Restaurants, Osterie genannt, von denen eines venezianischer ist als das andere. Besonders zu empfehlen: ***Al Buso*** in der Calle de la Pergola (Castello 2281) und ***Da Dante*** am Corte Nova (Castello 2877)

Das von mittelalterlichen Mauern mit hohen Türmen umgebene Arsenale hat zwei Pforten – eine zu Lande, eine zu Wasser –, die nebeneinander am gleichnamigen Rio liegen.

Der Fußgänger betritt das Arsenale durch ein eindrucksvolles Renaissanceportal (**Ingresso di Terra**, um 1460) im Stil eines römischen Triumphbogens, über das die antiken griechischen Löwen wachen, die Francesco Morosini 1687 nach der Rückeroberung des Peleponnes als Siegestrophäen nach Venedig brachte.

Die Pforte für die Schiffe **(Ingresso all'Acqua)** wird von den zwei 1686 wiederaufgebauten Türmen gerahmt; zwischen ihnen fährt auch das Vaporetto hindurch.

Die Geschichte des Arsenale – Die erste Kriegswerft, das **Arsenale Vecchio**, entstand in Venedig um 1104, als wegen der Kreuzzüge plötzlich ein gewaltiger Bedarf an Schiffen bestand. Diese zwischen dem heutigen Canale delle Galeazze und den beiden Türmen gelegene erste *darsene* mit rund zwanzig Docks war mit dem Becken vor San Marco durch einen engen Kanal verbunden, der sie zugleich vor feindlichen Angriffen schützte, da er nicht von zwei in Gegenrichtung fahrenden Schiffen gleichzeitig passiert werden konnte.

ARSENALE

Im 14. Jh. wurde das Arsenale nach Südosten ausgedehnt (**Arsenale Nuovo**). 16 000 Arbeiter, die sog. *Marangoni*, waren für den Ausbau nötig; anschließend wurden sie als Schiffszimmerleute beschäftigt. Die Arbeitsmethoden waren hochmodern: In der damals größten Werft der Welt wurde zum ersten Mal „in Serie" gefertigt, und zwar an regelrechten Fließbandstraßen.

In der zweiten Hälfte des 15. Jh.s wurde das Arsenale nochmals vergrößert, nach Norden, wo das **Arsenale Nuovissimo** entstand. Der Canale delle Galeazze wurde 1564 gebaut.

1797 wurde das Arsenale von den französischen Truppen schwer beschädigt. Die Österreicher bauten es zwischen 1814 und 1830 wieder auf. Im Revolutionsjahr 1848 stürmten es die Venezianer. Als die Österreicher die Stadt wieder in ihren Besitz gebracht hatten, gaben sie das Arsenale letztendlich dem Verfall preis. 1866 ging es zusammen mit Venedig an den neu gegründeten italienischen Staat, der mit den Instandsetzungsarbeiten begann, die sich bis 1914 hinzogen.

Die Pforte zu Venedigs Kriegswerft

Die Arsenalsgebäude – Das „Herz des venezianischen Staates", sein Arsenale, war zugleich Militärstützpunkt, Waffenlager und Schiffswerft. Die Namen der einzelnen Gassen und Kanäle erinnern daran, welche Arbeitsgänge dort jeweils verrichtet wurden: In der Calle delle Pegola wurden die Schiffsrümpfe kalfatert, d. h. mit heißem Teer abgedichtet, in der Calle dei Bombardieri wurden Kanonen gefertigt, in der Calle del Piombo Bleikugeln gegossen und in der Calle delle Ancore Anker geschmiedet. Es gab eine Seilerei, eine Segelmacherei, ein Artilleriedepot, Laderampen und natürlich Docks.

Die Vaporetto-Linie Nr. 52 fährt am von **Sanmicheli** (1484-1559) erbauten **Scalo del Bucintoro** vorbei (zweites Dock rechts hinter den Türmen). Hier lag die Prunkgaleere des Dogen vor Anker. Sie wurde von den *Arsenalotti* gesteuert, die sich nicht nur als hervorragende Schiffszimmerleute einen Namen gemacht hatten, sondern in der Stadt auch für die Feuerbekämpfung zuständig waren.

Das erste Gebäude rechts bei der Einfahrt in den Canale delle Galeazze ist der Complesso degli Squadratori (18. Jh.), in dem die Rahmhölzer und Spanten gehauen wurden, aus denen die Gerüste der Schiffsrümpfe gezimmert wurden. Kurz bevor der Kanal in die Lagune mündet, sieht man rechts die Hallen, in denen die Galeassen – alte, schwere Kriegsschiffe mit Segeln und Rudern – gebaut wurden. Weiter südlich, am Rio della Tana, steht die gleichnamige Seilerei **(Corderie della Tana)**. Sie geht auf das 14. Jh. zurück, wurde aber zwischen 1578 und 1583 von Antonio da Ponte neu aufgebaut. Benannt wurde sie nach einer Stadt am Don, die damals Tanai hieß und aus der der Hanf stammte, der hier vor der Weiterverarbeitung gelagert wurde.

* **Museo Storico Navale** ⊙ (**HX**) – *Am Campo San Biagio.* Das Schiffahrtsmuseum entführt Seefahrtbegeisterte und Neulinge in die abenteuerliche Welt der venezianischen Seeleute, denen die Serenissima ihren Ruhm verdankte. Im Eingangsbereich der auf vier Stockwerke verteilten Sammlungen empfangen den Besucher allerlei mehr oder minder kriegerische Requisiten: eine Seemine, Leuchtfeuer, Granatwerfer, Kanonen, Modelle von Städten und Festungen, Feuerwaffen und Säbel.

Im **1. Stock** sind Bugfiguren und anderes Schmuckwerk der alten Galeeren, Wappen, Navigationsinstrumente (Kompasse, Oktanten usw.) sowie *Portolani* ausgestellt. Bei den Portolani handelt es sich um detaillierte Beschreibungen von Küstenstreifen in Hinblick auf ihre Häfen, Anlegebuchten und Gefahrenzonen. Ebenfalls zu sehen sind alte Stiche, Schiffsmodelle, Flanken von Galeonen, die (mutmaßlichen) Überreste des Kapitänsschiffs von Lazzaro Mocenigo, das 1657 in den Dardanellen explodierte, sowie ein Modell des Bucintoro, der Prunkgaleere des Dogen.

„Um mit einem Worte den Begriff des Baucentaur auszusprechen, nenne ich ihn eine Prachtgaleere. (...) Hier war ihm (dem Künstler) aufgetragen, eine Galeere zu bilden, die Wert wäre, die Häupter der Republik am feierlichsten Tag zum Sakrament ihrer hergebrachten Meerherrschaft zu tragen, und diese Aufgabe ist fürtrefflich ausgeführt. Das Schiff ist ganz Zierrat, also darf man nicht sagen: mit Zierrat überladen, ganz verguldetes Schnitzwerk, sonst zu keinem Gebrauch, eine wahre Monstranz, um dem Volk seine Häupter recht herrlich zu zeigen. Wissen wir doch: ein Volk, wie es gern seine Hüte schmückt, will auch seine Obern prächtig und geputzt sehen. Dieses Prunkschiff ist ein rechtes Inventarienstück, woran man sehen kann, was die Venezianer waren und sich zu sein dünkten."

Johann Wolfgang von Goethe, „Italienische Reise"

Im **2. Stock** dokumentieren Modelle und Uniformen die Geschichte der Kriegsmarine im 19. und 20. Jh.

Weniger kriegerisch geht es im **3. Stock** zu, wo Votivbilder, eine luxuriöse Jacht aus dem 18. Jh., Gondeln und ein Modell des Squero di San Trovaso (Gondelwerft) ausgestellt sind.

Ein Teil des **4. Stocks** ist den Beziehungen zwischen der schwedischen Marine und der Lagunenstadt gewidmet; besondere Aufmerksamkeit gilt der Rettungsaktion zur Bergung des über der Arktis verunglückten Zeppelins Italia, bei der der berühmte norwegische Polarforscher Amundsen verschollen ist.

Nach dem Verlassen des Haupttrakts gelangt man, am Rio dell'Arsenale entlang, rechts zu den Pavillons, in denen – leider in einem wenig ansprechenden Rahmen – interessante Wasserfahrzeuge ausgestellt sind, darunter ein Rennboot aus dem Jahre 1932, ein Motortorpedo aus den frühen 40er Jahren, ein Taucherboot aus dem Jahre 1890 und Überreste des Hochseedampfers Elettra.

SPAZIERGANG DURCH DAS VIERTEL WESTLICH DES ARSENALE

Weiter geht es auf der Fondamenta della Madonna über eine Brücke zum Campo dell'Arsenale, wo die berühmten Löwen stehen. Von hier aus kann man einen Spaziergang nach San Francesco della Vigna machen. Der Weg dorthin führt durch ein wenig besuchtes Viertel mit fast ausgestorben wirkenden Plätzen und stillen Gassen.

Auf der Fondamenta di Fronte bis zum Campo San Martino gehen, die Brücke an der Fondamenta Penini überqueren und links der Calle delle Muneghette zum Campiello Due Pozzi folgen. Dort erst nach links durch die Calle del Mondolin und dann rechts in die Calle degli Scudi abbiegen. Geradeaus weiter bis zum Campo di San Francesco della Vigna (10 **HU 67**).

Auf diesem Rundgang kommt man an den auf rotbraunen Säulen ruhenden Arkaden aus dem 19. Jh. vorbei, die die Marineverwaltung mit dem **Palazzo Gritti** verbinden. Der Renaissancebau, auch Palast der Nuntiatur genannt, gehörte ursprünglich dem Dogen Andrea Gritti (1523-1538), wurde jedoch später Pius IV. (1559-1565) zum Geschenk gemacht, der dort die päpstliche Gesandtschaft einrichtete. Heute hat in diesem Palais ebenfalls die Marine ihren Sitz.

★ **San Francesco della Vigna** (10 **HU**) – Das Gotteshaus ist nach den Weinreben benannt, die hier noch wuchsen, als die Franziskaner auf diesem Gelände, das ihnen 1253 vom Sohn des Dogen, Marco Zani, überschrieben wurde, die erste Kirche errichteten. Mit dem Bau der heutigen Kirche wurde 1534 begonnen; entworfen wurde sie von Sansovino (1486-1570), die Fassade mit dem Frontispiz stammt jedoch von Palladio (1508-1580). Der Campanile, der in Form und Farbe dem von San Marco ähnelt, ist schon von weitem sichtbar – es ist einer der höchsten Venedigs.

Innenraum – Die über einem lateinischen Kreuz errichtete Kirche hat nur ein Schiff, das beiderseits jeweils von fünf Seitenkapellen gerahmt ist. Wenn man den Rundgang auf der linken Seite beginnt, sieht man in der 3. Kapelle ein Deckengemälde des jungen Tiepolo (1696-1770): *Die vier Evangelisten*. Die 5. Kapelle birgt eine *Maria mit dem Kind* von Veronese (1528-1588). Der linke Querhausarm führt zu einer Giovanni Bellini (1432-1516) zugeschriebenen *Muttergottes mit Heiligen*.

Die Cappella San Gerolamo links von der Apsis wurde von den Lombardo-Brüdern (15. Jh.) ausgeschmückt: Die Altarvorderseite zeigt ein *Jüngstes Gericht*, der marmorne Altaraufsatz eine Muttergottes, Engel und Putti; sie umgeben den *Hl. Hieronymus*, dem die Kapelle geweiht ist. An den Seitenwänden sind Evangelisten und Propheten dargestellt; der obere Fries schildert Szenen aus dem Leben Christi. Die Apsis wurde von dem Dogen Andrea Gritti in Auftrag gegeben, der sich hier bestatten ließ. Die beiden von Säulen mit Kompositkapitellen überragten Grabmonumente der Familie Gritti stammen von Sansovino. Vor der Apsis befindet sich das Grab eines weiteren Dogen, Marc'Antonio Trevisan (1553-1554).

Im rechten Querhausarm steht das berühmteste Werk der Kirche, die wunderschöne **Thronende Madonna**★ des Mönches **Antonio da Negroponte** (1450). Der Aufbau des spätgotischen Altars erinnert an den Stil der Vivarinis.

Auf der rechten Seite des Langhauses lohnt der Blick in die Cappella della Risurrezione, in der den Besucher eine *Christi Auferstehung* von Veronese erwartet.

Weiter durch die Calle San Francesco della Vigna, dann links in die Calle del Te Deum. Den Rio di San Francesco überqueren und Richtung Süden weitergehen; dann nach rechts zur Brücke über den Rio di San Lorenzo; am anderen Ufer auf der Fondamenta San Giorgio degli Schiavoni bis zur nächsten Brücke gehen und nochmals den Rio überqueren.

★★★ **Scuola Grande di San Giorgio degli Schiavoni** (HV) – *Siehe dort.*

In Richtung Süden führt die Fondamenta dei Furlani an der **Chiesa Sant'Antonin** vorbei *(s. unter SAN GIORGIO degli SCHIAVONI)*. Die Salizzada Sant'Antonin mündet in den **Campo Bandiera e Moro** (HX), auf den sich trotz der Nähe zur Riva dei Schiavoni nur relativ wenige Touristen verirren. Hier wurden Attilio und Emilio Bandiera geboren, zwei Helden des italienischen Freiheitskampfes, die zusammen mit Domenico Moro, einer anderen bedeutenden Figur des „Risorgimento", erschossen wurden.

★ **San Giovanni in Bràgora** (HX) – An der Etymologie des eigenartigen Namens der Kirche, in der Antonio Vivaldi 1678 getauft wurde, scheiden sich die Geister: Er kann sich ebensogut vom griechischen *agòra* (Platz) wie von den venezianischen Wörtern *bragolà* (Marktplatz) oder *bragolare* (fischen) herleiten. Die heutige Kirche entstand gegen Ende des 15. Jh.s; einziger Schmuck der schlichten Fassade ist die elegante Bekrönung, in der sich geschwungene mit geraden Linien abwechseln.

Innenraum – Der dreischiffige Innenraum wird im Mittelteil von einem offenen Dachstuhl überspannt. Im linken Seitenschiff ist nahe der Taufsteine eine Abschrift des Taufscheins des berühmten Komponisten und Geigenvirtuosen Vivaldi ausgestellt. Etwas weiter hinten hängen vier Tafelbilder aus der Werkstatt des Jacobello del Fiore (frühes 15. Jh.); ebenfalls im linken Seitenschiff befindet sich eine *Maria mit dem Kind* von Alvise Vivarini (um 1445-1505).

Die linke Apsidialkapelle birgt ein geschnitztes Kruzifix aus dem späten 15. Jh. Die Hauptapsis schmückt eine **Taufe Christi**★★ von Cima da Conegliano (um 1459-um 1517). Auf dem unteren Wandstreifen links ist eine *Fußwaschung* von Palma Giovane (1548-1628), auf der gegenüberliegenden Seite ein *Abendmahl* von Paris Bordone (1500-1571) zu sehen.

Bei der Sakristeitür, im rechten Seitenschiff, befindet sich der **Auferstandene Heiland**★ von Alvise Vivarini; rechts der Tür sieht man die *Hll. Helena und Konstantin* beim Kreuz von Cima da Conegliano. Ebenfalls im rechten Seitenschiff erwartet den Besucher eine **Maria mit dem Kind zwischen Johannes dem Täufer und dem hl. Andreas**★ von Bartolomeo Vivarini (um 1432-1491). Die *Heiligen Andreas, Martin und Hieronymus* stammen von Francesco Bissolo (um 1470-1554).

Spaziergänge in der Umgebung s. unter SAN GIORGIO degli SCHIAVONI, SANT'ELENA e SAN PIETRO und SAN ZACCARIA.

CA' D'ORO★★★

(**4** ET)

Vaporetto-Anlegestelle: Ca' d'Oro, Sant'Alvise od. Madonna dell'Orto

Rundgang: ca. 1/2 Tag (inklusive Besichtigungen)

Ein Spaziergang durch die Umgebung des Ca' d'Oro ist ausgesprochen abwechslungsreich, denn er führt durch Cannaregio, das Sestiere des stillen, verträumten Ghettos und der typisch venezianischen Campi und Calle, in die sich nur wenige Touristen verirren. Cannaregio hat jedoch viele Gesichter: Hier befindet sich auch der Bahnhof und die Strada Nuova, eine der großen Verkehrsachsen des historischen Stadtkerns. In Cannaregio findet jeder sein Venedigbild wieder: Thomas-Mann-Epigonen können sich hier an der melancholischen Atmosphäre stiller Gassen und verfallener Häuser berauschen, moderne Nachfahren Goldonis Stoff für schwungvolle Komödien in venezianischer Mundart finden. Doch muß man weder literatur- noch theaterbegeistert sein, um dem Charme dieses facettenreichen Stadtteils zu erliegen, in dem unzählige Läden für jeden Geschmack und Restaurants für jeden Geldbeutel auf den Besucher warten.

Cicheti und andere Leckereien

Falls Ihnen ein Halt in einem irischen Pub in Venedig nicht wie ein Stilbruch vorkommt, können Sie im **The Fiddler's Elbow** auf ein Bier oder einen Irish Coffee einkehren (Corte dei Pali 3847, zwischen den Kirchen Santa Sofia und San Felice).
In den Gassen, die von der Strada Nuova abzweigen, finden sich zum Teil sehr alte Kneipen, in denen fast immer großer Betrieb herrscht, darunter **La Vedova – Ca' d'Oro** („Die Witwe", Ramo Ca' d'Oro 3912-3952, in unmittelbarer Nähe des Fiddler's Elbow), **I Promessi Sposi** („Die Verlobten", Calle dell'Oca 4397, nahe dem Campo Santi Apostoli) und **La Bomba** (Calle dell'Oca 4297). Besonders originell ist die Atmosphäre im **Paradiso Perduto** („Verlorenes Paradies", Fondamenta della Misericordia 2540): Dort wird nicht nur schmackhaftes Essen, sondern auch Jazzmusik serviert.

★★★ **Ca'd'Oro** (**4** ET) – Ein Meisterwerk der Spätgotik ist das „Goldene Haus" noch immer, doch seinen Namen trägt es schon lange zu unrecht. Er reicht in das frühe 15. Jh. zurück, als Marino Contarini seine *domus magna* erbauen ließ und deren Fassade von dem französischen Maler Jean Charlier, in Venedig unter dem Namen **Zuane de Franza di Sant'Aponal** bekannt, mit schwarzem, weißem, blauem und eben goldenem Schmuckwerk verzieren ließ.
Für die Architektur des Palazzo zeichneten **Matteo Raverti** (tätig von 1385 bis 1436) sowie **Giovanni Bon** (um 1360-1442) und dessen Sohn **Bartolomeo** (bezeugt 1441-1464) verantwortlich. Raverti ließ Bauarbeiter aus der Lombardei kommen; die Bons zogen es vor, Venezianer zu beschäftigen. Von Bartolomeo Bon stammt der Brunnen im Hof, auf dem die drei Tugenden Tapferkeit, Gerechtigkeit und Barmherzigkeit dargestellt sind.
Der ursprüngliche Fassadenentwurf, dem Contarini seinen Segen gegeben hatte, erfuhr durch die späteren Hausherren mehrfache, nicht immer sehr begrüßenswerte Veränderungen. Sorgsame Restaurierungsarbeiten haben die Schönheit der bunten Marmorinkrustationen, die sich im Wasser des Canal Grande spiegeln, des asymmetrischen und dennoch harmonischen Fassadenaufbaus (es ist nicht auszuschließen, daß ursprünglich der Bau eines linken Flügels vorgesehen war) und der fein ziselierten Ziergiebel jedoch wieder zur Geltung gebracht.
Begonnen wurde mit den Restaurierungen bereits im 19. Jh., als Fürst Troubetskoy den Palast für seine Mätresse, die Tänzerin Mara Taglione, kaufte. Allerdings wurde bei dieser ersten Restaurierung nicht sehr rücksichtsvoll mit der alten Baustruktur umgegangen. Wesentlich gelungener war die Restaurierung, die **Giorgio Franchetti** Ende des 19. Jh.s vornehmen ließ. Auf Franchetti geht auch das interessante Museum mit Werken des 11. bis 18. Jh.s zurück, das heute im Ca' d'Oro eingerichtet ist.

Galleria Franchetti ⊙ – Der Besichtigungsrundgang beginnt im ersten Obergeschoß, wo Marmorrosetten (Pateras) im byzantinisch-venezianischen Stil (11.-13. Jh.) zu sehen sind.
Überaus eindrucksvoll ist der lichterfüllte *Passionsaltar* von Antonio Vivarini (um 1420-1484), besonders die zentrale Kreuzigungsszene. Der Altarvorsatz, der vom *Martyrium der hl. Katharina* berichtet, ist das Werk eines englischen Meisters des 15. Jh.s.
Das bedeutendste Werk des Museums ist zweifelsohne der **Hl. Sebastian**★★ von Andrea Mantegna (1431-1506), der in einem kleinen Raum hinten im Gang rechts hängt. Das gleiche Motiv hat Mantegna noch in zwei anderen Gemälden aufgegriffen, die sich heute im Kunsthistorischen Museum in Wien und im Pariser Louvre befinden. Die dramatischste, düsterste Version ist jedoch die der Galleria Franchetti, auch wenn sie nicht mehr von Mantegna fertiggestellt werden konnte. Auf diesem Bild wird das Auge des Betrachters auf den gemarterten, von Pfeilen durchbohrten Leib des Heiligen gelenkt. Das Martyrium des hl. Sebastian wurde früher mit den vom strafenden Gottvater ausgesandten Pestpfeilen in Verbindung gesetzt, weshalb

CA' D'ORO

Ca' d'Oro

er in Pestzeiten als Nothelfer angerufen wurde. In der oft vom Schwarzen Tod heimgesuchten Lagunenstadt wurde ihm daher eine besondere Verehrung zuteil.
Man beachte das Memento mori an der Kerze unten rechts im Bild: *Nihil nisi divinum stabile est – Coetera fumus* (Nur das Göttliche ist ewig, alles andere ist Schall und Rauch). Die Darstellung der Kerze selbst, die gerade von einem Windhauch ausgelöscht wird, ist gewissermaßen die Illustration dieses Gedankens.
Unter den Bronzefiguren verdient der *Apollo* von Pier Giacomo Banoccolsi (um 1460-1528), der allein in einer kleinen Vitrine steht, besondere Aufmerksamkeit: In ihm finden sich die klassischen Ideale des Humanismus vereint.
Von Vittorio Carpaccio (um 1465-um 1526) und seinen Schülern sind die *Verkündigung* – die vor einer venezianischen Kulisse dargestellt ist – und der *Marientod* ausgestellt.
Im 1. Obergeschoß sieht man auch die *Geißelung* von Luca Signorelli (um 1445-1523) und die *Geschichte der Lukrezia*, die Biagio d'Antonio (tätig bis 1508) in zwei lebendigen Bildern erzählt: Dargestellt sind der Aufbruch von Tarquinius Sextus im Römerlager Ardea, Lukrezias Schändung, ihr Selbstmord und ihr Begräbnis. Sehr schön ist das *Tondo* (Rundbild) mit der Muttergottes und dem hl. Johannes von Jacopo del Sellaio (1442-1493).
Im 2. Obergeschoß befinden sich u. a. das *Bildnis des Prokurators Nicolò Priuli* von Tintoretto (1518-1594), flämische Wandteppiche aus der zweiten Hälfte des 16. Jh.s, das Bild der *Venus im Spiegel* von Tizian (1490-1576), von dem rechts leider ein Teil fehlt, ein *Männerbildnis* von Anthonis van Dyck (1599-1641) und eine *Schlafende Venus mit Putto* von Paris Bordon (1500-1571).
Typisch venezianisch sind die beiden Stadtansichten von Francesco Guardi (1712-1793): Die Piazzetta San Marco mit dem von Guardi so geliebten Blick auf San Giorgio Maggiore und die Ansicht des Hafenkais mit Santa Maria della Salute im Hintergrund.
Ein weiterer Höhepunkt der Besichtigung sind die – leider stark beschädigten – Fresken, mit denen Giorgione (1476/77-1510) und Tizian die Fassade der **Fondaco dei Tedeschi** geschmückt haben. Von Giorgiones Werk ist nur ein Akt, von Tizian nur ein großes Wappen und der Fries von der Gerechtigkeit erhalten. Sehenswert sind

auch die Werke der flämischen Meister, darunter interessante Interieurs, Genreszenen und Landschaftsbilder sowie die *Kreuzigung* eines Van-Eyck-Schülers (frühes 15. Jh.), die durch ihre Detailgenauigkeit, insbesondere in der Darstellung der befestigten Stadt im Hintergrund, besticht.

Im benachbarten Palazzo Duodo sind ebenfalls zur Franchetti-Sammlung gehörige Keramiken ausgestellt.

Nach der Besichtigung des Museums erwartet den Venedigreisenden der Trubel der belebten Strada Nuova, die zu der fast parallel zum Canal Grande verlaufenden Hauptverkehrsader gehört, die quer durch Cannaregio vom Bahnhof Santa Lucia bis zum Rialto führt.

WEGE DURCH VENEDIGS MELANCHOLISCHE GASSEN

Hinter der Calle di Ca' d'Oro links in die Strada Nuova. Am Campo San Felice in die gleichnamige Fondamenta einbiegen.

Hinter der **Chiesa San Felice**, in der ein Werk von Tintoretto – der *Hl. Demetrios* – bewundert werden kann, gelangt man auf der am Kanal entlangführenden Fondamenta in einen nur selten von Touristen besuchten Teil von Venedig. Je weiter man sich von der hektischen Strada Nuova entfernt, um so stiller werden die Gassen; fast scheint die Zeit stehengeblieben zu sein.

In einer Linksbiegung der Fondamente fällt der Blick auf die **Ponte Chiodo**, die einzige venezianische Brücke, die nie mit einem Geländer versehen wurde und deshalb noch so aussieht wie die Brücken auf den alten Stadtansichten.

Am Campo della Misericordia steht die **Scuola Nuova della Misericordia** (1534), ein unvollendeter Ziegelbau nach Plänen von Sansovino, den sich die gleichnamige Bruderschaft 1534 als „neues" Versammlungshaus errichten ließ.

Die Fondamenta della Misericordia führt zu einem verlassen und melancholisch wirkenden Platz, dem ein Hauch von Unwirklichkeit anhaftet.

„Die Luft war still und riechend, schwer brannte die Sonne durch den Dunst, der den Himmel schiefrig färbte. Wasser schlug glucksend gegen Holz und Stein. Der Ruf des Gondoliers, halb Warnung, halb Gruß, ward fernher aus der Stille des Labyrinths beantwortet. Aus kleinen hochliegenden Gärten hingen Blütendolden, weiß und purpurn, nach Mandeln duftend, über morsches Gemäuer. Arabische Fensterrahmungen bildeten sich im Trüben ab. Die Marmorstufen einer Kirche stiegen in die Flut (...)"
                                    Thomas Mann, „Der Tod in Venedig" (S. Fischer Verlag)

Campo dell'Abbazia (**4 FT**) – Der mit Ziegeln im Fischgrätmuster gepflasterte Platz wird vom Rio della Sensa und dem Canale della Misericordia gesäumt. In seiner Mitte steht ein Brunnen. Dahinter erheben sich die **Chiesa Santa Maria della Misericordia** (auch Santa Maria Valverde genannt, nach der Insel, auf der sie im 10. Jh. stand) und die **Scuola Vecchia della Misericordia**, das „alte" Versammlungshaus der Bruderschaft. Die Barockfassade der zwischen 1651 und 1659 von Clemente Mori erbauten Kirche steht in einem lebhaften Kontrast zu dem gotisch-schlichten Ziegelbau der Scuola Vecchia, der auf das Jahr 1451 zurückgeht.

Etwas von der Atmosphäre der Trauer und des Verfalls, die seit dem 19. Jh. in unzähligen literarischen Venedigbeschreibungen und später auf der Kinoleinwand immer wieder heraufbeschworen wurde, umfängt den Spaziergänger, wenn er unter den Arkaden der alten Abtei bis zur Brücke über den Rio dei Muti weitergeht, wo man eine der letzten noch arbeitenden Gondelwerften sieht.

Auf dem Rückweg zweigt rechts die Corte Vecchia ab, die zu einem der wenigen Orte führt, an denen sich dem Besucher das wahre, das maritime Wesen Venedigs, das allzuoft hinter seinem künstlerischen Reichtum verborgen bleibt, offenbart. Es lohnt sich also, dem hier zumeist wehenden, beißenden Wind zu trotzen, um den Blick zu genießen, der über die **Sacca della Misericordia** (**4 FST**) und die Friedhofsinsel San Michele weit in die Ferne schweift.

An der Fondamenta Gasparo Contarini, am Ufer des Rio della Madonna dell'Orto, erhebt sich ein Palast, der zwar auch in architektonischer Hinsicht interessant ist – ausgewogene Proportionen, gotische Stilelemente, eine von einem römischen Altar stammende Ecksäule –, die Neugierde jedoch vor allem wegen eines Reliefs an der Hausfront weckt: Man sieht darauf einen Mann mit einem Kamel. Der **Palazzo Mastelli del Cammello** (**4 ES**) gehörte einer aus Morea (Peloponnes) stammenden Kaufmannsfamilie, die sich im Jahre 1112 in Venedig niederließ. Es heißt, daß sie ihren Namen den unzähligen, mit Gold gefüllten Kübeln *(mastelli)* zu verdanken hatte, die sich in ihrem Besitz befanden. Was das Kamel *(cammello)* anbelangt, so erinnert es natürlich an die schwer mit Reichtümern aus dem Orient beladenen Handelskarawanen der Familie.

★ **Madonna dell'Orto: Tintorettos Kirche** (**4 ES**) – Auch diese auf das 14. Jh. zurückgehende Kirche ragt über einem mit Backsteinen gepflasterten Campo auf, und auch hier sind die Backsteine zu einem Fischgrätmuster angeordnet. Platz und Kirche bieten ein eindrucksvolles Bild. Die reich mit Schmuckwerk überzogene,

CA' D'ORO

Madonna dell'Orto

ebenfalls aus Ziegelsteinen gemauerte Fassade stammt aus der Zeit der Gotik, hat aber noch in der Renaissance kleinere Veränderungen erfahren. Sehr interessant ist der Figurenschmuck: die *Apostel* in den Wandnischen und der *Hl. Christopherus* von Bartolomeo Bon (bezeugt 1441-1464) am Portal.
Die Kirche war ursprünglich dem hl. Christopherus geweiht, wurde aber schon kurz nach dem Bau umbenannt, als eine wundersame, im Garten *(orto)* eines Bildhauers gefundene Madonnenfigur dorthin gebracht wurde. Den Campanile krönt eine Kuppel mit einer schuppenartigen Schindelhaut.
Innenraum – Der dreischiffige, von warmem Licht durchflutete Innenraum birgt zahlreiche Kunstwerke: Über dem ersten Altar im rechten Seitenschiff erhebt sich ein **Johannes der Täufer**, eines der Meisterwerke Cimas da Conegliano (1459-1517); den zweiten Altar schmückt ein *Hl. Vincentius* von Jacopo Palma, genannt Il Vecchio (um 1480-1528); der letzte Altar zeigt das *Martyrium des hl. Laurentius*, ein Werk von Daniel van den Dyck (1614-1663).
Über dem Eingang der Cappella San Mauro hängt ein Gemälde von Tintoretto, der *Tempelgang Mariä* (1551). Der Meister ist in der rechten Apsidialkapelle beigesetzt. Die Cappella San Mauro birgt die Madonnenfigur, der die Kirche geweiht ist.
Den Chorraum schmücken rechts ein *Jüngstes Gericht* und links eine **Anbetung des goldenen Kalbes**, ebenfalls von Tintoretto. Hinter dem Altar fällt eine Verkündigung von Palma Giovane (1548-1628) auf. Die Halbkuppel der Apsis wurde von Tintoretto mit Darstellungen der Tugenden ausgemalt. Sie rahmen heute eine Allegorie des Glaubens, die das Werk eines Künstlers des 17. Jh.s ist. Rechts und links der Verkündigung befinden sich zwei weitere Werke von Tintoretto: Die Enthauptung des hl. Christopherus und eine Szene aus der Vita des Apostels Petrus. Die linke Apsidialkapelle birgt eine *Kreuzigung* von Palma Giovane. Auf dem Weg zum Ausgang fällt im linken Seitenschiff ein weiteres Werk von Tintoretto auf: *Die hl. Agnes erweckt den Sohn des römischen Präfekten zum Leben* (Cappella Contarini). Daneben, in der Cappella Morosini, hängt eine *Christi Geburt* seines Sohnes Domenico

CA' D'ORO

(um 1560-1635). Die schöne Madonna von Giovanni Bellini (um 1426-1516), die die Cappella Vallier schmückte, wurde 1993 gestohlen; heute hängt dort nur noch eine originalgroße Fotografie des Werkes.

Links der Kirche steht die **Scuola dei Mercanti**, die Bruderschaft der Kaufleute, die noch bis 1570 nahe der Frari-Kirche ihren Sitz hatte. Am Bau des heutigen Gebäudes (1571-1572) war auch Palladio beteiligt; von ihm stammt das Portal, das sich zur Fondamenta hin öffnet. Die Werke von Tintoretto, Veronese (1528-1588) und Aliense (1556-1629), die früher hier hingen, wurden allesamt von Napoleon geraubt.

Campo dei Mori (**4 ES**) – Die Brücke gegenüber der Kirche führt zu einem der ruhigsten Plätze Cannaregios: Er scheint der Zeit geradezu entrückt zu sein – ein Eindruck, der durch den sphinxartigen Blick der Wandfiguren, die seit dem 13. Jh. unverändert über den Campo wachen, noch verstärkt wird. Sie sollen angeblich die Mastelli-Brüder darstellen, die man wegen ihrer dunklen Haut auch die Mohren *(Mori)* nannte, mit Sicherheit weiß jedoch niemand zu sagen, welchem Umstand diese Figuren ihren Namen und ihre Existenz verdanken. Die Eckfigur mit der eisernen Nase, an die die Venezianer Spottschriften über namhafte Persönlichkeiten der Stadt zu heften pflegten, stellt den Sior Antonio Rioba dar, der als satirischer Dichter bekannt war.

Einer der Mauren vom Campo dei Mori

Gleich neben einer vierten Figur, an der Fondamenta dei Mori, steht das Geburtshaus Tintorettos, in dem der Künstler im Jahre 1594 auch starb (Nr. 3399).

Weiter auf der Fondamenta della Sensa und rechts in die Calle del Capitello.

★ **Sant'Alvise** (**3 DS**) – Die Backsteinfassade der dem hl. Ludwig von Toulouse (Alvise ist die venezianische Form von Ludwig) geweihten Kirche ist von beeindruckender Schlichtheit: Einziger Schmuck ist das große Rosenfenster über dem von einem Wimperg bekrönten Portal. Auf dem Bogenfeld ist der 1274 geborene **hl. Ludwig von Toulouse** dargestellt. Er war der Großneffe Ludwigs des Heiligen und der älteste Sohn des Königs von Neapel, Karl II. von Anjou. Er überließ seine Krone dem jüngeren Bruder und trat in ein Franziskanerkloster ein. Der gerade einmal 23jährige wurde darauf von Bonifatius VIII. zum Bischof von Toulouse ernannt, starb jedoch schon kurz danach. 1317 wurde er heiliggesprochen.

1383 soll der hl. Ludwig von Toulouse der wohlhabenden Antonia Vernier im Traum erschienen sein, die ihm darauf diese Kirche errichten ließ.

Innenraum – Die Kirche stammt aus der Gotik, der einschiffige Innenraum wurde jedoch im 17. Jh. mit reichen Ausschmückungen versehen, die angesichts des schlichten Äußeren überraschen. Die flache Decke wurde von Antonio Torri und Pietro Ricchi (17. Jh.) mit erstaunlichen Trompe-l'œil-Malereien verziert. Über dem Eingang befindet sich der Nonnenchor. Er wird von gotischen Säulen (15. Jh.) getragen, über denen sich die Figuren des Heilands und Johannes des Täufers (16. Jh.) erheben. Der Nonnenchor ist mit dem Klostergebäude verbunden. Das schmiedeeiserne Gitter stammt aus dem 18. Jh.

Die kleinen Tafelbilder in Temperatechnik links vom Eingang entstanden im 15. Jh. und stammen von einem Schüler Lazzaro Bastianis. Dargestellt sind: *Der Riese auf tönernen Füßen, Salomo und die Königin von Saba, Raphael und Tobias, Rachel an der Quelle, Das Goldene Kalb, Joseph und seine Brüder, Josua und die Eroberung von Jericho* und *Hiob in der Armut*.

Die rechte Wand des Chorraums schmückt der *Weg nach Golgatha* von Tiepolo (1749). Von ihm stammen auch die *Geißelung* und die *Dornenkrönung* aus dem Jahre 1740.

Auf dem Weg zum Ausgang sieht man beim Ludwigsaltar eine Figur aus bemaltem Holz (16. Jh.), die den Heiligen mit Franziskanerkutte und Fürstenkrone zeigt.

ZURÜCK INS LEBENSFROHE VENEDIG

Vom Campo dei Mori durch die Calle Larga zur Fondamenta della Misericordia, dort links weiter und die Brücke überqueren.

San Marziale (**4 ET**) – Hinter dem schlichten Außenbau der Kirche verbirgt sich ein reich ausgeschmückter barocker Innenraum. Die Deckengemälde stammen von Sebastiano Ricci (1659-1734).

Weiter geht es zum Campo Santa Fosca, wo die gleichnamige Kirche und ein Denkmal zu Ehren **Paolo Sarpis** (1552-1623) stehen. Der venezianische Theologe und Geschichtsschreiber, der den Beschlüssen des Trienter Konzils und dem Papsttum seiner Zeit eher kritisch gegenüberstand, hatte sich in einem Rechtsstreit gegen den Vatikan gestellt und statt dessen für den Senat der Republik Venedig und dessen Unabhängigkeit in allen – auch kirchliche Angelegenheiten betreffenden – Fragen der Rechtsprechung Partei ergriffen. Zur Strafe verhängte der Papst über Venedigs „theologischen Staatskonsulator" den Kirchenbann. In der Folge wurde sogar ein Anschlag auf sein Leben verübt, den Sarpi glücklicherweise überlebte.

La Strada Nuova (4 EFT) – Je näher man der Strada Nuova kommt, um so dichter wird plötzlich wieder das Gedränge: Hier beweisen die zumeist zielstrebig einherschreitenden Venezianer und die zumeist nur stockend vorankommenden Touristen, die vom Bahnhof zum Rialto und wieder zurück strömen, daß auch Fußgänger ein Verkehrschaos verursachen können. Der Grund für dieses heftige Verkehrsaufkommen ist jedoch nicht nur der nahe Bahnhof; auch die vielen Geschäfte entlang der 1871 erbauten Strada Nuova sowie der große Markt, der unweit des Bahnhofs am Rio Terrà San Leonardo stattfindet, tragen ihren Teil dazu bei.

An der Fondamenta della Pescaria, am Ufer des Canale di Cannaregio, stehen die Stände der Fischhändler, nach denen der Uferkai benannt ist.

Weitere Spaziergänge in Cannaregio s. unter GHETTO und SAN ZANIPÒLO.

„.... während die Gondel, die uns heimwärts trug, den Canale Grande hinauffuhr, sahen wir, wie die aufgereihten Paläste, zwischen denen wir dahinglitten, Licht und Stunde auf ihren rosigen Fronten widerspiegelten und sich durch sie weniger wie sonst private Behausungen oder berühmte Bauwerke verwandelten, als vielmehr nach Art einer Kette von Marmorklippen, zu deren Füßen man am Abend auf einem Kanal spazierenfährt, um den Sonnenuntergang zu bewundern. Daher erinnerten auch die zu beiden Seiten des Wasserlaufs angeordneten Wohnstätten an Ansichten der Natur, einer Natur freilich, die ihre Werke mit den Mitteln menschlicher Einbildungskraft aus sich hervorgebracht hat."

Marcel Proust, „Auf der Suche nach der verlorenen Zeit. Die Entflohene"
(Suhrkamp Verlag)

CANAL GRANDE★★★

„.... aufschauend bedachte er, daß zu Lande, auf dem Bahnhof in Venedig angelangen, einen Palast durch die Hintertür betreten hieße ... – mit diesen Worten umreißt Thomas Mann in Der Tod in Venedig *den Eindruck seiner Hauptfigur Gustav von Eschenbach bei der Ankunft in der Lagunenstadt.*
Der Canal Grande, die Hauptverkehrsader, das Rückgrat Venedigs, betritt die Stadt durch die Hintertür. Bei der Dogana da Mar, wo er sich prachtvoll ins Becken von San Marco ergießt, dort, wo der Farbenzauber des Dogenpalastes und der Piazzetta sich in seinem Wasser spiegelt, und jenseits von San Giorgio Maggiore, wo er sich zum Horizont hin öffnet, wo die salzhaltige Luft und die Möwenschwärme das Meer ankündigen – dort endet der Lauf des Kanals, der früher gewiß einmal ein Fluß war."

Alvise Zorzi

Venedigs Prachtstraße

In der mitten im Wasser, auf vielen kleinen Inseln erbauten Lagunenstadt Venedig ist der Canal Grande die wichtigste Verkehrsader. Er windet sich in einem umgekehrten S durch die Stadt – beim Ca' Foscari wechselt er die Richtung –, ist 3,8 km lang, 30 bis 70 m breit und ungefähr 5,5 m tief. Man muß nicht zwangsläufig den Canal Grande nehmen, um in Venedig von einem Ort zum anderen zu gelangen: Zu Fuß kommt man in der Lagunenstadt zumeist schneller ans Ziel. Doch entgehen lassen sollte man sich die Fahrt auf dem Canal Grande auf keinen Fall, denn nirgends hat man einen so wunderbaren Blick auf die Paläste und Kirchen an seinem Ufer.

Der Kanal, der ein Fluß war – Zwar ist über die Entstehung des Canal Grande nichts Genaues bekannt, jedoch nimmt man an, daß er aus dem Mündungsarm eines Flusses, vielleicht des Medoacus, hervorgegangen ist. Bereits im Jahre 1000 fuhren Schiffe über den Canal Grande, und einige Ankerringe aus dem 13. Jh. tun noch heute ihren Dienst. Damals gab es längs des „Großen Kanals" viele von den Gezeiten angetriebene Mühlen und Squeri, in denen Boote gebaut wurden. Später richteten Venedigs Tuchfabrikanten dort ihre Werkstätten ein.
Die Werkstätten und die armen Leute, die dort arbeiteten, wurden jedoch schon bald von den prunkvollen Palästen der venezianischen Kaufleute und Patrizier verdrängt. Sie waren Ausdruck der Lebensfreude und des Wohlstands der stolzen Republik, an der selbst das finstere Mittelalter spurlos vorüberging: Als andere Städte sich noch hinter hohen Mauern verstecken mußten, spiegelten sich die glanzvollen, reich mit Gold verzierten Fassaden der venezianischen Paläste bereits in ihrem „Garten aus Wasser", dem Canal Grande.
In der Renaissance wurde der Canal Grande zum Geschäftszentrum der Stadt: Kaufleute und Bankiers hatten hier ihren Sitz; die politischen Entscheidungen wurden hier getroffen. Besonders rege war die Geschäftstätigkeit am Rialto – und ist es noch heute. Der ständig wachsende politische und wirtschaftliche Erfolg der Dogenrepublik schlug sich im Bau immer neuer, immer prächtigerer Paläste und Kirchen nieder, und dies auch dann noch, als die Republik bereits in den letzten Zügen lag.

Amphibienstadt Venedig

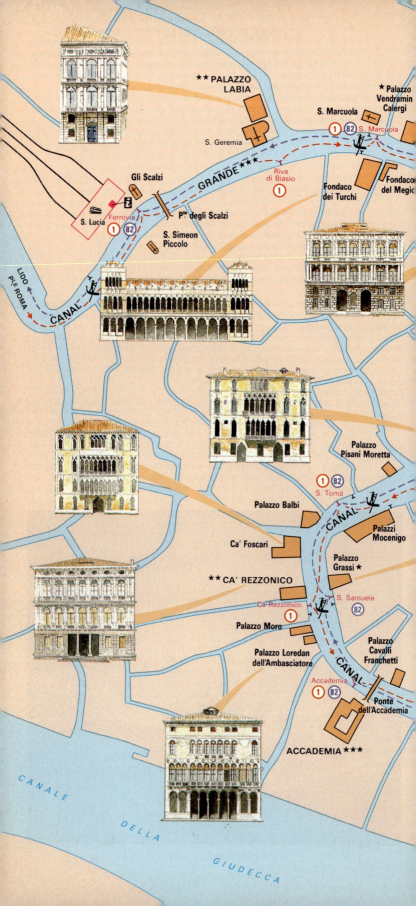

CANAL GRANDE

1. Abschnitt: Linkes Ufer

Stazione di Santa Lucia (**3** CT) – Seit 1860 wacht der Bahnhof über die Einmündung des Kanals in die Stadt. Der heutige Bau entstand 1954.

Gli Scalzi (**3** CT) – *Siehe S. 136 (GHETTO).* Die Barockkirche der Unbeschuhten Karmeliter wurde von Baldassarre Longhena (1598-1682) entworfen; die Fassade mit den von Figurennischen flankierten Doppelsäulen entstand zwischen 1672 und 1678 und ist das Werk Giuseppe Sardis.

Ponte degli Scalzi (**3** CT) – Die erste Brücke an dieser Stelle wurde 1858 von demselben Ingenieur (Neville) gebaut, der auch die erste Accademia-Brücke entwarf; die heutige Konstruktion entstand 1934.

San Geremia e Santa Lucia (**3** CDT) – *Siehe S. 137 (GHETTO).* Vom Kanal aus sieht man von der Kirche nur die Cappella di Santa Lucia, in der die sterblichen Überreste der sizilianischen Heiligen, der sie geweiht ist, ruhen.

★★ **Palazzo Labia** (**3** CDT) – *Siehe S. 137 (GHETTO).* Der elegante Palazzo an der Einmündung des Canale di Cannaregio stammt aus dem 18. Jh. Das Erdgeschoß des etwas abseits vom Canal Grande gelegenen Bauwerks ist aus Bossenquadern gemauert; die beiden oberen Etagen zieren ionische und korinthische Pilaster und schmale Balkone vor großen Fenstern. Die Adler unter dem Dach sind die Wappentiere der Familie Labia.

San Marcuola (**3** DT) – *Siehe S. 138 (GHETTO).* Die dem Kanal zugewandte, unvollendete Seitenfront der Kirche ist aus Backsteinen gemauert; obwohl die Geschichte der Kirche weit zurückreicht, ist das heutige Bauwerk mehrheitlich dem Barock zuzuordnen.

★ **Palazzo Vendramin Calergi** (**4** ET) – Mit dem Bau ihres Palais betraute die vornehme Patrizierfamilie Loredan keinen Geringeren als Mauro Codussi. Bei der Fassadengestaltung des zwischen 1502 und 1504 entstandenen Palastes nahm der berühmte Renaissancearchitekt bewußt Bezug auf die byzantinische und gotische Bautradition der Stadt, was sich besonders deutlich an den schönen Zwillingsfenstern zeigt. Richard Wagner hat hier die Zeit vor seinem Tod verbracht; ein kleines Museum ist ihm gewidmet **(Sala Richard Wagner** ⊙**)**. Im Winter zieht Venedigs Kasino vom Lido in den Palazzo Vendramin um; es wird jedoch derzeit über einen anderen Standort nachgedacht.

★★★ **Ca' d'Oro** (**4** ET) – *Siehe dort.* Nach den langwierigen, erst 1995 abgeschlossenen Restaurierungsarbeiten zeigt sich das im frühen 15. Jh. errichtete Ca' d'Oro heute wieder in seiner vollen Schönheit, wenngleich von dem Goldschmuck, dem es seinen Namen verdankt, nichts geblieben ist. Die Arkadenreihe im unteren Geschoß, wo die auf dem Wasserweg nach Venedig gelangten Waren gelagert wurden, weist das Bauwerk als eine sog. Ca' Fondaco aus. Die oberen Geschosse zieren Loggien mit ineinander verschränkten Zackenbögen und Vierpaßfenstern. Überraschend harmonisch ist die asymmetrische Fassadenaufteilung. Man beachte die reizvollen gewundenen Marmorverzierungen an den Ecken.

Ca' da Mosto (**4** FU) – In diesem im byzantinischen Stil erbauten Palast aus dem 13. Jh. wurde der berühmte Seefahrer Alvise da Mosto (1432-1488) geboren, der an der afrikanischen Westküste entlang bis zu den Kapverdischen Inseln segelte. Auch hier weisen die Arkaden im Erd- bzw. „Kanalgeschoß" darauf hin, daß der Palast zugleich als Wohnhaus und Warenlager diente. Die vielfach gegliederte Loggia im 1. Obergeschoß zieren oben byzantinische Marmorrosetten. Vom 16. bis zum 18. Jh. befand sich in diesem Palast eines der schönsten Hotels der Stadt, das „Leon Bianco".

Fondaco dei Tedeschi (**4** FU) – *Siehe S. 127 (La FENICE).* Die im 13. Jh. erbaute Fondaco diente den deutschen Kaufleuten in Venedig als Unterkunft und Warenlager; heute beherbergt sie die Hauptpost. Der Bau brannte 1505 nieder und wurde von den zu dieser Zeit in Venedig tätigen Baumeistern Giorgio Spaventi und Scarpino wieder aufgebaut. Die dem Canal Grande zugewandte Fassade schmückten einst Fresken von Giorgione (1476/77-1510) und Tizian (1490-1576).

★★ **Ponte di Rialto** (**4** FU) – *Siehe unter RIALTO.* Früher hieß die Rialtobrücke noch Ponte della Moneta, „Brücke der Münze", weil sie sich in unmittelbarer Nähe der Münzprägeanstalt befand. Die heutige Brücke ist bereits die sechste an dieser Stelle, aber die erste aus Stein. Die bedeutendste Brücke über den Canal Grande ist das Werk Antonios da Ponte und wurde 1591 eingeweiht. In den Ladenlokalen unter den zwölf doppelten Arkaden gingen früher die Geldwechsler und Bankiers ihrem Tagwerk nach.

Palazzo Loredan (**4** EFV) – Auch dieser byzantinische Palazzo mit schönen Marmorrosetten zwischen den Bögen der (noch originalen) Loggia im 1. Stock war eine Ca' Fondaco mit Lagerräumen im unteren Geschoß. Heute ist hier ein Teil der Büros der im benachbarten Palazzo Farsetti ansässigen Stadtverwaltung untergebracht.

Palazzo Lando Corner Spinelli (**4** EV) – Der um 1490 erbaute Palast soll ebenfalls von Mauro Codussi stammen. Die Fassade aus istrischem Stein zeigt das für die Renaissance typische Erdgeschoß aus Rustikamauerwerk (Bossenquader). Die Obergeschosse zieren in Rundbögen eingelassene Zwillingsfenster. Unter dem Dachgesims verläuft ein Girlandenfries.

CANAL GRANDE

1. Abschnitt: Rechtes Ufer

San Simeon Piccolo (**3 CT**) – Dieser Zentralkuppelbau ist die erste der vielen venezianischen Kirchen, die der Reisende sieht, wenn er aus dem Bahnhofsgebäude tritt. Ihr Bild wird von der grünen Kuppel und dem korinthischen Pronaos, zu dem eine große Freitreppe führt, beherrscht. Sie wurde von Scalfarotto (um 1700-1764) erbaut, der sich an den Werken Palladios und Longhenas orientierte.

Ponte degli Scalzi (**3 CT**) – Die erste Brücke an dieser Stelle wurde 1858 von demselben Ingenieur (Neville) gebaut, der auch die erste Accademia-Brücke entwarf; die jetzige Konstruktion entstand 1934.

Fondaco dei Turchi (**3 DT**) – Das Palais, in dem von 1621 bis 1828 die türkische Handelsvertretung ihren Sitz hatte, war ursprünglich eines der typischen, im venezianisch-byzantinischen Stil errichteten Kaufmannshäuser aus dem 13. Jh., wurde jedoch im 19. Jh. stark restauriert. Im unteren, zum Kanal hin offenen Geschoß befanden sich die Lagerräume. Der mittlere Teil der Fassade wirkt mit seinen filigranen Bögen und Maßwerkverzierungen noch immer wie ein marmornes Spitzentuch, das die eleganten Zierzinnen nach oben hin abschließen. Die Turmaufsätze über den seitlichen Mauerflächen wurden im 19. Jh. angefügt.
Heute befindet sich hier das Naturgeschichtliche Museum (**Museo di Storia naturale**, *s. unter I FRARI*).

Fondaco del Megio (**3 DT**) – Kleine Fenster lockern die aus Backstein gemauerte Fassade des im 15. Jh. als Kornlager (*megio* = Hafer) errichteten Bauwerks auf. Unter den prunkvollen Zinnen thront der Löwe von San Marco.

San Stae (**3 ET**) – Das heutige Erscheinungsbild der Kirche, deren Name eine typisch venezianische Kurzform von Sant'Eustachio ist, ist weitgehend das Resultat umfangreicher, im 17. Jh. erfolgter Umbauarbeiten.
Die dreigeteilte Fassade mit Frontispiz von Domenico Rossi (1678-1742) entstand in den ersten Jahren des 18. Jh.s. Der gesprengte, mit Figuren bekrönte Giebel über dem Portal stammt noch vom Vorgängerbau. Im einschiffigen Innenraum befinden sich u. a. Werke von Piazzetta (1683-1754), Ricci (1659-1734) und Tiepolo (1696-1770).

Ca' Pesaro (**4 ET**) – Den von Baldassarre Longhena (1598-1682) begonnenen und nach dessen Tod von Antonio Gaspari (um 1670-um 1730) vollendeten Palast zieren Diamantquader und Löwenköpfe am Erdgeschoß und große von Säulen gerahmte rundbogige Fenster mit Balkonen an den Obergeschossen.
Im Ca' Pesaro ist die **Galleria internazionale di Arte moderna** untergebracht *(s. S. 170, RIALTO)*.

Ca' Corner della Regina (**4 ET**) – Das von Domenico Rossi (1678-1742) erbaute Palais, in dem heute das Kunstarchiv der Stadt untergebracht ist *(s. S. 169, RIALTO)*, ruht auf einem schweren Sockel aus Rustikamauerwerk; die oberen Etagen schmücken Balkone und von Säulen gerahmte Fenster.

Pescheria (**4 ET**) – Unter den Arkaden dieses neugotischen, zu Beginn des 20. Jh.s errichteten Gebäudes bauen allmorgendlich die Fischhändler ihre Stände auf (*pescheria* ist das italienische Wort für Fischmarkt).

Fabbriche Nuove (**4 FU**) – Unter den langen, fast schon monotonen Arkaden aus Bossenquadern, die die Biegung des Canal Grande säumen, wurden früher Waren gelagert; im oberen Teil hatte das Handelsgericht seinen Sitz. Entworfen wurde der venezianische Zweckbau von Sansovino (1486-1570).

Fabbriche Vecchie (**4 FU**) – Das einem Brand zum Opfer gefallene alte Gerichtsgebäude wurde in der ersten Hälfte des 16. Jh.s von Scarpagnino wieder aufgebaut; auch hier sieht man wieder die für die Lagerräume typischen Arkaden im Erdgeschoß.

Palazzo dei Camerlenghi (**4 FU**) – Der auf einem fünfeckigen Grundriß errichtete Renaissancepalast ist das Werk des zwischen 1515 und 1530 in Venedig tätigen Guglielmo dei Grigi, genannt Il Bergamasco. Hinter den großen, mit Festons verzierten Fenstern befanden sich die Büros der Kämmerer, die über die Finanzen der Republik Venedig wachten.

★★ **Ponte di Rialto** (**4 FU**) – *Siehe unter RIALTO*. Früher hieß die Rialtobrücke noch Ponte della Moneta, „Brücke der Münze", weil sie sich in unmittelbarer Nähe der Münzprägeanstalt befand. Die heutige Brücke ist bereits die sechste an dieser Stelle, aber auch die erste aus Stein. Die bedeutendste Brücke über den Canal Grande ist das Werk Antonios da Ponte und wurde 1591 eingeweiht. In den Ladenlokalen unter den zwölf doppelten Arkaden gingen früher die Geldwechsler und Bankiers ihrem Tagwerk nach.

Palazzo Bernardo (**4 EV**) – Gotisches Bauwerk (1442) mit schönen Spitzbögen im ersten und von Vierpaßornamenten abgeschlossenen Fenstern im zweiten Obergeschoß.

Palazzo Pisani Moretta (**7 DV**) – Auch dieses spätgotische Palais aus der zweiten Hälfte des 15. Jh.s zieren elegante Fensteröffnungen mit ineinander verschränkten Bögen und Vierpaßornamenten.

Palazzo Balbi (**7 DX**) – Die dreigeteilte Fassade des Alessandro Vittoria (1525-um 1600) zugeschriebenen Palais ist von einem Bossenquadersockel und Dreipaßfenstern im mittleren Teil bestimmt. Zwei große Wappen und Obelisken am Dach unterstreichen den monumentalen Charakter des Bauwerks.

2. Abschnitt: Linkes Ufer

Palazzi Mocenigo (**7** DX) – Der erste der vier Bauteile dieses Palais wurde 1579 nach einem vermutlich von Alessandro Vittoria ausgearbeiteten Entwurf wieder aufgebaut; die nächsten beiden sind identisch und entstanden Ende des 16. Jh.s; der vierte, die Casa Vecchia, das „alte Haus", stammt aus der Gotik, wurde aber in der 1. Hälfte des 17. Jh.s unter der Leitung von Francesco Contin wieder aufgebaut. Hier lebte der wegen Ketzerei zum Tode auf dem Scheiterhaufen verurteilte Naturphilosoph **Giordano Bruno** (1548-1600). Später zog dort der englische Dichter **Lord Byron** (1788-1828) ein. Byron, der in diesem Palais mit seinem „Don Juan" begann, soll damals des öfteren heimgeschwommen sein, einmal sogar vom Lido aus. In Erinnerung an diese sportliche Hochleistung wurde bis 1949 ein Wettschwimmen um die „Coppa Byron" veranstaltet.

★ **Palazzo Grassi** (**7** DX) – In dem im 18. Jh. erbauten, fast schon klassizistischen Palais finden wechselnde Ausstellungen von hohem Niveau statt. Er wurde von Giorgio Massari entworfen, dem damit die Ehre zuteil wurde, den letzten großen Palast der Republik Venedig zu bauen. Über dem schweren Unterbau aus Rustikaquadern (Kanal- und Zwischengeschoß) erheben sich zwei weitere Etagen mit Rundbogenfenstern im ersten und Fenstern mit Dreiecksgiebelverdachung im zweiten Obergeschoß. Das Treppenhaus schmücken Karnevalsfresken von Alessandro Longhi; die Wandgemälde in den Empfangssälen stammen von Jacopo Guarana (1720-1808) und Fabio Canal (1703-1767).

Ponte dell'Accademia (**7** DX) – Die zweite Brücke über den Canal Grande wurde erst 1854, fast achthundert Jahre nach der Rialtobrücke, gebaut. Die Stahlkonstruktion erwies sich jedoch als zu niedrig für die Vaporettos, weshalb 1932 eine neue Brücke errichtet werden mußte – diesmal allerdings aus Holz, denn das Geld war knapp geworden. Die heutige Brücke ist bereits die zweite Holzbrücke an dieser Stelle.

Palazzo Cavalli Franchetti (**7** DX) – Sehr schön ist die Fassade des in der zweiten Hälfte des 15. Jh.s erbauten Palais, dessen Loggien durch fünf ineinander verschränkte Bögen und Vierpaßornamente gegliedert sind. Das Palais wurde gegen Ende des 19. Jh.s von Camillo Boito, dem Bruder des gleichnamigen, aus Padua stammenden Komponisten und Dichters, umgebaut.

Palazzo Corner della Ca' Granda (**7** EX) – Der heutige Sitz der Präfektur wurde im 16. Jh. von Sansovino für den Neffen der Caterina Cornaro erbaut. Auffallend sind die drei großen Arkaden im aus Bossenquadern gemauerten Unterbau, deren Form von den rundbogigen, durch Zwillingssäulen voneinander getrennten Fenstern in den Obergeschossen aufgegriffen wird.

Blick von der Ponte dell'Accademia auf das linke Ufer des Canal Grande mit dem Palazzo Cavalli Franchetti

2. Abschnitt: Rechtes Ufer

Ca' Foscari (**7 DX**) – *Siehe auch S. 121, I CARMINI.* Das an der Einmündung des gleichnamigen Rio in den Canal Grande gelegene Palais hat eine vollkommen symmetrische Fassade, die durch den Wechsel der ineinander verschränkten Maßwerkbögen der drei Loggien, der geschlossenen Mauerflächen und der einbogigen Fenster rhythmisch gegliedert ist. Das ursprünglich aus dem 14. Jh. stammende Palais wurde in der 2. Hälfte des 15. Jh.s näher ans Ufer verlegt; die damals entstandene, noch gotische Fassade zeigt Anklänge an die Frührenaissance, wie das marmorne Relief über der Loggia im zweiten Stock. Heute befindet sich hier die Hauptverwaltung der Universität.

★★ **Ca' Rezzonico** (**7 DX**) – *Siehe auch S. 119, I CARMINI.* Das letzte von Longhena (1598-1682) entworfene Palais wurde nach dessen Tod von Giorgio Massari vollendet. Das untere Geschoß aus Rustikamauerwerk – es wurde noch von Longhena selbst gebaut – ist durch Wandsäulen gegliedert, die sich im ersten und zweiten Obergeschoß fortsetzen. Das erste Obergeschoß ist besonders reich verziert. Heute befindet sich hier ein Museum mit Werken des 18. Jh.s.

Palazzo Moro (**7 DX**) – Das schlichte, strenge Palais aus dem 16. Jh. steht nahe der Vaporetto-Haltestelle Ca' Rezzonico, unweit des reizvollen Palazzetto Stern mit dem Garten am Ufer des Canal Grande.
Einer der Söhne des Hauses Moro gelangte durch die tragische Geschichte seiner Ehe zu literarischem Ruhm: **Shakespeare** ließ sich von seinem Schicksal zu seinem „Othello" inspirieren, in dem er aus Signor Moro einen Mohren machte (*Moro* heißt allerdings auf italienisch nicht nur Mohr, sondern auch Maure).

Palazzo Loredan dell'Ambasciatore (**7 DX**) – An den Mauerflächen des zweiten Obergeschosses des spätgotischen Palazzo Loredan prangen beiderseits der zentralen Fensterreihe die Wappen der Familie.

★★★ **Accademia** (**7 DX**) – *Siehe dort.* In der gotischen, doch im 18. Jh. mit einer neuen Fassade versehenen Scuola Grande della Carità und der dazugehörigen Kirche ist seit dem 19. Jh. die Kunstakademie und deren berühmtes Museum untergebracht. Die spätgotische Kirche wurde im 15. Jh. neu gebaut. Die Baupläne wurden vermutlich von Bartolomeo Bon ausgearbeitet, haben aber in der Folgezeit u. a. durch Palladio starke Veränderungen erfahren.

Ponte dell'Accademia (**7 DX**) – Die Venezianer mußten bis 1854 warten, bis endlich, fast siebenhundert Jahre nach der ersten, eine zweite Brücke über den Canal Grande gebaut wurde. Es war eine Stahlbrücke, die sich jedoch als zu niedrig für die Vaporettos erwies. Deshalb mußte 1932 eine neue Brücke errichtet werden – allerdings aus Holz, denn das Geld war knapp geworden. Die heutige Brücke ist bereits die zweite Holzkonstruktion an dieser Stelle.

Palazzo Barbarigo (**8 EX**) – Die Mosaiken an der Fassade dieses Palais (16. Jh.) stellen Karl V. in Tizians Atelier und Heinrich III. von Frankreich auf Murano dar; sie stammen von Glaskünstlern und Mosaizisten der „Compagnia Venezia e Murano", die das Palais gegen Ende des 19. Jh.s restauriert hat.

Palazzo Venier dei Leoni (**8 EX**) – Es bedarf einiger Phantasie, um sich den Palast so vorzustellen, wie ihn sich Lorenzo Boschetti 1749 wohl erträumt hatte: Er wurde nie vollendet, denn die Familie sah sich plötzlich mit großen Geldschwierigkeiten konfrontiert. Einzig der Unterbau aus Bossenquadern konnte fertiggestellt werden. Wie das Palais einmal hätte aussehen sollen, zeigt ein im Museo Correr ausgestelltes Modell. Es heißt, daß die Familie in ihrem Garten einen Löwen hielt und der Palast nach ihm benannt wurde. Vielleicht waren es aber auch nur die Löwenköpfe am Sockel, die ihm seinen Namen gaben.
Heute hat hier die **Collezione Peggy Guggenheim** ihren Sitz *(s. S. 173, La SALUTE).*

★ **Ca' Dario** (**8 EX**) – Das kleine Palais aus dem späten 15. Jh. mit den reizvollen Marmorinkrustationen wurde von den Lombardos für Giovanni Dario erbaut, den Gesandten der Republik am Hof des Sultans. Dem Bauwerk haftet ein unheilvoller Ruf an, weil seine Hausherren gelegentlich unter ungeklärten Umständen den Tod fanden.

Palazzo Salviati (**8 EX**) – Wie beim Palazzo Barbarigo ist auch die Fassade dieses Bauwerks aus dem 19. Jh. mit Mosaiken geschmückt.

★★ **Santa Maria della Salute** (**8 FX**) – Schon von weitem sieht man Longhenas gewaltige, ganz aus weißem Marmor erbaute Kirche aufragen, deren zentraler Kuppeltambour mit großen, abstehenden Voluten geschmückt ist, die von den Venezianern scherzhaft *orecchioni*, „dicke Öhrchen" genannt werden. Ihre Entstehung geht auf ein Gelübde des Dogen im Pestjahr 1630 zurück. *Siehe unter La SALUTE.*

Dogana da Mar (**8 FX**) – Wie ein großer Schiffsbug ragt die alte Zollstation am äußersten Ende von Dorsoduro ins Meer hinein. Hier gingen die auf dem Wasserweg nach Venedig gekommenen Waren durch den Zoll, daher der Name der Station. Der heutige Bau stammt aus der zweiten Hälfte des 17. Jh.s. Die beiden Atlanten an der Turmspitze tragen die Weltkugel mit der Fortuna.

I CARMINI★

(7 CX)

Vaporetto-Anlegestellen: Ca' Rezzonico, San Tomà od. San Basilio

Rundgang: ca. 1/2 Tag (inklusive Besichtigungen)

Auch dieser Teil von Dorsoduro ist voller Leben: Die venezianischen Studenten strömen in die Ca' Foscari, den Sitz der Universität, die venezianischen Hausfrauen (und -männer) auf die Märkte auf dem Campo Santa Margherita und am Rio di San Barnaba, wo die Gemüsehändler ihre Ware vom Boot aus feilbieten. Und in all diesem Trubel versuchen natürlich auch die Touristen, sich ihren Weg zu bahnen.

Wegen der vielen Studenten gibt es hier auch viele Kneipen und Cafés, die vom Duft des starken italienischen Espressos erfüllt sind. In den Geschäften tätigen die Einheimischen ihre täglichen Einkäufe. Zwischen dem Campo Santa Margherita und dem Campo San Barnaba bieten auch einige Kunsthandwerker venezianische Masken und Holzarbeiten an.

Erholsame Zwischenstationen

Ein netter Treffpunkt ... ist das alte **Caffè** am Campo Santa Margherita (Haus-Nr. 2963).

Bier zur Pizza ... gibt es im **Ai Pugni**, bei der gleichnamigen Brücke, in unmittelbarer Nähe des Campo San Barnaba.

Campo Santa Margherita (7 CX) – Das Bild dieses Campo wird von der Scuola dei Varateri, dem Zunfthaus der Kürschner, das sich seit dem 18. Jh. mitten auf dem Platz erhebt, und vom seiner Spitze beraubten Turm der früheren Kirche Santa Margherita beherrscht. Unübersehbar sind natürlich auch die vielen Cafés, Läden und Marktstände. Früher war diese Gegend ein typisches Armeleuteviertel; die nahe Mülldeponie – der heute zugeschüttete Rio della Scoarrezza – hielt die bessere Gesellschaft fern.

★ **Scuola Grande dei Carmini** ⊙ (7 CX) – Beide Fassaden des an der Ecke zwischen dem Campo Santa Margherita und dem Campo dei Carmini gelegenen Kollegiums der Karmeliten wurden von Longhena (1598-1682) entworfen, jedoch nach ganz verschiedenen Gestaltungsprinzipien. Die dreigeschossige, dem Campo Santa Margherita zugewandte Seite ist mit korinthischen Zwillingssäulen geschmückt.

Die Schutzpatronin der Bruderschaft war die Muttergottes vom Berg Karmel. Sie ist im mittleren Feld der Decke des oberen Saals dargestellt: Das Bild zeigt sie, wie sie Simon Stock, dem 1265 verstorbenen sechsten Prior des Karmelitenordens, ein Skapulier überreicht. Das Skapulier ist ein über Brust und Rücken bis zu den Füßen reichender Tuchstreifen, der von den Mitgliedern einiger katholischer Bruderschaften über der Kutte getragen wird. Bei den Karmeliten geht dieser Brauch auf besagten Simon Stock zurück.

Schwimmender Marktstand am Campo San Barnaba

Die „Scuole"

Die venezianische *Scuola* – wörtlich übersetzt: Schule, Kollegium – war eine Erfindung des Mittelalters, die noch bis zum Fall der Republik Bestand hatte. Die Scuole waren weltliche Bruderschaften, deren Mitglieder dem wohlhabenden Bürgertum der Stadt entstammten. Sie waren stark religiös geprägt und vor allem im karikativen Bereich tätig; sie standen Bedürftigen spirituell und materiell bei. Arme und Personen mit zweifelhaftem Leumund durften den Scuole nicht beitreten. Jede Scuola hatte einen eigenen Schutzheiligen und eine **Mariegola**, ein umfangreiches Regelwerk, das der Bruderschaft als Satzung diente.

Mit den Scuole bot sich dem von der Macht ausgeschlossenen Bürgertum eine Möglichkeit zur Selbstdarstellung. Einige von ihnen waren Versammlungen der verschiedenen nationalen Minderheiten der Stadt; sie verpflichteten sich, ihren Landsleuten bei der Arbeitssuche und in anderen schwierigen Momenten beizustehen. So gab es z. B. eine Bruderschaft der Dalmatiner, die Scuola di San Giorgio degli Schiavoni, und eine Bruderschaft der Albaner, die Scuola degli Albanesi. Andere Scuole waren Zusammenschlüsse der Angehörigen einer selben Berufsgattung und insofern den Zünften verwandt. Wieder andere hatten einen rein religiösen Charakter; ursprünglich nannte man sie die *Scuole dei Battuti* („Schulen der Geschlagenen"), weil sie auf die Geißler- und Büßergemeinden zurückgingen. Im 15. Jh. beschloß der Zehnerrat, die Bruderschaften in *Scuole Grandi* und *Scuole Minore*, „große" und „kleine" Kollegien zu unterteilen. Den Namen „Scuola Grande" durften nur die religiösen Bruderschaften, die „Scuole dei Battuti", tragen. Zu ihnen gehörten San Rocco, Santa Maria della Carità, San Marco, San Teodoro, San Giovanni Evangelista und die Scuola della Misericordia. Insgesamt gab es in Venedig fast vierhundert Scuole. Nicht alle hatten sie ein eigenes Versammlungsgebäude. Doch die bedeutendsten unter ihnen traten in prunkvollen Palästen zusammen, mit deren Ausschmückung sie namhafte Künstler betrauten.

Diesem künstlerischen Reichtum ist es zu verdanken, daß die Erinnerung an die Scuole auch nach ihrer Zerschlagung durch die Franzosen im Jahre 1806 lebendig geblieben ist, obwohl sich heute nur noch wenige in ihrer alten Pracht zeigen.

Dieses sowie die acht anderen Gemälde des Zyklus wurden von **Gian Battista Tiepolo** zwischen 1739 und 1744 geschaffen. Den Saal zieren des weiteren Werke von Gregorio Lazzarini (1655-1730) an der Eingangswand und von Antonio Zanchi (1621-1722) an der Wand gegenüber.

Das Archiv (Sala dell'Archivio) ist mit Altarbehängen aus dem 18. Jh. geschmückt. An der Durchgangswand zum Herbergssaal (Sala dell'Albergo) hängt ein Gemälde von Piazzetta (1683-1754), *Judith und Holofernes* darstellend. Das zentrale Deckengemälde im Herbergssaal, in dem Pilger und Arme Obdach fanden, stammt von Padovanino (1588-1649).

Carmini (**7 CX**) – Die schlichte Renaissancefassade und der schöne, mit byzantinischen Marmorrosetten geschmückte Portalvorbau am linken Seitenportal lassen nicht erahnen, welche Prunkentfaltung den Besucher im Inneren der Kirche erwartet.

Die roten Säulen zwischen den drei Schiffen, die dunklen Gemälde, zumeist aus dem 17. und 18. Jh., und der schwarz-goldene Figurenschmuck schaffen eine düstere Atmosphäre, doch täuscht der erste Eindruck, denn der Raum ist von Licht durchflutet. Die für die Klosterkirchen des 14. Jh.s typischen Holzverstrebungen unterstreichen diese Wirkung. Und beim genaueren Hinsehen entdeckt man unter den düsteren Gemälden einige höchst interessante Kunstwerke:

– *Der hl. Liberatus begnadet zwei zum Tode Verurteilte* am Anfang des linken Seitenschiffs stammt von Padovanino; der *Hl. Nikolaus zwischen Johannes dem Täufer und der hl. Luzia* über dem zweiten Altar ist ein Werk von Lorenzo Lotto (um 1480-1556).

– Die Sängerempore vor dem Chor wurde von Andrea Schiavone (um 1518-1563) ausgeschmückt; die rechte Chorwand ziert eine *Wundersame Brotvermehrung* von Palma Giovane (1544-1628).

– Beim vierten Altar des rechten Seitenschiffs sieht man eine *Darbringung im Tempel* von Tintoretto (1518-1594).

– In der Sakristei mit der schönen Holzdecke und dem Ziegelbogen aus dem 14. Jh. befindet sich eine *Verkündigung* von Palma Giovane.

– Die Kuppel über dem dritten Altar wurde von Sebastiano Ricci (1659-1734) ausgemalt; das Retabel über dem zweiten Altar stammt von Cima da Conegliano (um 1459-um 1517) und stellt die *Anbetung der Hirten mit den hll. Helene und Katharina, Tobias und dem Engel* dar.

Die Brücke gegenüber der Kirche überqueren und links auf den Fondamente bis zur Chiesa di San Nicolò dei Mendicoli gehen.

I CARMINI

San Nicolò dei Mendicoli (6 BX) – Ihren Namen, „St. Nikolaus der Bettler", verdankt die vermutlich auf das 7. Jh. zurückgehende und im 12. Jh. wiederaufgebaute Kirche dem Umstand, daß in diesem Viertel viele Arme lebten.
Vor dem Mittelteil der Fassade befindet sich ein Portalvorbau, der dem von San Giacomo di Rialto ähnelt und unter dem arme fromme Frauen, die *pinzochere*, Zuflucht fanden. Der wuchtige Campanile stammt aus dem 12. Jh. Das klassizistische Seitenportal (18. Jh.) aus weißem istrischem Stein hebt sich deutlich vom restlichen, aus roten Ziegeln gemauerten Außenbau ab.
Im dreischiffigen Innenraum ist die ursprüngliche Apsis erhalten. Das Schnitzwerk entstand in der zweiten Hälfte des 16. Jh.s. Die Ikonostase aus derselben Zeit ist unverändert geblieben. Die Gemälde zeigen Szenen aus dem Leben Christi und stammen aus Veroneses Werkstatt.

Auf der Fondamenta wieder zurückgehen und über die zweite Brücke den Rio di San Nicolò überqueren.

Hier steht die **Chiesa dell'Angelo Raffaele**, deren Orgelempore ein *Tobias mit dem Engel* von Gian Antonio Guardi (1699-1760) ziert.

Links weiter durch die Calle Nave.

★★ **San Sebastiano** ⊙ (7 CX) – In der weißen Fassade spiegelt sich der Innenaufbau der Kirche wider: Die Säulchen der unteren Wandzone entsprechen der Begrenzungen der Seitenkapellen, die der oberen der Empore. Wenn man die Kirche betritt, glaubt man zuerst, in einer Vorhalle zu stehen. Dieser Eindruck ist darauf zurückzuführen, daß sich über dem Eingang ein Mönchschor befindet, der sich über den Seitenschiffen fortsetzt. Der besondere Reiz dieser Kirche liegt jedoch weniger in ihrem Aufbau als in ihrer reichen Ausschmückung; denn hier hat sich **Veronese** (1528-1588) mit grandiosen Fresken verewigt.
Zuerst sollte man sich jedoch die Werke einiger anderer Künstler anschauen, die ebenfalls hier zu sehen sind:
An der rechten Seite beginnend, erkennt man über dem Altar vor den Seitenkapellen einen *Hl. Nikolaus* von Tizian (um 1490-1576). Das Grabmal für Livio Podacattaro, den Bischof von Kreta, stammt von Sansovino (1486-1570). An der gegenüberliegenden Wand, neben der Orgel, kennzeichnet eine Veronese darstellende Büste den Ort, an dem der berühmte Künstler beigesetzt wurde. Auf der linken Seite in Richtung Ausgang gelangt man zur Cappella Grimani mit der Bildnisbüste des Mercantonio Grimani von der Hand Alessandro Vittorias (1525-1608). Über dem Altar der letzten Kapelle hängt ein *Christus in Emmaus* von Andrea Schiavone (um 1518-1563).
Diese hochkarätigen Kunstwerke sind hier jedoch nur „Füllwerk" zwischen den Fresken und anderen Werken Veroneses, die das Gotteshaus in ein gewaltiges Gesamtkunstwerk verwandeln, auf das der Künstler viele Jahre seines Lebens verwendet hat. Der mit dem Bau der Kirche betraute Mönch war ein Freund Veroneses und ließ ihm bei der Ausschmückung völlig freie Hand – was dazu führte, daß der Künstler wieder einmal Schwierigkeiten mit der Inquisition bekam *(s. auch unter ACCADEMIA)*.

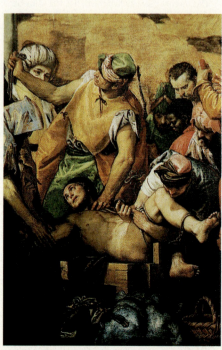

Das Martyrium des hl. Sebastian von Veronese (San Sebastiano)

Veronese begann mit dem Deckengemälde der Sakristei, das die *Marienkrönung* und die vier Evangelisten zeigt. Es ist erstaunlich, wie sehr die Farben Blau und Rot eine Einheit zwischen Christus und Maria schaffen, während Gottvater in seinem blau-grünen Gewand abseits zu stehen scheint.
An der Decke des Schiffs öffnet sich der Raum in illusionistischen Architekturformen, die Szenen aus dem Leben der Ester rahmen: Im Zentrum der Komposition steht *Esters Krönung durch Ahasver*; in den ovalen seitlichen Medaillons sieht man den Triumph ihres jüdischen Ziehvaters Mardochai und die *Verstoßung der Waschti*.

I CARMINI

Wenn man in Richtung Hochaltar blickt, sieht man beim Schildbogen eine *Verkündigung*. In den Nischen zwischen den gewundenen Säulen sind Sybillen und Propheten abgebildet, die auf die Skulpturen von Girolamo Campagna (um 1550-um 1626) zu antworten scheinen. Die Sybillen, deren Reihe sich entlang der Wand fortsetzt, symbolisieren die an die Heiden gerichtete Heilsbotschaft. Weitere Prophetengestalten sind an der Westwand zu sehen. In den Gewölbezwickeln der Seitenkapellen sind acht Apostel dargestellt. In der dritten Seitenkapelle auf der rechten Seite hängt eine *Kreuzigung*, die ebenfalls von Veronese stammt.

An der Wand über dem Grabmal von Livio Podacattore (rechts und hinter der Statue) wird der hl. Sebastian von den Pfeilen der auf der gegenüberliegenden Wand abgebildeten Schützen getroffen (am besten sieht man diese Fresken von der Empore aus). Auch ein Großteil der anderen Fresken zeigt den Schutzpatron der Kirche. In der Szene mit Diokletian sieht man Sebastian, den zwei Figuren von der Empore aus beobachten, wie er den Christenverfolger anklagt, obwohl sich ihm bereits ein Pfeil durch den Leib bohrt. Auf der gegenüberliegenden Wand ist eine weitere Episode seines Martyriums dargestellt; die vier Säulen, die die Szene wie Bühnenkulissen rahmen, geben ihr etwas Theatralisches.

Die Außenseite der Flügeltafeln des Orgelprospekts ziert eine *Darbringung im Tempel*; besonders reizvoll ist der Trompe-l'œil-Effekt, der eine Frauenfigur zwischen einer echten und einer „falschen" Säule hervortreten läßt. Wenn die Flügel geöffnet sind, sieht man die *Krankenheilung am Teich Bethesda*.

Den Hochaltar schmückt ein Retabel mit der thronenden Maria, umgeben von den hll. Rochus, Sebastian, Petrus, Franziskus, Katharina und Elisabeth. An der linken Wand des Chors malte Veronese die hll. Markus und Marcellus, die dem Märtyrertod entgegengeführt werden, an der rechten das *Martyrium des hl. Sebastian* dargestellt.

Die lange Calle, die von San Sebastiano nach San Barnaba führt, ist nicht sonderlich sehenswert, vermittelt mit ihren Osterien und ihren Geschäften – darunter auch ein Farbenhändler und ein Modellbauer – aber einen guten Eindruck vom venezianischen Alltagsleben.

Campo San Barnaba (**7** CX) – Den lebhaften Platz, an dessen Seite sich die weiße Fassade der gleichnamigen Kirche erhebt, säumen die üblichen kleinen Geschäfte und Kneipen. In der Nähe der Ponte dei Pugni liegt oft das Boot eines „schwimmenden" Gemüsehändlers vor Anker.

Über die Ponti dei Pugni oder die Brücke links der Kirche den Rio überqueren und links weiter in Richtung Canal Grande zum Ca' Rezzonico.

Die Ponte dei Pugni, die „Brücke der Fausthiebe"

In der Renaissance erfreuten sich Kampfspiele in Venedig derartiger Beliebtheit, daß sich die Stadtherren bald gezwungen sahen, ihnen Einhalt zu gebieten. Die einfachen Menschen wollten am Ruhm der Serenissima teilhaben, indem auch sie sich „Kriege" lieferten. Als Feinde mußten dabei z. B. die Einwohner des Nachbarviertels herhalten. Als Schlachtfeld dienten die Brücken. Dort traten sich die verfeindeten Clans mit Holz- oder Eisenstangen, oft auch nur mit blanken Fäusten, gegenüber – und warfen sich gegenseitig ins Wasser. So nimmt es nicht wunder, daß es in Venedig eine „Brücke der Fausthiebe" und eine „Brücke des Krieges" gibt. Die Ponte dei Pugni gehörte zu den Brücken, auf denen sich Nicoletti und Castellani wilde Kämpfe lieferten.

★★ **Ca' Rezzonico** (**7** DX) – Das letzte von Baldassarre Longhena (1598-1682) entworfene Palais wurde erst lange nach dessen Tod von Giorgio Massari (um 1686-1766) vollendet. Es hat zwei englischsprachige Schriftsteller zu sehr unterschiedlichen Kommentaren angeregt: Henri James (1843-1916) sah darin ein majestätisches, zu Stein gewordenes Fabelwesen aus der Mythologie; John Ruskin (1819-1900), dem alles Barocke ein Greuel war, verglich die Wandsäulen im Erdgeschoß mit Käsestücken.

Das Bauwerk, in das ursprünglich die Familie Bon einziehen sollte, ging in den Besitz einer vom Comer See stammenden Familie über, aus deren venezianischer Seitenlinie ein Papst, der 1758 gewählte **Klemens XIII.**, hervorging.

Später lebte dort der englische Schriftsteller **Robert Browning** (1812–1889) mit seiner Frau, der Dichterin Elizabeth Barret (1806–1861). Ihr Sohn erwarb gegen Ende des 19. Jh.s das Palais, mußte es jedoch 1906 wieder verkaufen.

Heute befindet sich im Ca' Rezzonico ein Museum mit Werken des venezianischen 18. Jh.s.

Museo del Settecento Veneziano ⊙ – *Zum Zeitpunkt der Redaktion dieses Reiseführers liefen im Ca' Rezzonico Umbauarbeiten. Die folgende Beschreibung bezieht sich daher auf den Zustand des Museums vor der Neuordnung. Für etwaige Unstimmigkeiten bitten wir um Verständnis.*

Der Besichtigungsrundgang beginnt im **Ballsaal**, über den das Wappen der Rezzonicos wacht. Die Fresken stammen von Giambattista Crosato (um 1685-1758). An der Decke ist der *Wagen des Apollo*, umgeben von den *Vier Erdteilen*, dargestellt. Die Ebenholzfiguren und die hohen Stühle aus dem Besitz der Veniers entstanden im Venedig des frühen 18. Jh.s.

I CARMINI

Die Deckengemälde im Saal der Hochzeitsallegorie **(Sala dell'Allegoria nuziale)** wurden 1757 von Tiepolo anläßlich der Eheschließung eines Mitglieds der Familie Rezzonico gemalt.

Der mit Rokokomöbeln ausgestattete Saal der **Pastelzeichnungen** zeigt Porträts von Rosalba Carriera (1675-1757) *(Faustina Bordoni, Schwester Maria-Catarina, Der Edelmann in Rot)* sowie das *Bildnis der Cecilia Guardi Tiepolo*, der Gemahlin von Giambattista Tiepolo, von der Hand ihres Sohnes Lorenzo Tiepolo (1736-1776).

Drei flämische Wandbehänge aus dem späten 17. Jh. erzählen in dem ebenfalls im Rokokostil möblierten Saal der Tapisserien **(Sala degli Arazzi)** die Geschichte von Salomo und der Königin von Saba. Die um 1756 entstandenen Deckengemälde von Jacopo Guarana stellen den *Triumph der Tugenden* dar. Die gelbe Tür ist mit den im 18. Jh. sehr beliebten Chinoiserien verziert.

Der **Thronsaal** heißt so, weil dort der prunkvolle, mit Nymphen, Seepferdchen und Putten geschmückte Thron ausgestellt ist, auf dem Papst Pius VI. bei seinem Venedigaufenthalt 1782 Platz nahm. Das um 1780 von Bernardino Castelli gemalte Porträt des Pietro Barbarigo umgibt ein pompöser Rahmen mit allegorischen Figuren. An der Decke prunkt ein weiteres Fresko von Tiepolo: *Meritus betritt den Ruhmestempel.*

Anschließend gelangt man in den **Portego**, den typisch venezianischen Salon, der den Palazzo von der Kanal- zur Straßenseite durchquert. Hier ist eine mit roter Seide ausgeschlagene Sänfte ausgestellt. Die Marmorbüsten entstanden im 18. Jh. Die zur Treppe führende Tür, über der wieder das Wappen der Rezzonico zu sehen ist, rahmen zwei Figuren von Alessandro Vittoria (1525-1608).

Die Decke des **Tiepolo-Saals** ziert natürlich ein Gemälde ebendieses venezianischen Meisters *(Tugend und Edelmut besiegen die Treulosigkeit)*. Den Kamin schmücken vier Köpfe, die seinen Söhnen Giandomenico (1727-1804) und Lorenzo zugeschrieben werden. An der gegenüberliegenden Wand hängt das Bildnis des Baumeisters Bartolomeo Ferracina von

Die heiße Schokolade am Morgen von Pietro Longhi (Ca'Rezzonico)

Alessandro Longhi (1733-1813). Das Bureau-trumeau (Schreibtisch mit einem schweren, pfeilerartigen Sockel) aus Nußbaum ist ein Werk des 18. Jh.s, der Spieltisch mit den acht geschnitzten Beinen wurde um die Wende zum 18. Jh. gefertigt. Die Kommode aus dem 17. Jh. wurde im 18. Jh. als Safe benutzt.

Durch den Portego ins 2. Obergeschoß hinaufgehen.

Im Portego des 2. Stocks sind einige herausragende Werke zu sehen: *Der Blick vom Rio dei Mendicanti* und *Der Canal Grande von der Ca' Balbi bis zur Rialtobrücke* von Canaletto (1697-1768), das *Porträt des Marschalls von Schulenberg* von Gian Antonio Guardi (1699-1760), *Alexander vor dem sterbenden Darius* von Gianbattista Piazzetta (1683-1754), *Muzio Scevola vor Porsenna* von Gian Antonio Pellegrini (1675-1741), *Das Diplomatentreffen* von Francesco Guardi (1712-1793) und das *Porträt des Patriarchen von Venedig Federico Corner* von Bernardo Strozzi (1581-1644).

Am Ende des Portego gelangt man rechts in die Säle, in denen die Fresken von Giandomenico Tiepolo aus der Villa der Familie in Zianigo bei Mirano ausgestellt sind. Im Saal der Neuen Welt **(Sala del Mondo Novo)** befindet sich ein pittoreskes Wandgemälde, das eine große Menschenmenge zeigt, die dem Betrachter den Rücken zuwendet und gebannt auf eine Hauswand starrt, auf die mit einem Kosmorama Bilder aus fernen Kontinenten projiziert werden. In der **Stanza di Pulcinella** wird die neapolitanische Maske zum Spiegel der sozialen Wirklichkeit im Venedig der Zeit des Niedergangs. In der **Stanze dei Centauri** und der **Stanze dei Satiri** sind Fresken mit historischen und mythologischen Motiven zu sehen.

Anschließend betritt man die **Sala del Clavicembalo**, in der ein Cembalo aus dem frühen 18. Jh. steht. In dem kleinen Gang hängt ein Bildnis von Pietro Longhi (1702-1785), das den berühmtesten Hausherrn des Palazzo, den Papst Klemens XIII. darstellt. Man sieht dort auch eine leider stark beschädigte Ansicht des Castel Cogolo von Francesco Guardi (1712-1793), eine Schäferszene von Francesco Zuccarelli (1702-1788), den *Rosenkranzladen* von Francesco Guardi und den *Zahnzieher* von Pietro Longhi.

In der **Sala del Parlatorio** sind Werke von Pietro Longhi sowie zwei bedeutende Gemälde von Francesco Guardi – das *Sprechzimmer der Nonnen* und das *Ridotto im Palazzo Dandolo* – ausgestellt.

Durch den Portego gelangt man in die **Sala del Longhi**, in dem 29 Bilder zu sehen sind, die Pietro Longhi zu verschiedenen Zeitpunkten seines Lebens malte, darunter das Bildnis des Francesco Guardi. Das Deckengemälde mit *Zephyros und Flora* stammt von Tiepolo.

An der Decke der mit chinesischen Motiven verzierten **Sala delle Lacche Verdi** prangt ein *Triumph der Diana* von Gian Antonio Guardi. Sehr einprägsam ist die *Zugefrorene Lagune* (1788), das Werk eines Schülers von Francesco Baggioli.

Den **Guardi-Saal** schmücken drei Fresken von Gian Antonio Guardi: *Venus und Amor*, *Apollo* und *Minerva*.

Bei der **Alcova** handelt es sich um die Rekonstruktion eines Schlafzimmers aus dem 18. Jh. samt der sich daran anschließenden Räumlichkeiten. Die Madonna ist eine Pastellzeichnung von Rosalba Carriera. In einer Vitrine ist ein Toiletten-Necessaire aus dem 17. Jh. ausgestellt, das von Augsburger Silberschmieden gefertigt wurde. Die Decke des Ankleidezimmers wurde von Giandomenico Tiepolo ausgeschmückt. Die Stuckverzierungen und Fresken im Boudoir stammen von Jacopo Guarana.

Durch den Portego in den 3. Stock hinaufgehen.

Im Gemäldesaal **(Sala dei Dipinti)** hängen zwei ovale Bilder von Tiepolo, der *Hl. Martin* und *St. Blasius*, eine *Rebecca am Brunnen* von Gregorio Lazzarini (1655-1730), das *Porträt des Giambattista Piazzetta* von Alessandro Longhi und ein *Architektonisches Capriccio*, bei dem es sich um die Kopie eines 1765 entstandenen Canaletto-Gemäldes von der Hand des Künstlers selbst handeln könnte.

Der Saal der **„Sagra di Santa Marta"** ist den Festlichkeiten gewidmet, die am Canale della Giudecca am 29. Juli und an den darauffolgenden Augustmontagen stattfanden und auf einem Gemälde von Gaspare Diziani (1689-1767) geschildert werden. Die anderen Bilder stammen von Pietro Longhi und seinen Schülern. Das berühmteste ist das *Festmahl im Hause Nani*, das von dem prachtvollen Bankett berichtet, das am 9. September 1755 zu Ehren des Kurfürsten von Sachsen auf der Giudecca abgehalten wurde.

Die Reise durch das Venedig des 18. Jh.s endet mit dem Besuch der originalgetreu rekonstruierten Apotheke „Ai Do San Marchi", die einst am Campo San Stin stand, sowie eines Marionettentheaters; in der **Saletta del Teatrino** hängt auch ein Porträt Carlo Goldonis von Alessandro Longhi.

Zurück auf der Fondamenta Rezzonico, dann rechts in die Calle delle Botteghe und nochmals rechts in die Calle della Malvasia. Links in die Calle del Cappeller und geradeaus weiter.

Ca' Foscari (**7 DX**) – In dem berühmten Palazzo, einem Meisterwerk der Gotik, den sich 1452 der Doge Francesco Foscari erbauen ließ, hat heute die Hauptverwaltung der Universität ihren Sitz.

Von der Calle Ca' Foscari hat man keine gute Sicht auf das Bauwerk, das sich hinter einer zinnenbekrönten Mauer verbirgt, die den Innenhof umschließt. Vor dem mit studentischem Trubel erfüllten Saal im Erdgeschoß erstreckt sich der Canal Grande; den besten Blick auf das Bauwerk hat man vom Vaporetto oder von einer Gondel aus.

Spaziergänge in der Umgebung s. ACCADEMIA und SAN ROCCO

Kunsthandwerk in Dorsoduro

LA FENICE★
(B EX)

Vaporetto-Anlegestellen: San Marco, Santa Maria del Giglio, San Samuele, Sant'Angelo od. Rialto

Rundgang: ca. 2 Std. (inklusive Besichtigungen)

Auf einem Spaziergang durch das an der Südschleife des Canal Grande gelegene Viertel der ehemaligen, heute abgebrannten Oper entdeckt der Besucher ein Venedig voller geschäftig hin und her hastender Venezianer, die trotz ihrer Eile stets Zeit für eine spitze Bemerkung finden. Die Fenice-Gegend umschreiben sie mit den Worten „von einer Brücke zur anderen, sieben Campi". In der Tat führt der Weg von der Ponte di Rialto zur Ponte dell'Academia über sieben Plätze: die „Campi" San Bartolomeo, San Salvador, San Luca, Manin, Sant'Angelo, Santo Stefano und San Vidal. Wer ein wenig Italienisch versteht, sollte in einer der Bars am Campo San Luca oder der umliegenden Calle zum Frühstücken einkehren. Er kann dort ein paar Fetzen der lebhaften Diskussionen aufschnappen, die allmorgendlich am Tresen entbrennen. Die Gegend ist auch ein beliebtes Einkaufsviertel: Nahe dem Campo di San Luca befinden sich viele Buchläden, zwischen dem Campo Manin und dem Campo Sant'Angelo Buchbindereien und Maskenwerkstätten. Die Umgebung von San Moisè, zwischen San Marco und San Stefano, ist traditionsgemäß die der luxuriösen Hotels und eleganten Boutiquen. Allerdings werden sie zunehmend von auf die Touristen ausgerichteten Glaskunstläden und den Legatorie, in denen die schönen venezianischen Papierartikel angeboten werden, verdrängt.

Sich und anderen eine Freude machen

Telefonieren – Um daheim anzurufen, ist diese Gegend ideal: Gegenüber dem Selbstbedienungsrestaurant am Campo San Luca stehen mehrere Telefonzellen; auf dem Campo San Bartolomeo befindet sich die praktischste öffentliche Telefonzentrale der Stadt – es gibt dort Karten- und Münzfernsprecher, und wer will, kann auch an der Kasse zahlen.

Aperitifs, Eis, Kaffee und Kuchen – Wem der Sinn nach einem guten Glas Wein steht, der sollte unbedingt im **Al Volto** (Calle Cavalli 4081, in unmittelbarer Nähe des Campo Manin) haltmachen. In der **Rosa Salva** (Campo San Luca 4589) fehlt es zwar an Sitzgelegenheiten, dafür gibt es aber um so leckerere süße Stückchen und Kuchen (sehr zu empfehlen: der *budino*), und der Cappuccino gilt als einer der besten der Stadt. In der Nähe des Campo San Stefano, in der sehr belebten Calle del Piovan, in Richtung San Marco, erwartet die elegante Konditorei **Marchini** den Venedigbesucher (allein beim Anblick des Schaufensters läuft einem das Wasser im Mund zusammen!). Bei **Paolin** am Campo Santo Stefano gibt es eine riesige Auswahl hervorragender und noch dazu einfallsreicher Eissorten: z. B. „Bonbon" mit bunten Zuckerstückchen, „Donatello" mit Nußnugatgeschmack und „Crema Veneziana", eine Mischung aus türkischem Honig, kandierten Früchten, Vanillesoße und einem anderen undefinierbaren, ein wenig an Anis oder Lakritze erinnernden Geschmack ... typisch venezianisch eben.

Marmoriertes Papier – Das berühmte venezianische Papier mit den typischen Marmorierungen findet sich in den Läden von **Alberto Valese** (Salizzada San Samuele 3135, Campo Santo Stefano 3471 und Calle della Fenice 1920). Wer an schönem Papier und allem, was dazugehört, Freude hat, kommt in den Geschäften in der Calle della Mandola (zwischen dem Campo Manin und dem Campo Sant'Angelo) und der Calle del Piovan (zwischen dem Campo San Maurizio und dem Campo Santo Stefano) auf seine Kosten: Dort finden sich neben Brief- und Geschenkpapier u. a. auch elegante Federhalter aus Glas, bunte Tinte und Siegelwachs.

In der **Legatoria Piazzesi** am Campiello della Feltrina (zwischen Santa Maria del Giglio und San Maurizio) werden schöne Spielkarten mit traditionellen venezianischen Motiven angeboten.

★ **La Fenice** (**B EX**) – Der Name von Venedigs traditionsreichem Opernhaus wurde bewußt gewählt: Die Fenice, zu deutsch der Phönix, sollte wie der mythologische Vogel aus seiner Asche auferstehen. Das erste große Opernhaus der Stadt, das Teatro San Benedetto war nämlich 1774 einem Brand zum Opfer gefallen. Für den Bau der neuen Oper wurde ein Architektenwettbewerb ausgeschrieben, den **Giannantonio Selva** (1751-1819), ein Freund des Bildhauers Canova, gewann. Da sein Bauplan am Originalstandort des Teatro San Benedetto nicht zu verwirklichen war, wurde die Oper an den Campo San Fantin verlegt. Doch der Phönix brachte der Oper kein Glück: 1836 brannte auch sie nieder, machte allerdings ihrem Namen Ehre, indem sie binnen eines Jahres in voller Schönheit wiedererstand. Doch auch dieses neue, klassizistische Bauwerk wurde eine Beute der Flammen. Am 29. Januar 1996, um 21.15 Uhr brach das Feuer aus. Der nächstgelegene Kanal war zu diesem Zeitpunkt gerade trockengelegt, so daß das Löschwasser nicht rechtzeitig herangeschafft werden konnte. Nach anderthalb Stunden war das Opernhaus bis auf die Grundmauern niedergebrannt.

La FENICE

Der Opernsaal der Fenice vor dem Brand am 29. Januar 1996

Heute lebt das Viertel und mit ihm die ganze Welt in der Hoffnung, den Phönix noch einmal auferstehen zu sehen.

Die Fenice war mit ihren zwei Fassaden und zwei Eingängen – einer am Campo, der andere am Kanal – ein in architektonischer Hinsicht äußerst gut durchdachter Bau: Der für seine hervorragende Akustik berühmte Opernsaal war wesentlich größer, als die eher schmale Fassade auf der Campo-Seite ahnen ließ, weshalb die Treppen im Inneren besonders geschickt angeordnet werden mußten.

Gegenüber der abgebrannten Oper, am **Campo San Fantin**, befinden sich zwei andere Baudenkmäler: die Chiesa San Fantin und die gleichnamige Scuola.

San Fantin (8 EX) – Die Kirche stammt aus der Renaissance, sie wurde von Scarpagnino, der zwischen 1505 und 1549 in Venedig tätig war, begonnen und von Sansovino (1486-1570) fertiggestellt. In ihrem Inneren sind zwei Werke von Palma Giovane (1544-1628) zu sehen: *Der Doge Alvise Mocenigo dankt der Hl. Jungfrau für den Sieg bei Lepante* (linke Chorwand) und eine *Grablegung* (rechtes Seitenschiff).

Die großen Premieren

In Venedigs Fenice fanden die Uraufführungen mehrerer bedeutender Opern statt, darunter: „Tancredi" (1813), „Sigismondo" (1814) und „Semiramide" (1823) von **Gioacchino Rossini**, „I Capuleti e i Montecchi" (1830) und „Beatrice di Tenda" (1833) von **Vincenzo Bellini**, „Belisario" (1836), „Pia de' Tolomei" (1837) und „Maria di Rudentz" (1838) von **Gaetano Donizetti**, „Ernani" (1844), „Attila" (1846), „Rigoletto" (1851), „La Traviata" (1853) und „Simon Boccanegra" (1857) von **Giuseppe Verdi** und „Le Maschere" (1901) von **Pietro Mascagni**.

Scuola di San Fantin ⊙ – Im Gebäude der Scuola hatte zuvor das Kollegium des hl. Hieronymus seinen Sitz; es wurde auch „Kollegium der Gehenkten" genannt, da seinen Mitgliedern die undankbare Aufgabe zukam, die zum Tode Verurteilten auf ihrem letzten Weg zu begleiten.

Die Fassade (um 1580) wurde von Alessandro Vittoria entworfen.

Im Erdgeschoß des Bauwerks, in das inzwischen ein Kulturzentrum, das **Ateneo Veneto**, eingezogen ist, befindet sich ein großes Auditorium (Aula Magna) mit einer schönen Kassettendecke, die von Palma Giovane ausgeschmückt wurde. Die Aula Tommaseo zieren an der Decke und rechts vom Eingang Werke von Antonio Zanchi (1631-1722) und auf der gegenüberliegenden Seite Gemälde von Francesco Fontebasso (1709-1769). Im Lesesaal können Gemälde von Veronese (1528-1588) bewundert werden.

Durch die Calle del Fruttarol gelangt man zu einer Brücke, von der aus man die Gedenktafel sehen kann, die daran erinnert, daß **Mozart** im Jahre 1771 während des Karnevals hier logierte.

Vom Campo San Fantin ist es auch nicht weit bis zum Napoleonischen Flügel des Markusplatzes (Ala Napoleonica); der Weg dorthin führt durch ein Nobelviertel mit luxuriösen Hotels und Boutiquen.

Durch die Calle delle Veste gelangt man vom Campo San Fantin in die Calle Larga XXII Marzo, die auf die feudale Barockfassade der Chiesa San Moisè zuführt.

La FENICE

San Moisè (**8** **FX**) – Die barock-überladene Fassade der Kirche ist das Werk des Longhena-Schülers Alessandro Tremignon (17. Jh.) und des flämischen Baumeisters Meyring, der seinerseits bei Bernini gelernt hatte. Der englische Kunstkritiker John Ruskin (1819-1900) meinte ironisch, daß San Moisè und die nahegelegene Santa Maria Zobenigo zu den bemerkenswertesten Kirchen der Stadt gehörten, und zwar weil sie Ausdruck einer höchst ungewöhnlichen Form des Atheismus seien. Tatsache ist, daß San Moisè weniger zu Ehren Gottes als zu Ehren seiner Stifter, der Familie Fini, erbaut wurde.

Die in der Horizontalen wie der Vertikalen dreiteilige Fassade ist mit einer Unmenge an voluminösem Schmuckwerk überzogen, in dessen Zentrum die Bildnisbüsten der Familie Fini und deren Wappen stehen.

Auch der Innenraum ist barock. In der Kapelle links vom Chor befindet sich eine *Fußwaschung* von Tintoretto (1518-1594).

Santa Maria Zobenigo (**8** **EX**) – Wenn man die Calle Larga XXII Marzo in umgekehrter Richtung zurückgeht, gelangt man auf den Campo der Chiesa Santa Maria del Giglio („Lilienmadonna"), aus der auf venezianisch eine Santa Maria Zobenigo geworden ist.

Die majestätische Fassade stammt von Giuseppe Sardi (1621/1630-1699) und ähnelt in ihrem überschwenglichen Dekor der von San Moisè. Sie wurde zu Ehren des Seekapitäns Antonio Barbaro und seiner Familie erbaut. Aus dem kleinen Pavillon neben der Kirche sollte ursprünglich der Turm werden (18. Jh.), doch wurden die Bauarbeiten vorzeitig abgebrochen. Auch in dieser Kirche hängt ein Werk von Tintoretto: *Die vier Evangelisten* (hinter dem Hochaltar, unter der Orgel).

Geradeaus weiter zu den Campi San Maurizio und Santo Stefano.

Campo San Maurizio (**8** **EX**) – Von diesem ruhigen Platz, auf dem gelegentlich ein Trödelmarkt stattfindet, fällt der Blick rechts der Kirche auf den schiefen Turm von Santo Stefano. Links, an der Calle del Piovan, sieht man die mit Renaissancereliefs geschmückte Scuola degli Albanesi, das ehem. Versammlungshaus des Kollegiums der Albaner. Einer der Palazzi des Palastes beherbergte **Giorgio Baffo** (1694-1768), der freizügige Gedichte in venezianischer Mundart verfaßte, sowie den Dichter, Bühnen- und Romanschriftsteller **Alessandro Manzoni** (1785-1873).

Campo Santo Stefano (**8** **EX**) – Der langgestreckte Platz ist einer der elegantesten der Stadt. Die Kirche, in der öfters Konzerte stattfinden, der Zeitungskiosk und die Eisdielen machen ihn zu einem beliebten Treffpunkt. Besonders schön ist der Platz an friedlichen Abenden, wenn hinter den Fenstern der Palazzi die Lichter angehen und der violette Schein der Straßenlaternen ihn zu einer märchenhaften Theaterkulisse werden läßt.

In der Mitte des Campo steht ein Denkmal zu Ehren des in Sibenik an der dalmatinischen Küste geborenen **Niccolò Tommaseo** (1802-1874), der sich als Sprachwissenschaftler – er schrieb u. a. ein Synonymlexikon – und Schriftsteller einen Namen gemacht hat; sein bekanntestes Werk ist der Roman „Treue und Schönheit". In Venedig kennt man ihn aber vor allem als einen der Helden des Risorgimento. Als die Österreicher nach der gescheiterten Revolution wieder in Venedig Einzug hielten, mußte er die Stadt verlassen.

Der **Palazzo Loredan** (**8** **EV**), in dem heute das Wissenschafts-, Literatur- und Kunstgeschichtliche Institut der Region Venetien seinen Sitz hat, beherbergt eine große Bibliothek. Das Bauwerk, das sich ursprünglich im Besitz der Mocenigos befand, wurde 1536 von Scarpagnino nach den Wünschen der neuen Hausherren aus dem Geschlecht der Loredan umgebaut.

Gegenüber, am gleichnamigen Campo, steht der **Palazzo Pisani** (**8** **EX**), der heute eine Musikschule beherbergt. Die Patrizierfamilie, nach der er benannt ist, kaufte ihn Ende des 17., Anfang des 18. Jh.s und ließ ihn von Girolamo Frigimelica (1653-1732) umbauen.

Der **Palazzo Morosini** geht auf das 14. Jh. zurück, wurde aber gegen Ende des 17. Jh.s von Antonio Gaspari restauriert. Hier lebte Francesco Morosini, der von 1688 bis 1694 das Amt des Dogen innehatte. Heute hat dort das Industriekonsortium Venezia Nuova seinen Sitz.

★ **Santo Stefano** (**8** **EX**) – Die Kirche, nach der der Platz benannt ist, wendet ihm nur ihre Seitenfront zu; die schöne Fassade, die über einer schmalen Gasse aufragt, fällt daher kaum auf. Der typisch gotische Backsteinbau besitzt ein erhöhtes Mittelschiff mit Spitzdach und zwei niedrigere Seitenschiffe. Das von einem segnenden Heiland und einem Engel bekrönte Portal mit den eleganten Akanthusmotiven stammt von Bartolomeo Bon (bezeugt 1441-1464). Die seitlichen Fialen, die Fenster und die große Rose über dem Portal geben der Fassade ihre gotische Ausgewogenheit.

Mit dem Bau von Santo Stefano und des benachbarten Klosters wurde in der zweiten Hälfte des 13. Jh.s begonnen, die Kirche wurde jedoch im 15. Jh. umgestaltet.

Der 60 m hohe Turm ist einer der berühmtesten der Stadt. Abgesehen von etwas Blendwerk aus weißem istrischem Stein ist er ganz aus roten Ziegeln gemauert; er trägt einen achteckigen Glockenaufsatz. Der Sockel stammt noch aus dem 15. Jh., der Turm selbst wurde erst 1544 gebaut. Rund vierzig Jahre später stürzte er,

Der offene Dachstuhl von Santo Stefano

von einem Blitzschlag getroffen, ein. Er wurde wieder aufgebaut, hat sich aber infolge der Geländeverschiebungen zwischen dem 17. und 18. Jh. etwas zur Seite geneigt.

Der **Innenraum** hat einen wunderschön dekorierten, wie ein Schiffsbug gewölbten offenen Dachstuhl, der tatsächlich von Schiffszimmerleuten gebaut wurde. Die Wände aus rotem Ziegelstein sind mit geometrischen Mustern verziert.

Auch in dieser Kirche wurden bedeutende Venezianer beigesetzt: Vor dem ersten Altar im linken Seitenschiff ruht der Komponist **Giovanni Gabrieli**, im Mittelschiff der Doge **Francesco Morosini**; am Ende des linken Seitenschiffs erhebt sich das Grabmahl des Condottiere Bartolomeo d'Alviano, ein Werk von Baldassarre Longhena (1598-1682).

Gemäß den Prinzipien der gotischen Baukunst befand sich der Mönchschor ursprünglich vor der Vierung. Im 17. Jh. wurde das Chorgestühl hinter den von Gerolamo Campagna (um 1550-um 1626) geschaffenen Hochaltar verlegt.

In der Sakristei am Ende des rechten Seitenschiffs befinden sich Werke von Tintoretto (1518-1594): eine *Fußwaschung*, eine *Ölbergszene*, eine *Auferstehung* und ein *Abendmahl* (der Hund und die Katze sollen die Weigerung der Protestanten, an das Hostienwunder zu glauben, die beiden Frauengestalten links im Bild das Judentum und die einzig seligmachende römische Kirche versinnbildlichen). Ebenfalls zu sehen sind zwei Fragmente eines Flügelaltars von Bartolomeo Vivarini (um 1432-nach 1491), ein *Christus am Kreuz* von Paolo Veneziano (tätig um 1320-1491) und die *Heilige Sippe* von Bonifacio de Pitati (um 1487-1539).

Bevor es zum Campo Sant'Angelo weitergeht, lohnt es sich, von der Ponte dell'Academia oder dem Campo San Vidal einen Blick auf den eleganten **Palazzo Cavalli Franchetti** zu werfen: Er wurde während der Gotik gebaut, aber in der zweiten Hälfte des 19. Jh.s umgestaltet.

La FENICE

Campo Sant'Angelo

Campo Sant'Angelo (**B EX**) – Tagsüber fällt der Platz, den man auf dem Weg von San Marco zur Accademia fast zwangsläufig überquert, kaum ins Auge, abends jedoch, wenn in den Palazzi die Lichter angehen, verwandelt auch er sich in eine traumhafte Theaterkulisse. Die Kirche, nach der der Platz benannt ist, existiert heute nicht mehr. An ihrer Stelle ragt heute das **Oratorio dell'Annunciata** auf, die frühere Scuola dei Zoti, das „Kollegium" der invaliden Seeleute.
Der Komponist Domenico Cimarosa (1749-1801) starb im **Palazzo Duodo**.

Durch das gotische Portal, das sich zur Brücke hin öffnet, gelangt man in das Kloster von Santo Stefano, in dem heute die Finanzverwaltung der Region ihren Sitz hat. Es entstand zur gleichen Zeit wie die Kirche, wurde jedoch nach einem Brand in der Renaissance (16. Jh.) neu aufgebaut. Die Baupläne stammen vermutlich von Scarpagnino, die Fresken von Pordenone (um 1484-1539).

Weiter durch die Calle dello Spezièr, dann links durch den Rio Terrà della Mondola zum Palazzo Fortuny.

Palazzo Fortuny (**B EV**) – Der ursprüngliche Palazzo Pesaro aus dem 15. Jh. mit zwei schönen siebenbogigen Loggien wurde nach dem Umzug der Familie Pesaro an den Canal Grande in Pesaro degli Orfei umgetauft und beherbergte fortan eine Musikschule. Zu Beginn des 20. Jh.s erstand ihn der Spanier **Mariano Fortuny y Madrazo** (1861-1949), seines Zeichens Maler, Fotograf und Bühnenbildner. Den größten Erfolg hatte Fortuny jedoch mit seinen kostbaren Stoffkreationen, für die er alte Plissier- und Drucktechniken wieder zum Leben erweckte. Das **Museum** ⊙ im Palazzo zeigt einige seiner Werke.

In der Calle, die vom Campo Sant'Angelo zum Campo Manin führt, drängen sich hetzende Menschen, dabei lohnt es sich durchaus, vor den Schaufenstern der kleinen Geschäfte, vor allem der Legatorie, der Papierläden, ein wenig stehenzubleiben.

Campo Manin (**B EV**) – Ein Denkmal (1875) in der Mitte des Platzes erinnert an den italienischen Freiheitskämpfer **Daniele Manin**, der vom Revolutionsjahr 1848 bis zum August 1849, als die Österreicher die Stadt zurückeroberten, Präsident der „Republik von San Marco" war.
Das wichtigste Bauwerk des von Geschäften gesäumten Campo ist das Sparkassengebäude **(Cassa di Risparmio di Venezia)** von Pierluigi Nervi und Angelo Scattolin, eines der wenigen Beispiele moderner Architektur in Venedig. **Pierluigi Nervi** (1891-1979) hat sich als ein hervorragender Konstrukteur der Stahlbetonbauweise einen Namen gemacht; er hat zusammen mit Breuer und Zehrfuß am UNESCO-Gebäude in Paris gearbeitet und u. a. das Stadion in Florenz, die Turiner Ausstellungshallen, das Pirelli-Hochhaus in Mailand, den Sportpalast in Rom und die „Sala Nervi", den Audienzsaal des Vatikans, entworfen.

Durch die *Calle* links des Schreibwarenladens und dann rechts gelangt man auf einen winzigen, stillen Platz, an dem der **Palazzo Contarini del Bovolo** steht.

★ **Scala del Bovolo** ⊙ (**B EFX**) – Der Treppenturm ist zweifelsohne der interessante Teil des Palazzos, dem er im übrigen auch seinen Namen gegeben hat: Bovolo heißt auf venezianisch nämlich Schneckenhaus und im übertragenen Sinne Wendeltreppe. Der Treppenturm, der zugleich der Gotik und der Renaissance verpflichtet ist, wird Giovanni Candi († 1506) zugeschrieben und führt in die Loggien der Oberge-

La FENICE

schosse. Von oben hat man einen wunderschönen und zugleich verwirrenden **Blick**★★ auf Venedig: Will man die verschiedenen Kirchen an ihren Türmen identifizieren, merkt man, wie sehr die Wahrnehmung der Entfernungen hier oben von der am Boden abweicht.

Hinter dem Sparkassengebäude am Campo Manin liegt der Campo San Luca. Zur **Chiesa San Luca** gelangt man über den Ramo di Salizzada. Über dem Hochaltar der Kirche befindet sich Veroneses Muttergottes im Glorienschein, die dem schreibenden Evangelisten Lukas erscheint. Die Grabsteine, die sich in der Kirche befanden, wurden bei der Erneuerung des Bodens im 19. Jh. entfernt, man nimmt jedoch an, daß der große Satiriker **Aretino** (1492-1556), seinerzeit ein gefeierter Dichter, hier beigesetzt wurde.

Campo San Luca (8 FX) – Nicht umsonst ist dieser Campo einer der beliebtesten Treffpunkte der Venezianer, schließlich gibt es hier so gut wie alles: Cafés, Kaufhäuser, Buchhandlungen, Telefonzellen, Reisebüros, Selbstbedienungsrestaurants usw.

Il Bovolo, der „Schneckenturm"

Die Calle del Teatro führt am **Teatro Goldoni** (8 FV) vorbei. Bei der nächsten Brücke bietet sich ein schöner Blick auf den Campanile von San Marco, der sich im Wasser des Kanals spiegelt.

San Salvador (8 od. 4 FV) – Es heißt, daß diese Kirche auf das 7. Jh. zurückgeht. Sie soll von Papst Alexander III. geweiht worden sein, als dieser 1117 nach Venedig kam, um sich mit Friedrich Barbarossa auszusöhnen. In der Folgezeit wurde sie mehrmals umgebaut. Die heutige Fassade aus dem 17. Jh. stammt von Guiseppe Sardi; 1849 wurde sie von einer Kanonenkugel getroffen, die man noch immer sieht. Der Bogen, der sich zu den Mercerie hin öffnet, entstand im 16. Jh. Die verschiedenen baulichen Veränderungen, die im 16. Jh. vorgenommen wurden, sind das Werk von Giorgio Spavento, Tullio Lombardo und Sansovino.

In dem mit mehreren Kuppeln überspannten Innenraum befinden sich einige sehenswerte Kunstschätze, darunter eine *Verkündigung* von Tizian über dem letzten Altar rechts vor der Vierung, das *Martyrium des hl. Theodor* von Paris Bordone (1500-1571) rechts vom Chor und eine ebenfalls von Tizian stammende *Verklärung* über dem Hochaltar. In der Cappella del Santissimo links vom Hochaltar befinden sich Giovanni Bellinis *Jünger von Emmaus*. Die Flügeltafeln des Orgelprospekts über dem Seitenportal wurden von Francesco Vecellio (1475-1560), Tizians älterem Bruder, bemalt.

Auch der **Campo San Bartolomeo** (4 FU), wo sich die Wege zum Rialto, nach San Marco, zur Accademia und zur Strada Nuova kreuzen, ist ein beliebter Treffpunkt. In der Mitte des von Cafés und Souvenirläden gesäumten Platzes erhebt sich seit 1883 ein Denkmal zu Ehren Goldonis.

Fondaco dei Tedeschi (4 FU) – Die einstige Niederlassung der deutschen Kaufleute beherbergt heute die Postverwaltung. Das 1505 niedergebrannte Kaufmannshaus aus dem 13. Jh. wurde von Giorgio Spavento (†1509) und Scarpagnino wieder aufgebaut. Bei dieser Gelegenheit entstand auch der quadratische Innenhof. Die dem Canal Grande zugewandte Schauseite des Bauwerks zierten früher Fresken von Giorgione und Tizian.

Spaziergänge in der Umgebung s. PIAZZA SAN MARCO *und* RIALTO.

„Ich war verstrickt in ein Netz kleiner Gäßchen, die dort ‚calli' heißen. Des Abends bildeten sie mit ihren hohen, ausgekehlten Häuseressen, denen die Sonne die lebhaftesten rosa und lichtesten roten Töne verleiht, einen oberhalb der Häuser blühenden Garten mit so verschiedenartigen Farbnuancen, daß man hätte meinen können, man habe die über der Stadt angelegten Blütenfelder eines Tulpenliebhabers aus Delft oder Haarlem vor sich."

Marcel Proust „Auf der Suche nach der verlorenen Zeit. Die Entflohene"
(Suhrkamp Verlag)

I FRARI ★★★

(**3** DV)

Vaporetto-Anlegestellen: San Tomà, Stazione, Riva di Biasio od. San Stae

Rundgang: ca. 1/2 Tag (inklusive Besichtigungen)

Nach der Besichtigung der berühmten Frari-Kirche mit ihren vielen Dogengräbern und Tizians *Assunta* führt Sie dieser Spaziergang in das nicht sehr touristische Viertel nahe dem Bahnhof. Die bunten Schaufenster der Läden mit venezianischem Kunsthandwerk und anderen Touristenattraktionen sind hier eher spärlich gesät. Es ist ein Wohnviertel, wie man es in vielen anderen Städten finden kann, zumal es hier auch fast keine Kanäle gibt – und doch ist auch dieses Viertel ein Teil von Venedig und verdient die Aufmerksamkeit eines jeden, der die Stadt mitsamt ihrem Alltagsleben wirklich kennenlernen will.

Kulinarisches

In der Nähe von San Simeon Grande kann man sich im **Ai Postali** (Santa Croce 821, Rio Marin) unterwegs mit Crêpes oder *Bruschette* – gegrillten, mit Öl und Knoblauch eingeriebenen Broten – stärken.

Gut ißt man im **Al Ponte** (Santa Croce 1666, Ponte del Megio) in der Nähe der Fondaco del Megio, des ehemaligen Getreidelagers der Dogenrepublik; sehr zu empfehlen sind die Fischgerichte. Ganz in der Nähe, bei **Alla Zucca**, werden einfallsreiche Gerichte angeboten (sehr zu empfehlen: die Gemüseteller).

★★★ **I Frari** (**3** DV) – Beim Namen dieser Kirche haben wir es wieder mit einer der typisch venezianischen Abkürzungen zu tun: Santa Maria Gloriosa dei Fra(ti mino)ri, Kirche der Minderen Brüder, d. h. der Franziskaner, heißt sie eigentlich. Wegen ihrer gewaltigen Ausmaße und ihres Baustils wird sie meist in einem Zug mit San Zanipòlo, der Kirche der Dominikaner, genannt.

Allein schon der ausgewogene, majestätisch-schlichte Außenbau der großen Kirche mit dem 70 m hohen Campanile – nach dem Turm von San Marco der höchste der Stadt – beeindruckt. Nähert man sich der Franziskanerkirche von San Rocco aus, sieht man zuerst das wunderschöne Ensemble der Apsiden, den ältesten Teil des Bauwerks. Wer den Campo über die von den Mönchen 1428 errichtete Brücke betritt, ist wie erschlagen von der gewaltigen, dreigeteilten Fassade im Stil der venezianischen Spätgotik. Das von zwei fein ziselierten Pfeilern flankierte Portal krönt in der Mitte eine *Auferstehung Chri*-

Santa Maria Gloriosa dei Frari

sti von Alessandro Vittoria (1581); zur Linken und Rechten des Heilands, auf den Pilastern, stehen die *Hl. Jungfrau mit dem Kind* und der *Hl. Franz von Assisi*, beides Werke von Bartolomeo Bon (bezeugt 1441-1464). Die drei Rosenfenster sind aus weißem istrischem Stein gehauen. In den Rahmen des linken Fensters sind der Löwe von San Marco sowie die florentinische Lilie eingemeißelt, weil es sich in Höhe der Cappella dei Fiorentini befindet; das rechte, das sich in Höhe der Antoniuskapelle befindet, schmückt ein Bildnis dieses Heiligen.

Sehr schön ist das Relief über dem nach der Cappella Corner bzw. Markuskapelle benannten Portal auf der linken Seite. Es zeigt eine gefühlvolle Darstellung der von Engeln umgebenen Muttergottes; man hat den Eindruck, sie wolle das Jesuskind zurückhalten, das bereits dem Himmel entgegenzustreben scheint.

Innenraum ⓥ – *Eingang auf der linken Seite*. Die Chiesa Santa Maria Gloriosa dei Frari ist über einem lateinischen Kreuz errichtet. Der dreischiffige Innenraum, dessen Aufbau –

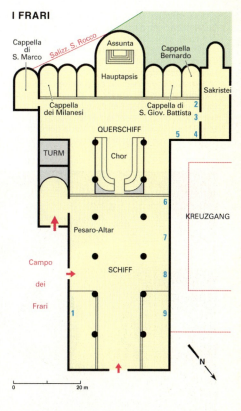

betritt man die Kirche von der Seite – auf den ersten Blick fast verwirrend wirkt, ist durch zwölf gedrungene Rundpfeiler unterteilt. Auf ihnen ruht das Kreuzrippengewölbe, das von Längs- und Querverstrebungen abgestützt wird, wie sie für die venezianischen Kirchen der Gotik typisch sind. Der Boden ist mit roten und weißen Veroneser Kacheln ausgelegt. Wenn man den Rundgang im linken Seitenschiff beginnt, fällt zunächst das klassizistische **Grabmahl Canovas** (**1**) auf, das hier etwas fehl am Platze wirkt. Es wurde noch von Canova (1757-1822) selbst entworfen, der damit eigentlich den 1576 verstorbenen Tizian ehren wollte. Aus Geldmangel wurde es zu Canovas Lebzeiten nie gebaut, erst nach seinem Tod im Jahre 1827 konnten es seine Schüler dank Spenden aus aller Welt verwirklichen. Es ähnelt dem Grabmal, das der berühmte klassizistische Bildhauer in der Wiener Augustinerkirche für Maria Christina von Österreich gestaltet hat. Bei den trauernden Figuren vor der Pyramide handelt es sich um

Canova und die Venezia (links) sowie Allegorien der Bildhauerkunst – am langen Schleier zu erkennen –, der Malerei und der Baukunst.

Auf das barocke Grabmahl des Dogen Giovanni Pesaro (1658-1569) folgt der Altar der **Madonna della Ca' Pesaro**, den ein Gemälde von Tizian ziert: Oben rechts – die zentralen Figuren des Gemäldes hat Tizian bewußt aus der Bildmitte herausgerückt – sieht man die Hl. Jungfrau und zu ihren Füßen Petrus, der am gelben Gewand und am Schlüssel zu erkennen ist. Er stellt der Muttergottes den knienden Stifter des Altars, Jacopo Pesaro, vor. Jacopo Pesaro kommandierte die päpstliche Flotte Alexanders VI., die 1503 die Türken in der Schlacht bei San Maura besiegte. Auf der lorbeergeschmückten Flagge ist denn auch das Wappen der Borgia, der Familie des Papstes, zu sehen. Rechts sind die hll. Franz und Andreas dargestellt, wie die Familie Pesaro dem Schutz der Jungfrau anempfehlen.

Das Bildnis Jacobus d. J. oben rechts stammt aus der Werkstatt der Lombardos (1524). Das von dem aus Vicenza gebürtigen Marco Cozzi entworfene und von deutschen Holzschnitzern ausgeführte **Chorgestühl** (15. Jh.) vor der Vierung besteht aus 124 prächtig mit Schnitzwerk verzierten Stallen. Rechts und links des Chors befinden sich die Orgeln; die eine stammt von Gaetano Callido (1794), die andere von Giovanni Battista Piaggia (1732). An den Wänden hängen Gemälde von Andrea Micheli, genannt Vicentino (Anfang 17. Jh.): links die *Werke der Barmherzigkeit*, rechts die *Erschaffung der Welt*, die *Eherne Schlange*, das *Jüngste Gericht* und das *Paradies*. Die erste Kapelle von links im linken Querhausarm ist die Cappella Corner, auch Markuskapelle genannt, weil dort der Markusaltar von Bartolomeo Vivarini (um

I FRARI

1432-1491) steht. Links und rechts des Evangelisten sieht man Johannes den Täufer mit dem hl. Hieronymus und den hl. Nikolaus mit St. Peter. An der gegenüberliegenden Wand hängt oben ein Gemälde von Palma Giovane (1544-1628), die *Höllenfahrt Christi* darstellend. Der marmorne Johannes über dem Taufstein ist ein Werk Sansovinos (1486-1570).

Die benachbarte Kapelle ist die der Mailänder (Cappella dei Milanesi); sie umschließt den Ambrosiusaltar von Alvise Vivarini (1445-1505) und Marco Basaiti (um 1470-nach 1530). Der Schutzheilige der Stadt Mailand steht unter Arkaden und hält die Peitsche in der einen und den Bischofsstab in der anderen Hand. Er ist von Heiligen und zwei musizierenden Engeln umgeben, die auf das Grab des Komponisten **Claudio Monteverdi** (1567-1643) zu verweisen scheinen, der als Mitglied der Scuola der Mailänder hier beigesetzt wurde.

Auf die Michaels- und die Franziskanerkapelle folgt die **Hauptapsis** der Kirche, die alle Blicke auf sich lenkt: Hier hängt Tizians wundervolle, 6,68 m × 3,44 m große *Assunta*. Die 1516 in Auftrag gegebene Mariä Himmelfahrt war Tizians erstes großes sakrales Werk. Als Tizian den Franziskanern seine Arbeit zeigte, stieß er auf Befremden, um nicht zu sagen auf Ablehnung: Seine Assunta entsprach ganz und gar nicht dem damaligen Bilderkanon. Bis dahin war es üblich, die Hl. Jungfrau in andächtiger Haltung darzustellen.

Tizian schuf jedoch eine überaus dichte, dreigeteilte Komposition, die die Apostel im unteren Bildfeld in einem Zustand großer Aufregung, ja heftigen Erstaunens über das „übernatürliche" Ereignis zeigt, während die ergriffen ihre Arme ausbreitende Jungfrau von jubilierenden Kinderengeln auf ihrem Weg nach oben begleitet wird, wo Gottvater ihr einen triumphalen Empfang bereitet. Die zentrale Rolle in der Darstellung der Aufwärtsbewegung kommt der Beleuchtung zu: Die Apostel sind in Dunkel getaucht, die Engel nur teilweise beleuchtet, Maria hingegen umgibt ein sonnenähnlicher Lichtkranz. Tizians in ihrer Lebensfülle, Dramatik und leidenschaftlichen Bewegtheit ungewohnte

Tizians *Assunta* in der Frari-Kirche

Darstellung der Himmelfahrt läßt die Gestaltungsprinzipien der Hochrenaissance bereits hinter sich und gilt daher als ein Schlüsselwerk in der Kunstgeschichte, das großen Einfluß auf die späteren Künstlergenerationen hatte.
In der Hauptapsis befinden sich zwei interessante Grabmäler. Das des Dogen Nicolò Tron von Antonio Rizzo (um 1440-um 1499) zur Linken ist das bedeutendste bildhauerische Werk der Renaissance in Venedig. Das Grabmal des Dogen Francesco Foscari wird Nicolò Fiorentino (15. Jh.) zugeschrieben.
Die Johanneskapelle (Cappella di San Giovanni Battista) im rechten Querhausarm birgt die einzige Skulptur von Donatello (1386-1466) in Venedig: Johannes den Täufer, der mahnend den Zeigefinger der (leider abgeschlagenen) rechten Hand gegen Herodes erhebt. Auf die ehem. Allerheiligstenkapelle, die heute dem 1941 im KZ umgekommenen polnischen Franziskanermönch Maximilian Kolbe geweiht ist, folgt die Cappella Bernardo mit dem berühmten Flügelaltar von Bartolomeo Vivarini (1482).
Vor dem Betreten der Sakristei lohnt sich der Blick auf eine Reihe anderer interessanter Kunstwerke:
- Das Reiterstandbild (2) des 1405 verstorbenen Paolo Savelli, der Venedig gegen Carrara verteidigte; man nimmt an, daß Pferd und Reiter von der Hand des Sieneser Meisters Jacopo della Quercia (1367-1438) stammen.
- Das Denkmal des 1503 verstorbenen Flottenkapitäns Benedetto Pesaro (3) über der Tür, ein Werk von Giovambattista Bregno (16. Jh.).
Zwischen den Säulen beiderseits der Tür sieht man den Löwen von San Marco, der das geschlossene Evangelium in seinen Pranken hält – ein für die Republik Venedig typisches Motiv, geriet doch deren christliche, auf die Friedensbotschaft des Evangeliums fußende Grundhaltung des öfteren mit geschäftlichen und territorialen Interessen in Konflikt: In Kriegszeiten mußte das Evangelium darum geschlossen werden, wurde dann aber der Obhut des Venezianischen Löwen anvertraut.
- Das Grabmal aus Terrakotta des Seligen Pacifico Bon dei Frari (4) mit einer *Taufe Christi* (15. Jh.) im Bogenfeld.
- Das Grabmal des 1488 bei der Eroberung von Gallipoli gefallenen Kapitäns der venezianischen Flotte, Jacopo Marcello (5), ein Werk von Pietro Lombardo (1435-1515) (rechts von der Vierung).
In der **Sakristei** befindet sich das wundervolle **Triptychon** von Giovanni Bellini (um 1426-1516), das ein tiefes Gefühl der Sanftmut ausdrückt: Es spricht aus dem Blick der Jungfrau, aus der Mimik der musizierenden Engel und aus der friedfertigen Haltung der Heiligen Nikolaus, Petrus, Markus und Benedikt (von links nach rechts).
Im einstigen **Saal des Kapitels** (Versammlung der Geistlichen einer Stiftskirche) ruht der Doge Francesco Dandolo in einem byzantinischen Sarkophag, über dem sich früher eine von Paolo Veneziano (1339) ausgehauene Lünette befand, die heute in der Sakristei ausgestellt ist. Sie zeigt eine Maria mit dem Kind; der hl. Franz und die hl. Elisabeth von Ungarn an ihrer Seite anempfehlen ihr den Dogen und seine Gemahlin. Auf der Urne ist der Marientod dargestellt; in der Mitte der Apostel steht der Heiland, der ein kleines Mädchen mit sich in den Himmel nimmt, das die Seele der Hl. Jungfrau verkörpert.
Im rechten Seitenschiff verdient zunächst der Altar der hl. Katharina von Alexandria (6) Beachtung. Das Bild der Heiligen, die der Marter auf dem Rad entronnen ist, stammt von Palma Giovane (1544-1628).
Den nächsten Altar schmückt ein Hieronymus (1564) (7) von Alessandro Vittoria, der Ähnlichkeiten mit Werken Michelangelos aufweist. Das Gemälde über dem Läuterungsaltar (8) stammt von Salviati (1520/1525-1575).
Das **Tizian-Mausoleum** (9) aus schönstem Carrara-Marmor entstand gegen Mitte des 19. Jh.s. Der genaue Ort seines Grabes ist nicht bekannt, aber es gilt als relativ sicher, daß der 1576 an der Pest gestorbene Künstler, der hier zwischen der Universellen Natur und dem Geist des Wissens dargestellt ist, seinem Wunsch entsprechend in der Frari-Kirche bestattet wurde.

Den Rio gegenüber der Kirche überqueren und nach links zum Campo San Stin. Weiter durch die Calle del Tabacco und die Calle dell'Olio zum Campiello della Scuola.

Scuola San Giovanni Evangelista ⊙ (K DU) – Der elegante Eingangsbereich des Kollegiums wurde 1481 von den Lombardos geschaffen: Die einer Ikonostase (Chorschranke) nachempfundene Eingangswand führt in einen kleinen Hof; über dem Portal thront der Adler, das Symbol des Evangelisten Johannes, des Schutzpatrons der Scuola.
In dem 1349 begonnenen Versammlungshaus begegnen sich verschiedene Stile. Die Kapitelle der gotischen Säulen (14. Jh.) am Erdgeschoß schmücken Darstellungen der Mitglieder des Kollegiums. Die reich verzierten Fenster sind typisch für die Spätgotik, sie entstanden bei der Erneuerung einer der Fassaden im Jahre 1454. Die Zwillingsfenster und die große zweiarmige Treppe sind das Werk Codussis (um 1440-1504).
Das erste Obergeschoß wurde von Giorgio Massari (um 1686-1766) umgestaltet, der die ovalen Fenster schuf und den **Hauptsaal** erhöhte, so daß er – vor allem im Bereich des Hochaltars – stark an eine Theaterkulisse des 17. Jh.s erinnert.
Der *Evangelist Johannes* ist ein Werk von Gianmaria Morlaiter (1699-1781).
Unter den Künstlern, die für die Ausschmückung der Wände und der Decke verantwortlich zeichnen, verdienen Jacopo Guarana (1720-1808), Gaspare Diziani (1689-1767), Jacopo Marieschi (1711-1794), Giandomenico Tiepolo (1727-1804), Domenico Tintoretto (um 1560-1635) und Pietro Longhi (1702-1785) Erwähnung.
An den Hauptsaal schließt sich das Heilig-Kreuz-Oratorium an, in dem früher der Gemäldezyklus von den Wundern der Kreuzreliquie hing, den man heute in der Accademia bewundern kann *(s. dort)*.

SPAZIERGANG DURCH SANTA CROCE

Geradeaus weiter bis zum Canal Grande, gegenüber dem Bahnhof. Am Ufer des Kanals rechts.

San Simeon Piccolo (**3** **CT**) – *Siehe S. 113, CANAL GRANDE*
Bei der Scalzi-Brücke rechts abbiegen und dann links in die Calle Bergami.

San Simeon Grando (**3** **CT**) – Die Geschichte der auch San Simeone Profeta genannten Kirche soll bis auf das Jahr 967 zurückgehen, ihr heutiges Erscheinungsbild ist jedoch das Resultat zahlreicher mehrheitlich im 18. Jh. erfolgter Um- und Ausbauten.

Hinter der weißen, klassizistischen Fassade (1861) erstreckt sich ein dreischiffiges Langhaus, dessen byzantinische Kapitele zum Teil mit rotem Damast bedeckt sind, was in Venedig nicht unüblich ist. Das Schmuckwerk ist fast erdrückend pompös und wirkt daher nicht unbedingt einladend; links vom Eingang befindet sich allerdings ein sehenswertes *Abendmahl* von Tintoretto (1518-1594).

Hinter dem Chor der Kirche führt die Calle Larga dei Bari rechts zum Campo Nazario Sauro, von dem aus man über die Calle della Ruga Bella oder die Calle della Ruga Vecchia zum Campo San Giovanni dell'Orio gelangt.

★ **San Giacomo dall'Orio** (**3** **DT**) – Der Aufbau und die Lage der im Jahre 976 geweihten und 1225 neu gebauten Kirche erinnern an Santa Maria Formosa *(s. unter SAN ZACCARIA)*. Im Zentrum der Hauptfassade befindet sich eine venezianisch-byzantinische Marmorrosette; das Portal krönt ein *Hl. Jacobus d. Ä.* aus istrischem Stein. Der zwischen dem 12. und 13. Jh. errichtete Turm hat Ähnlichkeit mit dem von Torcello. Die drei Apsiden entstanden zu verschiedenen Zeiten: die linke Ende des 16. Jh.s, die mittlere im 13. Jh. und die rechte im 17. Jh. Die Querhausfassade geht ungefähr auf das 14. Jh. zurück.

Innenraum – Besonders eindrucksvoll ist auch hier die wie ein umgekehrter Schiffsrumpf gewölbte gotische **Kassettendecke**. Die drei Schiffe des Langhauses trennen je fünf Säulen ohne Basis; die vierten kennzeichnen jeweils die Vierung. Man beachte das Weihwasserbecken aus anatolischem Marmor.

Das Fresko, das den Eingang umgibt, berichtet von König David; die Inschrift stammt aus Psalm 150, dem letzten der Psalmen.

Die Gemälde auf der Sängerempore werden häufig Andrea Schiavone (1503-1563) zugeschrieben, doch ist dessen Urheberschaft nur im Fall des *Sturms auf dem Meer* einigermaßen gesichert. Die Orgel stammt von Gaetano Callido.

In einer kleinen Nische beim rechten Querhausarm steht eine schöne *Maria Orans* aus griechischem Marmor (13. Jh.).

Die Speisung der Viertausend von **Palma Giovane**, „dem Jungen" (1548-1628), verweist, wie auch die Werke in der Allerheiligstenkapelle, auf die Thematik der Eucharistie, der in der damaligen vom Glaubenskampf zwischen Katholiken und Protestanten bestimmten Zeit große Bedeutung zukam *(s. Kasten)*. Mit seinen Bildern in San Giacomo tritt Palma Giovane als vehementer Streiter wider den protestantischen „Irrglauben" auf.

Der Antoniusaltar, auf dem wieder eine von Heiligen umgebene Muttergottes zu sehen ist, ist ein Werk von Giambattista Pittoni (1687-1767). Die ionische Säule aus grünem Marmor stammt aus Byzanz; man vermutet, daß sie sich seit dem 13. Jh. in der Kirche befindet.

Der rechte Querhausarm führt zur **Neuen Sakristei**, in der eine *Kreuzigungsgruppe* mit Maria und dem hl. Johannes von Palma Giovane, eine *Hochzeit zu Kana* (die ebenfalls Palma Giovane zugeschrieben wird, was allerdings nicht gesichert ist)

Das Trienter Konzil und die Eucharistie

Das 1545 von Papst Paul III. einberufene Trienter Konzil, das bis 1563 tagte, war die Antwort der katholischen Kirche auf die Reformation. Zu den Hauptthemen gehörte die Siebenzahl der Sakramente, die Rechtfertigungslehre – dem protestantischen *sola fide* (allein der Glaube zählt) stellte die katholische Kirche die Bedeutung der „guten Werke" entgegen –, die Rolle des Priesters als Vermittler zwischen Gott und den Menschen, der Heiligenkult und die Ablaßregelung. Zu den Ergebnissen des Tridentinischen Konzils gehörte u. a., daß die römische Kirche ihren Anhängern fortan noch heftiger von eigenständiger Bibellektüre abriet und den Glauben an die Transsubstantiation bekräftigte. Dabei handelt es sich um die Lehre von der Realpräsenz des ganzen und ungeteilten Christus in der Eucharistie in den beiden Gestalten von Brot und Wein: Ihr zufolge verwandelt sich in der Messe die Substanz von Brot und Wein in die von Fleisch und Blut Christi. Als symbolischer Beweis für diese Lehre wurde gerne die Speisung der Viertausend angeführt, die daher in der Folgezeit des Trienter Konzils ein beliebtes Bildmotiv war.

sowie die *Weissagung Johannes des Täufers* von Francesco Bassano (1549-1592) und seinen Schülern zu sehen sind; von Bassano stammt auch die *Maria mit dem Kind mit Johannes dem Täufer und dem hl. Nikolaus*. Die Decke wurde von Veroneses Schülern mit einer Allegorie des Glaubens und den Darstellungen der vier lateinischen Kirchenväter (Gregor der Große, Hieronymus, Augustinus und Ambrosius) ausgemalt.

Die Gemälde in der rechten Apsidialkapelle, der Kapelle des Allerheiligsten, bekunden erneut den Glauben an die Eucharistie (*Kreuzweg* und *Grablegung* von Palma Giovane).

Das geschnitzte Kruzifix am Triumphbogen vor der Mittelapsis wird Paolo Veneziano (um 1290-um 1362) zugeschrieben. Das Altarbild mit der von Heiligen umgebenen Maria stammt von Lorenzo Lotto (um 1480-1557).

Links der Mittelapsis steht eine schöne *Verkündigungsmadonna* aus dem 14. Jh.

An der linken Wand der linken Apsis befinden sich zwei Schiavone (1503-1563) zugeschriebene Orgeltafeln (1532).

Die mit schönem Tafelwerk verzierte Alte Sakristei (**Sacrestia Vecchia**, *man wende sich an den Küster*) birgt einen anderen um das Thema der Eucharistie kreisenden Bilderzyklus von Palma Giovane mit dem *Passahfest*, der *Grablegung*, der *Durchquerung des Roten Meeres*, der *Ehernen Schlange*, dem *Mannaregen* und *Elias' Speisung durch den Engel*.

Links vom Eingang der Alten Sakristei befindet sich ein Werk von Giovanni Bonconsiglio, genannt Marescalco (um 1470-um 1535): die *Hll. Sebastian, Rochus und Laurentius*.

Die dem hl. Laurentius geweihte Kapelle im linken Querhausarm zieren Gemälde mit Szenen aus dessen Leben: in der Mitte der *Hl. Laurentius mit dem hl. Hieronymus und dem hl. Prosperus* von Veronese, an den Seitenwänden die *Verteilung des Kirchenschatzes an die Armen* und das *Martyrium des hl. Laurentius* von Palma Giovane.

Die an die Form eines Kelches erinnernde Kanzel ist ein Werk der Spätrenaissance. Vor dem Verlassen der Kirche lohnt der Blick auf den *Hl. Jakobus, der ein Brathuhn zum Leben erweckt*, das Werk eines Künstlers des 16. Jh.s, und den von einem Engel gestützten *Schmerzensmann* von Palma Giovane.

Durch die Calle Larga und links weiter durch die Calle dello Spezier gelangt man zum Campo San Giovanni Decollato (Campo San Zan Degolà auf venezianisch), von dem eine erstaunlich friedliche Atmosphäre ausgeht. Dort steht die gleichnamige Kirche.

Der verleumdete Johannes

Das Relief an der Wand von San Zan Degolà, das Johannes den Täufer darstellt, befand sich ursprünglich an der nahegelegenen Brücke. Die Venezianer sahen in ihm damals das Bildnis eines gewissen Biagio Luganegher, welcher ein wahrer Kinderschrecken gewesen sein soll: Er habe nämlich am liebsten Speisen aus Menschenfleisch – vorzugsweise Kinderfleisch – verzehrt.

Erst 1968 erlöste der damalige Pfarrer von San Zan Degolà den derart verleumdeten Johannes, indem er ihn an der Mauer der ihm geweihten Kirche anbringen ließ.

San Zan Degolà (**3 DT**) – Die Geschichte der Johanneskirche reicht weit zurück, denn bereits 1007 gab es hier eine Pfarrei. Die dreigeteilte Backsteinfassade entstand jedoch erst im 18. Jh. Den von zwei Pilastern begrenzten Mittelteil mit dem großen Rundfenster krönt ein Frontispiz. An der rechten Wand befindet sich ein Relief des enthaupteten Johannes *(s. Kasten)*.

Im dreischiffigen **Innenraum** fällt die harmonische Volumenaufteilung auf; Säulen aus griechischem Marmor mit byzantinischen Kapitellen aus dem 11. Jh. gliedern das Langhaus. Die Decke erinnert an einen Schiffsrumpf. Die Kapellen am Ende der Querhausarme zieren schöne Fresken: In der linken Kapelle zeugen eine *Verkündigung*, eine *Hl. Helena im Gespräch mit anderen Heiligen* und die Symbole der Evangelisten an der Decke von byzantinischem Einfluß; in der rechten wurde ein Fresko aus dem Jahre 1300 freigelegt, das den Erzengel Michael zeigt.

Hinter dem Chor der Kirche links in Richtung Canal Grande gehen. An dessen Ufer, gegenüber der schmucklosen Fassade von San Marcuola, steht die **Fondaco dei Turchi** *(s. auch CANAL GRANDE, S. 113)*. Das elegante Palais, die einstige Niederlassung der türkischen Kaufleute, beherbergt heute das Naturgeschichtliche Museum.

Museo di Storia Naturale ⓘ (**3** **DT**) – Das modern gestaltete Museum besitzt eine reiche naturkundliche Sammlung, die wissenschaftlich interessierten Venedigreisenden etwas Abwechslung von der vielen Kunst bietet. Der thematisch aufgebaute Besichtigungsrundgang führt an übersichtlich gestalteten Schaukästen und Dioramen vorbei, die über die Entstehung des Lebens, über Einzeller, Schwämme, Würmer, Weichtiere, Gliederfüßler und Schalentiere informieren. Fossilien aus Bolca bei Verona machen mit der Entwicklung der Wirbeltiere vertraut. Sehr interessant sind die Erläuterungen zur Mimikry der Insekten. Die Besichtigung des der Tierwelt der Lagune gewidmeten Saals sollte eigentlich zum Pflichtprogramm jedes Venedigbesuchers gehören. Am eindrucksvollsten ist jedoch der Saal über die Dinosaurier, in dem ein riesiges, 1973 in der Sahara gefundenes Skelett steht.

Spaziergänge in der Umgebung s. SAN ROCCO und I CARMINI.

GHETTO★★
(**3** **DT**)
Vaporetto-Anlegestellen: Ferrovia, Ponte delle Guglie od. San Marcuola

Vorbei an den vielen Geschäften der belebten Gassen und Plätze in Bahnhofsnähe gelangt man in ein verlassen wirkendes Viertel, in dem sich dem Besucher ein anderes Gesicht von Cannaregio offenbart: Das alte Viertel der venezianischen Juden besitzt noch immer eine besondere Atmosphäre.

Kulinarische Zwischenstationen

„Cicheti" – Eine schöne Auswahl der typisch venezianischen Häppchen wird im *Alla Fontana* (Fondamenta Cannaregio 1102) angeboten.

Jüdische Spezialitäten – Koschere Mahlzeiten werden im *Casa di Riposo* (Cannaregio 2874, Reservierung erforderlich: ☎ 041 716 002) serviert. Bei *Da Volpe* gibt es jüdische Backwaren, süße Stückchen, Kuchen und Brot (Ghetto 1143). Sehr angenehm ist die Atmosphäre im jüdischen Restaurant *Gam-Gam* am Sottoportego del Ghetto Vecchio (Fondamenta Pescaria 1122).

Das Ghetto erreicht man, den gelben Hinweisschildern mit hebräischer Schrift folgend, von der Fondamenta della Pescaria oder dem Rio Terrà San Leonardo aus. Wenn man den Campo del Ghetto Nuovo über die Calle Farnese betritt, hat man den Eindruck, in befestigtes Gebiet vorzudringen. Besonders eindrucksvoll ist der Blick, der sich von der zum Sottoportego führenden Brücke bietet: Steil ragen hier die für venezianische Verhältnisse ungewöhnlich hohen Häuser, zwischen denen bunte Wäscheleinen gespannt sind, über dem Kanal auf.

Die Geschichte der venezianischen Juden – Ghetto: aus dem Namen dieses venezianischen Stadtteils ist im Laufe der Jahrhunderte ein stehender Begriff geworden. Venedigs Ghetto war das erste in der Geschichte des Abendlandes. Das Wort, mit dem man heute automatisch die Grauen der Judenverfolgung assoziiert, bedeutete auf venezianisch ursprünglich „Gießerei", denn die Juden wurden in einem Viertel angesiedelt, in dem sich zuvor die Kanonenschmieden der Serenissima befanden. Weil die ersten hier lebenden Juden mehrheitlich aus Deutschland stammten und „getto" nicht wie die Italiener „djetto" aussprachen, sondern das harte „g" betonten, wurde der Name in Ghetto umgeformt.

Die Unterteilung in Ghetto Vecchio (alt) und Ghetto Nuovo (neu) ist nicht chronologisch, sondern eher geographisch begründet, bezieht sie sich doch auf die „alten" und die „neuen" Gießereien. Die Juden wurden im frühen 16. Jh. zunächst im Ghetto Nuovo angesiedelt, einer von Mauern umgrenzten Insel mit niedrigen Häusern, deren Zugänge des Nachts versperrt wurden.

Bereits seit dem Mittelalter waren die Beziehungen zwischen Venedig und seinen Juden, von denen man annimmt, daß sie ursprünglich mehrheitlich auf der Giudecca lebten, eher gespannt, was vor allem daran lag, daß die norditalienischen Juden den venezianischen Kaufleuten des öfteren ins Gehege kamen. Erst als der Krieg gegen die Genuesen die Kassen der Serenissima geleert hatte und die Stadt dringend Geld brauchte, besann sie sich wieder ihrer Juden. Mit der Erlaubnis, dort Pfandhäuser zu eröffnen, wurden Juden deutscher Abstammung in die Stadt gelockt, wo sie allerdings für dieses Privileg mit hohen Steuern und anderen Unannehmlichkeiten bezahlen mußten. Doch das war in der damaligen Zeit gang und gäbe, und die Judengesetze waren in Venedig vermutlich sogar etwas weniger streng als anderenorts. Die Situation änderte sich nach der Niederlage Venedigs gegen die Liga von Cambrai, als immer mehr jüdische Flüchtlinge in die Stadt strömten. Nun erging der Erlaß, daß die Juden sich hinter die Mauern des Ghetto Nuovo zurückzuziehen hatten, wo sie rund um die Uhr überwacht werden konnten.

GHETTO

Waren ihre Rechte auch aufs gröbste beschnitten, so standen sie doch – zumindest die längste Zeit ihrer Geschichte – unter dem besonderen Schutz der Serenissima (die dabei natürlich nicht ganz uneigennützig dachte, schließlich brauchte sie das Geld der Juden). Aus diesem Grund strömten in ihrer Heimat verfolgte Juden aus ganz Europa nach Venedig. Im 16. Jh. kamen auch viele wohlhabende Juden aus dem östlichen Mittelmeerraum, die vor den Türken geflohen waren, nach Venedig. Wegen ihrer Kontakte zu den Kaufleuten im Orient waren sie der Serenissima hochwillkommen und wurden – das alte Ghetto „nuovo" war längst zu eng geworden – auf dem Gebiet des Ghetto Vecchio angesiedelt.

Um die Wende zum 17. Jh. erlebte das venezianische Ghetto eine Zeit großer Blüte: Das soziale Netz war hier so dicht gespannt wie sonst nirgends in der Stadt, und als Zentrum der Gelehrsamkeit zog das Ghetto mit seinen Rabbinern selbst wissensbegierige Nichtjuden an.

Da es den Juden jedoch weiterhin untersagt war, sich außerhalb des ihnen zugeteilten Sperrgebiets anzusiedeln, ihre Zahl aber immer weiter zunahm, waren sie gezwungen, immer höhere Häuser mit immer mehr Stockwerken zu bauen. Allerdings war ihnen, wie die Ausübung jeden angesehenen Handwerks, auch die des Bauhandwerks untersagt, so daß sie ihre Wohn- und Versammlungshäuser, ihre Synagogen, nicht selbst bauen konnten.

Mangels anderer beruflicher Möglichkeiten verdienten sich die meisten von ihnen ihren Lebensunterhalt entweder als Lumpenhändler, Ärzte oder Bankiers. Die Banken waren durch besondere Farben gekennzeichnet: Grün, Schwarz oder Rot (Banca Rossa bei Nr. 2912).

Erst nach dem Einmarsch der napoleonischen Truppen änderte sich – vorübergehend – die Situation für die Juden. Ganz frei in der Stadt ein und aus gehen durften sie ab 1866, als Venedig dem neu gegründeten italienischen Königreich angeschlossen wurde und sie endlich die gleichen Rechte wie ihre christlichen Mitbürger zuerkannt bekamen.

Die Gesetzesrollen

Thora – „Lehre, Gesetz" – nennen die Juden die fünf ersten Bücher des Alten Testaments, das Pentateuch. Sie sind auf langen Pergamentbögen niedergeschrieben, die auf zwei Holzstäbe gewickelt sind. Während der Gottesdienste, bei der über das Jahr verteilten Verlesung der Texte, werden sie entrollt. Außerhalb des Gottesdienstes ruhen die Gesetzesrollen im Thoraschrein. Da sie nicht offen zur Schau gestellt werden dürfen, werden sie in Behältern oder Stoffmänteln aufbewahrt, die mit kunstvollen silbernen Aufsätzen, den **Rimmonin**, oft in Form von Türmen, manchmal auch mit einer Krone geschmückt sind. Da sie nicht berührt werden dürfen, werden bei der Verlesung silberne Lesestäbe verwendet.

BESICHTIGUNG

Museo Ebraico ⊙ (**⬛ DT**) – Im **Jüdischen Museum** sind kostbare Kultgegenstände ausgestellt. Einige der kunstvollen Thoramäntel verdienen besondere Aufmerksamkeit, so z. B. die mit den Darstellungen des Mannaregens und der Hand Mose, die Wasser aus dem Felsen schlägt.

★★ **Synagogen** ⊙ – Um die unauffällig zwischen den Wohnungen untergebrachten Synagogen auszumachen, muß man den Blick nach oben wenden: Die Gebetshäuser sind üblicherweise in den oberen Geschossen untergebracht (der Talmud gebietet,

Campo di Ghetto Nuovo

daß von den Fenstern der Synagogen der Blick auf den Himmel frei sein soll, was allerdings wegen der hohen Bevölkerungsdichte nicht immer durchführbar war). Man erkennt die Synagogen an fünf nebeneinander liegenden Fenstern – nach den fünf Büchern der Thora – und unscheinbaren Leuchtern am Dach. Alle fünf venezianischen Synagogen haben den für die jüdischen Bethäuser typischen Grundriß mit zwei Zentren: dem Vorleserpodest *(bema)* auf der einen und dem Thoraschrein, dem Allerheiligsten mit den Gesetzesrollen *(aròn)*, auf der anderen, nach Osten, nach Jerusalem gerichteten Seite. Daß das Lesepult aus der Mitte heraus an die dem Thoraschrein gegenüberliegende Wand gerückt ist, gehört zu den Besonderheiten der venezianischen Synagogen.

Im Ghetto Vecchio, das den Juden 1541 zugewiesen wurde, befinden sich die spanische und die **levantinische Synagoge**. Man nimmt an, daß die größere der beiden, die spanische Synagoge (**Sinagoga Spagnola**, 🖪 DT), im 17. Jh. von Longhena gebaut wurde. Vermutlich hat Longhena auch die Restaurierungsarbeiten der levantinischen Synagoge geleitet.

Am Campo del Ghetto Nouvo stehen die deutsche Synagoge – die Synagoge der Aschkenasim –, die italienische Synagoge und die **Sinagoga Canton** (🖪 DT), die vermutlich den Namen des Bankiers trägt, der sie im 16. Jh. erbauen ließ (es ist jedoch nicht auszuschließen, daß ihr Name vom venezianischen *canton*, „an der Ecke", kommt). Besonders interessant ist der Bilderschmuck an der oberen Wandzone der Sinagoga Canton. Die Juden, die das 2. Gebot streng einhalten, dürfen genaugenommen ebensowenig Gott wie den nach seinem Abbild geschaffenen Menschen darstellen. Generell waren bildliche Darstellungen in den Synagogen umstritten, da sie vom Gebet ablenken. Im oberen Bereich der Wände der Sinagoga Canton jedoch berichten Bilder von den großen Ereignissen in der Geschichte der jüdischen Stämme: vom Mannaregen, von der Durchquerung des Roten Meeres (man beachte die aus den Fluten aufragende Hand, mit der der Künstler die ertrinkenden Ägypter darstellte), von Moses, der Wasser aus dem Felsen schlägt, und von der Bundeslade.

Campo di Ghetto Nuovo (🖪 DS) – Auf diesem Platz erinnern Reliefs des litauischen Künstlers Blatas aus dem Jahre 1979 und eine 1993 errichtete Gedenksäule mit den Namen der während der Nazizeit umgekommenen venezianischen Juden in das tragischste Kapitel ihrer Geschichte. In unmittelbarer Nähe bieten kleine Läden jüdische Kultgegenstände, Hebraika, Postkarten und allerlei Nippes, wie z. B. kleine Rabbiner aus Glas, an.

IN DER UMGEBUNG DES GHETTO

Bei einem Spaziergang durch das Viertel nahe dem Ghetto lohnt es sich, vor dem einen oder anderen der bunten Schaufenster des Rio Terrà Lista di Spagna ein wenig stehenzubleiben (das Wort *lista* verweist auf die Zonen vor den Häusern der Botschafter, die einen Sonderstatus genossen; hier befand sich die spanische Botschaft). Auch ein Bummel entlang der Fischstände an der Fondamenta della Pescaria oder über den Markt auf dem Rio Terrà San Leonardo kann sehr reizvoll sein.

Gli Scalzi (🖪 CT) – Die Kirche der Unbeschuhten Karmeliten geht auf einen Entwurf von Longhena (1598-1682) zurück; die Barockfassade ist aus Carrara-Marmor gebaut. Im dunklen Innenraum, in der zweiten Kapelle des linken Seitenschiffs, befindet sich das Grab des letzten Dogen der Serenissima, Ludovico Manin. Das im Ersten Weltkrieg zerstörte Deckengewölbe schmückten ursprünglich Fresken von Tiepolo. Die heutige Deckendekoration entstand 1934. Am Gewölbe der ersten Kapelle im linken Seitenschiff und der zweiten Kapelle im rechten Seitenschiff sind jedoch noch Fresken von Tiepolo erhalten.

Der Rio Terrà Lista di Spagna führt zum Campo San Geremia.

Die Prunksucht der Famlie Labia

In Venedig erzählt man sich, daß es im Hause Labia üblich war, nach den prunkvollen Festbanketten, die dort gegeben wurden, das gesamte Goldgeschirr unter großem Getöse aus dem Fenster zu schmeißen. Dabei riefen die Hausherren „Le abia o non le abia, sarò sempre Labia" (ob ich es besitze oder nicht, ich werde immer ein Labia sein"), womit sie zum Ausdruck brachten, daß ihr Reichtum so unermeßlich sei, daß es auf ein bißchen Gold und Silber wahrlich nicht ankäme.

Böse Zungen behaupten allerdings, daß die Labias so verschwendungssüchtig nun auch wieder nicht waren und in Wirklichkeit zuvor Netze im Kanal auslegen ließen, um ihr kostbares Geschirr später heimlich wieder herauszufischen.

GHETTO

Die Begegnung von Kleopatra und Marcus Antonius, Fresko von Tiepolo im Palazzo Labia

San Geremia e Santa Lucia (CDT) – In der hellen Kirche aus dem 18. Jh., deren Grundriß an den von Santa Maria della Salute erinnert, liegt die hl. Luzia begraben. Im Inneren der Kirche befindet sich ein Gemälde von Palma Giovane (1548-1628): die *Hl. Jungfrau* und die *Krönung der Venezia*. Der Campanile aus rotem Backstein stammt noch aus dem 13. Jh.

★★ **Palazzo Labia** (CDT) – Der aus istrischem Stein gebaute Palazzo wurde Ende des 17. Jh.s von einer reichen spanischen Kaufmannsfamilie errichtet, deren Namen er trägt. Das mit dem Wappentier der Labia, dem Adler, geschmückte Bauwerk hat drei Schauseiten: eine am Campo San Geremia, eine am Canal di Cannaregio und eine dritte (fast) am Canal Grande. Das Recht, am Canal Grande zu bauen, war in Venedig den Nachkommen der alten Patrizierfamilien vorbehalten; die Labias mußten ihre Aufnahme in das Goldene Buch, das Standesregister des venezianischen Adels, teuer erkaufen und durften daher nicht direkt am Canal Grande bauen. Sie fanden jedoch eine Kompromißlösung, indem sie ihr prunkvolles Palais an einer Stelle ansiedelten, wo es vom Kanal aus zumindest gesehen werden konnte.

Besondere Bedeutung für die Geschichte des Palais hatte Maria Labia, die hier im 18. Jh. lebte. Anläßlich ihrer Eheschließung schmückte **Tiepolo** (1696-1770) den Festsaal mit Fresken aus, auf denen er die Hausherrin als Kleopatra porträtiert zu haben scheint.

Mit dem Fall der Republik war auch für den Palazzo Labia die Zeit des Glanzes vorüber. Die Familie zog aus, Napoleon überschrieb das Palais den Österreichern, die es verfallen ließen. Es ging sogar so weit, daß mitten in die Fresken Nägel geschlagen wurden, um Wäscheleinen zu spannen. 1951 kaufte ein mexikanischer Ölmagnat das Palais und gab dort einen glanzvollen Maskenball im Stil des 18. Jh.s, zu dem illustre Gäste aus aller Welt geladen waren. Doch schon am Morgen nach dem großen Fest wurde das Palais wieder sich selbst überlassen. 1960 zog die staatliche italienische Fernsehanstalt RAI hier ein und ließ das Palais renovieren. Heute befindet es sich im Besitz der Firma Labia Services, die dort Kongresse und Versammlungen organisiert.

GHETTO

> **Die dreibogigen Brücken**
>
> Fußgänger mögen im allgemeinen dreibogige Brücken, weil sie weniger steil und daher weniger mühevoll zu überqueren sind als einbogige. Für Schiffe hingegen stellen dreibogige Brücken ein Hindernis dar, denn sie müssen ihre Fahrt verlangsamen, um sich vorsichtig durch die engen Öffnungen zu manövrieren. Das war wohl auch der Grund, warum Palladios Entwurf der Rialtobrücke abgelehnt wurde: Venedigs Stararchitekt wollte nämlich eine dreibogige Brücke bauen. Nach und nach sind fast alle dreibogigen Brücken aus Venedig verschwunden, mit einer Ausnahme: der **Ponte dei Tre Archi** über dem Canale di Cannaregio, die gegen Ende des 17. Jh.s von Andrea Tirali erbaut wurde.

An den Wänden des Festsaals **(Salone delle Feste)** erzählt Tiepolo die Geschichte von **Kleopatra und Marcus Antonius**. Kleopatra ist nach der Mode des 18. Jh.s gekleidet. In der Begegnungs- und der Bankettszene hat Tiepolo erstaunliche Trompe-l'œil-Effekte eingesetzt. In der zweiten Szene läßt sich die ägyptische Königin, der die ihr überreichten Geschenke nicht gefallen, ein Glas Essig bringen, um darin eine Perle aufzulösen. Die Fresken an der Decke zeigen *Genius reitet den Pegasus*, die *Zeit mit der Hellebarde*, eine *Venus mit Putten* und die *Magische Pyramide*, die die ägyptische Thematik der Wandmalereien weiterführt.

Die anderen Säle sind um den großen Salon und den Hof herum angeordnet. Die Decke des Spiegelsaals **(Sala degli Specchi)** ist in Pastelltönen bemalt; an den Wänden täuschen illusionistische Malereien das Auge des Betrachters. Einer der Gänge ist mit Korduanledertapeten bespannt. In der Stanze degli Stucchi hängen Porträts von Mitgliedern der Familie Labia. Die **Sala degli Arazzi** ist mit flämischen Wandteppichen (1650) ausgeschmückt, die nach einer Vorlage von Giulio Romano gewebt wurden und die Geschichte des römischen Feldherrn Scipio Africanus erzählen. In einem anderen Saal sieht man eine lebhafte Darstellung der Tierkreiszeichen aus dem 19. Jh. sowie ein Bild der beiden Hemisphären aus dem Jahre 1649, auf dem Grönland mit dem Festland verbunden ist und Australien noch als *Terra Australis Incognita*, „unbekanntes südliches Land", eingezeichnet ist.

Durch die Salizzada San Geremia zur Ponte delle Guglie.

Ponte delle Guglie (**3** **DT**) **und Ponte dei Tre Archi** (**3** **CS**) – Zwei Brücken führen über den Canale de Cannaregio: die, wie ihr Name besagt, dreibogige Ponte dei Tre Archi und die Ponte delle Guglie (1580), die nach den kleinen Obelisken an der Brüstung benannt ist und über die Strada Nuova mit dem Bahnhof verbindet.

Auf der Fondamenta Venier am Ufer des Canale di Cannaregio entlang; bei der Ponte dei Tre Archi zweigt links die Calle ab, die zur Chiesa San Giobbe führt.

San Giobbe (**3** **CT**) – Die Hiobskirche wurde von Antonio Gambello (bezeugt 1458-1481) begonnen und in der zweiten Hälfte des 15. Jh.s von Pietro Lombardo vollendet. An der Fassade prangt ein schönes, von den Figuren dreier Heiliger – Bernhardin, Ludwig von Toulouse und Antonius – bekröntes Renaissanceportal; das Relief im Bogenfeld zeigt den hl. Franz in Begleitung von Hiob.

Der einschiffige Kirchenraum ist von Seitenkapellen auf der linken und Altären auf der rechten Seite flankiert. Die Gewölbezwickel der zweiten Seitenkapelle sind mit Majoliken aus der Werkstatt der im 15. und 16. Jh. tätigen Della Robbias geschmückt. Seitlich des Chorbogens sieht man das Wappen des Dogen **Cristoforo Moro** (1462-1471), der gemeinsam mit seiner Gemahlin Cristina Sanudo im Chor, unter einem typisch nüchternen Grabstein, beigesetzt wurde. Auf dem Wappen des Dogen sind drei Maulbeeren (*more* auf italienisch) zu sehen. Es heißt, **Shakespeare** hätte sich von Moros Geschichte zu seinem Othello inspirieren lassen. Desdemona soll Moros erste Frau gewesen sein. Und es ist wohl kein Zufall, daß das Taschentuch, das Othello Desdemona reicht, mit Maulbeeren bestickt ist.

Über den drei ersten Altären auf der rechten Seite konnte man früher eine Ölbergszene von Marco Basaiti (um 1470-nach 1530), eine *Sacra Conversazione* von Giovanni Bellini (um 1426-1516), die Hiob und andere Heilige im Gespräch mit der thronenden Muttergottes zeigt, und eine *Darbringung im Tempel* von Carpaccio (um 1465-um 1526) bewundern; alle drei Werke hängen heute in der Accademia.

Weiter auf dem Rio Terrà San Leonardo, dann rechts durch den Rio Terrà di Cristo zur Chiesa San Marcuola.

San Marcuola (**3** **DT**) – Der Name dieser Kirche ist das Resultat der Zusammenziehung der Namen der beiden Schutzheiligen Ermagora und Fortunato. Die dem Campo und dem Canal Grande zugewandte Schauseite blieb unvollendet. Die Kirche geht auf das 10. Jh. zurück, wurde aber im 18. Jh. umgebaut.

Die Altäre wurden von Gianmaria Morlaiter (1699-1781), von dem auch der Hochaltar in der Salute stammt, geschaffen. An der linken Chorwand befindet sich ein *Abendmahl* von Tintoretto.

Spaziergänge in der Umgebung s. CA' D'ORO.

GIUDECCA

(**7 8 9** BGYZ)

Vaporetto-Anlegestellen: Zitelle, Redentore, Giudecca

Die Insel Giudecca war einst die Sommerfrische der besseren venezianischen Gesellschaft; heute treffen sich die oberen Zehntausend hier noch im Cipriani, einem der exquisitesten Hotel-Restaurants der Lagune. Den Normalsterblichen überrascht die Giudecca durch ihre friedliche Atmosphäre, ihre fast schon sonntägliche Stille, die so sehr mit der Hektik der meisten Viertel auf der anderen Seite des Kanals kontrastiert.

Eine Zweigniederlassung von Harry's Bar

In einem angenehmen Rahmen speist man bei **Harry's Dolci** an der Fondamenta San Biagio (Guidecca 773), unweit der Mulino Stucky. Die Preise sind dort etwas moderater als in Harry's Bar am Markusplatz. Bei schönem Wetter wird auf der Terrasse serviert. In Harry's Dolci, das ebenfalls den Eigentümern des am anderen Ende der Giudecca stehenden Cipriani gehört, wurden ursprünglich die dort servierten Kuchen, Torten und andere Leckereien (*dolci* auf italienisch) hergestellt. Das Angebot an Nachtischen ist daher noch immer ausgezeichnet. Übrigens kann man hier auch nachmittags eine Kaffeepause machen und dabei einen der wunderbaren Kuchen probieren.

Die Anordnung der acht Inseln, aus denen sich die Giudecca zusammensetzt, erinnert ein wenig an eine Fischgräte, weshalb dieser Stadtteil früher **Spinalonga**, „lange Gräte" hieß. An der Herkunft des heutigen Namens scheiden sich jedoch die Geister: Die einen behaupten, er erinnere daran, daß hier früher die Juden *(giudei)* lebten, die anderen, daß er sich von der „Zudegà" herleite, einem Gerichtsentscheid aus dem 11. Jh., der verbannten Adelsfamilien die Nutzung weiter Teile des Geländes zubilligte.
Auf der Giudecca kann man am Canal Grande entlang einen angenehmen Spaziergang von dem San Giorgio Maggiore gegenübergelegenen Ostzipfel der Insel bis zur Mulino Stucky machen.

BESICHTIGUNG

Le Zitelle (**8** FY) – Die nach Plänen von Palladio (1508-1580) erbaute Santa Maria della Presentazione nennen die Venezianer spöttisch Zitelle, zu deutsch „Kirche der alten Jungfern", weil sie zu einem Hospiz gehörte, in dem mehr oder weniger junge Frauen aufgenommen wurden, die noch keinen Mann gefunden hatten. Das halbkreisförmige Fenster unter dem von zwei Türmen eingefaßten Portalgiebel ist eine Reminiszenz an die Architektur der antiken Thermen.

Die „Festa del Redentore"

An das Gelöbnis, das der Doge Alvise Mocenigo 1576 tat, um seine Stadt von der Pest zu erlösen, erinnert heute nicht nur Il Redentore, die „Erlöserkirche", sondern auch eine große Prozession, die alljährlich am dritten Julisonntag auf einer zu diesem Anlaß geschaffenen Pontonbrücke über den Giudecca-Kanal zu besagter Kirche pilgert. Bereits am Samstagabend beziehen die Schaulustigen an der Riva degli Schiavoni Stellung, um das herrliche Feuerwerk mitzuerleben, dessen bunte Funken sich tausendfach im Wasser der Lagune spiegeln.

★ **Il Redentore** (**8** EY) – Wie die Salute-Kirche geht auch Il Redentore auf ein feierliches Gelöbnis in den Zeiten der Pest zurück. Nachdem der Schwarze Tod bereits ein Jahr lang in der Stadt gewütet hatte, gelobte der Doge **Alvise Mocenigo** 1576 im Markusdom, dem Heiland eine neue Kirche zu erbauen, wenn er Venedig von der Seuche erlöse. Einmal im Jahr, so schwor der Doge, solle die Bevölkerung der Stadt dann zum Dank in einer feierlichen Prozession zu der neuen Kirche ziehen. Palladios Bauplan wurde dieser Funktion als Votivkirche voll gerecht: In dem langgestreckten Kirchenschiff, das angesichts der tempelartigen Fassade überrascht, mußten die Scharen der Pilger Platz finden. Die große Freitreppe vor dem Portal soll an den Tempel zu Jerusalem erinnern, wie ihn auch Tiepolo und Tizian in ihren Bildern vom Tempelgang Mariä dargestellt haben (in der Accademia und in Madonna dell'Orto). Die Figuren in den Nischen beiderseits des Portals stellen die hll. Markus und Franz dar; auf den seitlichen Verlängerungen des Portalgiebels stehen die Figuren des hl. Laurentius Giustiniani, des ersten Patriarchen der Stadt, und des hl. Antonius von Padua. Die Fassade krönt eine Allegorie des Glaubens, die in einem Kelch das Blut des heiligen Kreuzes empfängt. Rechts und links der Kuppel ragen zwei zierliche Türme auf.

GIUDECCA

Il Redentore: ein zu Stein gewordenes Gelübde

Innenraum – Der Bilderschmuck des einschiffigen, lichtdurchfluteten Innenraums mit Seitenkapellen rechts und links des Langhauses kreist um die Thematik des menschlichen Leidens, das der menschgewordene Heiland durch seinen Opfertod auf sich genommen hat, und endet mit der Auferstehung als Sinnbild der Erlösung.
Um den Bilderzyklus in der richtigen Reihenfolge zu betrachten, sollte man den Rundgang auf der rechten Seite beginnen:

1. Kapelle: *Christi Geburt* von Francesco Bassano (1549-1592)
2. Kapelle: *Christi Taufe* aus Veroneses Atelier
3. Kapelle: *Geißelung* aus Tintorettos Atelier

Die *Geißelung* leitet zu den am Hochaltar dargestellten Szenen, der *Kreuztragung* und der *Kreuzigung*, über.
Weiter auf der linken Seite, in der 3. Kapelle (vom Eingang aus) beginnend:
3. Kapelle: *Kreuzabnahme* von Palma Giovane (1548-1628)
2. Kapelle: *Auferstehung* von Francesco Bassano
1. Kapelle: *Himmelfahrt* von Tintoretto und seinen Schülern

Die dritte Kapelle auf der rechten Seite führt in die Sakristei, in der weitere Kunstwerke bewundert werden können, darunter eine *Taufe Christi* von Veronese (1528-1588) und eine *Maria mit dem Kind und Engeln* von Alvise Vivarini (1445-1505).

Sant'Eufemia (**7 CY**) – Die bereits im 9. Jh. gegründete Kirche ist die älteste der Insel. Sie wendet dem Kanal ihre linke Seitenfront zu; ihr ist ein von einer abgerissenen Kirche stammender Portikus aus dem späten 16. Jh. vorgebaut.
Die Säulen im Inneren krönen schöne Kapitelle im venezianisch-byzantinischen Stil aus dem 11. Jh. Über dem ersten Altar im rechten Seitenschiff prangt ein farbenfroher *Hl. Rochus mit dem Engel* von Bartolomeo Vivarini (um 1432-1491). Die Deckengemälde stammen von Giambattista Canal (1745-1825) und preisen die hl. Euphemia, „die Gute", die Schutzpatronin der Kirche.

Mulino Stucky (**6 BY**) – Die schwerfällig-düstere Getreidemühle scheint einem Roman von Dickens entsprungen zu sein und würde sicher besser an Londoner oder norddeutsche Hafenkais passen als an das Ufer eines venezianischen Kanals. Sie wurde gegen Ende des 19. Jh.s von einem deutschen Architekten entworfen und trägt den Namen ihres damaligen Besitzers, des Schweizer Unternehmers Jean Stucky.
Spaziergänge in der Umgebung s. SAN GIORGIO MAGGIORE.

PIAZZA SAN MARCO★★★
MARKUSPLATZ (8 FX)
Vaporetto-Anlegestelle: San Marco

Rundgang: ca. 1/2 Tag (ohne Museumsbesichtigungen)

Auf dem berühmten Platz, auf dem es sich angeblich so schön flanieren läßt wie sonst nirgends auf der Welt, herrscht heute im Sommer oder während des Karnevals ein solches Gedränge, daß von „Flanieren" eigentlich nicht mehr die Rede sein kann. Am schönsten ist die Piazza San Marco im Frühling und im Herbst, bzw. am frühen Morgen oder am Abend, wenn die Farben und Klänge noch ungetrübt sind und die einzigartige Atmosphäre des Platzes, die kein Maler oder Fotograf je wirklich einfangen konnte, ihren vollen Reiz entfaltet. Genaugenommen besteht der Markusplatz aus zwei, im rechten Winkel zueinander angeordneten und durch den Campanile getrennten Plätzen: der eigentlichen, trapezförmigen Piazza San Marco und der rechteckigen Piazzetta, dem „kleinen" Platz, von dem aus man über das Becken von San Marco auf San Giorgio Maggiore und die Giudecca blickt.

Venedig genießen

Kaffeetrinken im „schönsten Salon der Welt" ... kann man in den beiden berühmtesten Cafés der Stadt, dem *Caffè Florian* (**z**) und dem *Caffè Quadri* (**y**). Geradezu legendär ist die gleich nebenan gelegene *Harry's Bar* (**n**).

Schmackhaftes für Zwischendurch – Leckere Sandwiches, Crostinis und Bier gibt es bei *Piero e Mauro*. Das wie ein Schiff eingerichtete Lokal befindet sich in der Calle dei Fabbri (Nr. 881) in unmittelbarer Nähe des Markusplatzes.

Tag für Tag herrscht hier reges Treiben: Hinter der Theodor- und der Markussäule fahren unentwegt Vaporettos und Gondeln hin und her, auf dem Platz selbst drängen sich Touristen aus aller Herren Länder vor den unzähligen Ständen der Souvenirhändler. Dem Regenschirm der Reiseleiterin folgend, strömen sie in den Markusdom oder bummeln unter den Arkaden, in deren Schaufenstern feine Spitzentücher, Gläser und kostbarer Schmuck ausliegen. Bei schönem Wetter spielen vor den Caféterrassen Straßenmusikanten auf. Derweil versuchen die Maiskörnerverkäufer ihre Ware an den Mann zu bringen, damit die Taubenplage auch ja kein Ende nehme. Trotz aller Schäden, die sie anrichten, scheinen die Tauben noch immer unter dem Schutz der Serenissima zu stehen. Worauf der venezianische „Taubenkult" wirklich zurückgeht, weiß heute niemand mehr genau, aber eine Legende berichtet, daß ein Schwarm Tauben den Gründern der Stadt mit einem Kreuz den Ort gewiesen habe, an dem sie sich ansiedeln sollten.

Der Markusplatz mit Dom und Campanile

DIE PIAZZA

Entstehungsgeschichte eines Platzes – Dort, wo heute der Markusplatz liegt, befand sich ursprünglich der Gemüsegarten des benachbarten Klosters San Zaccaria. Im Jahre 832, nach der Fertigstellung der ersten Markuskirche, wurde der Ort auf den Namen „Piazza San Marco" getauft.

Um 1160 vergrößerte er sich um ein Dreifaches – man hatte eine dem hl. Geminiano geweihte Kirche abgerissen und den Rio Batario zugeschüttet – und erhielt so seine heutige Form. Venedigs einziger Platz wurde zu einer grandiosen Bühne mit dem Markusdom als Mittelpunkt; an seiner Nordseite, schräg gegenüber der beiden Säulen, entstand ein Gebäude im venezianisch-byzantinischen Stil mit Arkaden im Erdgeschoß, in das die Prokuratoren der Republik einzogen.

Vor dieser prachtvollen Kulisse fand 1177 die Begegnung von Papst Alexander III. und Friedrich Barbarossa statt.

Prozession auf dem Markusplatz von Gentile Bellini (Accademia)

Gentile Bellinis berühmtes Gemälde *Prozession auf dem Markusplatz* vermittelt einen guten Eindruck vom Aussehen der Piazza Ende des 15. Jh.s. Gegenüber den **Procuratie Vecchie**, den Alten Prokuratien, standen damals einige Wohnhäuser und ein altes Hospiz.

Ab 1532 wurde der Platz unter der Leitung von **Sansovino** umgestaltet: Die Gebäude, die den Blick auf den Campanile verunstalteten, wurden abgerissen; auf dem so freigewordenen Gelände errichtete Sansovino (1486-1570) die Zecca, die Münzanstalt, und die Bibliothek (**Libreria Vecchia** bzw. Sansoviniana genannt). Auch die Holzschuppen am Fuß des Campanile mußten weichen; dort baute Sansovino eine Art Wachstube, die **Loggetta**. Allerdings wurden die Bauarbeiten schon bald abgebrochen und ruhten ganze dreißig Jahre.

Im 17. Jh. wurden dann auf dem Gelände des 1583 abgerissenen Orseolo-Hospizes, einem Bauwerk im venezianisch-byzantinischen Stil, die Neuen Prokuratien (**Procuratie Nuove**) errichtet. Sie wurden von 1586 von **Scamozzi** (1552-1616), der noch die ersten zehn Arkaden neben dem Campanile abschließen konnte, begonnen und 1640 von **Baldassarre Longhena** fertiggestellt. Longhena orientierte sich bei seiner Arbeit am Vorbild der Libreria Vecchia.

1722 begann **Andrea Tirali** (um 1657-1737) das fischgrätartige, im 13. Jh. verlegte Backsteinpflaster des Platzes durch grauen Trachyt aus den Euganeischen Hügeln zu ersetzen. Dabei ließ er die vier Marmorstreifen mit geometrischem Muster anlegen, von denen zwei zum Markusdom führen und zwei zu den beiden verhängnisvollen Säulen, zwischen denen die Verbrecher hingerichtet wurden.

Tirali entwarf auch die **Piazzetta dei Leoncini**, so benannt nach den später dort aufgestellten Löwen von Giovanni Bonazza (1654-1736).

Das nächste wirklich einschneidende Ereignis in der Geschichte des Platzes war der Einsturz des Campanile an einem Julimorgen des Jahres 1902. Dabei geriet auch die Loggetta stark in Mitleidenschaft; die benachbarte Bibliothek nahm glücklicherweise keinen großen Schaden. 1911 war der Turm wieder originalgetreu aufgebaut.

Der Markusplatz heute – Der trapezförmige, 176 m lange und 82 m breite Platz wird im Norden von den im 16. Jh. wiederaufgebauten Alten Prokuratien und im Süden von den Neuen Prokuratien (17. Jh.) begrenzt. Im Westen wird der Platz von der **Ala Napoleonica** abgeschlossen, jenem klassizistischen Flügel, den der französische Kaiser Anfang des 19. Jh.s anfügen ließ und für den die von Sansovino im 16. Jh. wiederaufgebaute Chiesa di San Geminiano weichen mußte. Heute erinnern nur noch die Bilder von Antonio Visentini und Vincenzo Coronelli sowie die berühmte, detailgetreue Stadtansicht von De' Barbari an dieses Gotteshaus.

Unter den Arkaden der Alten Prokuratien wird man noch immer im **Caffè Quadri** (B FX y) bewirtet. Es wurde 1775 unter der Bezeichnung „türkisches Café" von Giorgio Quadri eröffnet. Gegenüber befindet sich das bereits 1720 gegründete **Caffè Florian** (B FX z). Im Caffè Florian, das den Namen seines ersten Besitzers, Floriano Francesco, trägt, sind seit dem 18. Jh. unzählige illustre Künstler, darunter auch Goldoni und Canova, ein und aus gegangen.

Die absoluten Glanzpunkte des Platzes sind jedoch – heute noch wie vor Hunderten von Jahren – der Markusdom und der Dogenpalast, deren grandiose Architektur einem Märchen aus Tausendundeiner Nacht entsprungen zu sein scheint.

PIAZZA SAN MARCO

★★★ BASILICA DI SAN MARCO (MARKUSDOM) (8 FGX)

Pax tibi, Marce, evangelista meus. Hic requiescet corpus tuum („Friede sei mit dir, Markus, mein Evangelist. Hier findet dein Leib Ruhe."): Diese Worte soll der Engel, der dem Evangelisten auf seiner Reise von Aquileia nach Rom in der Nähe des heutigen Rialtoviertels erschienen sein soll, gesprochen haben. Fast acht Jahrhunderte mußten jedoch noch vergehen, bis diese Prophezeiung in Erfüllung ging und der Markuslöwe, das Symbol des Evangelisten, zum Wahrzeichen der Stadt wurde.

Der Raub der Gebeine des hl. Markus – Der zweite Evangelist begleitete Petrus nach Rom und wurde nach dessen Tod Bischof von Alexandria. Daß der Evangelist zum Schutzpatron der Lagunenstadt wurde, ist jedoch weniger der legendären Weissagung als vielmehr dem riskanten Unternehmen zweier venezianischer Kaufleute zu verdanken. Diese begaben sich um das Jahr 800 nach Ägypten, um in Alexandria die Gebeine des Evangelisten zu entwenden. Durch den Besitz dieser kostbaren Reliquie sollte Venedig, wenn nicht Rom den Rang als Hauptstadt der Christenheit ablaufen, so doch zumindest seine Unabhängigkeit gegenüber dem Vatikan behaupten können. Dies gelang: noch heute trägt der Bischof von Venedig den seltenen Ehrentitel eines Patriarchen.
Die geraubten Gebeine des Evangelisten wurden, in einem Proviantkorb versteckt, auf das Schiff der venezianischen Kaufleute geschmuggelt. Das Unternehmen war von langer Hand vorbereitet gewesen. Alles war unternommen worden, damit die Gebeine bei einer eventuellen Kontrolle unentdeckt blieben. Man versteckte sie unter Schweinefleisch, das den Muslimen zu berühren untersagt war. Natürlich durfte auch ein Wunder in der Geschichte nicht fehlen: Im entscheidenden Moment sei dem Kapitän der Evangelist erschienen, um ihn vor einem Riff zu warnen, an dem das Schiff zu zerschellen drohte.
In Venedig wurde die kostbare Reliquie in die Palastkapelle des Dogen Giustiniano Partecipazio gebracht, der darauf in einer testamentarischen Verfügung den Bau des 832 geweihten Markusdomes veranlaßte.

Der Bau des Domes – Der erste Schutzheilige der Stadt, San Teodoro bzw. San Tadoro auf venezianisch, war nunmehr seines Amtes enthoben (er geriet allerdings nicht ganz in Vergessenheit, schließlich ist ihm eine der beiden Säulen auf der Piazzetta geweiht).
Die Irrfahrt der Gebeine des hl. Markus war jedoch noch nicht zu Ende. Nach dem Brand der ersten Markuskirche im Jahre 976 verlor man ihre Spur: Die drei Menschen, die wußten, wo sie beigesetzt worden waren, hatten ihr Geheimnis mit ins Grab genommen. Die Bevölkerung der Stadt wurde angewiesen, zu fasten und zu beten, auf daß sich die Grabstätte des Evangelisten offenbare. Das Wunder geschah während der Amtszeit des Dogen Vitale Falier (1084-1096) am 25. Juli 1094, dem Tag, an dem die dritte Markuskirche geweiht wurde: Einer der Pfeiler im rechten Querhausarm barst und gab einen Armknochen frei. Die (vermeintlichen) Gebeine des Evangelisten wurden daraufhin in die Krypta gebracht; seit dem 19. Jh. ruhen sie unter dem Hochaltar.
Der vermutlich von einem griechischen Baumeister entworfene Markusdom war schon während seines Baus der ganze Stolz der Venezianer. Der Doge Domenico Selvo (1071-1084) forderte die Kaufleute der Stadt auf, von ihren Handelsfahrten in den Orient Marmor und andere Kostbarkeiten mitzubringen, um ihn glanzvoll auszuschmücken. Auch ein Teil der berühmten Pala d'Oro ist wohl auf diesem Wege in den Markusdom gelangt.

PIAZZA SAN MARCO

Außenansicht

Mit ihren fünf von Kreuzen bekrönten byzantinischen Laternenkuppeln, die sich seit dem 13. Jh. vor dem Himmel der Lagune abzeichnen, bietet die Fassade des Markusdomes zu jeder Tageszeit ein unvergleichliches Schauspiel.
Von den beiden Seitenfronten ist die eine, an der Piazzetta dei Leoncini, der Stadt und die andere, an der Piazzetta San Marco, der Lagune zugewandt.

Westfassade – Die Vorderfront der Kirche ist in der Horizontalen durch eine von einer Balustrade gesäumte Terrasse gegliedert, die sich an den Seiten fortsetzt. Beide Wandzonen sind mit jeweils fünf Bögen geschmückt. Im Erdgeschoß umschließen sie die fünf Portale.
In den Portalnischen sieht man von links nach rechts:
1. Arkade: *Die Überführung des hl. Markus in die Kirche* (1260-1270); es handelt sich um das einzige Portalmosaik, das noch in der „Erstfassung" erhalten ist.
2. Arkade: *Die venezianischen Magistraten ehren den hl. Markus*, nach einer Vorlage von Sebastiano Ricci (1659-1734).
3. Arkade (Hauptportal): Die drei inneren Bogenfelder sind mit byzantinisch-romanischen Reliefs geschmückt, auf denen die Erde und die Ozeane mit ihren Tieren, die Monate, die Tierkreiszeichen, die Tätigkeiten, die Tugenden und die Seligpreisungen zu sehen sind. In der Laibung des mittleren Bogens sind die traditionellen venezianischen Berufe dargestellt. Man beachte den Mann auf Krücken auf der linken Seite: Es könnte sich um den Baumeister handeln, der ganz verzweifelt ist angesichts all der Fehler, die er an seinem Meisterwerk noch zu finden meint. Die im 19. Jh. erneuerten Mosaiken zeigen eine *Majestas Domini* und ein *Jüngstes Gericht*.
4. Arkade: *Die Venezianer nehmen die Gebeine des Evangelisten in Empfang*, Mosaik aus dem 17. Jh.
5. Arkade: *Der Raub der Gebeine des hl. Markus Evangelista*, ebenfalls aus dem 17. Jh.
Bei den vier Bronzepferden über dem Hauptportal handelt es sich um eine Kopie der berühmten Quadriga; das Original ist im Museo Marciano ausgestellt.
Die Maßwerkbögen der oberen Wandzone sind von gotischen Ziertürmchen flankiert; auf den Bogenfeldern sieht man von links nach rechts: die *Kreuzabnahme*, den *Niederstieg Christi in die Vorhölle*, die *Auferstehung* und die *Himmelfahrt*.

Nordfront – An der linken, der Piazzetta dei Leoncini zugewandten Seite befindet sich die **Porta dei Fiori**, das „Blumenportal" (4. Arkade, an der Ecke), über dem ein romanisches Relief von Christi Geburt erzählt.

Südfassade – Die erste Arkade der sich an den Dogenpalast anschließenden rechten Seite (Piazzetta San Marco) rahmen zwei mit romanischen Greifen geschmückte Säulen; vor der zweiten Arkade – sie führt zur Taufkapelle – erheben sich die beiden weißen Marmorsäulen (**Pilastri acritani**) (1), die die Venezianer nach ihrem Sieg über die Genueser 1258 aus Akko mitgebracht haben sollen. Sicher ist jedoch nur, daß sie im 6. Jh. in Syrien entstanden sind. Eine dritte, näher an der Piazzetta stehende Säule aus Porphyrgestein wird der Bannstein (**pietra del bando**) genannt, weil auf ihr die staatlichen Erlässe verlesen wurden; sie wurde beim Einsturz des Campanile 1902 beschädigt.
Was die vier Figuren aus dem 4. Jh. an der Ecke zum Palast anbelangt, gibt es wieder einmal zwei Lesarten: Der offiziellen zufolge handelt es sich um die **Tetrarchen★** (2), die vier Kaiser Diokletian, Maximilian, Konstantinus und Galerius, die ab 293 die Herrschaft im Römischen Reich unter sich teilten; die Legende sieht in ihnen vier Sarazenen, die den Kirchenschatz stehlen wollten und die der hl. Markus bestrafte, indem er sie zu Stein verwandelte.

Der Schulterschluß der Tetrarchen

PIAZZA SAN MARCO

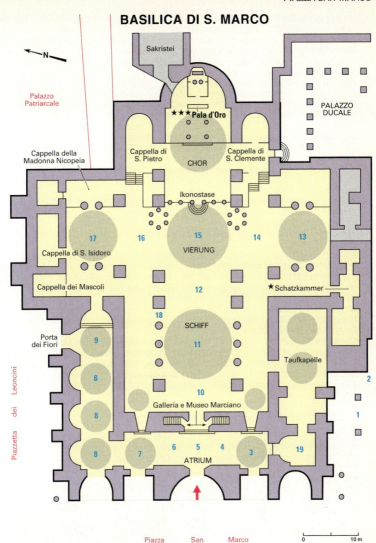

Atrium ⓥ

Dem eigentlichen Kirchenraum ist ein Atrium vorgeschaltet. Die Mosaiken dieser Vorhalle zeigen Szenen aus dem Alten Testament – gewissermaßen als Vorbereitung auf die Mosaiken des Kircheninneren, die dem Neuen Testament gewidmet sind. Es handelt sich um eine wahrhafte Bilderbibel, eine „Bibel der Armen", geschaffen in einer Zeit, als Bücher noch eine Kostbarkeit und nur wenige in der Lage waren, sie zu lesen.

Nach dem 4. Kreuzzug (1201-1204) und der Eroberung Konstantinopels stand Venedig auf dem Gipfel seines Ruhms; aus dieser Zeit, in der die Stadt sich selbst zu feiern begann, stammen die ersten Mosaiken der Vorhalle. Die romanischen und frühchristlichen Elemente dieser Mosaiken scheinen einer Handschrift aus dem 5. und 6. Jh. nachempfunden zu sein, die die Kreuzfahrer nach Venedig gebracht hatten.

Die Schöpfungskuppel **(Cupola della creazione)** (3) ist mit den ältesten Mosaiken der Kirche ausgeschmückt. Die einzelnen Episoden der Genesis sind in drei konzentrischen Kreisen angeordnet und müssen entgegen dem Uhrzeigersinn, mit dem kleinsten Mosaik – der Taube im Osten – beginnend, „gelesen" werden. Gemäß der orientalischen Tradition, die sich auf das Johannesevangelium gründet („... und das Wort war Gott"), wird der Schöpfer durch Christus verkörpert. Er ist hier noch bartlos dargestellt zum Zeichen dafür, daß die Menschwerdung noch nicht stattgefunden hat. Alle Episoden der Genesis werden von Engeln begleitet; ihre Zahl nimmt mit jedem Tag der Schöpfung zu.

In der Szene, die von der Erschaffung der Tiere erzählt, steht Gott den Löwen gegenüber – was wohl kein Zufall ist, handelt es sich doch um die Wappentiere der Stadt.

Man beachte das Mosaik, auf dem Gott den siebten Engel segnet, der den Tag der Ruhe versinnbildlicht (Christus gilt als der 8. Tag, als Beginn einer neuen Schöpfungsgeschichte). Interessant ist auch die Vertreibung des hier bereits bekleideten Menschenpaares Adam und Eva aus dem Paradies.

Am Bogen zur Linken sieht man eine Darstellung der **Arche Noah** (4) und der **Sintflut** (man beachte die kleine Fenster in der Arche).

Auf den Mosaiken des **Paradiesbogens** (5) beim Eingang der Basilika sind die Szenen des Alten Testaments von Darstellungen des Kreuzes, des Paradieses und der Hölle unterbrochen, die an die Rolle der Kirche als Heilsbringerin gemahnen. Die Vorlagen für diese Mosaiken stammen u. a. von Tintoretto (1518-1594) und Aliense (1556-1629). Vor dem Portal lohnt es sich, einen Blick hoch in die Kuppel zu werfen, wo die *Ekstase des hl. Markus* nach einer Vorlage von Tizian (1488-1576) zu sehen ist.

Der Figurenschmuck in den Portalnischen – die Hl. Jungfrau, die Apostel und die Evangelisten – ist typisch byzantinisch.

Auf dem nächsten Gewölbebogen setzt sich die Geschichte Noahs und seiner Nachfahren fort. Besonders gelungen ist der **Turmbau zu Babel** (6), die biblische Erklärung der Sprachenvielfalt.

Auf den Mosaiken der zweiten Kuppel ist in einem einzigen Kreis die **Geschichte Abrahams** (7) erzählt. Die Felder zwischen den verschiedenen Szenen berichten von Gottes Verheißungen an Abraham.

Auf dem nächsten großen Bogen ist Abraham abgebildet, den die Inschrift als Vorboten Christi ausweist.

Die letzte Kuppel zur Linken und die zwei, die sich an sie auf der linken Seite anschließen, erzählen die **Geschichte von Joseph** (8), dem Sohn Jakobs, der von seinen Brüdern an eine vorbeiziehende Karawane verkauft wird und so nach Ägypten gelangt, wo er die Träume des Pharaos von den sieben fetten und den sieben mageren Kühen zu deuten weiß. Man beachte die „Bilderblase", die die Figur des Pharaos umgibt: Auf diese Weise pflegten die Mosaizisten der damaligen Zeit Traumvisionen darzustellen. Die zweite und die dritte Kuppel der Josephsgeschichte entstanden ca. 20 Jahre später, wodurch sich die lebhaftere, bildreichere Darstellung erklärt.

Die letzte Kuppel im linken Arm der Vorhalle schildert das **Leben Moses** (9).

Über dem Portal hält die Jungfrau Maria dem Betrachter ihren Sohn entgegen (rechts und links von ihr sieht man die Heiligen Johannes und Markus) und leitet damit direkt zum Neuen Testament und den Mosaiken im Kircheninneren über.

Eine steile Treppe gleich hinter dem Eingangsportal führt auf die Galerie und ins Museo Marciano.

Galleria und Museo Marciano ⓥ

Von der Galerie, die auf die Terrasse führt, bietet sich auch ein interessanter Blick auf die Mosaiken im Kircheninneren. Im Dommuseum sind Wandteppiche, Mosaiken und interessante Dokumente zur Geschichte der Kirche ausgestellt. Die Hauptattraktion ist natürlich die berühmte **Quadriga**★★. Sie soll aus dem Raubgut stammen, das die Venezianer vom 4. Kreuzzug aus Konstantinopel mitbrachten, in Wirklichkeit aber viel älter sein. Über ihre genaue Herkunft ist nichts bekannt: Man weiß nicht einmal mit Sicherheit zu sagen, ob sie von griechischen Künstlern des 4. oder 3. Jh.s v. Chr. gegossen wurde oder im Rom des 4. Jh.s unserer Zeitrechnung entstanden ist. Die vier Bronzepferde, die ursprünglich auf der Balustrade über dem Hauptportal standen, wurden von Napoleon nach Paris geschafft, wo sie den Triumphbogen vor dem Louvre schmückten. Nach dem Sturz des französischen Kaisers 1815 wurden sie den Venezianern wieder zurückgegeben. 1974 mußten sie jedoch von ihrem Originalstandort entfernt und restauriert werden. Seitdem befinden sie sich im Museum, wo sie vor der Luftverschmutzung geschützt sind.

Zwei der vier berühmten Bronzerosse von San Marco

PIAZZA SAN MARCO

Byzantinische Pracht im Markusdom

Innenraum

Es ist schwer zu sagen, was den Besucher des Markusdomes am stärksten in seinen Bann zieht: Sind es die wundervollen Mosaiken, deren Eigenlicht durch das im linken Querhausarm und über dem Portal einfallende Tageslicht in stets wechselnden Nuancen gebrochen wird? Ist es die orientalische Atmosphäre? Oder ist es gar der wegen der Geländeverschiebungen gewellte und deshalb um so mysteriösere Bodenschmuck (12. Jh.) mit den geometrischen Mustern und Tierdarstellungen?
Der Markusdom ist auf dem Grundriß eines griechischen Kreuzes errichtet; das Langhaus mündet in einen erhöhten Chor, der durch eine prunkvolle Ikonostase vom Gemeinderaum getrennt ist.

★★★ **Die Mosaiken** – Mit der Arbeit an den wundervollen Mosaiken des Markusdomes wurde bereits 1071 begonnen. Der Zyklus ist das Werk byzantinischer Mosaizisten, die eigens zu diesem Zweck nach Venedig geholt wurden. Fertiggestellt wurde er erst im 14. Jh.; einige der Mosaiken wurden in späteren Jahrhunderten erneuert. Der Zyklus der Mosaiken ist derart reich an Bildern und Szenen, daß er den Betrachter schnell in Verwirrung stürzt. Um sich besser zurechtzufinden, ist es gut zu wissen, daß die unteren Bereiche den Heiligen und die oberen den Aposteln gewidmet sind, während die Kuppeln Gott den Herrn preisen. Der chronologisch angeordnete Bilderzyklus beginnt in der Halbkuppel der Apsis mit dem *Christus Pantokrator*, dem „Allherrscher", der über den vier Schutzpatronen Venedigs – den Heiligen Nikolaus, Petrus, Markus und Hermagorus – im unteren Bereich thront, und endet über dem Eingang mit dem *Jüngsten Gericht*. Die letzten Mosaiken sind auch die spätesten, sie entstanden im 16. Jh.

Am Eingangsportal befindet sich eine *Deesis* („Bitte"), in der man den segnenden Heiland zwischen der Jungfrau Maria und dem hl. Markus als Fürbittern sieht.

Auf dem **Bogen der Apokalypse** (10) ist die *Offenbarung des Johannes* dargestellt; die sieben Kandelaber versinnbildlichen die sieben Gemeinden, an die – stellvertretend für die ganze Kirche – die Sendschreiben mit der Offenbarung gerichtet waren.

Die dem Eingang nächstgelegene Kuppel zeigt das **Pfingstwunder** (11). Zwischen den Fenstern sind die „frommen Männer aus allen Völkern unter dem Himmel" dargestellt, vor denen Petrus seine Jerusalemer Pfingstpredigt hielt. Die Figuren der vier Evangelisten befinden sich jeweils über den vier Engeln in den Gewölbezwickeln.

Der **westliche Triumphbogen** (12), hinter dem sich die mittlere Kuppel öffnet, berichtet von der Passion und Christi Sterben. Man beachte die Schriftrollen, die die Juden, Pontius Pilatus und Jesus in den Händen halten.

Im rechten Querhausarm, der sein Licht durch das gotische Rosenfenster bezieht, befindet sich die **Leonardskuppel** (13), auch Allerheiligstenkuppel genannt. Die Mosaiken aus dem 13. Jh. zeigen die Heiligen Nikolaus, Klemens, Blasius und Leonhard.

Auf dem **südlichen Triumphbogen** (14) sind die *Versuchungen Christi*, der *Einzug in Jerusalem*, das *Abendmahl* und die *Fußwaschung* zu sehen.

Die mittlere, die größte Kuppel ist der **Himmelfahrt** (15) geweiht und faßt die wichtigsten Momente der Heilsgeschichte zusammen. Im Zentrum des Kreises und von den Aposteln und der Hl. Jungfrau thront ein segnender Christus. Die Zwischenräume zwischen den Öffnungen im Tambour sind mit den *Tugenden* und einigen *Seligpreisungen* geschmückt. In den Gewölbezwickeln sind wieder die Apostel und darunter die vier Paradiesflüsse dargestellt.

Die Mosaiken aus dem frühen 12. Jh. in der **Chorkuppel** schildern die Adventsgeschichte. Im Zentrum steht der Heiland; er ist von den Propheten umgeben, in deren Mitte die Hl. Jungfrau erscheint. Die Gewölbezwickel sind mit den Symbolen der vier Evangelisten geschmückt.

Die Mosaiken am **nördlichen Triumphbogen** (16) entstanden mehrheitlich nach Vorlagen von Tintoretto; man sieht darauf zur Linken den *Erzengel Michael mit dem Schwert* und das *Abendmahl*; auf der rechten Seite des Bogens befindet sich eine Darstellung der *Hochzeit zu Kana*. Das Mosaik in der Mitte des Bogens wurde von Veronese (1528-1588) entworfen und erzählt von der *Heilung des Aussätzigen*. Salviati (1520/1525-1575) schuf die Vorlagen für die *Heilung der Blutflüssigen* und die *Heilung des Jünglings von Nain*. Der *Christus im Glorienschein* entstand während der im 19. Jh. erfolgten Restaurierungsarbeiten.

Im linken Querhausarm verdient die **Kuppel des hl. Johannes Evangelista** (17) Aufmerksamkeit; neben dem Leben des Evangelisten haben die zu einem griechischen Kreuz angeordneten Mosaiken die Verse der Bergpredigt zum Inhalt.

Auf dem Weg durch das linke Seitenschiff fällt der Blick auf das **Capitello del Crocifisso** (18), ein in einer Pyramide gipfelndes Werk aus schwarzem und weißem Marmor mit einem Achat an der Spitze. Die Legende berichtet, daß das aus Byzanz stammende Kruzifix einst unter einem Messerhieb wahrhaftig zu bluten begonnen habe.

Die Mosaiken in den beiden Seitenschiffen zeigen zur Linken Christus, wie er die Propheten Oseas, Joel, Micha und Jeremia segnet (um 1230), und zur Rechten Ezechiel (Hesekiel), Salomo, eine Maria Orans – eine betende Maria –, David und Jesaja.

★★★ **Pala d'Oro** – Die berühmte Altartafel befindet sich ganz hinten in der Apsis, hinter dem Hochaltar mit den Gebeinen der Evangelisten. Das 2,50 m hohe, 3,50 m breite Meisterwerk der gotischen Goldschmiedekunst ist über und über mit Schmucksteinen, Perlen und wunderschönen Emaillen überzogen. Die erste Version der Pala d'Oro wurde Ende des 10. Jh.s in Byzanz in Auftrag gegeben. Was von ihr noch erhalten ist, läßt sich jedoch nicht sagen. Der zweite, wichtigste Auftrag erging 1104. Später wurden wohl noch weitere Teile in Byzanz bestellt; einige Emaillen stammen auch aus dem Beutegut des 4. Kreuzzuges. Ihre endgültige Form hat die Pala d'Oro wohl erst nach mehreren Um- und Bearbeitungen in Venedig erhalten.

Der hl. Markus auf der Pala d'Oro

Im Mittelpunkt der Darstellungen des oberen Teils steht der *Erzengel Michael*, umgeben von Motiven aus dem Neuen Testament (von rechts nach links): *Einzug nach Jerusalem, Auferstehung, Kreuzigung, Himmelfahrt, Pfingstwunder* und *Marientod*. Zentrum des unteren Teils ist der *Christus Pantokrator*, umgeben von den vier Evangelisten. Darunter sieht man eine *Maria Orans* und links von ihr die heiliggesprochene byzantinische Kaiserin Irene; wer die Männerfigur zur Linken der Jungfrau ist, läßt sich nicht mit Bestimmtheit sagen. Es könnte sich um den Dogen Ordelaffo Falier (1102-1118) handeln, der diesen Teil der Pala in Auftrag gegeben hat, oder um den byzantinischen Kaiser Alexios I. Komnenos (1081-1118), an dessen Seite die Venezianer gegen die Normannen gekämpft haben. Die anderen Figuren stellen Propheten, Apostel und Engel dar. An den Seiten sind Szenen aus dem Leben Christi und des Evangelisten Markus zu sehen.

Vor der prunkvollen Altartafel steht ein von **alabasternen Säulen★★** getragenes Ziborium; es ist mit Reliefs geschmückt, die Szenen aus den Evangelien – auch aus den Apokryphen – zeigen. Die Datierung dieses Werks ist ebenso unsicher wie seine Herkunft: Man nimmt an, daß es im 5. oder 6. Jh. von griechisch-ravennatischen, syrischen, ägyptischen oder auch koptischen Künstlern gefertigt wurde.

In der unterhalb des Altars liegenden **Krypta** ist die Grabplatte zu sehen, unter der die vermeintlichen Gebeine des Evangelisten noch bis zum 19. Jh. ruhten.

Die bronzene Sakristeitür und die Tür des Tabernakels sind das Werk Sansovinos.

Die Kapellen – Vor dem Chor gebührt der **Ikonostase** aus mehrfarbigem Marmor Aufmerksamkeit: Acht Säulen tragen den Architrav, auf dem die Figuren der Apostel, der Hl. Jungfrau und des hl. Johannes stehen; sie stammen aus der Werkstatt der **Dalle Masegne**, jener berühmten italienischen Bildhauer- und Baumeisterdynastie des 14. und 15. Jh.s. In der Mitte der Figurengruppe erhebt sich ein **Kruzifix** aus Silber und Bronze. Beiderseits der Ikonostase befinden sich zwei Kanzeln. Die linke, auch „doppelte Kanzel" genannt, stammt aus dem 14. Jh.; in ihrem oberen Teil wurde das Evangelium verlesen, im unteren die Epistel. Über der Kanzel schwebt eine kleine goldene Kuppel, die zweifelsohne orientalischen Vorbildern nachempfunden ist. Die rechte, ebenfalls im 14. Jh. entstandene Kanzel wurde die **Reliquienkanzel** genannt, weil dort die Reliquien ausgestellt wurden. Der Doge bestieg nach seiner Wahl diese Kanzel, um sich dem Volk zu zeigen.

Cappella San Clemente und **Cappella San Pietro** – Die kleinen Kapellen rechts und links des Chors sind ebenfalls durch Ikonostasen abgegrenzt; die Figuren auf der Ikonostase der Klemenskapelle zur Rechten entstanden in der Werkstatt der Dalle Masegne. Auf den Mosaiken der Konchenkuppel der Cappella San Clemente ist Klemens, auf denen der Cappella di San Pietro Petrus (13. Jh.) dargestellt. Man nimmt an, daß der Doge durch ein kleines Fenster in der Wand der Klemenskapelle von seinem Palast aus dem Gottesdienst beiwohnen konnte. Die sehr alten Mosaiken (12. Jh.) an den seitlichen Bögen der beiden Apsiden zeigen Szenen aus dem Leben der Heiligen Markus und Petrus.

Cappella della Madonna Nicopeia – Die Madonna, der diese Kapelle geweiht ist, wurde vermutlich auf dem 4. Kreuzzug (1204) erbeutet; den Namen Nicopeia, „die Siegbringende", trägt dieses Marienbild, weil die byzantinischen Kaiser es auf ihren Feldzügen mitführten.

Die Wand am Ende des linken Querhausarmes, hinter der sich die **Cappella Sant'Isidoro** mit Szenen aus dem Leben des hl. Isidor befindet, ist mit dem *Stammbaum Mariä* geschmückt (Ende 12. Jh.).

Cappella dei Mascoli – Diese Kapelle gehörte den Mitgliedern einer Bruderschaft, in der, wie bereits ihr Name besagt, nur Männer Aufnahme fanden. Sie ist mit Mosaiken von Giambono (tätig 1420-1462), Andrea del Castagno (um 1421-1457), Jacopo Bellini (um 1396-um 1470) und Andrea Mantegna (1431-1506) geschmückt.

Tanzende Salome im byzantinischen Gewand

PIAZZA SAN MARCO

★ **Kirchenschatz** ⓥ – Die kostbare Sammlung an Reliquien, liturgischem Gerät, Priesterornaten und anderem mehr befindet sich seit der Eroberung Konstantinopels 1204 im Besitz der Serenissima. Man beachte insbesondere das Artophoron, ein Tabernakel in Form einer nach orientalischer Art mit Kuppeln überwölbten Kirche (11. Jh.).

Battistero ⓥ – Die Taufkapelle setzt sich aus drei miteinander verbundenen Bereichen zusammen. Die Mosaiken aus dem 14. Jh. schildern Szenen aus dem Leben Johannes des Täufers und der Kindheit Jesu; besonders schön ist hier der *Tanz der Salome*.
Die Taufsteine stammen von Sansovino (1486-1570), der vor dem Altar beigesetzt wurde.

Die **Cappella Zen** (**19**) ist die Grabkapelle des gleichnamigen, 1501 verstorbenen Kardinals; sie ist mit Mosaiken aus dem 13. Jh. ausgeschmückt.

★★ Campanile ⓥ (**8** FX)

Der heutige Turm entstand erst zu Beginn des 20. Jh.s, es handelt sich jedoch um eine originalgetreue Nachbildung des ursprünglichen Campanile aus dem 16. Jh. Dieser war das Werk des aus Bergamo stammenden, zwischen 1463 und 1529 in Venedig tätigen Bartolomeo Bon (nicht zu verwechseln mit dem gleichnamigen venezianischen Künstler). Der 96 m hohe Backsteinturm trägt auf seiner pyramidenförmigen, grünen Spitze einen goldenen Engel, der sich einer Wetterfahne gleich im Wind dreht. Die Wände des massiven, über einem quadratischen Grundriß errichteten Bauwerks gliedern Lisenen, die durch einen Rundbogenfries aus weißem Stein verbunden sind; auf ihm sitzt der ebenfalls weiße Glockenstuhl mit den eleganten Schallarkaden auf. Den Bau des Turms sollen – so ist in alten Chroniken zu lesen – Pfeifer und Trompeter begleitet haben und bei seiner Fertigstellung soll er zum Zeichen der Freude mit Milch und Wein begossen worden sein ...
In der Tat stand der Turm in früheren Zeiten im Zentrum der venezianischen Festlichkeiten: Am Karnevalsdonnerstag wurde zwischen dem Glockenstuhl und einer Loggia des Dogenpalastes oder einem Boot ein Seil gespannt, auf dem sich ein Seiltänzer vor den staunenden Augen des Publikums kunstvoll hinabgleiten ließ. *Svolo dell'Angelo*, „Flug des Engels", oder auch *del Turco*, „des Türken", wurde dieses Schauspiel genannt. Weniger ausgelassen war die Stimmung unter den Zuschauern des *Supplizio della Cheba*, bei dem Gotteslästerer in einem am Campanile aufgehängten Käfig ihre Strafe abbüßen mußten.
Mit dem Campanile ist übrigens der Name eines anderen berühmten „Gotteslästerers" verbunden: **Galileo Galilei** führte hier 1609 zum ersten Mal sein Fernrohr vor. Früher war es Ausländern untersagt, den Turm zu besteigen, da man fürchtete, sie könnten von dort oben Militärgeheimnisse auskundschaften. Diese Zeiten sind glücklicherweise vorüber, und so sollte man sich den herrlichen **Blick**★★ von der Turmspitze auf keinen Fall entgehen lassen. Er reicht über das Häusermeer der Stadt mit ihren Dachterrassen, über den Canal Grande und den Canale della Giudecca bis weit hinaus auf die Inseln der Lagune.

Menschenansammlung vor den Trümmern des eingestürzten Campanile (1902)

PIAZZA SAN MARCO

Die Glocken des Campanile

Fünf Glocken trägt der Campanile; ihr gewaltiges Tönen ist weithin zu hören. Den Einsturz des *Paron di Casa*, des „Hausherrn" der Stadt, wie die Venezianer den Campanile nennen, überlebte jedoch nur die größte von ihnen: die **Marangona**. Sie diente gewissermaßen als „Werkssirene" für die Schiffszimmerleute des Arsenals, die *marangoni*, wurde aber auch geläutet, um den Großen Rat zusammenzurufen.

Und damit auch ja keiner zu spät kam, wurde kurz darauf immer noch eine zweite Glocke, die **Trottiera**, geschlagen; sie sollte die edlen Herren auffordern, ihren Schritt zu beschleunigen und geschwind in Richtung Dogenpalast zu „trotten". Die **Nona** erklang zur Mittagsstunde. Die **Mezza Terza**, auch Glocke der Pregadi genannt, rief die Mitglieder des Senats zusammen.

Gefürchtet war der Klang der **Renghiera**, denn sie ertönte bei Hinrichtungen.

Loggetta Sansoviniana – Die mit Bronzefiguren und Marmorreliefs verzierte Bogenhalle am Eingang des Campanile entstand zwischen 1537 und 1549 und diente den Garden der Dogen als Unterstand. Die Arsenalotti bezogen dort während der Sitzungen des Großen Rates Stellung.

Früher drängten sich Holzschuppen, in denen allerlei Waren feilgeboten wurden, um den Sockel des Turms. Um die Wende zum 16. Jh. beschloß die Serenissima, die Piazza San Marco von allem zu befreien, was ihrem Bild als Paradeplatz der stolzen Republik schaden könnte. Auch eine in unmittelbarer Nähe des Turms stehende Säulenhalle, das Ridotto dei Nobili, mußte weichen. Sie wurde jedoch gegen Mitte des 16. Jh.s durch Sansovinos Loggetta ersetzt. Als der Turm einstürzte, riß er auch die Loggetta mit sich. Sie wurde danach originalgetreu wieder aufgebaut.

In den Nischen zwischen den Säulen, die die drei Bögen flankieren, stehen die Figuren der Minerva, Apollos und Merkurs sowie eine Allegorie des Friedens. Auf dem Relief darüber sieht man (von links nach rechts): die Insel von Kandia (Kreta), Venedig in der Gestalt der Justitia und Zypern.

Das Bronzegitter an der Balustrade vor der Terrasse wurde von Antonio Gai (1686-1769) entworfen.

★★★ PALAZZO DUCALE (DOGENPALAST) (🛈 GX)

Der „Märchentempel", wie Thomas Mann ihn nannte, ist mit seiner reichen Ausschmückung so voller – oft überraschender – Details, daß er dem aufmerksamen Betrachter an jeder Ecke, in jedem Schmuckelement, wenn auch kein Märchen, so doch ein Stück aus der unendlichen Geschichte der Lagunenstadt erzählt, einer Geschichte von Ruhm, Macht und Niedergang.

Die Ursprünge des Prunkbaus, in dem sich byzantinische Stilelemente mit solchen der Gotik und der Renaissance verbinden, reicht weit in die Vergangenheit zurück, fast bis in jene frühe Zeit, als die ersten Inseln besiedelt wurden: Bereits im Jahre 810 beschloß **Agnello Partecipazio**, den Regierungssitz an den Standort des heutigen Dogenpalastes zu verlegen. Sein Vorgängerbau, das **Palatium ducis**, war eine Festung, hinter deren Mauern sich auch die Palastkapelle San Marco verbarg.

Doch das Verteidigungswerk erwies sich schon bald als überflüssig und durfte fein ziselierten Loggien und Arkaden weichen, hinter denen sich die im Laufe der Jahrhunderte immer länger werdenden Fluchten der Büros der venezianischen Staatsbeamten aneinanderreihten: Aus der Festung wurde das Herz eines riesigen Verwaltungsapparats.

Außenansicht

Der Fassadenaufbau des Dogenpalastes ist dreigeteilt, wobei die fast geschlossene Mauerfläche der oberen Wandzone deutlich mit dem stark durchbrochenen Bereich der Arkaden des Erdgeschosses und der Loggien des 1. Stocks kontrastiert; das zarte Dekor aus rosafarbenem Stein, in der oberen Bereich zu einem Rautenmuster angeordnet, läßt die beiden so unterschiedlichen Wandzonen zu einem harmonischen Ganzen verschmelzen. Elegante Zierzinnen, die auf das filigrane Maßwerk der unteren Wandzone antworten, krönen das Bauwerk.

Die Schilderungen der Mosaiken des Markusdomes finden ihre Entsprechung in den Reliefs und Skulpturen an den Kapitellen, Kanten und Pfeilern des Dogenpalastes. Sie zeigen allegorische Darstellungen der Tugenden und Laster, der Zünfte, der Menschenalter und der Tierkreiszeichen, die alle Zeugnis davon ablegen sollten, daß in diesem Palast Recht gesprochen wurde.

Westfassade – Die der Piazzetta zugewandte Schauseite ist fast genauso lang wie die, die auf das Becken von San Marco hinausblickt. Sie ist durch achtzehn auf Säulen ohne Basis ruhende Arkaden gegliedert. Wunderschön sind die Maßwerkbögen der Loggia, an die sich eine lange Reihe von Vierpaßöffnungen anschließt.

PIAZZA SAN MARCO

Zwischen den beiden Säulen aus rötlichem Marmor wurden die Namen der zum Tode Verurteilten verlesen; die Hinrichtungen fanden dann zwischen der Markus- und der Theodorsäule statt. Den linken Rand der Fassade schmückt das **Urteil des Salomo**, eine Allegorie der Weisheit, vermutlich von der Hand Bartolomeo Bons (bezeugt 1441-1464). Der Balkon wurde zu Beginn des 16. Jh.s von unbekannten Künstlern geschaffen; über ihm thront der Doge Andrea Gritti (1523-1538).

★★ **Porta della Carta** – Der spätgotische Portalbau, der zwischen 1438 und 1442 von Giovanni und Bartolomeo Bon geschaffen wurde, verbindet den Dogenpalast mit dem Markusdom. Sein Name könnte sich auf die öffentlichen Schreiber, die hier ihrem Tagwerk nachgingen, oder die Archive (auf lateinisch *cartarum*), zu denen er führte, beziehen. Die Figuren der Tugenden in den Nischen stammen von Bregno (1418/21-1503/06). Das während der Amtszeit von Francesco Foscari entstandene Portal schmückt eine Statue des Dogen. Über dem Fenster ist der hl. Markus dargestellt, über dem wiederum eine *Allegorie der Gerechtigkeit* thront.

Noahs Trunkenheit am Dogenpalast

Südfassade – Am linken Rand der der Hafenmole zugewandten Seitenfront sieht man eine *Allegorie der Sünde mit Adam, Eva und der Schlange* (Ende 14. Jh.), am rechten Rand, über dem *Erzengel Raphael und Tobias* (Ende 14. Jh.), die *Trunkenheit Noahs* (14., 15. Jh.) als Sinnbild der Nachsichtigkeit.

Auf dem zweiten Kapitell von links (dem Capitello dei Sapienti, der „Weisen") ist das Entstehungsjahr des Südflügels, des ältesten Teils des Bauwerks, zu lesen: 1344. Der kunstvoll gearbeitete mittlere Balkon aus dem frühen 15. Jh. ist das Werk der Dalle Masegne. Die beiden Fenster rechts liegen tiefer als die anderen, was durch den Innenaufbau dieses Gebäudetrakts bedingt ist.

Der Kanal zur Rechten des Palastes wird von der Ponte della Paglia überspannt, von der sich ein guter Blick auf die benachbarte wesentlich berühmtere Seufzerbrücke bietet.

★★ **Ponte dei Sospiri** – Der Bogen aus istrischem Stein, der den Palast mit den Neuen Kerkern verband, entstand während der Amtszeit des Dogen Marino Grimani (1595-1605), des-

Die Seufzerbrücke

sen Wappen er trägt. Im Inneren der Brücke verlaufen zwei enge Gänge. Auf ihren heutigen Namen, **Seufzerbrücke**, wurde die Brücke von den Dichtern der Romantik getauft – im Gedenken an die Seufzer der zu lebenslanger Haft Verurteilten, die auf ihrem Weg vom Gerichtssaal in den Kerker durch die engen, frühchristlichen Trasennen ähnelnden Fensteröffnungen einen letzten Blick auf die Lagune warfen.

Innenräume ⊙

Der Eingang des Palastes befindet sich heute rechts der Porta della Carta. Man gelangt von dort in den Cortile mit den reizvollen Brunnenrändern (Mitte 16. Jh.). An die Porta della Carta schließt sich dort der **Porticato Foscari** an, der von einem Triumphbogen, der **Arca Foscari** (Mitte 15. Jh.), abgeschlossen wird. Der Triumphbogen öffnet sich zur **Scala dei Giganti**, der „Treppe der Giganten". Sie wurde im späten 15. Jh. von **Antonio Rizzo** (um 1440-um 1499) erbaut; die gewaltigen Figuren links und rechts der Treppe stammen von Sansovino (1486-1570) und stellen Mars und Neptun dar. Auf dieser Treppe wurden die Dogen gekrönt.
Die Ostfassade wurde von Antonio Rizzo im Stil der Renaissance gestaltet.

Scala d'Oro – Sansovino begann mit dem Bau der „Goldenen Treppe" während der Amtszeit des Dogen Andrea Gritti; Scarpagnino (zwischen 1505 und 1549 in Venedig tätig) vollendete sie unter Lorenzo Priuli. In den Bogen sind die Wappen beider Dogen eingemeißelt. Benannt wurde die Treppe nach den prunkvollen, weiß-goldenen Stuckverzierungen, welche die Fresken von Giovan Battista Franco (1498-1561) rahmen. Die Fresken haben die *Ruhmvolle Verteidigung von Zypern und Kreta* und die *Tugenden der guten Regierung* zum Thema.
In der Vorhalle befindet sich ein Porträt des Dogen Gerolamo Priuli von der Hand Tintorettos.

Appartamento ducale – Vor der Besichtigung des eigentlichen Palastes lohnt ein Abstecher in die Gemächer des Dogen im 1. Stock, in denen eine *Pietà* von Giovanni Bellini und der berühmte *Löwe* von Vittorio Carpaccio zu sehen sind.

In den zweiten Stock hinaufgehen.

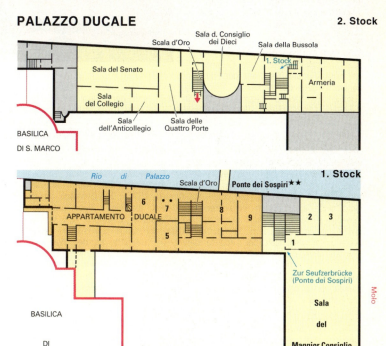

1 Corridoio o vestibolo
2 Sala della Quarantia Civil Vecchia
3 Sala dell'Armamento
4 Sala della Quarantia Civil Nuova

APPARTAMENTO DUCALE
5 Sala degli Scarlatti
6 Sala dello Scudo
7 Sala degli Scudieri
8 Sale Magistrato alle Leggi
9 Sala della Quarantia Criminam

PIAZZA SAN MARCO

Sala delle Quattro Porte – Die Innenausschmückung des Saals mit den vier Türen, in dem die Botschafter darauf warten mußten, zum Dogen vorgelassen zu werden, entstand nach 1574, d. h. nach einem der vielen Brände, die durch die Benutzung von Kerzen in mit Holz verkleideten Räumen ausgelöst wurden. Die Deckengemälde sind von Tintoretto, die vier Türen von Palladio (1508-1580). Auf einer Staffelei steht das berühmte Tiepolo-Gemälde mit dem Titel *Neptun bietet Venedig die Reichtümer des Meeres an*. Die Gemälde an den Wänden preisen Ruhm und Reichtum der Serenissima. Besondere Erwähnung verdient das Gemälde *Der Doge Antonio Grimani kniet vor der Allegorie des Glaubens und dem thronenden hl. Markus nieder*, das von Tizian (1490-1576) begonnen und von seinem Neffen fertiggestellt wurde. Auf dem Gemälde, das vom Besuch Heinrichs III. in Venedig im Jahre 1574 berichtet, sieht man einen von Palladio entworfenen Pappmaché-Triumphbogen, wie man ihn damals zu solchen Anlässen zu bauen pflegte.

Dogenpalast mit Markus- und Theodorsäule

Sala dell'Anticollegio – In diesem Saal „antichambrierten" die Gesandten und Botschafter. An der den Fenstern gegenüberliegenden Wand hängen die *Rückkehr Jakobs mit seiner Familie* von Jacopo Bassano (1517/19-1592) und der *Raub der Europa* von Veronese (1528-1588). Bei den Gemälden, die die Türen rahmen, handelt es sich um *Allegorien der Jahreszeiten*. Sie sollen die Ideale einer glücklichen Regierung verkörpern. Die Deckengemälde stammen von Veronese.

Sala del Collegio – Der Pien Collegio arbeitete die Gesetzesentwürfe aus, die anschließend dem Senat vorgelegt wurden, und entschied in allen Fragen, die von venezianischen oder ausländischen Gesandten unterbreitet wurden. Der Doge nahm in der Mitte des hölzernen Podestes Platz, wenn er den Versammlungen beiwohnte. Die Sitze entstanden 1575. Die Gemälde an der mit Gold und Schnitzereien verzierten Holzdecke, die ein Loblied auf die Stadt Venedig singen, stammen wiederum von Veronese. Ebenfalls von Veronese ist das Gemälde über dem Thron, auf dem der Doge Sebastiano Venier dem Heiland für den Sieg bei Lepanto dankt. Die Gemälde an der Wand mit der Uhr aus schwarzem belgischem Marmor stammen von Tintoretto. Das Gemälde zur Linken – *Alvise Mocenigo dankt dem Heiland* – erinnert an das Gelübde, das der Doge 1576 tat, um die Stadt von der Pest zu erlösen und zu dessen Erfüllung er die Redentore-Kirche auf der Giudecca bauen ließ. Die Thematik des Tintoretto-Gemäldes über der Tür ist ähnlich: Auch hier handelt es sich um einen Ausdruck des Dankes.

Sala del Senato bzw. dei Pregadi – Die Mitglieder des Senats wurden gebeten *(pregati)*, einen schriftlichen Antrag zu stellen, um an den Sitzungen teilzunehmen, daher der Name des Saals. Der Gemäldeschmuck zeigt die Dogen mit ihren Schutzheiligen als Fürbitter vor Christus oder der Hl. Jungfrau. Der *Triumph Venedigs* im Zentrum der Deckenausschmückung stammt von Tintoretto, der auch die *Beweinung Christi mit den Dogen Pietro Lando und Mercantonio Trevisan* hinter dem Thron gemalt hat. Das Gemälde gegenüber mit dem Titel *Die Dogen Lorenzo und Gerolamo Priuli knien vor dem Heiland nieder* ist von Palma Giovane (1548-1628). Palma Giovane hat auch die Gemälde an der Wand gegenüber dem Fenster gemalt, darunter die *Allegorie des Sieges der Republik Venedig über die Liga von Cambrai*; Venedig ist darauf als junge Kriegerin dargestellt, der ein Löwe voranschreitet, während dem Dogen Loredan aus dem Himmel ein Lorbeerkranz gereicht wird. In die Kanzel stiegen die Senatoren, wenn sie das Wort ergreifen wollten.

PIAZZA SAN MARCO

Sala dei Consiglio dei Dieci – Der Versammlungssaal des berühmt-berüchtigten, 1310 einberufenen **Rats der Zehn** ist an der Decke mit Allegorien der guten Regierung und der Macht der Republik ausgeschmückt, darunter auch das Veronese-Werk *Venezia empfängt von Juno die Dogenmütze*. Bei dem mittleren Bild, *Jupiter steigt vom Himmel herab, um die Laster zu strafen*, handelt es sich um eine Kopie; das Veronese-Original gehörte zum Beutegut Napoleons und hängt heute im Louvre. Die Gemälde an den Wänden berichten von bedeutenden historischen Ereignissen: links der *Friedensschluß von Bologna zwischen Karl V. und Papst Klemens VII.* von Marco Vecellio (1545-1611), dem Vetter Tizians, rechts *Papst Alexander III. segnet den Dogen Sebastiano Ziani nach der Schlacht bei Salvore* von Francesco Bassano (1549-1592) und seinem Bruder Leandro (1557-1622).

Sala della Bussola – In diesem Saal mußte warten, wer von den drei Häuptern des Zehnerrates befragt werden sollte. Benannt wurde der Saal nach einer hinter einem Holzschrank (16. Jh.) versteckten doppelten Tür (*bussola* auf italienisch), die in einen Geheimgang führte. Der *Doge Leonardo Donà in Begleitung des hl. Markus vor der Jungfrau Maria* ist ein weiteres Werk Marco Vecellios. Man beachte die hölzerne Klappe neben der Tür: Durch sie gelangten die in die *bocche di leone* an der Außenwand geschobenen Denunziationen in den Saal. Mit der Ausmalung der Decken wurde Veronese und sein Atelier betraut; das mittlere Bild – *Markus Evangelista krönt die drei theologischen Tugenden* – ist allerdings eine Kopie; das Original befindet sich ebenfalls im Pariser Louvre.

Armeria – In den Sälen des Zeughauses sind Turnierrüstungen, darunter die des Condottiere Gattamelata (man erkennt sie an der Katze – *gatto* auf italienisch – am Knie), Siegestrophäen, allerlei Raubgut, eine bei Lepanto erbeutete türkische Fahne, Armbrüste, Totschläger, Schwerter, kleine Kanonen, ein Luntenbehälter, Pistolen und Folterwerkzeuge ausgestellt. Über der Sala Francesco Morosini prangt das Zeichen CX, das Symbol des Zehnerrates.

In den ersten Stock hinuntergehen.

Sala del Maggior Consiglio – In dem 1 300 m² großen Saal und der benachbarten Sala dello Scrutinio trat der Große Rat, das gesetzgebende Organ der Republik, zusammen. Der Große Rat tagte hinter verschlossenen Türen, während vor dem Palast schwerbewaffnete Wachen Stellung bezogen.

Hier fanden auch die verschiedenen Vorauswahlen statt, die der **Wahl des Dogen** vorangingen. Zunächst wurde eine Urne mit einer der Zahl der Ratsmitglieder entsprechenden Anzahl an Kugeln *(ballote)* gefüllt; nur dreißig dieser Kugeln trugen die Aufschrift *lector*, Wähler. Wer keine Kugel mit dieser Aufschrift zog, war von vornherein von der Wahl ausgeschlossen. Nach weiteren komplizierten Vorentscheidungen blieben schließlich nur noch 11 Ratsmitglieder übrig. Ihre Aufgabe war es dann, die 41 Wahlmänner zu ernennen, die den Dogen bestellen mußten. Dieser mußte, um die Wahl zu gewinnen, mindestens 25 Stimmen auf sich vereinen.

Der Große Rat

Der Maggior Consiglio war die wichtigste Instanz der Republik Venedig. Er vereinte die entscheidenden staatlichen Kompetenzen in seiner Hand, verabschiedete die Gesetze und ernannte alle wichtigen Amtsträger.
Bei seinen Sitzungen bot sich in der Sala del Maggior Consiglio ein feierliches Schauspiel. Der Doge präsidierte die Versammlung; er thronte in der Mitte des *Tribunale*, auch *Bancale di San Marco* genannt, an der Stirnwand des Saals. Die Angehörigen der einflußreichen venezianischen Patrizierfamilien nahmen auf den langen Sitzreihen an den Wänden zur Rechten und zur Linken Platz.

Im Jahre 1577 fielen die Gemälde, die den Ratssaal schmückten, einem Brand zum Opfer. Einzig ein Fresko von Guariento (14. Jh.), die Marienkrönung darstellend, blieb erhalten; es befindet sich heute in der Sala dell'Armamento. Schon wenig später wurde der Saal prunkvoll mit neuen Gemälden ausgeschmückt. Die Bilder an der dem Hafenbecken zugewandten Seite haben den 4. Kreuzzug zum Inhalt. Man beachte den *Schwur des Dogen Enrico Dandalo und der Kreuzfahrer in der Markusbasilika*, an dem Carlo Saraceni (1579-1620) und Jean Le Clerc (1585-1633) gemeinsam gearbeitet haben, die *Belagerung Konstantinopels* von Palma Giovane, die *Eroberung Konstantinopels* von Domenico Tintoretto (um 1560-1635) und die *Kreuzfahrer ernennen Balduin I. von Flandern in der Hagia Sophia zum Kaiser von Byzanz* von Andrea Micheli, genannt Il Vicentino (1539-1614).
Die Bilder an der gegenüberliegenden Wand berichten von dem Konflikt zwischen Friedrich Barbarossa und Papst Alexander III., der dank der Vermittlung des Dogen Sebastiano Ziani mit dem Friedensschluß der beiden verfeindeten Parteien 1177 in Venedig endete. Besondere Beachtung verdient das Gemälde *Der Fußkuß des Kaisers vor der Markusbasilika* von Federico Zuccari (um 1542/43-1609).
Inmitten des fast erdrückenden Bilderreichtums des Saals zieht ein Werk die besondere Aufmerksamkeit des Betrachters auf sich: das von Tintoretto, seinem Sohn und seinen Schülern gemalte **Paradies** hinter dem Thron. Die erste Ausschreibung für die Ausschmückung dieser Wand gewannen Veronese und Bassano, doch wurde ihr Entwurf nie ausgeführt. Nach einer zweiten Ausschreibung wurde Tintoretto mit dieser Arbeit betraut.

Der Versammlungssaal des Großen Rates

PIAZZA SAN MARCO

Auf dem Bilderstreifen unter der Decke sieht man die Porträts der 76 Dogen, die Venedig von 804 bis 1554 regierten. Sie wurden fast alle von Domenico Tintoretto gemalt, obwohl eigentlich sein illustrer Vater Jacopo den Auftrag erhalten hatte. Mit dem Dogen **Marino Falier** (14. Jh.), der eine Verschwörung gegen die Republik angezettelt hatte und dafür mit seinem Leben bezahlen mußte, hat Venedig auch hier kein Mitleid gezeigt. Sein Bildnis bedeckt ein schwarzes Tuch, auf dem zu lesen steht: HIC EST LOCUS MARINI FALETHRI DECAPITATI PRO CRIMINIBUS (dies ist der Platz Marino Faliers, der für seine Verbrechen enthauptet wurde).

Im Zentrum der mit Schnitzwerk verzierten Decke steht der Triumph Venedigs von Veronese. Auf diesem Gemälde ist Venedig als stattliche Matrone dargestellt, die auf einer Wolke über einer grandiosen Architekturlandschaft thront, die eine der Krönung beiwohnende Menschenmenge rahmt. Auch die anderen Gemälde an der Decke erzählen vom Ruhm der Dogenrepublik und ihren Siegen. Das rechteckige Bild mit der Königin Venezia, die dem Dogen Nicolò Da Ponte einen Olivenzweig reicht stammt von Tintoretto; das ovale Bild der Siegesgekrönten Venezia, die über die unterworfenen Städte triumphiert ist von Palma Giovane und bezieht seine besondere Wirkung aus der drehenden Bewegung, die der Künstler den dargestellten Figuren aufgeprägt hat.

Sala dello Scrutinio – In diesem Saal wurden bei den Wahlen die Stimmen ausgezählt (scrutinio heißt Stimmenzählung).

Die lange Reihe der Dogenporträts, die mit dem des letzten Dogen, Ludovico Manin (1789-1797), endet, setzt sich hier fort. Die ersten stammen noch von Tintoretto bzw. aus seiner Werkstatt, die anderen von Zeitgenossen der jeweils porträtierten Dogen.

Auch der Gemäldeschmuck dieses Saals glorifiziert die Siege der Serenissima. Die Decke ist mit fünf großen Gemälden geschmückt, drei davon sind oval, die beiden anderen rechteckig. Das ovale Bild hinten im Saal, der Sieg Venedigs über die Pisaner in der Seeschlacht bei Rhodos, stammt von Vicentino. Der Sieg Venedigs über die Genuesen bei Trapani ist ein Werk Giovanni Bellinis (um 1426-1516). Die Wand, die den Saal vom benachbarten Versammlungsraum des Neuen Zivilgerichts (Quarantia Civil Nuova) (**4**) trennt, ist mit einem Jüngsten Gericht von Palma Giovane geschmückt; zuvor hing dort ein Gemälde von Tintoretto, das bei dem Brand von 1577 zerstört wurde. Die Gemälde an den Seitenwänden berichten von den anderen siegreichen Seeschlachten der Serenissima, darunter – zur Rechten – der Kampf gegen die Ungarn bei Zara, der von Tintoretto verewigt wurde, und der Sieg bei Lepanto von Vicentino. Die hintere Wand beherrscht ein Triumphbogen (1694) zu Ehren des Bezwingers der Türken Francesco Morosini, genannt Il Peloponnesiaco.

Sala del Magistrato alle Leggi – In diesem Gerichtssaal hängen neben der Verspottung Christi von Quinten Metsys (1465/66-1530) auch die einzigen in Italien zu sehenden Gemälde von Hieronymus Bosch (um 1450-1516): Das Martyrium der hl. Liberata, die Einsiedler und das Paradies – der zum Licht führende Tunnel erinnert erstaunlich an Berichte von Menschen, die aus dem Koma erwacht sind – und schließlich der Fall der Verdammten. Im gleichen symbolträchtig-mystischen Stil ist auch die Hölle gemalt, das Werk eines mit J.S. signierenden Bosch-Epigonen.

Prigioni Nuove – Über die Seufzerbrücke gelangt man in die Neuen Kerker, die am gegenüberliegenden Ufer des Rio gebaut wurden. Hier hatte auch die Magistratura dei Signori di Notte al Criminal, sozusagen die „Sittenpolizei" der Republik, ihren Sitz. Man sieht noch die Inschriften, die von den Kerkerinsassen in die Wände geritzt wurden.

Durch den zweiten Gang im Inneren der Seufzerbrücke kommt man wieder in den Palast zurück. (In Anbetracht der Vielzahl an Sälen, die man während der Führung besichtigt, verliert man leicht die Orientierung und es kann sogar vorkommen, daß man die Seufzerbrücke einfach „verpaßt", wenn man nicht aufmerksam genug ist.)

Sala dei Censori – In diesem Saal tagten die Zensoren der Republik. Die Gemälde stammen mehrheitlich von Domenico Tintoretto und zeigen die Würdenträger, die hier ihrer Arbeit nachgingen.

Sala dell'Avogaria – Hier traten die avogadori, die Staatsanwälte der Republik Venedig, zusammen; sie wachten über die Einhaltung der Gesetze. An ihren Porträts fällt die bewußt religiöse Note auf.

Der Rundgang endet in der **Sala dello Scrigno**, dem „Saal des Schreins", und der **Sala della Milizia da Mar**, dem Saal der Wasserpolizei.

Im Labyrinth der Geheimgänge ⊙

In den Prunksälen des Palastes stellte sich die Republik zur Schau, doch das eigentliche Räderwerk des Machtapparats wurde vor den Augen der Öffentlichkeit verborgen. Das große Heer der Beamten der Republik wirkte im Geheimen, hinter den Wänden der prachtvollen Säle, in erstaunlich engen Kämmerchen, die untereinander durch ein Labyrinth endloser Gänge und versteckter Treppen verbunden waren.

Dem Cancelliere Grande (Großkanzler) unterstand die Geheimkanzlei, die über das Generalarchiv der Republik wachte. Er selbst hatte nur ein kleines Büro, doch war er so einflußreich, daß er nicht einmal vor dem Dogen sein Haupt entblößen mußte. Die mit Tafelwerk und den Wappen der Kanzler geschmückte **Sala della Cancelleria segreta** ähnelt einem Schiffsdeck.

In der eindrucksvollen **Folterkammer** offenbart sich, wie schonungslos die Republik mit ihren Feinden umzugehen pflegte. Dennoch war Venedig – nach Florenz – der zweite Staat, der die Folter verbot, und der erste, der die Sklaverei abschaffte. In Wirklichkeit zog es die Serenissima vor, ihre Feinde durch List, Tücke und Schmeichelei zu brechen. Wenngleich ihre Folterinstrumente nicht gerade von besonderer Milde zeugen, war rohe Gewalt ihre Sache nicht: Die Serenissima hielt es für sinnvoller, das Denunziantentum zu fördern, und regierte am liebsten mit Zuckerbrot und Peitsche. Wenn jemand wegen eines nicht allzu schweren Vergehens inhaftiert wurde, konnten seine Angehörigen seine Freilassung erwirken, indem sie dem Gericht Informationen zuspielten, die zur Ergreifung eines Schwerverbrechers führten. Galeerensträflinge wurden im Fall eines Sieges mit der Freiheit belohnt. Auf Mord, Kindesmißhandlung, Kirchenschändung, staatsfeindliche Aktionen, Flucht aus der Verbannung und ... Wasserverschmutzung stand jedoch die Todesstrafe.

Im Dogenpalast befanden sich auch die Gefängnisse: Die niedrigen **Pozzi**, „Brunnen", im Erdgeschoß waren dunkel, feucht und kalt; hier wurden Wiederholungstäter und Schwerverbrecher eingesperrt. Wer in den **Piombi**, den „Bleikammern" unter dem Dach, untergebracht wurde, hatte zumeist keine sehr lange Haftstrafe zu verbüßen. Ihren Namen verdanken diese Zellen, in denen es im Sommer glühend heiß werden konnte, den Bleiplatten, mit denen das Dach gedeckt war. Die Haftbedingungen waren hier trotz der niedrigen, schwer verriegelten Eisentüren lange nicht so hart wie in den Pozzi; die Häftlinge durften eigene Möbel mitbringen, über kleinere Summen Geld verfügen und ihre Notare empfangen. Auch hier schien es der Serenissima mehr darum zu gehen, psychologischen Druck auszuüben, als die Häftlinge körperlich zu quälen. **Giacomo Casanova** (1725-1798) soll, wie er in seinen Lebenserinnerungen berichtet, aus den Bleikammern auf höchst abenteuerliche Weise entkommen sein.

Nach der Besichtigung der Kerker befindet man sich genau über dem Saal des Großen Rates, im Herzen des aus Lärchenholz gezimmerten Dachstuhls. Hier gewinnt man einen Eindruck davon, wie Venedig wohl früher ausgesehen haben mag, als die Stadt noch ganz aus Holz gebaut war.

Nach dem Brand von 1577 billigte man Da Ponte (um 1512-1597) nur 16 Monate für den Wiederaufbau des Palastes zu. Das war nur dank der Mithilfe der Zimmerleute aus dem Arsenal möglich, die bekanntlich in der Lage waren, in einem Tag ein ganzes Schiff zusammenzubauen.

In der **Sala dei Tre Capi del Consiglio dei Dieci** tagten die drei Richter, die vom Zehnerrat mit der Durchführung der Gerichtsverfahren betraut wurden. Unter den Gemälden an der Decke verdienen *Die Tugend verjagt das Laster* (Mitte) von Zelotti (um 1526-1578) sowie die *Bestrafung des Fälschers* und die *Tugend besiegt die Sünde* (zwei der Eckbilder) von Veronese Aufmerksamkeit. Bei dem von Engeln gestützten *Schmerzensmann* an der Wand handelt es sich um die Kopie eines Gemäldes von Antonello da Messina von der Hand seines Neffen Antonello da Saliba (tätig zwischen 1497 und 1535).

In der **Sala dei Tre Inquisitori** ermittelten zwei Vertreter des Zehnerrates und ein Berater des Dogen gegen Staatsfeinde. Die Decke des kleinen Saals schmücken Werke von Tintoretto: *Die Heimkehr des Verlorenen Sohns* in der Mitte, umgeben von den Allegorien der Gerechtigkeit, des Glaubens, der Tapferkeit und der Barmherzigkeit.

DIE PROKURATIEN

In den Repräsentationsbauten, deren Arkaden den Markusplatz säumen, hatten die Prokuratoren, die neun höchsten Staatsbeamten der Republik Venedig, ihren Sitz.

Procuratie Nuove (8 FX)

Der Entwurf des zweiten Prokuratorenbaus, der auf dem Gelände des abgerissenen Orseolo-Hospizes errichtet wurde, stammt von **Scamozzi** (1552-1616). Mit seiner Fertigstellung wurde in der ersten Hälfte des 17. Jh.s Baldassare Longhena (1598-1682) betraut.

Während der napoleonischen Ära wurden die Neuen Prokuratien in Palazzo Reale, Königspalast, umgetauft. Während dieser Zeit entstand auch der Westflügel, die **Ala Napoleonica** bzw. Ala Nuovissima, in der das Museo Correr untergebracht ist.

★★ **Museo Correr** ⊙ (8 FX) – Der Name des Stadtmuseums ehrt Teodoro Correr (1750-1830), der Venedig seine reiche Sammlung vermacht hat. Die zahlreichen Ausstellungsstücke, die die Geschichte der Stadt und ihrer Kunstwerke dokumentieren, waren zuerst im Haus des Stifters und dann in der Fondaco dei Turchi untergebracht, bevor sie 1922 in der Ala Napoleonica einen würdigen Rahmen fanden.

PIAZZA SAN MARCO

1. Stock – Auftakt zu der Reise in Venedigs Vergangenheit, zu der das Museum den Besucher in umgekehrter Reihenfolge (mit den letzten Jahren der Republik beginnend) einlädt, ist die **Loggia Napoleonica**, in der Reliefs von **Canova** (1757-1822) ausgestellt sind.

Besondere Beachtung unter Canovas Skulpturen verdienen *Orpheus und Eurydike* im Ballsaal, dem letzten Saal, und **Dädalus und Ikarus** im Thronsaal, ein Werk, das seine besondere Ausdruckskraft aus der Haltung der beiden Figuren bezieht, die eine fast könnte man sagen spiralförmige Bewegung schafft (man beachte den beruhigenden Gesichtsausdruck des Vaters, der seinem Sohn die für die Flucht konstruierten Flügel anheftet).

Die Wände dieser Säle wurden von Francesco Hayez (1791-1882) ausgeschmückt, der stark unter dem Einfluß Canovas stand.

Nach der Besichtigung des Speisesaals, in dem die klassizistische Ausschmückung besonders ins Auge fällt, taucht man regelrecht ein in die Geschichte der Lagunenstadt, die eine Vielzahl aussagekräftiger Ausstellungsstücke lebendig machen, darunter Dogenmützen *(corni)*, Kapitänsstäbe und sog. *Manini* („kleine Hände"), die zum Auszählen der Stimmen bei der Wahl des Dogen dienten. Das Gemälde von Andrea Micheli, genannt Il Vicentino (um 1539-1614/17), berichtet von der *Ankunft der Dogengattin Morosina Morosini Grimani im Dogenpalast*; das Gemälde von Antonio Vassillachi, genannt Aliense (um 1556-1629), die *Ankunft der Königin von Zypern Caterina Cornaro*, erinnert an die unglückselige Geschichte einer schönen Venezianerin, die zum Spielball politischer Interessen wurde *(s. unter RIALTO)*. Pietro Longhi (1702-1785) malte den *Thronenden Dogen Grimani, der einen Senator empfängt*; der berühmte *Markuslöwe*, das Symbol der Serenissima, wird Michele Giambono (tätig 1420-1462) zugeschrieben.

Durch die **Libreria dei Teatrini**, einen Saal im Stil des 17. Jh.s, in dem die Bibliothek des gleichnamigen Klosters untergebracht ist, gelangt man in die **Kostümabteilung**. Dort sind die Prunkgewänder der Senatoren und Prokuratoren ausgestellt, die man auch auf den Porträts an den Wänden wiederfindet.

Die reiche **Münzsammlung** umfaßt fast alle von der Republik geprägten Münzen, darunter den berühmten Zecchino. Passend dazu ein Gemälde von Tintoretto: *Die hl. Justina mit den Schatzmeistern.*

PIAZZA SAN MARCO

Ein Spaziergang durch Venedigs Geschichte führt zwangsläufig durch das **Arsenal**, an das hier ein Plan, mehrere Stiche und diverse Aushängeschilder von Handwerkern erinnern. Auch die glorreichen Seeschlachten der Serenissima werden vergegenwärtigt. Unter den zahlreichen historischen Karten des Museums befindet sich u. a. ein Exemplar der berühmten Stadtansicht von De' Barbari (um 1445-um 1515).

Die Armeria Correr und die Armeria Morosina entführen den Besucher auf die Kriegs- und Beutezüge der Republik Venedig; man sieht dort u. a. seltene Stücke aus dem Besitz des Dogen Francesco Morosini, genannt Il Peloponnesiaco, darunter eine dreifache Galeerenlaterne und ein Gebetbuch, das als Tarnung für eine Pistole diente.

Hinter dem Saal mit den Bronzefiguren geht es in den 2. Stock.

2. Stock – Hier befindet sich die **Pinakothek**, die einen Überblick über die Kunst der Serenissima von den Anfängen bis zum frühen 16. Jh. vermittelt.

Bei dem Deckel der hölzernen Urne handelt es sich vermutlich um eines der ersten auf Holz gemalten Bilder der venezianisch-byzantinischen Kunst; es zeigt die *Selige Juliane mit den hll. Blasius und Cataldo*.

Die nächsten Säle sind Paolo (um 1290-um 1362) und Lorenzo Veneziano (bezeugt 1356-1372) gewidmet. Besonders sehenswert sind die *Heiligengeschichten* sowie die *Schlüsselübergabe an Petrus* (am Faltenwurf des Gewands des Heilands zeigt sich bereits die Formensprache der Gotik).

Das Standbild des Dogen Antonio Venier ist ein schönes Beispiel der spätgotischen Bildhauerkunst; Jacobello delle Masegne († um 1409) hat sich hier bemüht, neben der Würde des Amtes auch die tiefgründige, leidgeprüfte Persönlichkeit des Porträtierten zum Ausdruck zu bringen.

Unter den anderen Vertretern der Gotik verdient vor allem Stefano Veneziano († nach 1381) Aufmerksamkeit; von ihm stammen die *Thronende Muttergottes* und der *Hl. Christophorus*.

Zu Beginn des 15. Jh.s setzte sich in Venedig der Internationale Stil (auch Schöner Stil genannt) durch, dessen Einfluß sich deutlich an den Werken von Michele Giambono (tätig 1420-1462) und Jacobello del Fiore (um 1370-nach 1439) zeigt.

Die bewegende *Pietà*★ des ferrarischen Meisters **Cosmè Tura** (um 1430-1495) erinnert in ihrer Detailgenauigkeit, ihrer Farbgebung und in der Gestaltung des Gesichts der trauernden Maria an flämische oder niederländische Vorbilder.

Das minutiöse Bildnis eines jungen Mannes, das durch die lebhafte, kontrastreiche Farbgebung besticht, wird Antonio da Crevalcore zugeschrieben, einem anderen aus Ferrara stammenden Künstler des 15. Jh.s.

Der nächste Saal ist Bartolomeo Vivarini (um 1432-1491) gewidmet, einem auf Murano geborenen Künstler, der stark unter dem Einfluß Mantegnas (1431-1506) stand. Von ihm hat er die scharf konstruierte Linienführung und die nachdenkliche, strenge Haltung der Figuren übernommen. Der Hintergrund seiner Werke bleibt jedoch der Formensprache früherer Epochen verhaftet.

Im Saal der flämischen und niederländischen Meister ist eine *Anbetung der Könige* von Pieter Brueghel d. J., dem Höllenbrueghel (1564-1638), zu sehen, die sich – wie so oft in flämischen Gemälden dieser Zeit – vor dem Hintergrund einer nordeuropäischen Schneelandschaft abspielt.

Die im Museo Correr ausgestellte *Pietà*★★ ist das einzige Zeugnis, das von Antonello da Messinas (um 1430-1479) Aufenthalt in Venedig erhalten ist. Leider sind die inzwischen stark ockerstichigen Gesichter durch die Restaurierungen früherer Jahre fast gänzlich ausradiert worden; in der Landschaft im Hintergrund läßt sich aber noch die in Messina stehende Chiesa San Francesco erkennen. Im selben Saal hängen zwei niederländische Werke: eine *Kreuzigung* von Hugo van der Goes (um 1435/40-1482) und eine *Stillende Madonna* von Dieric Bouts (1410/20-1475).

Sehr ergreifend in ihrer komplexen, alptraumhaften Symbolik ist die *Versuchung des hl. Antonius*, das Werk eines Schülers von Hieronymus Bosch.

Die Werke der Künstlerfamilie Bellini sind in einem Saal vereint: Hier hängen eine *Kreuzigung* von Jacopo Bellini (kurz nach 1400-um 1470), das *Bildnis des Dogen Giovanni Mocenigo* von Gentile Bellini (1429-1507) und vier Werke von **Giovanni Bellini** (1427/30-1516), darunter eine *Pietà*★ und eine *Kreuzigung*. Die zeichnerische Genauigkeit der Darstellung der Landschaft zeugt von dem Einfluß, den Mantegna auf Giovanni Bellini ausübte.

Es folgen Werke von Alvise Vivarini (um 1445-1505) und anderen venezianischen Meistern des späten 15. Jh.s. Sie leiten zum detailreichen Werk **Vittorio Carpaccios** (um 1460-1526) über. Dessen *Venezianische Damen* verblüffen durch ihre teilnahmslosen, ein wenig lächerlichen Mienen. Die romantische Literatur wollte in ihnen zwei traurige Kurtisanen sehen. Dieser Irrtum konnte aufgeklärt werden, als man feststellte, daß es sich bei dem Bild um ein Fragment eines größeren Gemäldes handelt. Auf dem oberen Teil, der im J.-P.-Getty-Museum in Malibu hängt, sieht man eine Jagdszene. Es scheint also, daß die beiden Damen auf dem venezianischen Teil, deren adlige Herkunft durch die Wappen auf der Vase bezeugt ist, auf die Heimkehr ihrer auf die Pirsch gegangenen Männer warten und sich dabei langweilen.

PIAZZA SAN MARCO

Die Urheberschaft des Bildnisses des **Edelmannes mit der roten Mütze**★★ (1490/95) ist umstritten: Es wird im allgemeinen einem aus Bologna oder Ferrara stammenden Künstler zugeschrieben; einige Kunsthistoriker sehen in ihm aber auch Elemente, die auf Lorenzo Lotto hindeuten könnten, wieder andere behaupten, es handle sich um ein Werk Carpaccios. An dem vor einer schönen Fluß- oder Seelandschaft dargestellten Mann verwirrt der fragende Blick, in dem sich eine Form vornehmen Hochmuts auszudrücken scheint.

Besondere Beachtung unter den Werken der Renaissance verdient die *Stillende Madonna* von Lorenzo Lotto (um 1480-1556).

Ganz anders ist die Atmosphäre, die von den griechischen Madonnenbildern des 16. und 17. Jh.s ausgeht.

Abschließend kann man noch einen Blick auf die Majoliken des 15. und 16. Jh.s werfen, die im Saal hinter der Libreria Manin ausgestellt sind.

Museo del Risorgimento – Das nach dem italienischen Freiheitskampf benannte Museum, das ebenfalls im 2. Stock der Neuen Prokuratien untergebracht ist, berichtet von einer Zeit, die in gewisser Weise bereits nicht mehr zur Geschichte Venedigs gehört, die man üblicherweise (etwas voreilig) mit dem Fall der Republik 1798 enden läßt. Man erfährt hier mehr über die Freimaurerlogen, die Übergangsregierung, die nach der Abdankung des letzten Dogen Ludovico Manin eingesetzt wurde, und die Zeit der französischen und der österreichischen Besatzung. In diesem Zusammenhang werden drei Phasen unterschieden: die Übergangszeit von Ende 1797 bis 1805, als Venedig dem von Napoleon gegründeten Königreich Italien einverleibt wurde, die Zeit vom Wiener Kongreß 1815 bis zur (gescheiterten) Revolution von 1848, als Manin und Tommaseo die Republik von San Marco ausriefen, und die Zeit von 1849 bis zur italienischen Einigung im Jahre 1866.

Nach diesem Exkurs in die Zeit nach dem Fall der Republik geht es wieder hinunter in den 1. Stock des Museo Correr zum Saal des **Bucintoro**, der Prunkgaleere des Dogen, auf der auch die „Sposalizio del Mare" zelebriert wurde *(s. Kasten im Kapitel zur Geschichte Venedigs in der Einführung)*. Das 35 m lange und 7 m breite Wasserfahrzeug, das von 168 Ruderern angetrieben wurde, war wegen seiner hohen Aufbauten nicht sonderlich seetüchtig und verließ den Hafen daher nur bei optimalen Witterungsverhältnissen.

Die nächsten Säle sind dem **venezianischen Alltagsleben** gewidmet, in dem die Festlichkeiten ihren festen Platz hatten. Am aussagekräftigsten sind hier die Bilder eines Deutschen: Joseph Heintz d. J. (um 1600-1678) malte vorzugsweise typisch venezianische Szenen, darunter die *Stierjagd auf dem Campo San Polo*. Sehr interessant sind auch die hölzernen Aushängeschilder der Handwerkszünfte. Auf den frühesten finden sich bunte Darstellungen der jeweiligen Berufe sowie ein Hinweis auf den Handwerksmeister, den *Gastaldo*. Der Löwe und der Schutzheilige durften auf diesen Schildern natürlich nicht fehlen.

Ebenfalls zu sehen sind Erzeugnisse der Zünfte, darunter Stoffe der Weberzunft und Schuhe der *Calegheri*, der Schuster; man beachte die übertrieben hohen Damenschuhe, wie man sie auch auf Carpaccios Bild der beiden Venezianerinnen sieht.

Kaffeepause im Florian

PIAZZA SAN MARCO

Eine Abteilung ist den Volksbelustigungen und **Spielen** gewidmet, insbesondere den Force d'Ercole: den Menschenpyramiden, zu denen sich die venezianischen Akrobaten am Faschingsdonnerstag und anderen Festtagen aufzubauen pflegten. Andere Bilder erzählen von den Faustkämpfen (guerre dei pugni) zwischen den Castellani, die zumeist Seeleute waren, und den Nicoletti, die mehrheitlich vom Fischfang lebten, wieder andere von den Stierjagden, bei denen ausgehungerte Hundemeuten losgelassen wurden. Sehr hübsch sind die alten Spielkarten, die manchmal durchaus pädagogischen Charakter hatten, wie z. B. die Karten mit Szenen aus der römischen Geschichte.

Procuratie Vecchie (8 FX)

Die ersten Prokuratien, die den Prokuratoren noch als Wohnsitz dienten, wurden im 12. Jh. im byzantinischen Stil erbaut. Der Nachfolgebau wurde vermutlich von Mauro Codussi (um 1440-1504) entworfen und zumindest noch bis zum 1. Stock ausgeführt. Nach dem großen Brand im Jahre 1512 wurden der zwischen 1463 und 1529 in Venedig tätige Bartolomeo Bon und Guglielmo Grigi mit der Fortsetzung der Bauarbeiten betraut; fertiggestellt wurde das Gebäude 1532 von Sansovino. Das von Zierzinnen, deren Form denen des Dogenpalastes nachempfunden ist, bekrönte Bauwerk ruht auf 50 Arkaden. Die zweigeschossigen Loggien greifen Elemente des byzantinischen Stils auf.

PIAZZETTA (8 FGX)

Die Verlängerung der Piazza San Marco zwischen dem Dogenpalast und der Biblioteca Sansoviniana führt zu den beiden Säulen, die den Blick auf die Lagune rahmen: der **Markus-** und der **Theodorsäule**. Sie wurden 1172 von einer Orientfahrt mitgebracht, doch ihre genaue Herkunft ist unbekannt. Die Theodorsäule ist eine Kopie der Originalsäule, die im Hof des Dogenpalastes steht. Bei dem Löwen auf der Markussäule, in dem die Venezianer das Wahrzeichen „ihres" Evangelisten sehen, könnte es sich auch um eine Schimäre handeln.

★ Biblioteca Marciana/Libreria Sansoviniana ⊙

Die Biblioteca Marciana (Piazza San Marco 7) wird auch Libreria Vecchia bzw. Sansoviniana genannt, da sie ihren Sitz in dem von Sansovino errichteten Prunkbau hat (Piazza San Marco 13/a). Sansovino, der 1537 mit dem Bau begann, wollte dem venezianischen Geistesleben mit dieser Bibliothek ein Denkmal setzen, das so eindrucksvoll sein sollte wie das Symbol der politischen Macht der Stadt, der Dogenpalast. Nach seinem Tod wurde die Bibliothek von Scamozzi (1552-1616) fertiggestellt.

Über den Arkaden im toskanischen Stil erheben sich die Loggien, deren Fenster von ionischen Säulen flankiert sind. Der Skulpturenschmuck dieses ersten architektonischen Werkes der Hochrenaissance in Venedig schöpft aus der Mythologie der klassischen Antike: In die Schlußsteine sind Löwenmäuler und Schimärenköpfe eingemeißelt; auf der Balustrade blicken Figuren in verschiedenen Haltungen über den Platz.

Der Lesesaal geht auf den Hof der **Zecca**, der alten Münzanstalt, hinaus.

Treppe – Die zweiläufige Treppe hat starke Ähnlichkeit mit der Scala d'Oro im Dogenpalast. Das Gewölbe und die Kuppeln sind mit Stuckverzierungen von Alessandro Vittoria (1525-1608) sowie Fresken von Battista Franca (um 1498-1561) und Battista del Moro (um 1514-vor 1575) verziert. In diesem Bilderzyklus drückt sich das Gedankengut des Neuplatonismus aus: Er berichtet vom Menschen, der unter dem Einfluß der kosmischen Kräfte (Fresken von Vittoria im ersten Treppenlauf) und der Tugenden (Fresken von Moro im zweiten Treppenlauf) zur Weisheit gelangt, die durch das Buch und den Kreis versinnbildlicht wird.

Im ersten Stock ist der berühmte Venedigplan von **Jacopo De' Barbari** aus dem Jahre 1500 ausgestellt: Um die Stadt derart detailgenau darzustellen, muß der Künstler wohl auf jeden einzelnen ihrer Kirchtürme gestiegen sein.

Die **Mappamondo**, die große Weltkarte aus den Jahren 1457-1459, ist das Werk des Fra Mauro, eines Mönches aus San Michele in Isola. Das bemalte und mit Gold erhöhte Pergament ist auf einem Holzrahmen aufgezogen.

Vestibolo – Der von Sansovino als humanistischer Lehrsaal entworfene Raum beherbergte das Skulpturenmuseum der Republik, das aus der Standbilder- und Büstensammlung hervorgegangen war, die der Patriarch von Aquileia, Giovanni Grimani, Venedig 1587 vermacht hatte. Die Werke befinden sich heute teilweise im Archäologischen Museum (s. unten).

Die Decke wurde von Tizian (1490-1576) mit einer Allegorie der Weisheit ausgeschmückt, die sich in eine illusionistische Architektur von Cristoforo und Stefano Rosa einfügt (1558).

Salone Sansoviniano – In diesem Saal befanden sich ursprünglich die griechischen und lateinischen Handschriften, die der **Kardinal Bessarione** (1403-1472), ein illustrer Humanist, der Republik Venedig vermacht hat.

PIAZZA SAN MARCO

An der mit Grotesken auf Goldgrund verzierten Decke, einem Werk Battista Francas, prangen 21 Medaillons mit mythologischen Szenen und Darstellungen der Zünfte und der Tugenden. Diese Medaillons gelten als Manifest des venezianischen Manierismus: Die erste Triade – Gruppe von drei Medaillons – vom Eingang aus stammt von Giovanni Di Mio (1510-1570), die zweite von Giuseppe Porta, genannt Il Salviati (1520/25-1575), die dritte von Battista Franco, die vierte von Giulio Licinio (1527-1593) – sein drittes Bild wurde allerdings durch eine *Allegorie der Bildhauerkunst* von Bernardo Strozzi (1581-1644) ersetzt –, die fünfte von Giambattista Zelotti (1526-1578) – das dritte Bild wurde durch *Nil, Atlas, die Geometrie und die Astronomie* von Padovanino (1588-1648) ausgetauscht –, die sechste von Veronese und die siebte von Andrea Schiavone (1515/20-1563).

Die Wände sind mit Bildnissen der großen Philosophen geschmückt: Zwei davon – die Porträts links und rechts vom Eingang – sind von Veronese, sechs andere von Tintoretto (vier an der linken und zwei an der dem Eingang gegenüberliegenden Seite, das rechte davon kann ihm allerdings nicht mit Sicherheit zugeschrieben werden), die anderen stammen von Schiavone, Salviati, Franco und Lambert Sustris (1515/20-nach 1568).

Museo Archeologico ⓥ

In dem ebenfalls in den Neuen Prokuratien untergebrachten Archäologischen Museum sind griechische Skulpturen, ägyptische und römische Fundstücke sowie eine Münzsammlung ausgestellt. Der Rundgang beginnt in der Loggia der griechischen Schrifttafeln und führt weiter durch die Münzabteilung zu den Statuen aus der Grimanischen Sammlung, bei denen es sich um die wertvollsten Stücke des Museums handelt (Originale aus dem 5. und 4. Jh. v. Chr.). Hier sind auch andere Skulpturen aus der klassischen und hellenistischen Epoche sowie Kleinskulpturen aus der Zeit von Alexander dem Großen bis zum 1. Jh. v. Chr. ausgestellt. Es folgen Werke aus Pergamon, der Hauptstadt des attalischen Königreichs (Kleinasien, 2. und 3. Jh. v. Chr.), römische Büsten aus der Zeit vom Ende der Republik bis zum 3. Jh. n. Chr., lateinische Schrifttafeln, ägyptische und assyrisch-babylonische Fundstücke, Vasen aus Zypern und Mykene, frühvenezianische Keramiken und etruskische Buccheros (Gefäße aus schwarz gebranntem Ton).

Torre dell'Orologio ⓥ

Der zwischen 1496 und 1499 nach einem Plan von Codussi (um 1440-1504) erbaute **Uhrturm** wacht über die **Mercerie** *(s. unter RIALTO)*. Die prachtvolle astronomische Uhr zieht vielleicht weniger die Aufmerksamkeit auf sich als die beiden großen, mit Schafsfell bekleideten „Mauren", die an der Turmspitze die Stunden schlagen.

Darunter thront der Markuslöwe vor einem blauen Sternenhimmel.

Unter dem Löwen sieht man eine Madonna, vor der an Mariä Himmelfahrt die Heiligen Drei Könige in Gestalt von Automaten vorbeidefilieren. Zur Linken zeigen die römischen Ziffern die Stunden an, rechts kann man die Minuten ablesen (in Fünfergruppen).

Uhrturm-Maure bei der Arbeit

Nähere Umgebung

Piazzetta dei Leoncini (8 FX 126) – Der kleine Platz schließt sich links des Markusdomes an die Piazza San Marco an und führt zum Palast des Patriarchen. Links steht die frühere Chiesa San Basso, die ebenfalls von Longhena (1598-1682) erbaut wurde. Benannt wurde die Piazzetta nach den beiden Löwen aus rotem Verona-Marmor von Giovanni Bonazza (1722).

Durch die Calle della Canonica zur Brücke über den Rio und am anderen Ufer rechts weiter auf der Fondamenta Sant'Apollonia.

Museo Diocesano di Arte Sacra ⓥ (9 GX) – Das Sakralkunstmuseum der Diözese ist in einem einstigen Benediktinerinnenkloster untergebracht. Der alte Kreuzgang erhielt durch Gabriele D'Annunzios (1863-1938) Roman „Feuer" die literarische Weihe. Die Längsseiten des romanischen Kreuzgangs säumen schmale, von zierlichen Zwillingssäulen getragene Arkaden. Der Brunnen stammt aus dem 13. Jh.
Entlang der Wände befindet sich Bauskulptur römischen, byzantinischen und venezianischen Ursprungs (9.-11. Jh.).
Das Museum wurde vom Patriarchen von Venedig Albino Luciani (1912-1978), dem späteren **Papst Johannes Paul I.**, gegründet und zeigt Skulpturen, liturgisches Gerät und andere Kirchenkunst. In der Gemäldesammlung verdienen u. a. die Werke von Antonio Zanchi (1631-1722), Palma Giovane (1548-1628) und Jacopo Guarana (1720-1808) Aufmerksamkeit.

Spaziergänge in der Umgebung s. unter SAN ZACCARIA, RIALTO und LA FENICE.

RIALTO★★

(4 FU)

Vaporetto-Anlegestellen: Rialto od. San Marco

Rundgang: ca. 3 Std. (inklusive Besichtigungen)

Inmitten von Venedigs Einkaufsmeile führt die Rialtobrücke über den Canal Grande, ohne dabei die lange Reihe der Geschäfte zu unterbrechen, die sich vom Markusplatz über die Mercerie bis zu den Marktständen von San Polo erstreckt. Vor den Schaufenstern und Auslagen herrscht ein derartiges Gedränge, daß es kein leichtes ist, hier in die Geschichte der Stadt einzutauchen.
Und doch nahm diese genau hier ihren Anfang: Auf den unter dem lateinischen Namen *Rivo altus* (hohes Ufer) bekannten Inseln siedelten die ersten Venezianer.

Die Keimzelle der Stadt – Angesichts der wiederholten Vorstöße der Franken und der Langobarden, die 752 Ravenna, den Sitz des byzantinischen Exarchen, eroberten, begann die Herrschaft Byzanz' über das spätere Venetien ins Wanken zu geraten. Die Nachricht von der Krönung Karls des Großen zum Kaiser des Römischen Reiches am Weihnachtstag des Jahres 800 wurde am Hof der seit 742 auf Malamocco ansässigen Dogen, damals noch byzantinische Statthalter, mit Besorgnis aufgenommen. Unter-

Die Rialtobrücke

VENEDIG NACH BEDARF

Kurz mal daheim anrufen ... kann man auf dem Campo San Bartolomeo (oder Bartolomio, wie die Venezianer sagen) im **Posto Telefonico Pubblico**; dort gibt es mehrere Karten- und Münzfernsprecher, und man kann sein Telefongespräch auch an der Kasse bezahlen.

Briefmarken ... gibt es natürlich auf jedem Postamt, wer jedoch über die Frankierung im Zweifel ist oder ein Einschreiben aufgeben will, kann die Gelegenheit nutzen und in die nahegelegene Hauptpost **(Poste centrali)** in der Fondaco dei Tedeschi gehen.

Leckere venezianische Cicheti ... gibt es im *Da Pinto*, einer echt venezianischen Osteria in unmittelbarer Nähe des Marktes am Campo delle Becarie 367, im *All Arco* (436 San Polo) und im *Al Volto* (Calle Cavalli, 4081 San Marco).

Bei Bierdurst ... ist *L'Olandese Volante*, der „Fliegende Holländer", die richtige Adresse (Campo San Lio 5658, zwischen dem Campo Santa Maria Formosa und dem Rialto). Dort werden übrigens auch leckere Salate serviert.

Osterien und Trattorien ... gibt es in diesem Viertel in großer Zahl. Schiffsatmosphäre herrscht in der *Antica Carbonera* (Calle Bembo, 4648 San Marco). In der Osteria *Antico Dolo* beim Rialto, 778 San Polò, werden Kutteln, Crostini, Polenta und Bacalà serviert. Typisch venezianisch geht es im *A La Campana* in der Calle dei Fabbri zu (4720 San Marco). Im *Ai Do Ladroni* (Campo San Bartolomeo, 5362 San Marco) gibt es Panini und venezianische Spezialitäten. Im *Leon Bianco* (Salizzada San Luca, 4153 San Marco) kann man geschwind einen Imbiß im Stehen einnehmen; wer eine richtige Mahlzeit will, darf sich aber auch setzen. *Ai Rusteghi* am Campo San Bartolomeo (5529 San Marco) hat Panini und guten Wein im Angebot. *Da Sergio* ist wieder eine typisch venezianische Trattoria (5870/a Castello). Sehr lecker ißt man im *Alle Testiere* in der Calle del Nuovo Mondo (5801 Castello). In der Nähe der Ca' Corner, im *Vecio Fritoin* (Calle della Regina, 2262), bekommt man venezianische Spezialitäten und ausgezeichnete *cicheti*.

Kuchen und Gebäck für jeden Geschmack ... gibt es bei *Rizzo* in der Salizzada, die zur Chiesa San Giovanni Grisostomo führt.

Schlagsahneliebhaber ... kommen im *Da Zorzi* (Calle dei Fuseri, 4359 San Marco) auf ihre Kosten: Die Schlagsahne ist dort nämlich noch hausgemacht.

Ex-Libris, venezianische Karten und Briefpapier ... finden sich im *La Luna*, einem kleinen Laden am Campo San Grassiano.

stützt von Papst Leo III., machte der neugewählte Kaiser Ostrom schon bald seine Besitzungen streitig. 807 entsandte er seinen Sohn Pippin, den König von Italien, um gegen den byzantinischen Vorposten in der Lagune vorzugehen. Es gelang Pippin jedoch nicht, den energischen Widerstand der Lagunenbewohner zu brechen.
811 beschloß **Agnello Participazio**, den Regierungssitz von Malamocco mitten in die Lagune, auf die Inseln des Rivo alto zu verlegen, wo er vor feindlichen Angriffen sicher war. 812 wurde die Civitas Rivo Alto, das spätere Venedig, im Friedensschluß zwischen Byzanz und den Franken offiziell anerkannt.

★★ **Ponte di Rialto** (**4 FU**) – Die beiden Ufer des Canal Grande wurden 1175 zum ersten Mal durch eine Brücke verbunden. Durch sie erhielt die Geschäftstätigkeit im Rialto-Viertel gewaltigen Auftrieb. Es handelte sich bei dieser Brücke allerdings noch um eine instabile Holzkonstruktion, die mehrmals wieder aufgebaut werden mußte; das erste Mal, nachdem sie bei der Erhebung des Baiamonte Tiepolo 1310 niedergebrannt war, und danach noch zweimal, weil sie eingestürzt war.

Einer der Architekten, der anschließend mit der Ausarbeitung der Pläne für die neue – steinerne – Brücke betraut wurde, war Palladio (1508-1580). Seine Pläne wurden jedoch nie umgesetzt, vermutlich, weil die von ihm vorgesehene dreibogige Brücke nach römischem Vorbild den Schiffsverkehr behindert hätte.

Achtzig Jahre später fuhren bereits keine großen Wasserfahrzeuge mehr durch die Stadt, doch **Antonio da Ponte** (1512-1597) gab dennoch dem traditionellen venezianischen Modell der einbogigen Brücke den Vorzug.

So entstand der 28 m lange Brückenbogen, der 7,5 m über dem Wasserspiegel gipfelt und über den eine mittlere, von Geschäften gesäumte, und zwei engere Treppen an den Seiten führen.

Die Rialtobrücke blieb bis zur Mitte des 19. Jh.s, als kurz nacheinander die Ponte dell'Academia und die Ponte degli Scalzi gebaut wurden, die einzige Brücke über den Canal Grande.

RIALTO

- ★ **Mercerie** – Die älteste Einkaufsstraße der Stadt ist nach den mannigfaltigen Waren benannt, die dort schon früh in unzähligen Läden feilgeboten wurden (*mèrce* heißt Ware). Hier pflegten sich auch die vornehmen Patrizier auf dem Weg zum Dogenpalast dem Volk zu zeigen. Die Mercerie, in denen das Gedränge heute mindestens noch so dicht ist wie damals, reichen vom Markusplatz bis zum Rialto und sind in drei Abschnitte eingeteilt: Die **Mercerie dell'Orologio** (**4 FV 121**), die **Mercerie di San Zulian** (**4 FV 124**) und die **Mercerie di San Salvador** (**4 FV**). Ein Relief im ersten Abschnitt erinnert an den Aufstand des Baiamonte Tiepolo (1310). Hier hatte nämlich ein Anwohner unter den Truppen der Aufständischen große Verwirrung gestiftet, indem er einen Mörserstößel auf eine Fahnenstange hatte fallen lassen.

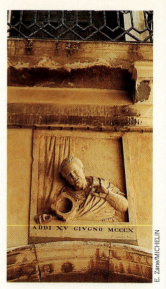

Erinnerung an die Geschichte vom Mörserstößel und seinen Folgen

San Zulian (**4 FV**) – Die erste Kirche auf dem Weg vom Markusplatz in Richtung Rialto hat eine reich ausgeschmückte Fassade, die allerdings von den Nachbarhäusern etwas beschnitten wurde. Über dem Portal hat Sansovino (1486-1570) den Stifter der Kirche, Tommaso Rangone – umgeben von den Dingen, die ihm lieb waren –, verewigt. Seitlich des Portals befinden sich mit Kartuschen verzierte Säulen und Fenster mit Giebelverdachung. Das Frontispiz ist von einer **Serliana** (nach ihrem Erfinder, Sebastiano Serlio) durchbrochen, einer dreiteiligen Wandöffnung mit einem mittleren Rundbogen und seitlich davon zwei Rechteckfenstern, deren Gebälk in der Höhe des Bogenkämpfers verläuft; diese Art von Drillingsfenster ist auch unter dem Namen Palladiomotiv bekannt. Die Kirche, deren Geschichte auf das 9. Jh. zurückgeht, ist ein Werk der Spätrenaissance; sie wurde von Sansovino und Alessandro Vittoria (1525-1608) entworfen.

An den quadratischen Kirchenraum schließen sich der Chor und zwei Seitenkapellen an. Die Kirche ist mit mehreren Werken von Palma Giovane (1548-1628) ausgeschmückt: ein *Hl. Julius* im Zentrum des Gewölbes, eine *Mariä Himmelfahrt* über dem zweiten Altar rechts, die *Heiligen Johannes Evangelista, Joseph und Antonius* in der rechten Seitenkapelle und die *Auferstehung* über dem Bogen der linken Seitenkapelle. Der von Heiligen und Engeln gestützte *Schmerzensmann* über dem ersten Altar rechts stammt von Veronese (1528-1588).

San Salvador (**8 FV**) – *Siehe unter La FENICE, S. 127*

Als in Venedig nicht nur Fußgänger unterwegs waren ...

Im Mittelalter durchquerte, wer es sich leisten konnte, die Stadt hoch zu Roß – mit der Folge, daß es ständig zu Staus kam. 1291 erging eine Verordnung, welche die Reitersleute zwang, fortan bei San Salvador aus dem Sattel zu steigen. Der Markusplatz war für Pferde gesperrt; beim Uhrturm, wo damals tatsächlich noch Holunder wuchs, wurde ein „Parkplatz" für die wiehernden Verkehrsmittel eingerichtet.

WO SICH VENEDIGS WEGE KREUZEN

Auf dem Campo San Bartolomeo hat man die (Qual der) Wahl, ob man den Spaziergang nun in Richtung Accademia, an den vielen Geschäften vorbei zur Strada Nuova oder im Viertel hinter dem Rialto fortsetzen soll.

Spaziergang zur Strada Nuova

Fondaco dei Tedeschi (**4 FU**) – *Siehe unter La FENICE, S. 127*

San Giovanni Grisostomo (**4 FU**) – Die an einem engen Durchgang stehende, zwischen Nachbarhäusern eingezwängte schlichte Fassade der Kirche sticht nur durch ihre rötliche Farbe hervor. Geweiht wurde das Gotteshaus 1080; der heutige Bau wurde jedoch von Mauro Codussi (um 1440-1504) entworfen und nach dessen Tod von seinem Sohn Domenico vollendet.

RIALTO

Den über einem griechischen Kreuz errichteten Innenraum überwölbt eine auf vier Pfeilern ruhende Kuppel.

Die *Heiligen Hieronymus, Christopherus und Augustinus* in der ersten Kapelle rechts stammen von Giovanni Bellini (um 1426-1516). Der *Hl. Joseph* über dem zweiten Altar ist das Werk des Deutschen Johann Carl Loth (1632-1698). Der Chorraum ist mit der Vitae des Kirchenpatrons und Szenen aus dem Leben Christi überzogen (17. Jh.). Im Zentrum steht ein Werk von Sebastiano del Piombo (um 1485-1546), das Johannes Goldenmund (Johannes Chrysostomus) inmitten der Heiligen Paul, Johannes dem Täufer, Liberalus, Magdalena, Cäcilia und Katharina zeigt. Im linken Querhausarm befindet sich ein Marmoraltar mit einer *Marienkrönung* von Tullio Lombardo (um 1455-1532).

Zwischen den Marktständen am Rialto

Geradeaus gelangt man auf den lebhaften, von Geschäften gesäumten **Campo dei Santi Apostoli**, an dem die Strada Nuova beginnt.

Santi Apostoli (**4 FT**) – Die heutige Kirche entstand im 16. Jh. und wurde im 18. Jh. restauriert. Sie wendet dem Campo ihre Seitenfront zu. Neben ihr ragt der recht uneinheitliche, aber von weitem zu erkennende Turm auf; er ruht auf einer Art steinernem Podest und wird von einem Glockenstuhl mit Drillingsfenstern bekrönt.

In dem rechteckigen Kirchenbau befindet sich die Cappella Corner (15. Jh.), die vermutlich von Mauro Codussi entworfen wurde. Dort hängt ein Gemälde von Tiepolo (1696-1770): *Die Kommunion der hl. Cäcilia*. Die Idee für den *Mannaregen* an der linken Chorwand stammt von Veronese; ausgeführt soll das Gemälde aber ein Heredes Pauli haben. In der Kapelle links vom Chor fallen Fresken im byzantinischen Stil auf; sie entstanden zu Beginn des 14. Jh.s.

Am anderen Ufer des Rio ragt der **Palazzo Falier** (13. Jh.) (**4 FTU**) auf, unter dessen Arkaden sich Geschäfte und Restaurants eingerichtet haben. Das dreigeschossige Bauwerk schmücken Marmorrosetten zwischen den Maßwerksbögen. Man nimmt an, daß der als Verschwörer zum Tode verurteilte Doge Marino Falier hier gelebt hat.

Der Bucklige vom Rialto

In Venedig trifft man oft auf Figuren, die in eigenartigen Positionen dargestellt sind – man denke nur an die Mauren am Campo dei Mori. Am Campo San Giacomo di Rialto (gegenüber der Kirche) stützt seit dem 16. Jh. eine von Müdigkeit und Entkräftung geknickte Figur die Treppe neben der Säule, von der aus der Comandador die Gesetze verlas.

Der Bucklige vom Rialto als Beschützer der Katzen

RIALTO

Auf der anderen Seite der Rialtobrücke

Die Kirche von San Giacomo di Rialto fällt hinter den vielen Marktständen und Auslagen am gleichnamigen Campo kaum auf; besser sieht man sie, wenn man von San Polo her kommt.

San Giacomo di Rialto (4 FU) – Die angeblich älteste Kirche der Stadt soll einer – allerdings recht zweifelhaften – Urkunde zufolge bereits am 25. März 421 geweiht worden sein. Zwei Kaufleute aus Padua hätten hier ein Handelskontor eingerichtet und sich durch die Kirchengründung Gottes Segen für ihre Geschäfte sichern wollen. Erbaut wurde die Kirche auf jeden Fall Ende des 11. Jh.s, inmitten der damals schon zahlreichen Marktstände. An der Fassade fallen vor allem die große Uhr, die in ihrer heutigen Form allerdings erst 1938 entstand, das Glockentürmchen und der Portikus aus dem 14. Jh. auf.

Der Kirchenraum ist auf dem Grundriß eines griechischen Kreuzes errichtet. Die Säulen aus griechischem Marmor sind noch original; ebenso die mit Pflanzenmotiven verzierten Kapitelle im venezianisch-byzantinischen Stil (11. Jh.). Den Altar von Scamozzi (1553-1616) zur Linken schmücken Bronzefiguren von Gerolamo Campagna (um 1550-um 1626); Campagna hat auch den Hochaltar von San Giorgio Maggiore geschaffen. Die *Verkündigung* zur Rechten ist ein Werk des Tizian-Vetters Marco Vecellio (1545-1611); der Altar stammt von Alessandro Vittoria.

Unweit des Campo befand sich früher die **Banco del Giro**, eine 1619 gegründete öffentliche Bankanstalt. Ihr Name (ebenso wie der des heutigen Girokontos) kam vom italienischen *girare*, „drehen", denn hier machte das Geld die Runde, d. h. wurde vom Konto eines Kunden auf das eines anderen überschrieben. Damals gab es noch keine Schecks; die Kunden gingen auf die Bank, wo ihr Zahlungsauftrag verbucht wurde. Quittungen wurden keine ausgestellt: Das Buch der Bank war eine amtliche Unterlage, deren Inhalt nicht in Zweifel gezogen werden konnte – lästiger Papierkram blieb den Venezianern damit erspart.

Die Rialto-Gegend war das traditionelle Viertel der Geldwechsler und Handelsgerichte. Aber auch Geschäfte gab es dort in Hülle und Fülle, woran noch heute die Straßen und Plätze erinnern, die nach den dort feilgebotenen Waren benannt sind: Öl *(olio)*, Fisch *(pesce)*, Wein *(vino)*, Gewürze *(spezie)*, Geflügel und Fleisch (*beccarie* auf venezianisch) und Würste (*luganegher* auf venezianisch).

Am Ufer des Canal Grande, kurz vor der Pescaria, stehen die „alten" und die „neuen" Fabbriche, gewaltige Verwaltungs- und Lagergebäude.

Fabbriche Vecchie (4 FU) – Scarpagnino wurde nach dem großen Brand von 1514 damit betraut, diesen Teil des Viertels wiederaufzubauen; dabei errichtete er auch die Fabbriche Vecchie, einen recht einfallslosen Zweckbau mit Bossenquadern im Erdgeschoß.

Fabbriche Nuove (4 FU) – Sansovinos monotone, ebenfalls aus Bossenquadern gemauerte Arkaden ziehen sich in einer langen Reihe an der Biegung des Canal Grande entlang; die mit Giebeln verdachten Fenster der Obergeschosse sind von Pilastern flankiert.

Campo della Pescaria (4 EFU) – Unter den Arkaden dieses großen Bauwerks findet tagtäglich der Fischmarkt statt, auf dem es so immer noch so lebhaft zuzugehen scheint wie vor hundert Jahren, als es gebaut wurde.

Auf dem **Campo delle Beccarie** (4 EU), wo früher die städtischen Schlachthöfe standen, herrscht nicht weniger Trubel. Hier kann man an den Marktständen entlangschlendern oder sich bei einem Glas Wein in einem typisch venezianischen Beccaro erholen.

Am Rialto berichten selbst die Kapitelle vom Meer

Ca' Rezzonico, Venezia/SCALA

Kein Blatt vor den Mund genommen ...

... haben die Venezianer, als sie die Brücke und die Fondamente zwischen dem Campo San Cassiano und dem Campo San Polo auf ihren heutigen Namen tauften. Jeder Irrtum ist ausgeschlossen: Mit dem Wort „Tette" sind eindeutig die beiden Rundungen am weiblichen Oberkörper gemeint. Im 16. Jh. zeigten sich nämlich in dieser Gegend leichtlebige Damen mit entblößten Brüsten am Fenster, um die Männerwelt anzulocken. Diese Gepflogenheit wurde vom Klerus nicht nur geduldet, sondern hatte sogar dessen Segen: Die Geistlichen meinten, auf diese Weise die unter den Seeleuten weitverbreitete Homosexualität bekämpfen zu können.

Um von hier zum Campo San Cassiano zu gelangen, genügt es, dem vom Rialto kommenden Menschenstrom zu folgen.

San Cassiano (**4 EU**) – Die im 9. Jh. gegründete Kirche wurde mehrfach umgebaut; ihr heutiges Erscheinungsbild ist das Ergebnis der Restaurierungen des 17. Jh.s.
Die drei Schiffe des gedrungen wirkenden Innenraums gliedern mit rotem und grauem Damast bespannte Säulen. Die rechte Apsidialkapelle birgt drei Werke von Leandro Bassano (1557-1622) – die *Heimsuchung*, *Zacharias wird die Geburt seines Sohnes verkündet* und die *Geburt Johannes des Täufers* – sowie eine *Kreuzigung* von Palma Giovane. In der Hauptapsis befinden sich drei Werke von Tintoretto (1518-1594): eine *Auferstehung mit dem hl. Kassian und der hl. Cäcilia*, *Christi Niederstieg in die Vorhölle* und eine *Kreuzigung*.

Den Rio di San Cassiano überqueren und rechts in die Calle della Regina.

Ca' Corner della Regina (**4 ET**) – Das frühere gotische Palais gehörte dem Bruder der **Caterina Cornaro** bzw. Corner (1454-1510). Im heutigen Bauwerk aus dem 18. Jh. erzählt ein Freskenzyklus im Stil von Tiepolo die traurige Geschichte der schönen Venezianerin, die im Alter von 15 Jahren mit dem König von Zypern, Jakob II., verlobt wurde. Die Republik zwang den König zur Unterzeichnung eines Vertrages, in dem er ihr sein Reich vermachte für den Fall, daß er ohne Nachkommen sterbe. Tatsächlich verschied Jakob II. schon kurz nach der Eheschließung. Die junge Frau erwartete zu diesem Zeitpunkt gerade ein Kind. Wenig später wurde sie Opfer eines Staatsstreiches, dessen Ziel es war, die Insel dem Einfluß der Venezianer zu entziehen. Danach verlor die bereits jeder wirklichen Macht beraubte Caterina Cornaro auch noch ihren kaum einjährigen Sohn, Jakob III. 1489 mußte sie daher abdanken und ihr Reich der Serenissima überlassen, die ihr im Tausch dafür den Palazzo Corner, Ländereien auf Zypern und das kleine Städtchen Asolo in Venetien schenkte. Dort scharte sie einen Hof angesehener Künstler und Schriftsteller, darunter Pietro Bembo, um sich. Nachdem die Liga von Cambrai der Serenissima einen Großteil ihrer Festlandsbesitzungen entrissen hatte, mußte Caterina Cornaro nach Venedig

Porträt der Caterina Cornaro von Tizian (Florenz, Uffizien)

zurückkehren, wo sie ihre Tage im Ca' Corner beschloß.
Seit 1976 hat dort das **Archivio Storico delle Arti Contemporanee** seinen Sitz; es informiert über die Biennale und die Kunst des 20. Jh.s (Bibliothek, Zeitschriftenlesesaal, Foto- und Filmarchiv und Schallplattensammlung).

Die Calle della Regina zurückgehen und rechts in den gleichnamigen Ramo einbiegen.

Santa Maria Materdomini (4 ET) – Die an toskanische Vorbilder erinnernde Renaissancekirche steht etwas abseits des Platzes, an dem die von Kleeblattfenstern durchbrochene Front des **Palazzo Zane** (15. Jh.) aufragt.
Ihre schlichte Fassade aus istrischem Stein, die möglicherweise von Sansovino (1486-1570) entworfen wurde, ist zwischen den Nachbarhäusern eingezwängt. Es ist nicht auszuschließen, daß die Baupläne der Kirche in der Werkstatt Pietro Lombardos (1435-1515) entstanden; jedoch gilt es als wahrscheinlicher, daß sie von Marco Codussi (um 1440-1504) ausgearbeitet wurden.
Der schlichte, dreischiffige Innenraum führt zum Hochaltar, über dem sich eine tönerne Madonna erhebt (15. Jh.). Auch die Urheberschaft des Altars in der rechten Apsidialkapelle ist nicht gesichert: Er stammt entweder von Sansovino oder von Lombardo. Das bedeutendste Werk der Kirche ist die *Auffindung des Kreuzes* von Tintoretto im linken Querhausarm. Das *Abendmahl* gegenüber wird Bonifacio de' Pitati (um 1487-1553) zugeschrieben.

Geradeaus weiter zum Canal Grande und zur Ca' Pesaro.

★ **Ca' Pesaro** (4 ET) – Das Palais, das die Familie Pesaro bei Baldassarre Longhena (1598-1682) in Auftrag gab und das nach dessen Tod von Francesco Antonio Gaspari (um 1670-nach 1730) fertiggestellt wurde, beherbergt heute zwei Museen.

Museo di Arte Orientale ⊙ – Das Orientalistikmuseum ist im Obergeschoß des Palazzos untergebracht, in das eine an die hundert Stufen hohe Treppe führt. Es zeigt eine Sammlung japanischer Rüstungen aus der Edo-Zeit (1603-1869), Klingen, Lackarbeiten, Schattentheaterfiguren, Musikinstrumente und chinesisches Porzellan.

Galleria Internazionale di Arte Moderna ⊙ – Das Museum der modernen Kunst bietet dem Besucher einen Überblick über das Kunstschaffen des ausgehenden 19. und des 20. Jh.s und zeigt u. a. Werke von: Klinger (1857-1920), Chagall (1887-1985), Klimt (1862-1918), Bonnard (1867-1947), Matisse (1869-1954), Kandinsky (1866-1944), Klee (1879-1940), Tanguy (1900-1955), Moore (1898-1986), Mirò (1893-1983), Ernst (1891-1976), Boccioni (1882-1916), Rosso (1858-1928), De Pisis (1896-1956), Morandi (1890-1964), De Chirico (1888-1978), Casorati (1883-1963), Carrà (1881-1966), Sironi (1885-1961) und Pizzinato (*1910). Eine kleine Sammlung ist dem Werk von Guglielmo Ciardi (1842-1917), einem Nachfahren der venezianischen Vedutenmaler des 18. Jh.s, gewidmet.
Ebenfalls vorgestellt werden venezianische Künstler der zweiten Hälfte des 19. Jh.s: Luigi Nono (1850-1918), Alessandro Milesi (1856-1945) und Giacomo Favretto (1849-1889).

Zurück zur Chiesa Santa Maria Materdomini; vor der Kirche nach rechts und hinter dem Rio nochmals rechts in die Salizzada San Stae.

Museo di Palazzo Mocenigo ⊙ (3 DT) – Die Besichtigung dieses Museums vermittelt dem Besucher einen Eindruck vom Leben einer venezianischen Patrizierfamilie im 17. und 18. Jh. In diesem Palazzo lebte die Familie Mocenigo, die insgesamt sieben Dogen stellte (ihre Porträts hängen im Portego). An den Wänden sind Kostüme und Stoffe aus dem textilhistorischen Zentrum der Stadt Venedig ausgestellt. Das Mobiliar stammt aus jener vergnügungs- und verschwendungssüchtigen Zeit, als der Niedergang der Republik bereits nicht mehr aufzuhalten war.

Spaziergänge in der Umgebung s. unter PIAZZA SAN MARCO, La FENICE, SAN ZACCARIA und SAN ZANIPOLO.

„Die Salute-Kirche mit ihrer herrlichen Verkündigungskuppel und ihrer entrückten, in luftiger Bewegung erstarrten Bevölkerung von Statuen schimmerte, mehr Fabelgebilde als aus Stein, in unverläßlicher Schönheit."

Harold Brodkey, „Profane Freundschaft" (Rowohlt Verlag)

LA SALUTE★★

(8 FX)

Vaporetto-Anlegestellen: Salute od. Accademia

Rundgang: ca. 3 Std. (inklusive Besichtigungen)

Die Salute-Kirche, die zu den meistbesuchten Sehenswürdigkeiten der Stadt gehört, liegt den Venezianern besonders am Herzen. Im Pestjahr 1630 hatten sie gelobt, der Madonna diese Kirche zu errichten, damit sie sie von der Seuche erlöse. Im Jahr darauf war die Pest besiegt, und die Venezianer betrauten Baldassarre Longhena (1598-1682) mit dem Bau der Salute-Kirche.

Trotz der vielen Touristen, die tagtäglich in die berühmte Kirche und ins nahegelegene Guggenheim-Museum strömen, geht es in diesem Teil von Dorsoduro eher beschaulich zu. Es gibt hier nur wenige Geschäfte oder Cafés – die findet man eher bei San Trovaso oder San Barnaba. Die Atmosphäre ist leicht angelsächsisch angehaucht, wozu die kunstsinnigen Landsleute der Museumsstifterin Peggy Guggenheim, die von ihnen geschätzten Kunsthandlungen, die nahe anglikanische Kirche und die hier und da auf englisch beschrifteten Schilder beitragen.

Cocktails mit Blick auf die Giudecca

In der Gegend der Salute gibt es kaum Restaurants. Wer Hunger hat, muß zurück in Richtung Accademia. Dafür kann man sich an den Zattere (8 YEF), auf der anderen Seite der Dogana da Mar, im *Linea d'Ombra* (Dorsoduro 19), bei einem Cocktail mit Blick auf die Giudecca entspannen. Falls Sie den Abend bei musikalischer Begleitung ausklingen lassen wollen, können Sie dorthin zurückkehren: Die Piano-Bar ist bis um 2 Uhr morgens geöffnet.

★★ **Santa Maria della Salute** (8 FX) – Die gewaltige Freitreppe vor dem Portal läßt die bereits sehr eindrucksvolle Kirche noch majestätischer wirken. Die riesige Kuppel ruht auf einem achteckigen Tambour, dessen Form dem achtarmigen Marienstern verwandt ist, der auf jedem der Giebelfelder zu sehen ist. Das charakteristischste Element der Kirche sind jedoch die volutenförmigen Stützen, die rings um den Tambour angeordnet sind.

Die Marienfigur über der großen Hauptkuppel hält einen Kapitänsstab in der Hand. Auf der Laterne der kleineren Chorkuppel thront der hl. Markus. Die beiden hinter den Kuppeln fast unscheinbar wirkenden Türme bilden die Rückfront der Kirche. Der Außenbau ist mit zahlreichen Statuen geschmückt, unter denen die Muttergottes über dem Portal besonders heraussticht.

Innenraum – Die Kirche ist ein typischer Zentralbau, der in einer großen Kuppel gipfelt. Der von ihr überspannte Hauptraum ist rings von sechs Kapellen umgeben. Die zarten Motive des Bodenbelags aus polychromem Marmor konvergieren zu dem

Dogana da Mar und Salute-Kirche

La SALUTE

> **Das Fest der „Madonna della Salute"**
>
> Seit über drei Jahrhunderten feiern die Venezianer am 21. November das Ende der furchtbaren Pestepidemie, die Venedigs Bevölkerung im Jahre 1630 dahinraffte. Aus diesem Anlaß wird alljährlich eine Pontonbrücke über den Canal Grande gelegt, über die dann Scharen von Gläubigen in die Salute-Kirche pilgern. Die Feierlichkeiten, bei denen die Venezianer der Madonna eine Kerze anzuzünden pflegen, ziehen sich in ausgelassener Volksfeststimmung über den ganzen Tag hin.

Kreis der fünf Rosen in der Mitte, der zusammen mit den anderen, größeren Kreisen den Rosenkranz versinnbildlicht. Die lateinische Inschrift in der Mitte besagt, daß der Stadt schon bei ihrer Gründung Gesundheit und Heil verhießen waren (beide Begriffe heißen auf italienisch *Salute*): Will man der Legende Glauben schenken, wurde Venedig an einem 25. März des Jahres 421 gegründet, dem Tag der Verkündigung, weshalb die Stadt unter dem persönlichen Schutz der Hl. Jungfrau stehen soll.

Über dem letzten Altar vor dem Hochaltar auf der linken Seite fällt das Bild von der *Ausgießung des Heiligen Geistes* auf, das Tizian 1555 gemalt hat.

Den Hochaltar schmückt eine Heilsmadonna, eine Ikone aus dem 12. Jh., die von den Venezianern die „Mesopanditissa" genannt wird, weil sie aus einem Ort auf Kreta stammt, der so hieß. Die Figurengruppe (1670-1674) darüber zeigt die von der Pest befreite Venezia zu Füßen der Muttergottes; die von einem Engel verjagte Heimsuchung ist zur Rechten dargestellt. Es handelt sich um ein Werk des flämischen Meisters Justus Le Court.

Besonders reich an Kunstschätzen ist die **Sakristei**. Aus der Fülle der Bilder sticht die theatralische **Hochzeit zu Kana** von Tintoretto (1518-1594) hervor. Der Künstler hat sich auf diesem Bild in der Gestalt des ersten Apostels zur Linken verewigt. Für die anderen Figuren sollen Freunde und Kollegen des Malers sowie deren Frauen Modell gestanden haben. An der linken Wand über dem Altar hängt ein Gemälde Tizians, aus dem noch deutlich der Einfluß Giorgiones spricht *(Markus mit vier Heiligen)*. Die Heilsmadonna zur Rechten stammt von Padovanino (1588-1648). Rechts der *Hochzeit zu Kana* befinden sich ein *Samson* von Palma Giovane (1548-1628) und eine *Maria mit dem Kind* von Palma Vecchio (um 1480-1528). Der *Prophet Jonas* rechts stammt wieder von Palma Giovane, „dem Jungen". Gegenüber dem Altar sieht man die alten Orgelflügel und das *Abendmahl* von Salviati (1520/1525-1575). Gegenüber Tintorettos Meisterwerk hängen weitere Bilder von Salviati *(Josua, David besiegt Goliath, Melchisedek)* sowie verschiedene Darstellungen der Betenden Maria von Sassoferrato (1605-1685). Die äußerst dramatischen Deckengemälde von Tizian kreisen um die Thematik des Opfers und sind daher alle von einem Ausdruck der Gewalt durchdrungen *(David und Goliath, Abraham und Isaak, Kain und Abel)*.

Nach dem Verlassen der Sakristei lohnt es sich, einen Blick auf die Altarbilder der drei Kapellen auf der rechten Seite zu werfen. Sie berichten von *Mariä Geburt*, *Himmelfahrt* und *Tempelgang* und stammen von der Hand Luca Giordanos (1634-1705).

Dogana da Mar (8 FX) – Die Fondamenta Dogana, von der aus man einen herrlichen Blick auf das Becken von San Marco hat, führt zur im 15. Jh. gegründeten Seezollstation. Hier gingen die Waren durch den Zoll, die auf dem Seeweg in Venedig angelangt waren. (Die auf dem Landweg transportierten Waren wurden in der Dogana di Terra an der Fondamenta del Vin, nahe dem Rialto, verzollt.) Das heutige Bauwerk stammt aus dem 17. Jh. und wurde von Giuseppe Benoni entworfen. Seine Form erinnert an einen Schiffsbug. Auf dem Turmaufsatz steht auf einem von zwei Atlanten gestützten Erdball die sich im Wind drehende Fortuna.

★ **Zattere** (7 8 CFXY) – Von dieser Fondamenta bietet sich ein einmaliger Blick auf das fast schon wellenschlagende Wasser des Canale della Giudecca und die gleichnamige Insel, an deren Ufer die eigentümliche Mulino Stucky, das Palladio-Meisterwerk Il Redentore und die Zitelle-Kirche aufragen.

Im 17. Jh. wurden an diesem Uferkai die Holztransporte abgewickelt; da das Holz auf Flößen – auf italienisch *zatere* – angelandet wurde, ging dieser Name im Laufe der Zeit auf den ganzen Uferkai über.

Der Weg entlang der Zattere führt an den **Magazzini del Sale**, den im 14. Jh. eingerichteten Salzlagern (Venedig besaß große Salinen) und an der Heiliggeistkirche und ihrem Kloster **(Spirito Santo)** vorbei. Dort nimmt bei der Festa del Redentore die große Pontonbrücke ihren Anfang, die zu Palladios Kirche am anderen Ufer führt. In Richtung Chiesa dei Gesuati gelangt man zum **Ospedale degli Incurabili** aus dem 16. Jh., dem „Hospiz der Unheilbaren", in dem die Syphiliskranken Zuflucht fanden; später wurde daraus ein Waisenhaus. Wie in vielen anderen Wohltätigkeitseinrichtungen der Stadt befand sich hier auch eine Musikschule.

La SALUTE

An die Zattere gibt es viele Cafés; bei schönem Wetter werden die Tische herausgestellt, dann kann man auf Holzterrassen über dem Wasser sitzen.
Durch die Calle della Scuola Monastera geht es geradeaus weiter zum wunderschön verwunschenen **Ca' Dario**, auf dem angeblich ein Fluch liegen soll *(s. unter CANAL GRANDE)*.

Kurz vor dem Ca'Dario links zum Palazzo Venier dei Leoni abbiegen.

★★ **Collezione Peggy Guggenheim** ⊙ (**8 EX**) — Venedigs berühmte Sammlung zeitgenössischer Kunst ist im **Palazzo Venier dei Leoni** untergebracht, mit dessen Bau 1749 unter der Leitung von Lorenzo Boschetti begonnen wurde, der aber nie fertiggestellt wurde, weil seinen Besitzern in der Zwischenzeit das Geld ausgegangen war.
Vor dem Palazzo liegt ein stiller Garten, in dem zahlreiche Skulpturen ausgestellt sind. An der Umfassungsmauer weisen zwei Gedenksteine auf das Grab der Peggy Guggenheim und das ihrer „beloved babies" — ihrer Hunde — hin. **Peggy Guggenheim** (1898-1979) war die Nichte des amerikanischen Industriellen Salomon Guggenheim, des Gründers des gleichnamigen, von Frank Lloyd Wright entworfenen Museums in New York. Im Palazzo Venier dei Leoni, den sie nach dem Krieg gekauft und in dem sie bis zu ihrem Tod gelebt hat, sind die Kunstschätze ausgestellt, die die wohlhabende Amerikanerin ab 1936 gesammelt hat. Die Sammlung, die Peggy Guggenheim zum Teil zusammen mit Marcel Duchamp aufgebaut hat und die zu den bedeutendsten Privatsammlungen moderner Plastik und Malerei gehört, befindet sich heute im Besitz der Salomon Guggenheim Foundation, die sich im übrigen mit den gleichen Themen befaßt: Das Hauptaugenmerk gilt in New York wie in Venedig der abstrakten Kunst und dem Surrealismus (Peggy Guggenheim war — nebenbei bemerkt — 1941/42 mit dem surrealistischen Künstler Max Ernst verheiratet).

Eine Amerikanerin in Venedig: Peggy Guggenheim

Collezione Peggy Guggenheim — *Maiastra* (1912) von Constantin Brancusi

La SALUTE

In der Collezione Peggy Guggenheim sind heute u. a. Werke von Georges Braque (1882-1936), Pablo Picasso (1881-1973), Piet Mondrian (1872-1944), Umberto Boccioni (1882-1916), Constantin Brancusi (1876-1957), Wassily Kandinsky (1866-1944), Marc Chagall (1887-1985) *(Der Regen)*, Giacomo Balla (1871-1958) *(Abstrakte Geschwindigkeit + Lärm)*, Gino Severini (1883-1966) *(Meer = Ballerina)*, Joan Mirò (1893-1983), De Chirico (1888-1978) *(Der rote Turm)*, Max Ernst (1891-1976), Paul Klee (1879-1940), René Magritte (1898-1967) *(Das Reich des Lichts)*, Salvador Dali (1904-1989), Jackson Pollock (1912-1956), Alexander Calder (1896-1976) *(Mobile)*, Viktor Vasarely (1908-1990) und Henry Moore (1898-1986) ausgestellt.

Vor den Fenstern, mit Blick auf den Canal Grande, stehen 23 Statuen nach Vorlagen von Picasso, die Edigio Costantini 1964 geschaffen hat.

Die vor dem Bau stehende und ebenfalls in Richtung Canal Grande blickende Figur *L'Angelo della Città*, der „Engel der Stadt", ist ein Werk des Toskaners Marino Marini (1901-1980).

Seit 1997 ist im Palazzo Venier dei Leoni auch die Collezione Mattioli zu sehen, die dort für ein paar Jahre eingezogen ist: Besondere Aufmerksamkeit verdienen die Arbeiten der Futuristen Carlo Carrà (1881-1966), Severini *(Tänzerin in Blau)*, Boccioni und Balla (1871-1958) sowie die Werke von Giorgio Morandi (1890-1964), Mario Sironi (1885-1961), Amadeo Modigliani (1884-1920) und Soffici (1879-1964), die alle vier – auf sehr unterschiedliche Weise – der gegenständlichen Kunst treu blieben.

Spaziergänge in der Umgebung s. unter ACCADEMIA.

Dadaismus und Surrealismus

1916 schloß sich im Züricher Exil eine Gruppe von Künstlern zu **Dada** zusammen. Der Name der Bewegung war gewollt sinnentleert („Dada soll nichts heißen, Dada ist nur ein Laut", sagte der rumänische Dichter Tristan Tzara, einer der Mitbegründer); Ziel dieser Künstler war es, die ästhetischen Wertvorstellungen der bürgerlichen Gesellschaft, die Europa in den Krieg getrieben hatte, ad absurdum zu führen. Ihre Gestaltungsprinzipien hießen Irrationalität und Spontaneität; sehr wichtig war die Collage, in der Papierschnipsel nach dem Zufallsprinzip (scheinbar) wahllos zusammengefügt wurden. Marcel Duchamp (1887-1968) schockierte das Publikum mit seinen Ready-Mades – u. a. dem berühmten Urinoir -, mit denen er beweisen wollte, daß ein Kunstgegenstand nur deshalb ein Kunstgegenstand ist, weil er von der Gesellschaft als solcher anerkannt wird. Der 1924 in Paris begründete **Surrealismus** (als Markstein gilt André Bretons „Manifest") trat die Nachfolge des Dadaismus an; er bezog seine Inspiration aus dem Gedankengut der Psychoanalyse: Die Surrealisten begeisterten sich für Traumvisionen und Halluzinationen als Ausdrucksformen des Unterbewußtseins. Auf ihren Bildern schmelzen Uhren zu Wachs (Dalì), öffnen sich illusionistische Räume (Magritte) oder tanzen abstrakt-phantastische Formen über die Leinwand (Mirò).

SANT'ELENA E SAN PIETRO★
(⏪ KLXY)
Vaporetto-Anlegestellen: Sant'Elena od. Giardini Biennale

Rundgang: ca. 3 Std.

Die Kirchen Sant'Elena und San Pietro am äußersten Ende von **Castello** liegen zwischen erstaunlich viel Grün nahe einem volkstümlich-farbenfrohen Viertel, das zugleich ruhig und voller Leben ist.

Wenn man das Vaporetto an der Anlegestelle Sant'Elena verläßt, kann man vom Parco delle Rimembranze („Park der Erinnerungen") und den öffentlichen Gärten den herrlichen Blick auf die Lagune und das Becken von San Marco genießen.

Zwischen den Häusern von Sant' Elena und San Pietro sind bunte Wäscheleinen gespannt, die sich heiter im Wasser der Kanäle spiegeln. Großer Trubel herrscht am Ufer des Rio di Sant'Anna, wo die Gemüsehändler vom Boot aus ihre Ware anpreisen, und zwischen den vielen Geschäften der sich an den Rio anschließenden Via Garibaldi. Der Reisende entdeckt hier ein Venedig, das nicht so recht zu den Klischees der Stadt passen will. In dem durch Grünanlagen und Gärten vom restlichen Venedig und seiner Lagune getrennten Viertel gibt es nur wenige Kanäle, und manchmal glaubt man sich fast in einem beschaulichen Dorf auf dem Lande.

Cafés und kleine Restaurants

In diesem Stadtteil finden sich viele Gelegenheiten, geschwind ein Sandwich bzw. ein Panino, eine Pizza oder auch ein preisgünstiges Menü *(menu a prezzo fisso)* zu verzehren.

Wer **Pizza** mag, ist im *Dai Tosi* (Seco Marina 738) gut aufgehoben. Traditionelle Kost wird im *Dal Pompo* (Calle Chinotto 24) serviert.

In der Via Garibaldi treffen sich die Einheimischen schon am Vormittag in einem der vielen Lokale auf eine „Ombra", ein Gläschen (Weiß-)Wein. Lassen Sie sich von dem Gedränge, das meist in diesen Kneipen herrscht, nicht abschrecken: Die **Cicheti**, jene venezianischen Appetithäppchen, die dort zum Wein serviert werden, sind im allgemeinen äußerst schmackhaft, und außerdem ist eine original-venezianische Diskussion am Tresen ein Erlebnis, das man sich nicht entgehen lassen sollte.

ISOLA DI SANT'ELENA (11 KLXY)

Die Insel, auf der bis zum 11. Jh. Schiffer und Fischer bei Sturm Zuflucht suchten, trägt den Namen der Mutter Kaiser Konstantins. Die Reliquien der hl. Helena (um 257-um 336) wurden 1211, nach dem 4. Kreuzzug, hierhergebracht und ruhen noch heute in der nach der Kaiserin benannten Kirche (erste Kapelle rechts).
Bereits im Jahre 1060 stand hier ein kleines Kloster. Es wurde 1407 von den Benediktinermönchen aus dem toskanischen Monte Oliveto Maggiore wieder aufgebaut und zwischen 1439 und 1515 nochmals um- und ausgebaut.

Sant'Elena

1684 ließ die Serenissima in einem Teil des Klosters, den sie erstanden hatte, Brotöfen aufstellen. Dort wurde der berühmte Schiffszwieback gebacken, mit dem die venezianischen Seeleute um die Welt segelten.

Wie viele andere religiöse Einrichtungen wurde das Kloster in der napoleonischen Zeit aufgelöst. Sein Besitz wurde verkauft und in alle Winde verstreut. Die Kirche wurde in ein Warenlager umfunktioniert, und das Kloster mußte als Kaserne herhalten.

Das umliegende Gelände wurde erst in der zweiten Hälfte des 19. und zu Beginn des 20. Jh.s trockengelegt.

In dem Kloster lebt heute eine Servitengemeinschaft.

Sant'Elena (11 LY) – Durch den gleichnamigen Kanal von der Stadt getrennt, ragt die Kirche etwas abseits zwischen einem Stadion und einem Militärgelände auf.
Das Portal an der gotischen Fassade entstand 1467; in der Nische von Antonio Rizzo (um 1440-um 1499) ist die hl. Helena in Begleitung des Kapitäns Vittore Cappello dargestellt.

Durch das Gitter links der Fassade kann man einen Blick in den schönen Kreuzgang werfen. Der erst 1956 erbaute Turm will nicht so recht zum gotischen Gesamtbild der Kirche passen.

SANT'ELENA E SAN PIETRO

Der helle, einschiffige **Innenraum** mündet in eine Apsis mit hohen Fenstern. In der Cappella Sant'Elena stehen die geschnitzten Stallen des alten Mönchschores. Rechts der Apsis gelangt man in die Cappella del Crocifisso.

Der **Parco delle Rimembranze** und die **Viale del Giardino Pubblico** bieten sich für einen erholsamen Spaziergang an, bei dem man das Gefühl hat, über eine schattige Aussichtsterrasse zu flanieren, von welcher der Blick über Venedig und die Lagune schweifen kann.

In den Grünanlagen von Castello findet alle zwei Jahre Venedigs berühmte Ausstellung zeitgenössischer Kunst statt.

Biennale (11 KY) – Venedigs große Kunstschau kann auf eine lange und bewegte Geschichte zurückblicken. Bereits im ersten Jahr, 1895, machte sie von sich reden. Damals war es ein Gemälde von Giacomo Grosso (1860-1938), *Il supremo Convegno*, an dem sich die Gemüter erhitzten. Bis 1912 galt das Interesse der Organisatoren vor allem der mitteleuropäischen Kunstszene; das war auch der Grund, weshalb z. B. die Impressionisten auf der Biennale erst relativ spät gezeigt wurden. Die Biennale fand von Anfang an in den Parkanlagen von Castello statt, wo noch immer einige der Pavillons der Nationen stehen, die dort ihre Künstler vorstellten. Besonders prunkvoll war die Einweihung des russischen Pavillons 1914, die in Gegenwart der Großherzogin mit einem orthodoxen Gottesdienst zelebriert wurde. Seit den 30er Jahren wurden in Venedig immer wieder neue Kunstgattungen geehrt: Nach der bildenden Kunst bekamen nun auch die Musik, die Poesie, die Filmkunst und das Theater ihr Festival.

Anläßlich der Hundertjahrfeier der Biennale 1995 durften die ausgestellten Werke zum ersten Mal den Rahmen des eigentlichen Ausstellungsgeländes sprengen. So überraschte z. B. die Riva degli Schiavoni die auf dem Seeweg nach Venedig kommenden Besucher mit eigenwilligen Stahlskulpturen, deren komplexe Symbolik allerdings oft auf Befremden stieß.

Trotz der Anfechtungen und der heftigen Angriffe, mal von Seiten der Kritiker, mal von Seiten der Lokalpolitiker, trotz der organisatorischen Schwierigkeiten, des Geldmangels und all der anderen Widrigkeiten, mit denen die traditionsreiche Ausstellung zu kämpfen hat, gelang es ihr, ihren Platz in der internationalen Kunstszene zu verteidigen.

San Giuseppe (10 KX) – Hinter der Viale Trento gelangt man auf den Campo San Giuseppe, an dem die gleichnamige Kirche steht. Sie birgt (erster Altar rechts) ein Werk von Tintoretto (1518-1594) und seinem Sohn Domenico (um 1560-1635), auf dem der Erzengel Michael mit Luzifer um die Seele des Michele Bon ringt.

Die Brücke links des Platzes überqueren und weiter durch die Calle Correra zur Fondamenta Sant'Elena. Nach rechts und über die Brücke links, geradeaus weiter in Richtung Calle Larga San Pietro.

In diese Gegend kommen nur selten Touristen; die heiteren Straßen erzählen vom Alltag der einfachen Venezianer, von ihrem Leben und ihrer Arbeit.

ISOLA DI SAN PIETRO DI CASTELLO (11 KX)

Diese Insel war schon seit Urzeiten besiedelt, lange, bevor die Stadt Venedig entstand. Zuerst hieß sie **Olivolo** – vielleicht, weil dort Olivenbäume wuchsen –, erst später wurde das Viertel in Castello umbenannt, wohl nach der Burg, die die ersten Lagunenbewohner hier vorfanden oder selbst erbauten, man weiß es nicht.

Als Sitz des Bischofs, der zu Anfang noch dem Patriarchen von Grado unterstand, ist die Insel für die Geistlichkeit der Stadt zu einem Symbol geworden. Hier ruhen die sterblichen Überreste des ersten Patriarchen Venedigs Lorenzo Giustiniani (15. Jh.).

San Pietro di Castello – Die von frischem Grün umgebene Basilika war bis 1807 die Kathedrale der Stadt, auch wenn sie während dieser ganzen Zeit im Schatten des Markusdomes stand, der bis dahin eigentlich „nur" die Palastkapelle der Dogen war.

Dem auf das 8. Jh. zurückreichenden, auf den Grundmauern eines 650 geweihten ersten Gotteshauses errichteten Bauwerk ist eine palladianische Fassade vorgeschaltet, die an die Redentore-Kirche auf der Giudecca erinnert.

Das Gebäude zur Rechten ist das einstige Palais der Patriarchen (Ende 16. Jh.).

Der etwas abseits stehende, stark geneigte Turm wurde von Mauro Codussi (um 1440-1504) erbaut.

Der **Innenraum** entstand im 17. Jh. nach einem Entwurf von Palladio (1508-1580). Die dreischiffige Kirche ist über dem Grundriß eines lateinischen Kreuzes errichtet; über der Vierung wölbt sich eine große Kuppel.

Oberhalb des Haupteingangs sieht man zur Rechten das *Passahfest* von Malombra und Vassillachi (16.-17. Jh.) und zur Linken das *Mahl bei Simon dem Aussätzigen* von Jacopo Beltrame (16. Jh.).

Im linken Seitenschiff hängt ein Gemälde von Veronese (1528-1588), das Johannes Evangelista, Petrus und Paulus zeigt.

SANT'ELENA E SAN PIETRO

Die gotische Cappella Lando im linken Querhausarm birgt ein Mosaikretabel, das nach einem Entwurf von Tintoretto (1518-1594) gefertigt sein soll. Die Vorderseite des Altars schmückt eine Trasenne (durchbrochene Marmorplatte) im venezianisch-byzantinischen Stil (9. Jh.), die unten von einer Mosaikverzierung aus dem 2. Jh. abgeschlossen ist.
Davor steht eine Büste von Lorenzo Giustiniani.
Die Cappella Vendramin, ebenfalls im linken Querhausarm, wurde von Baldassarre Longhena (1598-1682) entworfen. Den Altar schmückt eine *Madonna mit den Seelen aus dem Fegefeuer* von Luca Giordano (1634-1705).

Der reich ausgeschmückte Hochaltar ist ebenfalls ein Werk Longhenas.
Im rechten Seitenschiff befindet sich ein Gemälde von Marco Basaiti (um 1470-nach 1530) – *Petrus in Cathedra mit vier Heiligen* – sowie der „Stuhl Petri", ein marmorner Thron, wohl aus dem 13. Jh., der aus Antiochia hierhergebracht wurde. Bei der Lehne handelt es sich in Wirklichkeit um eine arabische Grabstele: Der in kufischen Schriftzeichen geschriebene Text ist dem Koran entnommen.

> **Das Fest von San Pietro di Castello**
>
> In der letzten Juniwoche wird auf dem großen Platz vor der Kirche, der zu diesem Anlaß mit bunten Lämpchen geschmückt wird, ein ausgelassenes Volksfest gefeiert. An vielen Ständen werden Wein und venezianische Spezialitäten angeboten, und am Sonntagabend wird eine große Tombola veranstaltet.

Weiter geht es auf der an Markttagen besonders pittoresken Fondamenta di Sant'Anna, wo die „Marktstände" auf dem Wasser schwimmen. Dort, wo der Kanal endet, beginnt die **Via Garibaldi** (10 JX), Venedigs einzige Verkehrsachse, die den dafür normalerweise in Italien gebräuchlichen Namen „Via" trägt. Die 380 m lange und 17 m breite Straße wurde zu Beginn des 19. Jh.s auf Veranlassung von Napoleon auf dem eigens zu diesem Zweck zugeschütteten Rio di Castello angelegt und hieß ursprünglich Via Eugenio – zu Ehren des Vizekönigs von Italien und Stiefsohns des Kaisers, Eugène de Beauharnais. Am Ende der von Geschäften, *bacarì* und Pizzerien gesäumten Straße bietet sich ein weiter Blick über die Lagune mit der Salute-Kirche zur Rechten.

Spaziergänge in der Umgebung s. unter ARSENALE.

SAN GIORGIO MAGGIORE★★
(9 GHXY)
Vaporetto-Anlegestelle: San Giorgio

Besichtigung: ca. 2 Std.

Von der Insel San Giorgio hat man einen wundervollen Blick über die Stadt Venedig mit ihren unzähligen Kirchtürmen. Und eigentlich hat man Venedig nicht wirklich gesehen, wenn man nicht auch San Giorgio Maggiore gesehen hat, jene Insel, die im Hintergrund so vieler Stadtansichten abgebildet ist.
Dennoch ist San Giorgio Maggiore kein touristischer Ort, es finden sich hier weder Cafés noch Restaurants: Es handelt sich um eine Klosterinsel.

Die Geschichte der Insel – San Giorgio wurde nach einer kleinen Kirche benannt, die hier bereits im Jahre 790 geweiht wurde. Den Beinamen „Maggiore" trägt die Insel zur Unterscheidung von San Giorgio in Alga.
982 gründete Giovanni Morosini auf San Giorgio ein Benediktinerkloster.
Venedigs Dogen mochten diesen Ort. Alljährlich am 26. Dezember, dem Stephanstag, pilgerten sie nach San Giorgio, um dort einer vom Chor von San Marco und den Benediktinermönchen gesungenen Messe beizuwohnen. Dieses Ritual war derart fest in der Geschichte der Stadt verankert, daß Palladio (1508-1580) bei der Planung der heutigen Klosterkirche darauf Rücksicht nahm.
Zu Anfang war die Kirche noch Teil eines gotischen Klosterkomplexes und von einem Kreuzgang umschlossen. In dieser Zeit war es – auch in der Stadt selbst – nicht üblich, Kirchen direkt an das Ufer größerer Wasserflächen zu bauen.
Im 15. und 16. Jh. wurden Kirche und Kreuzgang im Renaissancestil erneuert. Der neue Kreuzgang war dem Vorbild der Florentiner Architektur verpflichtet, was auf den Einfluß von Cosimo de' Medici zurückzuführen war, der nach seiner Verbannung aus Florenz 1433 auf San Giorgio Maggiore Zuflucht fand und seinen Hausarchitekten, Michelozzo di Bartolomeo (1396-1472), mitbrachte.
Zu großem Ruhm gelangte die Insel jedoch erst durch **Andrea Palladio**, der ihr ein Jahrhundert später seinen Stempel aufdrückte, indem er dort seine wundervolle Klosterkirche errichtete.

SAN GIORGIO MAGGIORE

Mit dem Niedergang der Republik ging es auch mit San Giorgio abwärts. Die napoleonischen Truppen plünderten und verwüsteten die Klosteranlage. Auch die österreichischen Besatzer gingen nicht viel schonender mit ihr um, und im Zweiten Weltkrieg mißbrauchte die italienische Armee den Schlaftrakt der Mönche als Militärlager.

San Giorgio heute – Inzwischen hat der Ort seine alte Schönheit und klösterliche Atmosphäre wiedererlangt. Es ist dies das gemeinsame Verdienst der Fondazione Giorgio Cini, einer seit den 50er Jahren auf der Insel ansässigen Kulturstiftung, der Benediktinermönche, die seit Jahrhunderten die Tradition des gregorianischen Gesangs am Leben erhalten, und des vor allem im Bereich der Seelsorge und der Erziehung tätigen Salesianerordens, der sich ebenfalls auf San Giorgio niedergelassen hat.

San Giorgio Maggiore

DER KLOSTERKOMPLEX

★ **San Giorgio Maggiore** (◘ **GY**) – Palladio begann mit dem Bau der den Heiligen Georg und Stephanus geweihten Kirche im Jahre 1566; in den Nischen der Marmorfassade stehen Figuren der beiden Heiligen sowie Büsten der Dogen Tribuno Memmo (979-991) und Sebastiano Ziani (1172-1178). Tribuno Memmo war es, der die Insel seinerzeit dem Benediktinermönch Giovanni Morosini überschrieb. Das Frontispiz und die vier Dreiviertelsäulen in Kolossalordnung auf ungewöhnlich hohen Sockeln geben der Fassade den Anschein einer antiken Tempelfront und weisen damit die Kirche als einen typisch palladianischen Sakralbau aus.

Innenraum – Das lichtdurchflutete, klar gegliederte Kircheninnere ist über einem lateinischen Kreuz errichtet und mit einem Gewölbe überspannt; über der Vierung erhebt sich eine Kuppel. Auch in San Giorgio finden sich die für Palladios Bauten typischen halbkreisförmigen Fenster nach dem Vorbild der antiken Thermen.
In der ersten Kapelle des rechten Seitenschiffs befindet sich eine *Christi Geburt* von Jacopo Bassano (1517/19-1592); in der dritten Kapelle fällt ein Gemälde von Tintoretto (1518-1594) auf: *Das Martyrium der Heiligen Kosmas und Damian*.

Das venezianische Konklave

Als Papst Pius VI. 1799 starb, war Rom von französischen Truppen besetzt, weshalb die Wahl des neuen Papstes nicht im Vatikan stattfinden konnte. Die Kardinäle ließen sich statt dessen in San Giorgio Maggiore, genauer gesagt in dem Saal, der den Benediktinermönchen heute als Kapelle dient, einmauern. Das venezianische Konklave zog sich von Dezember bis März hin und endete mit der Wahl von Pius VII. Der neue Papst fand vor Napoleon Bonaparte jedoch keine Gnade; der große Korse widersetzte sich dem Wunsch der Kardinäle, die Inthronisierungsmesse in San Marco zu zelebrieren. Die Messe mußte also ebenfalls in San Giorgio Maggiore gefeiert werden. Auf den Stallen der Kapelle sind noch heute die Namen der 35 Kardinäle zu lesen, die an dem Konklave teilnahmen. Über dem Altar befindet sich ein *Georg mit dem Drachen* von Carpaccio; es handelt sich um eine spätere Version als die, die Carpaccio (um 1465-um 1526) für die Scuola di San Giorgio degli Schiavoni malte. Eine Kopie des Gemäldes hängt in der Cappella della Deposizione. Draußen sieht man noch den kleinen Schornstein über dem Kamin, in dem die Stimmzettel verbrannt wurden.

SAN GIORGIO MAGGIORE

Zwei weitere Werke des berühmten Künstlers zieren den Chor: ein *Abendmahl* (rechte Wand) und der *Mannaregen*. Die Altarfiguren stammen von Gerolamo und Giuseppe Campagna (Ende 16. Jh.). Das Chorgestühl hinter der Säulenreihe ist ein Werk des flämischen Meisters van der Brulle (1595); das Schnitzwerk berichtet aus dem Leben des hl. Benedikt.

Die Tür zur Rechten führt in die Capella della Deposizione, in der Tintorettos *Kreuzabnahme*, das letzte Werk des Künstlers, ausgestellt ist (Öffnung anläßlich der sonntäglichen Gottesdienste).

Die Tür links führt in den Campanile.

Im linken Querhausarm hängen eine *Auferstehung mit dem Apostel Andreas* sowie das *Martyrium des hl. Stephanus* von Tintoretto und seinem Sohn Domenico (um 1560-1635). Die sterblichen Überreste des hl. Stephanus, des ersten der sechs Diakonen Christi und ersten Märtyrers der Christenheit, sind hier verwahrt; sie sollen auf wundersame Weise nach Konstantinopel gelangt und von dort nach dem 4. Kreuzzug nach Venedig gebracht worden sein.

Campanile ⊙ – Von dem 1726 von Scalfarotto erbauten Turm bietet sich der schönste **Blick**★★★ über Venedig und die Lagune.

Fondazione Giorgio Cini ⊙ (**9 GY**) – Die private Stiftung beschäftigt sich mit der Restaurierung der Klostergebäude und organisiert in Zusammenarbeit mit anderen Organisationen kulturelle Veranstaltungen, insbesondere zum Thema Venedig. Sie ist darüber hinaus in der Forschung tätig und unterhält eine Bibliothek.

Gelegentlich finden auf San Giorgio Maggiore auch internationale Kongresse statt.

Vittorio Cini

Der Bankier und Minister Vittorio Cini (1885-1977) gehörte zu den wenigen Mutigen, die sich im Italien der 30er Jahre Mussolini und Göring entgegenstellten und den Krieg zu verhindern suchten. Vittorio Cini war zudem ein großer Mäzen und viel im humanitären Bereich tätig.

Der Tod seines Sohnes Giorgio, der 1949 bei einem Flugzeugabsturz ums Leben kam, war für Vittorio Cini ein schwerer Schlag. Ihm zum Gedenken rief er die vor allem auf dem Gebiet der Kulturförderung tätige Stiftung ins Leben, die heute auf San Giorgio Maggiore sein Werk fortsetzt.

★ **Biblioteca** ⊙ – *Im ersten Kreuzgang die große Treppe rechts hinaufgehen.* Die Bibliothek, ebenso wie die Treppe, ist ein Werk Baldassare Longhenas (1598-1682); sie entstand zwischen 1641 und 1653. Zwischen den gut bestückten Regalen stehen Schnitzfiguren; die Decke wurde von manieristischen Malern des 17. Jhs ausgeschmückt.

Chiostri (Kreuzgänge) ⊙ – Das Kloster hat zwei Kreuzgänge. Der erste wurde zwischen 1579 und 1618 nach Entwurf von Palladio erbaut und nach dem früheren Namen der Insel „Kreuzgang der Zypressen" genannt. Seine Arkaden ruhen auf Zwillingssäulen; die Fenster haben Dreiecks- oder Segmentgiebelverdachungen. Vom Zypressenkreuzgang gelangt man in den Park, in dem sich das 1951 geschaffene Freilichttheater **Teatro Verde** befindet. Der zweite Kreuzgang ist älter, er entstand zwischen 1516 und 1540 und hieß früher „Kreuzgang der Lorbeersträucher". Er wurde von einem Baumeister aus Lugano, Giovanni Buora, und dessen Sohn Andrea erbaut. Das **Refektorium** ist eine „Gemeinschaftsproduktion" von Palladio und Veronese (1528-1588). Veroneses *Hochzeit zu Kana* gefiel Napoleon allerdings so gut, daß er das Gemälde nach Paris mitnahm, wo es noch immer im Louvre hängt. Der dadurch entstandene leere Fleck an der Wand wurde mit einer *Sposalizio* aus Tintorettos Atelier ausgefüllt.

Dormitorio – Von dem lichtdurchfluteten, wegen seiner erstaunlichen Größe auch **Manica lunga**, „langer Ärmel" genannten Schlaftrakt hat man einen erstaunlichen Blick auf die Riva degli Schiavoni. Er wurde gegen Ende des 15. Jh.s von Vater und Sohn Buora entworfen. Längs des 128 m langen Gangs reihen sich rund fünfzig Mönchszellen aneinander. An der dem Wasser zugewandten Außenwand des Schlaftrakts prangt ein Relief aus dem 16. Jh., den Drachentöter Georg darstellend.

Spaziergänge in der Umgebung s. unter GIUDECCA.

„Es ist offenbar, daß sich das Auge nach den Gegenständen bildet, die es von Jugend auf erblickt, und so muß der venezianische Maler alles klarer und heiterer sehen als andere Menschen. (...) Als ich bei hohem Sonnenschein durch die Lagunen fuhr und auf den Gondelrändern die Gondoliere, leicht schwebend, buntbekleidet, rudernd, betrachtete, wie sie auf der hellgrünen Fläche sich in der blauen Luft zeichneten, sah ich das beste, frischeste Bild der venezianischen Schule. Der Sonnenschein hob die Lokalfarben blendend hervor, und die Schattenseiten waren so licht, daß sie verhältnismäßig wieder zu Lichtern hätten dienen können. Ein Gleiches galt von den Widerscheinen des meergrünen Wassers. Alles war hell in hell gemalt, so daß die schäumende Welle und die Blitzlichter darauf nötig waren, um das Tüpfelchen auf das i zu setzen."

Johann Wolfgang von Goethe, „Italienische Reise"

SAN GIORGIO DEGLI SCHIAVONI ★★★
(🚏 HV)

Vaporetto-Anlegestellen: San Zaccharia od. Riva degli Schiavoni

Rundgang: ca. 2 1/2 Std. (inklusive Besichtigungen)

Dieser hinter der Riva degli Schiavoni situierte Teil Castellos liegt wie eine Pufferzone zwischen dem dichten Gedränge der Gegend um den Markusdom und der erstaunlichen Ruhe, die den Besucher in der Umgebung von San Francesco della Vigna empfängt: Es ist ein Viertel, das fast so viele Gesichter hat wie die Stadt selbst.

Bier, Wein und kleine Häppchen

Im **All'Aciugheta** am Campo Santi Filippo e Giacomo (Castello Nr. 4357) kann man die unterschiedlichsten Weine kosten und allerlei essen. In der **Birreria Forst** gibt es nicht nur Bier, sondern auch Schwarzbrot und Wurst. Ebenfalls für Biertrinker eignet sich **The Devil's Forest**, Nr. 5185 in der Calle degli Stranieri, der „Gasse der Ausländer"; dort kann man sogar Darts spielen. Traditionelle venezianische *cicheti* gibt es im **Rivetta**, 4625 Castello.

★★★ SCUOLA DI SAN GIORGIO DEGLI SCHIAVONI 🕐 (🚏 HV)

Die Laienbruderschaft der Dalmatiner, in Venedig Schiavoni genannt, wurde am 19. Mai 1451 durch einen Erlaß des Zehnerrates gegründet, nachdem dieser ihre Statuten gebilligt hatte. Sie wurde unter den Schutz der Heiligen Georg, Thryphonus und Hieronymus gestellt. Obwohl Napoleon 1896 fast alle Scuole schließen ließ, konnte die der Dalmatiner überleben.

Der heutige Bau wurde 1551 von Giovanni de Zan im Stil Sansovinos erneuert, wobei allerdings die Innenaufteilung des ursprünglichen Gebäudes aus der 2. Hälfte des 15. Jh.s gewahrt wurde. Über dem Portal der schlichten, aber formschönen Fassade prangen zwei steinerne Delphine und zwei Reliefs; auf dem einen sieht man den hl. Georg mit dem Drachen (16. Jh.), auf dem anderen die Jungfrau mit dem Kind zwischen der hl. Katharina und Johannes dem Täufer, der ihr einen Schiavoni-Bruder vorstellt (15. Jh.).

★★★ **Ciclo dei Santi Giorgio, Trifone e Gerolamo** – **Carpaccio** verwendete fünf Jahre seines Lebens (1502-1507) auf diesen Bilderzyklus, der seine andächtige Atmosphäre der wundervollen Lichtführung verdankt, die den warmen Farbauftrag des Künstlers zur Geltung bringt. Der Bilderzyklus, der ursprünglich im Obergeschoß hing, befindet sich heute in dem schönen Saal mit der Holzdecke im Erdgeschoß.

Es empfiehlt sich, mit der Betrachtung der Bilder an der linken Wand zu beginnen, auch wenn dies nicht der chronologischen Reihenfolge entspricht (Carpaccio hat zuerst die Szenen aus dem Leben des hl. Hieronymus gemalt).

Der hl. Georg und der Drache (1507) – Auf diesem Gemälde verteidigt der Heilige die am rechten Bildrand dargestellte Prinzessin vor dem Untier, das ein Sinnbild des Heidentums ist. Das Werk steht ganz in der Tradition der Ritterromane. Im Hintergrund ist eine imaginäre orientalische Stadt zu sehen. Die grausame Szene steht in einem deutlichen Kontrast zu der reizvollen, lichtdurchfluteten Landschaft. Interessant ist auch das Kompositionsschema, das auf einem flachen Dreieck aufbaut, das am Schwanz des Drachen beginnt, am Kopf des Heiligen gipfelt und am Schweif des Pferdes endet. Die perspektivische Wirkung wird durch die Palmenreihe und die immer kleiner werdenden Schiffe erzielt.

Der Triumph des hl. Georg (1507) – Der Heilige hält mit dem Ungeheuer, das er an einer Leine führt, in die Stadt Einzug. Links im Bild sieht man das lybische Königspaar, hoch zu Roß und reich mit Brokat angetan, in Begleitung der Prinzessin, ihres bunten Hofstaates und eines Fanfarenzuges. Die Menge der Schaulustigen zur Rechten trägt prunkvolle orientalische Gewänder. Man nimmt an, daß Carpaccio sich bei seiner detailgenauen Darstellung der Kostüme auf die Zeichnungen Gentile

Die Legende von Georg dem Drachentöter

Vor der lybischen Stadt Silene soll ein Drache sein Unwesen getrieben haben, dem täglich Söhne und Töchter der Stadt geopfert werden mußten. Als das Los die Prinzessin traf und diese vor dem See bereits ihrem Tod entgegensah, betrat Georg die Szene. Er verwundete den Drachen, schnürte ihm den Gürtel der Prinzessin um den Hals und zog mit ihm nach Silene, wo er versprach, ihn zu töten, wenn sich die Einwohner der Stadt taufen ließen – was diese umgehend taten. Die Geschichte hat natürlich in erster Linie Symbolcharakter, mit der Prinzessin als Verkörperung der vom Bösen bedrängten Christenheit.

S. GIORGIO degli SCHIAVONI

Die Vision des hl. Augustin von Carpaccio (Scuola di San Giorgio degli Schiavoni)

Bellinis gestützt hat, der 1479 am Hof Muhammads II. empfangen wurde. Es ist allerdings auch möglich, daß Carpaccio selbst nach Konstantinopel gereist ist. Die perspektivische Wirkung wird durch die Fluchtlinien der Menschenmenge erzielt, die in der Mittelachse den Blick auf den Tempel im Hintergrund freigibt. Der Tempel scheint gleichermaßen der Grabeskirche und dem Salomontempel nachempfunden, erinnert aber durch die bunten Marmorinkrustationen stark an den Stil der venezianischen Frührenaissance-Architektur der Lombardos. Der Kirchturm weiter links ist eine recht getreue Abbildung des Turmes der Jerusalemer Grabeskirche.

Der hl. Georg tauft die Silener (1507) – *An der Altarwand*. Zur Rechten tauft der Heilige den König und die Prinzessin. Sie knien auf der Treppe eines Palastes oder eines Tempels. Der König hat seinen Turban einem Bediensteten anvertraut. Hinter ihnen sieht man die Königin und die Würdenträger der Stadt, die darauf warten, ebenfalls getauft zu werden. Zur Linken spielt eine Fanfare auf. Wie im vorigen Bild wird auch hier die perspektivische Wirkung durch die Mittelachse erzielt, allerdings haben die Gebäude, abgesehen von dem Minarett hinten in der Bildmitte, keinen orientalischen Charakter mehr. Sehr reizvoll sind die leuchtenden Rottöne der Gewänder der Musikanten und der vielen Details im Vordergrund, wie der Turban, den einer der knienden Würdenträger vor sich auf den Boden gelegt hat, der Papagei und der Windhund.

Thematik und Darstellungsweise des dem hl. Georg geweihten Bilderzyklus könnten sich auch daraus erklären, daß er durch Spendengelder des Rhodosordens finanziert wurde, der den im Jahre 303 während der Christenverfolgungen unter Diokletian enthaupteten hl. Georg als eine Verkörperung der Ideale der Ritterlichkeit ansah.

Das Wunder des hl. Thyphonus (1507) – *Rechts vom Altar*. Der aus Bithynien in Kleinasien stammende Heilige, der im 3. Jh. den Märtyrertod starb, ist der Schutzheilige der dalmatischen Stadt Kator. Bei diesem Gemälde handelt es sich um eine der wenigen Darstellungen des Heiligen. Man sieht ihn darauf – zu diesem Zeitpunkt noch ein Kind – wie er in Gegenwart des römischen Kaisers Gordianus und dessen Hofstaates der Tochter des Kaisers den Teufel austreibt, der als Giftechse (Basilisk) dargestellt ist. Die Menschenmenge links im Bild kommentiert das Geschehen. Die schöne Architektur im Hintergrund ist den venezianischen Bauten der Frührenaissance nachempfunden.

An der Wand rechts hängen zwei kleinere Bilder, eine *Ölbergszene* (1502) und die *Berufung des Matthäus* (1502), die zwar nicht zum eigentlichen Zyklus gehören, aber gewissermaßen zur Geschichte des hl. Hieronymus überleiten.

Der hl. Hieronymus führt den verletzten Löwen ins Kloster (1502) – Die Geschichte von Hieronymus und dem Löwen aus der Legenda Aurea gehört zu den in der italienischen Malerei des 15. Jh.s am häufigsten dargestellten Motiven: Der bereits greise Heilige begegnet einem verletzten Löwen. Er zähmt das Raubtier, indem er den Dorn ausreißt, der ihm in der Pranke sitzt. Der Löwe folgt ihm darauf wie ein treuer Hund in das Kloster, wo er die Mönche in panische Angst versetzt. Bei Carpaccio spielt die Szene in einem venezianischen Kloster im Orient, was durch die Palmen und die Männer mit Turban angedeutet wird. Man beachte den interessanten Bildaufbau mit den diagonal auseinanderstrebenden Kompositionslinien der blauweißen Mönchskutten im Vordergrund. Sie bringen eine Bewegung in das Bild, der man eine gewisse Komik nicht absprechen kann. Wirklich erstaunlich ist die Detailgenauigkeit in der Darstellung der Tiere (Papagei, Perlhuhn, Pfau, Hirsch, Biber usw.).

S. GIORGIO degli SCHIAVONI

> **Ein schwieriger Charakter**
>
> Der in Stridone geborene **hl. Hieronymus** (um 347-um 420), einer der vier lateinischen Kirchenväter, ist der Schutzpatron der Dalmatier. Seine letzten Jahre verlebte er in einem Kloster nahe Bethlehem, weil er durch seine kritische Haltung den Zorn des römischen Klerus auf sich gezogen hatte. Zuvor hatte er im Auftrag von Papst Damasus I. an der maßgeblichen lateinischen Bibelübersetzung, der Vulgata, gearbeitet. Er schrieb zudem mehrere theologische und historische Werke. Deshalb wird er auf vielen Bildern in seine Arbeit vertieft dargestellt – inmitten seiner Bücher, die Schreibfeder in der Hand. Doch auch seine Unduldsamkeit Häretikern gegenüber hat viele Künstler inspiriert. Oft sieht man ihn nur spärlich bekleidet als büßenden Eremiten in der Wüste mit dem Löwen, einem Buch und einem Totenschädel als einzigen Requisiten: Nicht selten hält er den Stein in der Hand, mit dem er sich die Brust gemartert haben soll.

Das Begräbnis des hl. Hieronymus (1502) – Die Szene ist auf dem Vorplatz einer Kirche angesiedelt; im Hintergrund sieht man das gleiche Kloster wie auf dem vorigen Bild, nur unter einem anderen Blickwinkel. Einige typisch „orientalische" Details im Dekor sollen auf Bethlehem hinweisen, wo der Heilige verschieden ist. Im Vordergrund sieht man wieder die Kutten der Mönche. In ihren Gesichtern spiegelt sich keinerlei Gefühlsäußerung wider. Dennoch sind die Gesichtszüge stark individualisiert und zeugen von der Aufmerksamkeit, die der Künstler dem Studium der Charaktere und ihrer Darstellung schenkte.

Der hl. Hieronymus in seinem Arbeitszimmer (die Vision des hl. Augustinus) – Man weiß nicht mit Bestimmtheit zu sagen, ob dieses Bild wirklich den hl. Hieronymus beim Bibelstudium zeigt oder ob es sich nicht eher, wie man heute verstärkt annimmt, um eine Darstellung des hl. Augustinus (354-436) handelt: Gerade in dem Moment, als Augustinus einen Brief an ihn schreibt, stirbt Hieronymus; ein heftiger Lichtstrahl fällt durch das Fenster auf Augustinus herab, der nun die Stimme des Hieronymus vernimmt, der ihm ewige Seligkeit verheißt.

Wie dem auch sei, dieses Bild war für Carpaccio eine willkommene Gelegenheit, ein venezianisches Studierzimmer des 15. Jh.s mit den Möbeln, Schreibutensilien und Büchern der damaligen Zeit darzustellen. Typisch für Carpaccio ist der rührende kleine Hund, der das Geschehen mit Erstaunen betrachtet. Typisch für die Renaissance ist der architektonische Rahmen des Bildes mit Kassettendecke und Christusfigur im Hintergrund. In seiner Detailgenauigkeit ist das Bild den Interieurs der niederländischen Meister verwandt (man beachte insbesondere die geöffnete Tür im Hintergrund, die den Blick auf einen anderen Raum freigibt).

Man nimmt an, daß es sich bei der Darstellung des Heiligen um ein Porträt des **Kardinals Bessarion** (1402-1472) handelt, der ein bedeutender humanistischer Gelehrter und zudem ein Gönner der Scuola degli Schiavoni war.

DIE KIRCHEN ZWISCHEN DER RIVA DEGLI SCHIAVONI UND DER SCUOLA

La Pietà (🔟 **GX**) – Die Kirche Santa Maria della Visitazione wendet dem Becken von San Marco ihre weiße, von Säulen getragene, allerdings erst 1906 angefügte Fassade zu. Pietà wird sie genannt in Erinnerung an das Hospiz (14. Jh.), zu dem sie einst gehörte und in dem Findelkinder Obdach fanden. Auf der rechten Seite des Bauwerks ist eine Inschrift eingemeißelt, die mit den Worten beginnt: *Fulmina il Signor Iddio maledizione...* („Der Fluch des Herrn und die Exkommunizierung treffe all jene, die ihre Söhne und Töchter, seien sie legitim oder illigitim, in dieses Hospiz bringen oder zulassen, daß man sie hierherbringt, obwohl es ihnen möglich gewesen wäre, ihre Erziehung selbst zu übernehmen. Sollte sich erweisen, daß sie nicht die in der päpstlichen Bulle unseres Heiligen Vaters Paul dem Dritten niedergelegten Bedingungen erfüllen, müssen sie die für die Erziehung ihrer Kinder angefallenen Kosten in ihrem vollen Umfang zurückerstatten. Am 12. November anno 1548.").

Ursprünglich war die Kirche von den Hospizgebäuden umgeben. Beim Umbau der Anlage im 18. Jh. wurde jedoch berücksichtigt, daß die Kirche nicht nur als Kultstätte, sondern auch als Konzertsaal dienen mußte. Der Musikunterricht war nämlich ein wichtiger Bestandteil der Ausbildung der Kinder. Nicht umsonst war kein Geringerer als Antonio Vivaldi 30 Jahre lang hier als Musiklehrer tätig.

Giorgio Massari (um 1686-1766) wurde mit den Umbauarbeiten betraut. Beim Entwurf des Innenraums war er besonders um die Akustik bemüht. Vor den ovalen Kirchenraum setzte er eine Vorhalle, die dazu dienen sollte, die Kirche gegen den Lärm abzuschirmen, der draußen auf der Riva degli Schiavoni herrschte. Die Emporen an den Seitenwänden waren für Chor und Orchester bestimmt.

Auch Tiepolos (1696-1770) Deckengemälde – *Mut und Frieden*, *Der Triumph des Glaubens* und die *Kardinaltugenden* – erinnern daran, welch großer Platz der Musik in dieser Kirche zukam.

Rechts der Kirche in die Calle della Pietà; weiter durch die Calle Bosello, dann links in die Salizzada dei Greci und beim Rio nochmals links.

S. GIORGIO degli SCHIAVONI

San Giorgio dei Greci ⓥ (🅘 GV) – Zu der von einer Mauer umgebenen Klosteranlage, die man leicht an ihrem geneigten Kirchturm erkennt, gehören eine Kirche aus dem 16. Jh. sowie mehrere Gebäudetrakte, die von Longhena (1598-1682) entworfen wurden; in einem befindet sich das Ikonenmuseum der griechisch-orthodoxen Kirchengemeinde.
Die Kirche, die nach der Eroberung Konstantinopels durch die Türken im Jahre 1453 immer größeren Zustrom fand, wurde 1539 neu errichtet. Mit dem Bau wurde zuerst Sante Lombardo (1504-1560) betraut; später wurde er von Giannantonio Chiona, der zwischen 1548 und 1554 in Venedig tätig war, abgelöst. Die schmale, hohe Fassade ist den Bauten Sansovinos nachempfunden. Die Kuppel wurde erst 1571 aufgesetzt.
Den rechteckigen Kirchenraum schließt eine reich mit Heiligenbildern auf Goldgrund verzierte **Ikonostase**★. Die drei Öffnungen gewähren nur dem Priester Zugang zu den Apsiden. Längs der Wände befinden sich die Stallen, in denen die Gemeindemitglieder beim orthodoxen Gottesdienst Platz nehmen.
Museo di Icone Bizantine-postbizantine ⓥ – Das Museum beherbergt neben einer reichen Sammlung äußerst vielfältiger Ikonen (Szenen aus dem Leben Christi, Heiligenbilder, Madonnen, eine *Wurzel Jesse* und eine große Ikone aus dem 17. Jh. mit Jesus und Johannes dem Täufer) auch Handschriften und liturgisches Gerät.
Zurück auf die Salizzada dei Greci.

Sant'Antonin (🅘 HV) – Die Kirche wurde bereits im 7. Jh. geweiht, der heutige Bau stammt jedoch aus dem 17. Jh. und wurde von Longhena entworfen. Den Campanile aus der Mitte des 18. Jh.s krönt eine Kuppel im orientalischen Stil.
Der Rückweg zur Riva degli Schiavoni führt über den **Campo Bandiera e Moro** (🅘 HX), an dem die Kirche **San Giovanni in Bragorà**★ *(s. unter ARSENALE)* steht, in der Vivaldi getauft wurde.
Spaziergänge in der Umgebung s. unter ARSENALE und SAN ZACCARIA.

SAN ROCCO★★★
(🅒 CDV)
Vaporetto-Anlegestelle: San Tomà

Rundgang: 2 1/2 Std.
Bei einem Spaziergang durch die an Kunstschätzen reiche Umgebung der Scuola und der Chiesa di San Rocco hat man immer wieder Gelegenheit, etwas vom Alltagsleben der Venezianer mitzubekommen, denn hinter der imposanten Kulisse der Baudenkmäler verbergen sich stille Gassen, die zu einem geruhsamen Halt in einem Café oder einer Pizzeria einladen.

Bars und Restaurants
In der Weinstube *Da Vivaldi* (Calle della Modoneta 1457), gleich in der Nähe des Campo San Polo, werden Appetithäppchen und venezianische Spezialitäten serviert. Wer Lust auf Röstkartoffeln hat, kommt im *Alla Patatina*, nahe dem Ponte San Polo (Calle Saoneri 2741), auf seine Kosten. An der Theke kann man auch allerlei Salate verzehren; wem der Sinn nach einer richtigen Mahlzeit steht, muß sich in dem stets überfüllten Lokal einen Tisch erkämpfen. Ebenfalls zu empfehlen sind die Trattoria *Dona Onesta* (Dorsoduro 3922) oder *Ai Nomboli* (Calle Goldoni, San Polo 2717), wo viele Sandwiches angeboten werden.

SCUOLA GRANDE DI SAN ROCCO ⓥ (🅒 CDV)

Als Schutzheiligem der Kranken und Pestopfer wurde dem aus Frankreich stammenden **hl. Rochus** (1295-1327), der als Pilger durch die Lande zog, in Venedig besondere Verehrung zuteil, nicht zuletzt, weil mit den Schiffen aus aller Herren Länder immer wieder auch Epidemien in die Hafenstadt gelangten. Es war also logisch, daß eine der venezianischen Scuole Grande den hl. Rochus zum Schutzpatron wählte, dessen Fest in der Lagunenstadt am 16. August noch immer feierlich begangen wird.
Venedigs reichste Scuola Grande *(s. Kasten S. 117)* birgt in ihrem mit Marmor und barockem Tafelwerk (von Francesco Pianta) verzierten Inneren eine außergewöhnliche **Sammlung**★★★ mit Werken von **Tintoretto**. Sie gehörte zu den wenigen Kollegien, die unter Napoleon nicht aufgelöst wurden und ist noch heutig tätig; auch ihre kostbaren Kunstschätze sind erhalten geblieben.
Schöne Marmorinkrustationen zieren die elegante, dreigeschossige Renaissancefassade mit Korbbögen und kannelierten, von korinthischen Kapitellen bekrönten Säulen; unter dem Giebel befindet sich ein Fries mit allegorischen Motiven.

SAN ROCCO

Bau und Ausschmückung – Die Scuola di San Rocco war der Sitz einer einflußreichen Bruderschaft, die 1478 mit der Zustimmung des Zehnerrates gegründet worden war. Ihr Ziel war die Bekämpfung der Pest, und ihr Ansehen stieg von Jahr zu Jahr – vor allem, nachdem die Reliquie des hl. Rochus 1478 von Montpellier hierher überführt wurde. Dank der vielen Spenden wurde die Scuola di San Rocco immer reicher.

Die Scuola beschloß daher, auf einem Gelände, das sie hinter der Frari-Kirche erstanden hatte, eine Kirche und ein ihrem Wohlstand und Ansehen angemessenes Versammlungshaus zu erbauen. Zuerst wurde unter der Leitung des aus Bergamo stammenden Bartolomeo Bon die Kirche fertiggestellt (1508). 1516 wurde mit dem Bau der Scuola begonnen, der in mehreren Etappen erfolgte. Den Anfang machte wieder Bartolomeo Bon, diesmal jedoch anscheinend nicht zur vollen Zufriedenheit der Verantwortlichen, die 1524 auf seine Dienste verzichteten. Anschließend leitete Santo Lombardo den Bau. Fertiggestellt wurde er von Scarpagnino, der noch bis zu seinem Tod im Jahre 1549 daran arbeitete. Obwohl der Außenbau recht einheitlich scheint, ist doch – vor allem bei den Fenstern – zu sehen, daß er nicht aus einem Guß ist. Das Erdgeschoß entstand noch in der Frührenaissance, während am 1. Stock bereits der Einfluß des dekorativeren Manierismus zu erkennen ist.

An der schlichteren, mit einem Portikus versehenen Hinterfassade an der Kanalseite fällt die Akribie auf, mit der die einzelnen Details – z. B. die Köpfe an den Pilastern am 1. Stock – behandelt wurden.

Der Auftrag für die Innenausschmückung mit dem großen Bilderzyklus erging erst 1564.

Der Schutzheilige der Scuola

Während der großen Pestepidemie im 14. Jh. reiste der **hl. Rochus** durch Italien und pflegte aufopfernd die unzähligen Kranken. In Piacenza steckte er sich jedoch selber an. (Auf vielen Bildern ist er mit einer Pestbeule am Bein dargestellt.) Er zog sich darauf von den Menschen zurück, um einsam auf seinen Tod zu warten. Ein Hund brachte ihm Nahrung und leckte seine Wunden. Als er wie durch ein Wunder wieder genesen war, brach er in seine Geburtsstadt Montpellier auf. Doch auf dem Weg dorthin wurde er als Spion festgenommen und ins Gefängnis geworfen, wo er kurze Zeit darauf starb.

Tintorettos Werk – 1564 wurde ein Wettbewerb ausgeschrieben, um zu entscheiden, welcher der berühmten venezianischen Maler – Veronese (1528-1588), Andrea Schiavone (1503-1563), Giuseppe Salviati (1520/1525-1575), Federico Zuccari (um 1542/43-1609) oder Tintoretto (1518-1594) – mit der Ausschmückung der Sala dell'Albergo, dem kleinen Herbergssaal im 1. Stock, betraut werden sollte. Tintoretto war mit seinem *Triumph des hl. Rochus* schon vor den anderen fertig geworden und stiftete das Werk der Scuola. Seine Arbeit gefiel, vor allem aber verstand es sich nach einer solch großzügigen Spende fast von selbst, daß auch die Aufträge zur Ausschmückung der anderen Räume an ihn gingen.

★★★ Innenräume – Es empfiehlt sich, mit der Besichtigung im Obergeschoß zu beginnen, in das eine große zweiläufige, im unteren Teil zweiarmige Treppe von Scarpagnino führt. Die Kuppel wurde von Giannantonio Pellegrini (1675-1741) mit einer großen Freske ausgeschmückt, die den *Hl. Rochus mit den Kranken* vor der allegorischen Figur der Barmherzigkeit mit der Fackel der Religion zeigt. An der linken Wand der Treppe sieht man ein Werk von Pietro Negri (1673), auf dem Venedig mit den Heiligen Markus, Rochus und Sebastian, die den Herrn bitten, die Stadt vom Schwarzen Tod zu erlösen, dargestellt ist (man beachte die Salute-Kirche, die nach der großen Pestepidemie des Jahres 1630 als Votivkirche erbaut wurde). An die rechte Wand malte Antonio Zanchi die *Hl. Jungfrau mit den Pestkranken* (1666).

Sala dell'Albergo – Die hier hängenden Gemälde wurden von Tintoretto zwischen 1564 und 1567 gemalt und erstaunen durch die Kraft der plastischen Darstellung und ihren Farbenreichtum. Es handelt sich um den ersten Bilderzyklus der Scuola. In der Mitte der reich mit Schnitzereien und Gold verzierten Decke prangt das Medaillon mit dem *Triumph des hl. Rochus*.

Die gewaltige **Kreuzigung**, auf die der Blick fällt, sobald man den Saal betritt, beeindruckt durch dramatische Spannung und expressives Pathos. In der Mitte der erregten Menschenmenge befindet sich ein heller Fleck, aus dem das Kreuz aufragt, das zur symbolischen Achse wird, um die herum das ganze Geschehen aufgebaut ist. Das diagonal einfallende Licht, das die Szene beleuchtet, unterstreicht den übernatürlichen Charakter des Ereignisses; der Lichtkranz hinter dem Kreuz kündigt die Auferstehung an. Der Bildaufbau wird von zwei sich kreuzenden Diagonalen beherrscht, die jedoch wiederum von vielen kleineren, divergierenden Diagonalen durchbrochen sind, die das Gemälde mit Bewegung erfüllen und ihm Tiefe verleihen.

SAN ROCCO

Tintorettos *Kreuzigung*

Der **Christus vor Pilatus** links vom Eingang bezieht seine ungeheure Wirkung aus dem auf das Gesicht des Heilands konzentrierten Licht, das dessen unschuldsvoll-weißes Gewand hervorstechen läßt. In dem Gemälde rechts vom Eingang hat Tintoretto die ganze Tragik des **Wegs nach Golgatha** zum Ausdruck gebracht, indem er den Heiland – einsam inmitten der Menge – in eine andere Richtung weisen läßt als die anderen Figuren des sich mühsam dahinschleppenden Zugs.

Bei den *Drei Äpfeln*, die erstaunlich an Bilder von Cézanne erinnern, handelt es sich um ein Fragment, das von der Decke herunter- und hinter den Aufsatz der Tür gefallen war, wo es erst vier Jahrhunderte später entdeckt wurde.

Die Urheberschaft der Werke auf den Staffeleien – eine *Kreuztragung* und ein *Schmerzensmann* – ist umstritten. Sie werden bald Tizian, bald Giorgiono zugeschrieben. Es scheint jedoch, daß die *Kreuztragung* von Giorgione (1476/1477-1510) stammt, während der *Schmerzensmann* von seinen Schülern gemalt wurde.

Sala Capitolare (Oberer Saal) – Die Bilderzyklen im großen Saal im Obergeschoß zeigen Szenen aus dem Alten (an der Decke) und dem Neuen Testament (an den Wänden). Im Mittelpunkt der Deckengemälde steht die *Eherne Schlange*; der kreuzförmige Aaronsstab ist zugleich ein Symbol der späteren Vergebung der Sünden durch Christi Tod. Die beiden anderen großen Deckengemälde zeigen das *Wasserwunder* – man beachte die kreisförmige Bewegung, von der die Menge der Juden erfaßt scheint – und den *Mannaregen*. Den Zyklus mit Szenen aus dem Alten Testament ergänzen acht kleinere Ton-in-Ton-Malereien.

Der Zyklus mit Szenen aus dem Neuen Testament beginnt an der Wand gegenüber dem Eingang mit einer *Anbetung der Hirten* und einer *Taufe Christi*, in der das göttliche Licht, das aus dem düster-umwölkten Himmel herabbricht, mit den umschatteten Gesichtern von Jesus und Johannes dem Täufer kontrastiert. Der Bildaufbau der *Auferstehung* daneben ist von einer wirbelnden Bewegung geprägt. Es folgt eine *Ölbergszene*, in der die Figur Christi durch einen einzigen schwachen, rötlich-schimmernden Lichtstrahl hervorgehoben wird. In der Abendmahlszene fällt der bewußt unausgewogene Bildaufbau auf, dessen Fluchtpunkt der Lichtkranz ist, der den Heiland umgibt. Hinter der Horizontalen im Vordergrund, in dem ein Hund und zwei Bettler (die daran erinnern sollen, daß die Bruderschaft auch im Bereich der Armenpflege tätig war) zu sehen sind, ist der Bildaufbau durch eine Dramatik schaffende Diagonale durchbrochen. Man beachte die starke Verkürzung der Proportionen, die eine übersteigerte Tiefenwirkung erzeugt, und die äußerst realistische Darstellung einzelner Details, z. B. des Geschirrschranks im Hintergrund.

Auf der gegenüberliegenden Wand sieht man die *Wundersame Brotvermehrung*, die sich in ihrer friedlich-heiteren Atmosphäre deutlich von der Mehrzahl der anderen, von heftiger Dramatik durchdrungenen Werke unterscheidet, sowie eine *Auferweckung des Lazarus* (man beachte den im Gegenlicht dargestellten Baum). Auf der anderen Seite der Treppe hängt *Christi Auferstehung*: Vor dem dunklen Grund heben sich scharf die Flügel der Engel ab, die Christus in einer Folge divergierender perspektivischer Linien durch die Masse der Wolken himmelwärts tragen und das Bild mit einer wirbelnden Bewegung erfüllen. Das Licht, das von der Bildmitte ausgeht, läßt Moses und Elias fast irreal wirken.

Beiderseits des Eingangs der Sala dell'Albero schließen den Bilderzyklus die *Krankenheilung am Teich Bethesda*, auf dem die ineinander verschränkten, schmerzhaft sich windenden Körper auffallen, und die *Versuchung Christi* (mit einer herrlichen Darstellung Luzifers, die an Eva, wie sie Adam mit dem Apfel versucht, erinnern will).

SAN ROCCO

Bei den auf den Staffeleien ausgestellten Werken handelt es sich um ein Selbstporträt Tintorettos, auf dem sich der Meister in andächtiger Haltung dargestellt hat, eine *Mariä Heimsuchung* – ebenfalls von Tintoretto –, eine *Verkündigung* von Tizian, in der das erstaunliche Gefühl für Farbe des großen Meisters zum Ausdruck kommt, sowie zwei Werke von Tiepolo: *Die Errettung von Hagar und Ismael durch den Engel* (man beachte das Helldunkel, das das Pathos des Bildes unterstreicht) und *Abraham mit den Engeln*. Die *Vision des hl. Rochus* über dem Altar ist eine Gemeinschaftsproduktion von Tintoretto, seinem Sohn und seinen Schülern.

Sala terrena – Im großen Saal im Erdgeschoß, der durch zwei Säulenreihen unterteilt ist, hängen die letzten Werke, die Tintoretto für die Scuola gemalt hat. Sie entstanden zwischen 1583 und 1587. In diesem Bilderzyklus weicht die Darstellung der Plastizität einer durchdringenden Beleuchtung, die den Figuren ihre Körperlichkeit zu rauben scheint und eine mystische Atmosphäre schafft. Die acht Werke zeigen Szenen aus dem Neuen Testament, wobei der Schwerpunkt auf der Geschichte Mariens, der Heiligen Frauen und der Kindheit Jesu liegt.

Gegenüber dem Eingang hängt eine *Verkündigung*, die durch ihren ungewöhnlichen Bildaufbau verwundert. Die von der Ankunft des von einem Wirbel kleinerer Engel begleiteten Verkündigungsengels überraschte Jungfrau ist in einer Geste erschreckten Zurückweichens dargestellt. Ein simpler perspektivischer Effekt – der abgebrochene Pfeiler im Vordergrund – ermöglicht es dem Künstler, die in einem geschlossenen Raum stattfindende Szene nach außen zu öffnen. Man beachte den Detailrealismus, mit dem Tintoretto das ärmliche Lebensumfeld der Jungfrau zum Ausdruck bringt.

Es folgen eine theatralische *Anbetung der Könige* und eine *Flucht nach Ägypten*, die im zauberhaften Licht eines schönen Sonnenuntergangs erstrahlt. In der großen Tragik des Kindermords zu Bethlehem spiegelt sich vielleicht die eigene Verzweiflung des Künstlers wider, der zum Zeitpunkt des Entstehens des Bildes selber einen Sohn verloren hatte.

Die *Maria Magdalena* und die *Hl. Maria Ägyptiaca* – die beiden Bilder hängen einander gegenüber – gehören zu den kontemplativsten Werken Tintorettos: Von der ins Dämmerlicht getauchten Landschaft geht eine mystisch-poetische Stimmung aus.

Der Zyklus endet mit einer *Darbringung im Tempel* und einer *Mariä Himmelfahrt*, in der es dem Künstler gelungen ist, trotz des vordergründig am Horizontale konzentrierten Bildaufbaus die nach oben strebende Bewegung zum Ausdruck zu bringen.

In allen seinen Gemälden wandte sich Tintoretto – in Einklang mit den Beschlüssen des Tridentinischen Konzils – gegen die klar-ausgewogene, abgeklärte Darstellungsweise der Renaissance, um die Heilsbotschaft der Bibel in eine Form zu kleiden, die die Seelen der Gläubigen aus dem einfachen Volk stärker ansprechen sollte.

San Rocco ([3] **CDV**) – Die Fassade der Kirche wurde in der 2. Hälfte des 18. Jh.s von Bernardino Maccuruzzi umgestaltet. Die Heiligenfiguren stammen von Giovanni Marchiori (1696-1778) und Gianmaria Morlaiter (1699-1781). Morlaiter schuf auch das Relief mit dem *Hl. Rochus bei den Kranken*. An der der Scuola zugewandten Seite sieht man noch das Rosenfenster und das Portal des ursprünglichen, von Bartolomeo Bon entworfenen Bauwerks (1489).

Im **Innenraum**, über dem Eingang, befinden sich die **Flügeltafeln der alten Orgel**, die Tintoretto mit einer *Verkündigung* und dem *Hl. Rochus vor dem Papst* ausgeschmückt hat. Den ersten Altar zur Rechten ziert eine *Auffindung des Kreuzes durch die hl. Helena* von Sebastiano Ricci (1659-1734). Dahinter sieht man die Flügel eines Schranks, auf die Pordenone (1484-1539) die *Heiligen Martin und Christopherus* gemalt hat. Darunter hängt eine *Tempelreinigung* von Fumiani (1650-1710). Die *Verkündigung* über dem zweiten Altar stammt von Solimena (1657-1747). Im Chor befinden sich vier Gemälde von **Tintoretto**: zur Linken der *Hl. Rochus mit den Pestkranken* und der *Hl. Rochus in der Wüste*; zur Rechten der *Hl. Rochus heilt die Tiere* und der *Hl. Rochus im Gefängnis mit dem Engel*. Der erste Altar auf dem Weg zum Ausgang im linken Seitenschiff ist mit einem Bild von Trevisani (1656-1746) ausgeschmückt; es berichtet vom *Wunder des hl. Antonius*. Zwischen den beiden Altären hängen zwei weitere Gemälde von Tintoretto: Die *Gefangennahme des hl. Rochus in der Schlacht von Montpellier* und die *Krankenheilung am Teich Bethesda* – ein Gemälde, das fast zu klein scheint für die riesige Menschenmenge, die sich darauf drängt. Den letzten Altar ziert ein Werk von Sebastiano Ricci: *Der hl. Franz von Paula erweckt ein Kind zum Leben*. An der Decke hat Fulmiani die *Barmherzigkeit des hl. Rochus* dargestellt.

VON SAN ROCCO NACH SAN POLO

Den Kanal hinter der Scuola überqueren und durch die Calle San Pantalon weiter zum Platz mit der gleichnamigen Kirche.

San Pantalon ([3] **CV**) – Die unvollendete Fassade (1668-1686) erinnert an jene der Kirchen San Marcuola und San Lorenzo. Der Innenraum ist interessanter: Er birgt den riesigen Zyklus aus **60 Deckengemälden**★ von Fulmiani. In dem zwischen 1684 und 1704 entstandenen Meisterwerk gelang es dem Künstler, durch kühne perspektivische Effekte den Eindruck zu erwecken, daß das Kirchenschiff direkt in den Himmel übergeht. Der Zyklus berichtet aus dem Leben eines Arztes aus

SAN ROCCO

Nikomedeia in Bithynien, der unter Diokletian den Märtyrertod sterben mußte, weil er zum Christentum übergetreten war. Fulmiani war ein typischer Künstler des Barock, ganz ein Kind seiner von der Idee des Todes besessenen Zeit; vielleicht liegt es daran, daß er vorzugsweise mit dunklen Tönen arbeitete. Von ihm stammt auch die Ausschmückung des Chores. Die Cappella del Sacro Chiodo links des Hochaltars ziert das *Paradies* von Antonio Vivarini (um 1420-1484). In der 3. Kapelle zur Rechten befindet sich ein *Hl. Bernhard* von Veronese (1528-1588). Die nächste, zweite Kapelle birgt ein weiteres Werk Veroneses, die *Kindesheilung des hl. Pantalon*, sowie die *Enthauptung* und das *Wunder des hl. Pantalon* von Palma Giovane (1548-1628).

Zurück nach San Rocco und durch die Salizzada San Rocco und die Calle Larga Prima zum Campo San Tomà.

Campo San Tomà (**3** DV) – In der schlichten Kirche, die an diesem reizvollen kleinen Platz aufragt, finden längst keine Gottesdienste mehr statt; sie wurde bereits im 10. Jh. geweiht, stammt aber in ihrer heutigen Form aus dem Jahre 1742. Gegenüber steht die Scuola dei Calegheri, in die im 15. Jh. die Zunft der Schuster einzog.

Links an der Kirche entlang und den Rio di San Tomà überqueren.

Casa di Goldoni ⊙ (**3** DV) – Carlo Goldoni wurde 1707 in diesem kleinen Stadthof mit Brunnen und Treppe im Hof geboren. Heute beherbergt das Gebäude ein Schulungs- und Forschungszentrum zum Thema Theater, in dem verschiedene Originaldokumente und Kostüme an den berühmtesten Bühnenautor der Stadt erinnern.

Um zum Campo San Polo zu gelangen, genügt es, sich dem nicht abreißenden Strom der Menge anzuschließen, die sich über den Rio San Polo und seitlich an der Kirche entlang dorthin bewegt.

Campo San Polo (**3** DU) – Auf diesem großen Platz finden seit alters unzählige Festlichkeiten statt; früher waren es allerlei Volksbelustigungen, darunter die berühmten Stierjagden, heute sind es z. B. Filmvorführungen unter freiem Himmel und Karnevalsbälle. Schöne Palazzi umschließen einem Amphitheater gleich den Platz. Besondere Beachtung verdienen die beiden spätgotischen **Palazzi der Soranzo** (Nr. 2169 und Nr. 2170) und der barocke **Palazzo Tiepolo Maffetti**, der am Herkuleskopf am Portal zu erkennen ist. Bis zur 2. Hälfte des 18. Jh.s standen diese Palazzi noch am Wasser. Der **Palazzo Corner Mocenigo**, an der gegenüberliegende Ecke, wurde im 16. Jh. von Sanmicheli erbaut; er beherbergt heute die Zollbehörde (Guardia di Finanza).

San Polo (**3** DUV) – Die Fassade dieser bereits im 9. Jh. gegründeten Kirche wurde im Laufe der Jahrhunderte mehr und mehr zwischen den benachbarten Häusern eingezwängt. An die um die Wende vom 14. zum 15. Jh. erfolgten Umbauarbeiten erinnern heute nur noch das Rosenfenster an der Fassade und das reich mit Blumenornamenten verzierte Seitenportal, beide spätgotisch. Mehrere Restaurierungen im 19. Jh. haben das Gesamtbild der Kirche gestört.

Der **Innenraum** wird von einer wie ein umgekehrter Schiffsrumpf gewölbten Holzdecke überspannt. Über dem ersten Altar auf der rechten Seite hängt eine *Mariä Himmelfahrt* und rechts davon ein *Abendmahl* von Tintoretto, auf dem trotz – oder gerade wegen – der alltäglichen Kulisse, die das einfache Leben der Jünger widerspiegelt, der sakrale Charakter der Szene stark zum Ausdruck kommt. Über dem zweiten Altar zur Linken befindet sich ein Gemälde von Tiepolo (1696-1770): *Dem hl. Johannes von Nepomuk erscheint die Hl. Jungfrau*. Von seinem Sohn Giandomenico (1727-1806) stammen die 14 Kreuzwegstationen in der Kruzifixkapelle. Die Kapelle links von der Apsis umschließt eine *Sposalizio* von Veronese (1528-1588).

Spaziergänge in der Umgebung s. unter I CARMINI und RIALTO.

„Ein weiter, prächtiger Campo, den ich in solcher Größe in diesem Netz von kleinen Gassen bestimmt nicht vermutet hätte, breitete sich vor mir aus, von bezaubernden, im bleichen Mondschein daliegenden Palästen eingefaßt. Es war dies eine jener aus harmonisierenden Gebäuden bestehenden Einheiten, auf die in anderen Städten alle Straßen hinführen, zu denen sie uns eigens geleiten und auf die sie uns ausdrücklich hinweisen. Hier schien es eher mit Absicht an einer Straßenkreuzung versteckt wie jene Paläste orientalischer Märchen, zu denen eine Person des Nachts geleitet wird, damit sie, vor Morgengrauen nach Hause zurückgeführt, die magische Stätte nicht wiederfindet und schließlich wirklich glaubt, sie habe sie nur im Traum betreten."

Marcel Proust, „Auf der Suche nach der verlorenen Zeit. Die Entflohene"
(Suhrkamp Verlag)

SAN ZACCARIA★★

(**P** GX)

Vaporetto-Anlegestelle: San Zaccaria

Rundgang: ca. 2 1/2 Std. (inklusive Besichtigungen)

Die Chiesa San Zaccaria befindet sich in unmittelbarer Nähe des Markusplatzes, daher herrscht in ihrer Umgebung auch kein Mangel an Restaurants, Pizzarien und Läden mit typischen venezianischen Souvenirs wie Spitzendeckchen und dergleichen. Entfernt man sich jedoch ein wenig von der Kirche, gelangt man in ein zwar fast genauso belebtes, aber wesentlich weniger touristisches Viertel. Auf dem **Campo Santa Maria Formosa** und den umliegenden Straßen stehen oft Marktstände, und der aufmerksame Spaziergänger kann dort einige echt venezianische Läden entdecken.

Kulinarisches

Zur Essenszeit ... kann man in der Osteria *Al Mascaròn* (Calle Lunga Santa Maria Formosa 5525) einkehren.

Süße Leckereien für Zwischendurch ... gibt es bei *Didovich* (Campo di Santa Marina 5909), wo man sich in elegantem Ambiente an feinen Sahnetörtchen, *Semifreddi* und anderen Köstlichkeiten laben kann.

★★ **San Zaccaria** – Die grandiose Kirche ragt unweit der Riva degli Schiavoni an einem belebten Campo auf. Nähert man sich ihr von Westen über den Campo di San Provolo, durchquert man ein spätgotisches Marmorportal mit einem Relief, auf dem true die *Thronende Muttergottes umgeben von Heiligen* zu sehen ist. Den eleganten **Campo San Zaccaria** säumen links die Arkaden des Kreuzgangs, der im 16. Jh. auf dem Gelände des ehemaligen Klosterfriedhofs errichtet wurde, und rechts die erste Zachariaskirche, neben der ein Campanile aus dem 13. Jh. aufragt. Links sieht man eine der eigenartigen venezianischen Inschriften, welche die Bürger der Stadt dazu anhielten, sich gut zu benehmen. Die Kirche aus dem 15. Jh. wurde von Antonio Gambello (bezeugt 1458-1481) entworfen und nach dessen Tod von **Mauro Codussi** (um 1440-1504) vollendet. Die weiße, durch Rundbögen rhythmisch gegliederte Fassade überragt die umliegenden Gebäude um ein beträchtliches und ist daher weithin sichtbar – besonders schön ist ihr Anblick vom Dogenpalast aus. Die heutige Kirche wurde gewissermaßen um den Vorgängerbau aus dem 9. Jh. herum gebaut, so daß aus dem linken Seitenschiff der alten Kirche das rechte Seitenschiff der neuen wurde.

Die Kirche gehörte zu einem berühmten Nonnenkloster, dem die Dogen am Ostermontag einen Besuch abzustatten pflegten.

San Zaccaria im venezianischen Häusermeer (mit dem Arsenale im Hintergrund)

SAN ZACCARIA

Fassade – Die hohe Fassade im lombardischen Stil, eines der Meisterwerke der venezianischen Renaissance, wurde zwischen 1480 und 1500 von Codussi erbaut. In der Vertikalen ist sie durch Gesimse in sechs Zonen geteilt. Sie ist harmonisch im Aufbau, doch stilistisch nicht ganz einheitlich. Der Sockelbereich ist noch von der Gotik geprägt: Er ist mit Tafeln aus rotem Marmor verkleidet; vier Medaillons zeigen Propheten und Putten mit Füllhörnern. Je weiter man nach oben blickt, um so deutlicher wird der Einfluß der Renaissance; die kannelierten Pilaster lösen sich nach und nach von der Wand und werden zu frei stehenden Zwillingssäulen mit korinthischen Kapitellen. Rundbögen und Muschelornamente lockern die Wandfläche auf. Nach oben hin wird die Fassade von einem dreigeteilten, bogenförmigen, von Statuen bekrönten Giebel abgeschlossen.

Über dem Eingangsportal ragt ein *Hl. Zacharias* von der Hand Alessandro Vittorias auf (16. Jh.).

Innenraum – Das weiträumige Kircheninnere ist in ein Mittelschiff im Renaissancestil sowie zwei Seitenschiffe und einen Chor mit Kranzkapellen und Umgang aus der Gotik unterteilt. Die Wände sind über und über mit Gemälden bedeckt. Am schönsten ist wohl die *Sacra Conversazione* von Giovanni Bellini (1505) beim zweiten Altar links, die durch ihre betörende Farbigkeit und den harmonischen Bildaufbau bezaubert. Am unteren Bereich der rechten Wand verdienen zwei Gemälde von Palma Giovane (1548-1628) Aufmerksamkeit: *Die Thronende Muttergottes mit Heiligen* und der *Hl. Zacharias*.

Am Ende des rechten Seitenschiffs gelangt man zur **Cappella del Coro** ⊙, wo eine *Geburt Johannes des Täufers* von Tintoretto (1518-1594), eine *Flucht nach Ägypten* von Giandomenico Tiepolo (1727-1806), eine *Jungfrau mit dem Kind und Heiligen* von Palma Vecchio (um 1480-1528), Orgelflügel von Palma Giovane, eine Anthonius van Dyck (1599-1641) zugeschriebene *Kreuzigung* und eine *Auferstehung mit Adam und Eva* von Domenico Tintoretto (um 1560-1635) zu sehen sind.

Die venezianische Gerechtigkeit kennt keine Günstlinge

Der Mörder des Dogen Vitale Michiel (der 1171 eine verhängnisvoll endende Strafexpedition in den Orient gestartet und damit den Unmut der Venezianer geweckt hatte) flüchtete nach seiner Tat in ein Haus nahe der Chiesa di San Zaccaria. Die Bewohner des Viertels versuchten ihn zu decken, wurden dafür aber auf grausame Weise bestraft: Ihre Häuser wurden abgerissen, und es wurde ihnen verboten, dort je wieder in Stein zu bauen.
Erst 1848 wurde dieses Gesetz widerrufen.

Bei der eindrucksvollen Cappella San Tarasio, auch Goldene Kapelle **(Cappella d'Oro)** genannt, handelt es sich in Wirklichkeit um den Chor des Vorgängerbaus. Ihren Glanz verdankt sie den drei herrlichen **Retabeln** aus dem Jahre 1443: dem Madonnenaltar in der Mitte, dem Flügelaltar der hl. Sabine zur Linken und dem Auferstehungsaltar zur Rechten. Die vergoldeten Schnitzrahmen im spätgotischen Flamboyantstil stammen von Ludovico da Forlì; die Altarbilder wurden von Antonio Vivarini, der dem Internationalen Stil der Gotik treu geblieben war, zusammen mit Giovanni d'Alemagna gemalt.

Das Gewölbe der Kapelle wurde von dem Florentiner Meister Andrea del Castagno und Francesca da Faenza mit einem frühen **Renaissancefresko** (1442) ausgeschmückt; es zeigt Gottvater mit den Evangelisten und Heiligen.

Vor dem Altar sieht man noch Reste der byzantinisch-romanischen Mosaiken, die den Boden der Kirche des 12. Jh.s schmückten. Etwas weiter hinten kann man (unter einer Glasplatte) Mosaiken aus dem 9. Jh. bewundern. Die Treppe führte in die Krypta aus dem 10. Jh., die heute jedoch unter Wasser steht.

Durch die Salizzada San Provolo geradeaus weiter zum Rio di Palazzo; dort links zum Museo Diocesano.

Museo Diocesano di Arte Sacra (🅿 GX) – *Siehe unter PIAZZA SAN MARCO, S. 164*

Zurück zum Campo dei Santi Filippo e Giacomo und dort in die Calle della Chiesa; vor dem Rio links weiter zum Campiello Querini und zum Campo Santa Maria Formosa.

Santa Maria Formosa (🖪 GV) – Die Geschichte der zwischen 1492 und 1504 von Mauro Codussi erbauten Kirche soll auf das 7. Jh. zurückgehen. Die ursprüngliche Kirche war dem hl. Magnus geweiht, dem die Hl. Jungfrau in unendlicher Schönheit *(formosa)* erschienen sein soll. Die Hauptfassade entstand in späterer Zeit (1604) und ist eigentlich die Seitenfront. Sie wurde ebenso wie die Fassade am Rio (1542) von der Familie Cappello gestiftet. Man beachte den Grimassen schneidenden Maskaron über dem Eingang des Campanile (17. Jh.).

SAN ZACCARIA

In dem auf dem Grundriß eines lateinischen Kreuzes errichteten Kircheninneren ließen sich die Zünfte der Kanonengießer *(Bombardieri)* und der Truhenzimmerer *(Cassellieri)* ihre Kapellen einrichten. Die Cassellieri hatten sich in Venedig mit der Befreiung der bei San Pietro di Castello von Piraten entführten Jungfern großes Ansehen erworben. In der Cappella dei Bombardieri hängt ein Gemälde von Palma Vecchio (um 1480-1528), die hl. Barbara mit anderen Heiligen darstellend; die erste Kapelle zur Rechten schmückt eine *Barmherzige Muttergottes* von Antonio Vivarini (um 1432-1491).

Die Entführung der venezianischen Bräute

An Mariä Lichtmeß war es in Venedig Brauch, daß zwei Bräute aus jedem Viertel ihre Hochzeitstruhen durch die Stadt trugen. Im Jahre 946 hätte die „Festa delle Spose e Marie" jedoch um ein Haar ein böses Ende genommen. Piraten entführten nämlich die jungen Bräute samt ihrer Mitgift. Das konnten die **Cassellieri**, welche die Hochzeitstruhen zimmerten, natürlich nicht hinnehmen: Sie versuchten, die jungen Bräute zu befreien, was ihnen auch gelang. Seitdem pflegten die Dogen den wackeren Handwerksleuten vom Campo Santa Maria Formosa jedes Jahr an Mariä Lichtmeß einen Besuch abzustatten.

★ **Fondazione Querini Stampalia** ⊙ – Den Besuch dieses Museums sollte sich niemand entgehen lassen, der in das Venedig vergangener Zeiten eintauchen will. Links vom Haupteingang grüßt die *Hl. Jungfrau von Lepanto*, die Sebastiano Venier in der berühmten Seeschlacht im Jahre 1571 begleitete.
Zu den bedeutendsten Werken der Sammlung gehören die *Szenen aus dem öffentlichen Leben der Stadt Venedig*★★ von **Gabriele Bella** (1730-1799) und die *Bilderzyklen*★★ von **Pietro Longhi** (1702-1785), die vor allem von heiligen Handlungen und Jagdszenen berichten. Man beachte auch den *Faustkampf* von Antonio Stom (1717-1739) und die *Zugefrorene Lagune bei der Fondamenta Nuove*, das Werk eines unbekannten Künstlers des 18. Jh.s.
Ebenfalls zu sehen sind Arbeiten von Giovanni Bellini (um 1426-1516), Palma Giovane (1548-1628), Luca Giordano (1634-1705), Andrea Schiavone (1510/15-1563), Giambattista Tiepolo (1696-1770), eine Studie aus Ton für das Bildnis der Kaiserinmutter Letizia Bonaparte von Canova (1757-1822) und ein *Bildnis eines Edelmannes* von Palma Vecchio (um 1480-1528), das Francesco Querini darstellen könnte.
Spaziergänge in der Umgebung s. unter PIAZZA SAN MARCO, ARSENALE und RIALTO.

SAN ZANIPÒLO★★

Santi Giovanni e Paolo (**5 GU**)
Vaporetto-Anlegestellen: Fondamenta Nuove od. Cimitero

Rundgang: ca. 1/2 Tag (inklusive Besichtigungen)
Das Bild des Viertels um San Zanipòlo ist von den eindrucksvollen Fassaden seiner majestätischen Bauten geprägt. Doch es überrascht vor allem durch seine Widersprüchlichkeit: Großer Trubel herrscht in den Calli zwischen der Chiesa Santi Giovanni e Paolo, auf venezianisch kurz San Zanipòlo genannt, und dem Campo dei Santi Apostoli. Ruhig, manchmal fast schon einsam, ist die Atmosphäre auf dem Campo dei Gesuiti und der vom Lagunenwind gepeitschten Fondamenta Nuove, von der aus man die Friedhofsinsel San Michele sieht.

Besichtigungspause

Warten auf das Vaporetto ... kann man z. B. im *Algiubagiò* (Fondamenta Nuove 5039), bei schönem Wetter sogar auf der Caféterrasse mit Blick auf die Lagune.

Man kann die Wartezeit natürlich auch mit einem Einkaufsbummel überbrücken. Gleich in der Nähe, bei *Gianni Basso* (Calle del Fumo 5306), kann man Vignetten, Visitenkarten und Umschläge erstehen, die der Ladenbesitzer auf Wunsch selbst bedruckt. Und der ist selbst schon eine Kuriosität: Ganz ohne Computer und andere Errungenschaften der modernen Technik schafft er kleine graphische Meisterwerke.

Eine Pizza gefällig, oder darf's etwas mehr sein? Rund 90 verschiedene Pizzen stehen im *La Perla* (Rio Terrà dei Franceschi, gleich hinter dem Campo dei Santi Apostoli) auf der Speisekarte. An der Wand hängt die Urkunde aus dem Jahre 1994, die den Pizzaiolo als den besten Italiens ausweist. Auch die Menüs sind nicht zu verachten.

Wer lieber typisch venezianisch essen will, sollte einen Abstecher in die **Antiche Cantine Ardenghi** machen (Calle della Testa 6369).

SAN ZANIPÒLO

Campo San Zanipòlo

Campo di Santi Giovanni e Paolo (GU) – Betrachtet man das Gemälde, das Canaletto im 18. Jh. von diesem Platz malte, sieht man, wie wenig er sich im Laufe der Jahrhunderte verändert hat. Der eindrucksvolle Anblick, der sich hier bietet, rechtfertigt im übrigen den früheren Namen des Platzes: Campo delle Maravege, „Platz der Herrlichkeiten". Sein heutiger Name, **San Zanipòlo**, ist das Ergebnis der Zusammenziehung der Namen seiner zwei Schutzheiligen: Giovanni/Johannes, auf venezianisch Zani, und Paolo/Paulus, auf venezianisch Polo.

Wie eine grandiose Theaterkulisse rahmen die Fassaden der majestätischen Kirche und der mit Trompe-l'œil-Verzierungen geschmückten Scuola den weiten Platz, auf dem sich das gewaltige Reiterstandbild des Condottiere Colleoni erhebt.

Bartolomeo Colleoni

Der Söldnerführer Colleoni (1400-1476) aus Bergamo trat 1431 in den Dienst der Serenissima ein. Er kämpfte zunächst unter dem Oberbefehl von Carmagnola und Gattamelata. 1442 wurde er von dem Mailänder Filippo Maria Visconti abgeworben, der ihn jedoch in den Kerker werfen ließ. Nach seiner Befreiung wurde er wieder bei den Venezianern vorstellig, die ihn mit dem Kommando ihrer Infanterie betrauten. Damit hatte er jedoch wenig Glück: Seine Truppe wurde von Francesco Sforza niedergeworfen. Dieses und andere „Mißgeschicke" ließen ihn in den Augen des Zehnerrates zur Persona non grata werden. Das Kommando wurde ihm entzogen. Darauf lief er zu Francesco Sforza über, der inzwischen das Herzogtum Mailand an sich gerissen hatte. Wenig später wurde er nach Venedig zurückgerufen, um gegen Galea Sforza, den Nachfolger Francesco Sforzas, vorzugehen: und zwar als Oberbefehlshaber aller Truppen der Serenissima. Offiziell behielt er diesen Titel bis zu seinem Tod, doch die venezianischen Machthaber sorgten dafür, daß er von allen Staatsgeschäften ferngehalten wurde. Er starb auf seinem Schloß in Malpaga.

★★ **Monumento equestre a Bartolomeo Colleoni** – Die stolze Haltung des Feldherrn hoch zu Roß, sein energischer Gesichtsausdruck, das kraftvolle Pferd und der hohe, majestätische Sockel machen dieses Standbild zu einem der eindrucksvollsten der Stadt. Der Feldherr muß sich allerdings in seinem Grab herumgedreht haben, als ihm hier ein Denkmal errichtet wurde. Hatte er doch nach seinem Tod der Republik die stattliche Summe von 100 000 Dukaten vermacht, damit man ihm auf dem Markusplatz ein Denkmal setze. Das war nun freilich etwas anmaßend, schließlich ließen sich dort nicht einmal die Dogen verewigen. Um trotzdem in den Genuß des Vermächtnisses des Condottiere zu gelangen, mußte die Serenissima ihre spitzfindigen Advokaten auf den Plan rufen. Die stellten nach langem Studium des Textes fest, daß der Autor wohl die „Scuola Grande di San Marco" gemeint haben müsse.

Für die Errichtung des Denkmals wurde ein Wettbewerb ausgeschrieben, den **Andrea Verrocchio** (1435-1488) gewann. Er starb jedoch, bevor die Figur in Bronze gegossen werden konnte. Das übernahm an seiner Statt Alessandro Leopardi (1465-1523), der auch den Sockel entwarf und das Denkmal 1489 fertigstellte. Verrocchio hatte sich bei seinem Entwurf von Donatellos (1386-1466) Gattamelata-Denkmal in Padua inspirieren lassen, das eine große Neuerung in der Kunst darstellte,

Venezianische Putti am Brunnenrand von San Zanipòlo

weil es die in Vergessenheit geratene Form des römischen Reiterstandbilds wieder aufgriff.

Brunnen – Der Brunnenrand ist mit einem Reigen von mit Füllhörnern beladenen Putten überzogen. Auf lateinisch steht darauf zu lesen: „Herrlich ist der Stein, doch herrlicher noch ist dieses Wasser, das schöner ist als das der Flüsse" *(Mira silex mirusque latex qui fulmina vincit)*. Als Urheber des Brunnens gilt Sansovino (1486-1570), der auch die dem Rio zugewandte Front der Scuola entworfen hat.

★★ **Santi Giovanni e Paolo (San Zanipòlo)** (**5 GU**) – Die gewaltige, zwischen 1240 und 1430 aus rotem Backstein erbaute gotische Kirche ist die Antwort der Dominikaner auf die Frari-Kirche der Franziskaner auf der anderen Seite des Canal Grande – oder umgekehrt: die beiden Bettelorden bauten nämlich um die Wette. Gewonnen haben die Dominikaner. Die 101 m lange, 46 m breite und 55 m hohe Chiesa San Zanipòlo ist die größte Kirche Venedigs. Wie die Frari-Kirche diente auch sie den Dogen als Grabstätte; hier wurden ihre Totenmessen zelebriert.

Die schlichte Fassade sollte eigentlich mit Marmorinkrustationen verziert werden, blieb aber unvollendet. Sie ist dreigeteilt: Der mittlere, erhöhte Teil entspricht dem Mittelschiff; er ist durch zwei Pilaster begrenzt und von drei Fialen bekrönt. Sie umschließen die Figuren der drei großen Heiligen der Dominikaner: den hl. Thomas von Aquino, den hl. Dominikus und den hl. Petrus Martyr. An der Spitze der Fialen sieht man den Adler, das Symbol des Evangelisten Johannes, Gottvater und den Löwen, das Wahrzeichen des hl. Markus.

Das mit Blattmotiven verzierte Marmorportal (1460) ist das Werk Bartolomeo Bons; die seitlichen Marmorsäulen stammen aus Torcello. In den Bögen der Fassade und der rechten Seitenfront befinden sich Dogengräber, darunter das von Jacopo Tiepolo, der im Jahre 1234 den Dominikanern das Baugelände für ihre Kirche geschenkt hatte.

Das eindrucksvoll hohe **Chorhaupt** mit den Zwillingsfenstern ist im reinen Stil der Gotik des 14. Jh.s erbaut; die Galerie ist allerdings noch romanisch.

Innenraum – Beim Betreten der Kirche ist man wie erschlagen von der Weite des über einem lateinischen Kreuz errichteten, lichtdurchfluteten Kirchenraums. Das dreischiffige Langhaus mündet in die Vierung, an die sich fünf Apsiden anschließen. Die schweren Säulen sind wie in der Frari-Kirche durch Balken verbunden, die die Schildbögen und das Kreuzrippengewölbe stützen.

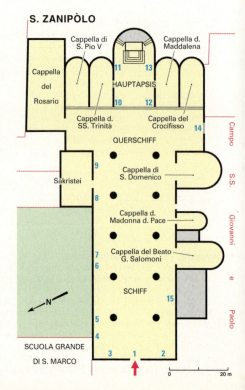

SAN ZANIPÒLO

An der Westwand befindet sich das Mausoleum der Dogen aus dem Geschlecht der Mocenigo; in der Mitte steht das Grabmal von Alvise I. Mocenigo, der von 1570 bis 1577 Doge war (**1**), zur Linken das von Pietro Mocenigo (1474-1476) (**2**) – ein Werk Pietro Lombardos –, zur Rechten das von Giovanni Mocenigo (1478-1485) (**3**), das Tulio Lombardo geschaffen hat.

Auf dem **Hieronymusaltar** (**4**) im linken Seitenschiff steht eine Figur des Heiligen von der Hand Alessandro Vittorias (1525-um 1600).

Die Pyramide (**5**) daneben ehrt die **Bandiera-Brüder**, die als Mitglieder der von Giuseppe Mazzini gegründeten Befreiungsbewegung Giovane Italia („Junges Italien") 1844 erschossen wurden.

Hinter dem Altar des Petrus Martyr gelangt man zum Grabmal des Dogen **Niccolò Marcello** (**6**) (†1474), einem schönen, sehr ausgewogenen Werk von Pierto Lombardo (um 1485) im Stil der Renaissance. Auf dem Bogenfeld über dem Grab sieht man die Heiligen Markus und Theodor, die den Dogen der Hl. Jungfrau zum Schutz anempfehlen. Die vier Allegorien der Kardinaltugenden, die das Grabmahl rahmen, sind von besonderer Grazie und Eleganz.

Das von einem Baldachin bekrönte Grabmahl des Dogen **Tommaso Mocenigo** (1414-1423) (**7**) aus dem Jahre 1423 stammt von Niccolò Lamberti und Giovanni di Martino, denen es hier gelang, Elemente der Gotik und der Renaissance in der venezianischen und der toskanischen Tradition miteinander zu vermählen. Seitlich des doppelten Bogenlaufs stehen die Figuren des Thomas von Aquino und des Petrus Martyr, beide von Antonio Lombardo (um 1458-1516).

Vor der Sakristei fällt der Blick auf das Renaissancegrabmal des von 1457 bis 1462 regierenden Dogen Pasquale Malipiero (**8**), ein Werk von Pietro Lombardo; der Baldachin ist noch im Stil der Gotik gestaltet.

Die Gemälde in der Sakristei lobpreisen den Dominikanerorden: *Die Billigung der Statuten der Dominikaner durch Papst Honorius III. im Jahre 1216* stammt von Leandro da Bassano (1557-1622) und sticht durch die vorherrschenden Töne Rot, Schwarz und Weiß ins Auge. An der Decke hat der Tizian-Vetter Marco Vecellio (1545-1611) die *Aussendung der hll. Dominikus und Franziskus durch die Hl. Jungfrau* dargestellt. *Die Dominikaner vor dem Kreuz* über dem Altar stammen von Palma Giovane (1548-1628); ebenso die *Auferstehung* zur Rechten. Auf der *Kreuztragung* von Alvise Vivarini (um 1445-1505) links des Altars sieht man einen traurig, etwas fragend blickenden Christus vor dem Hintergrund einer verdorrten Landschaft mit fernen Gebäuden.

Vor der Vierung zieht der *Flügelaltar* (**9**) von Bartolomeo Vivarini (um 1432-1491) den Blick auf sich. Es sind leider nur drei der Flügeltafeln erhalten. Man sieht darauf einen streng blickenden *Hl. Augustinus*, einen engelhaften *Hl. Laurentius* mit dem Rost, auf dem er gemartert wurde, und den *Hl. Dominikus mit der Lilie*.

Die Orgel ist das Werk des berühmten venezianischen Meisters Gaetano Callido (18. Jh.). Im linken Querhausarm, unter der großen Uhr, befindet sich das Grabmahl des von 1382 bis 1400 amtierenden Dogen Antonio Venier, das den Dalle Masegne (14., 15. Jh.) zugeschrieben wird.

Rechts vom Eingang der Rosenkranzkapelle steht die Bronzefigur des Siegers von Lepanto **Sebastiano Venier** (Amtszeit: 1577-1578).

Die Rosenkranzkapelle **(Cappella del Rosario)**, auch Lepanto-Kapelle genannt, wurde zum Dank für den Sieg über die Türken 1571 erbaut. Sie wurde 1867 bei einem Brand stark beschädigt. Auch die einst hier hängenden Gemälde von Tintoretto und Tizian wurden ein Raub der Flammen. Heute befinden sich hier einige bemerkenswerte Werke von **Veronese** (1528-1588): Die vergoldete Decke schmücken eine *Anbetung der Hirten* (man beachte die harmonische Gruppe mit Hirten, Esel und Schaf), eine *Mariä Himmelfahrt* und eine *Verkündigung*, deren kühner Bildaufbau seine besondere Ausdruckskraft dem vom Himmel herabstürzenden Engel und der ihm von unten entgegenblickenden Jungfrau verdankt. In der *Anbetung der Könige* ist die Figur des Joseph interessant: Er leicht vorgebeugt an einer Säule und scheint ein wenig „an den Rand gedrängt".

Das Altarhäuschen, das die Rosenkranzmadonna umschließt, stammt von Girolamo Campagna (um 1550-um 1626). Wendet man dem Altar den Rücken zu, sieht man, auf der rechten Seite beginnend: *Der hl. Dominikus errettet die Schiffbrüchigen durch den Rosenkranz* von Padovanino (1588-1649) und ein *Abendmahl* von Benedetto Caliari (1538-1598), der hier nicht nur seinen berühmten Bruder Veronese – in der Gestalt des Apostels in der Mitte, der den Arm ausstreckt –, sondern auch sich selbst (Apostel mit verschränkten Händen zur Rechten) porträtiert hat. An der Wand gegenüber dem Altar hängt eine weitere *Anbetung der Hirten* von Veronese, auf der sich dieser selbst dargestellt hat (der stehende Mann hinter der Säule); im Mittelpunkt der Komposition steht das Jesuskind, das dem Betrachter den Rücken zuwendet und die Blicke der beiden Figurengruppen, Joseph und Maria auf der einen und die Hirten mit Esel und Rind auf der anderen Seite, auf sich vereint.

Die beiden Kapellen zur Linken der Hauptapsis sind Pius V. und der Dreifaltigkeit geweiht.

In der **Hauptapsis** befinden sich mehrere interessante Dogengräber. Das des von 1365 bis 1368 regierenden Marco Corner (**10**) zur Linken zieren besonders schöne Figuren, darunter eine *Maria mit dem Kind* von Nino Pisano (14. Jh.) und seinen Schülern. Das des Dogen **Andrea Vendramin** (**11**) wurde 1493 von Tullio Lombardo gestaltet; das an Reminiszenzen an die klassische Antike reiche Bildprogramm weist es als typisches Werk

SAN ZANIPÒLO

der Renaissance aus. Es ist eines der großartigsten Grabmäler der Stadt: vollkommen ausgewogen in der Komposition, in seiner Eleganz bis ins kleinste durchdacht. Unter einem monumentalen Triumphbogen liegt der Doge auf seinem von zwei Adlern und einem geflügelten Rad getragenen Totenbett. Um den Sarkophag scharen sich die Theologal- und die Kardinaltugenden. Auf dem Bogenfeld stellt der hl. Andreas der Hl. Jungfrau den knienden Dogen vor; neben der Jungfrau sieht man den hl. Theodor und den Sohn des Dogen. In den Nischen aus schwarzem Marmor wachen zwei Krieger, deren Haltung antiken Figuren nachempfunden ist.

Es folgen das Grab des Dogen Michele Morosini (1382) (**12**) aus der Werkstatt der Dalle Masegne (das Mosaik darüber ist ein toskanisches Werk aus dem 15. Jh.) sowie das des **Leonardo Loredan** (**13**). Loredan mußte während seiner Amtszeit (1501-1525) gegen die übermächtige Liga von Cambrai kämpfen: Daher stehen beiderseits der von Girolamo Campagna (1549-um 1626) gemeißelten Figur des Dogen allegorische Darstellungen von Venezia und der Liga von Cambrai.

Die erste Kapelle rechts der Hauptapsis ist Maria Magdalena (**Cappella della Maddalena**) geweiht. Die Fresken mit den vier Evangelisten sind von Palma Giovane. An der rechten Wand steht das Grabmal des Admirals Victor Pisani (1324-1380). Die barocke Darstellung der *Eitelkeit*, verkörpert durch eine schöne Frau, die in ihrem Spiegel den eigenen Tod erblickt (17. Jh.), könnte an die Geschichte einer Frau erinnern, die sich im 14. Jh. nach einer solchen Todesvision bekehrt haben und daraufhin in ein Dominikanerinnenkloster eingetreten sein soll.

Der Altar in der Kruzifixkapelle (**Cappella del Crocifisso**), die Schmerzensmutter und der Johannes der Täufer stammen von Alessandro Vittoria.

Im rechten Querhausarm zieht das herrliche **Glasfenster** (**14**) durch seine strahlende Farbigkeit die Aufmerksamkeit des Besuchers auf sich. Es wurde von Glaskünstlern aus Murano nach Vorlagen von Bartolomeo Vivarini, Cima da Conegliano (um 1459-um 1517) und Girolamo Mocetto (um 1448-1531) geschaffen. Unten sieht man von links nach rechts die „Heiligen Streiter" Theodor, Johannes und Paulus (die beiden römischen Märtyrer, denen die Kirche geweiht ist) und Georg.

Im rechten Querhausarm befindet sich auch der Thron, auf dem die Dogen dem Gottesdienst beiwohnten.

Die *Marienkrönung* rechts stammt von Cima da Conegliano.

Im rechten Seitenschiff, an der Decke der **Dominikuskapelle**, hat Piazzetta (1683-1754) in überschwenglichem Dekor die Himmelfahrt des Heiligen dargestellt: Die Mönche, die musizierenden Engel, die Hl. Jungfrau und der hl. Dominikus sind entlang einer nach oben strebenden perspektivischen Linie angeordnet, die in der Dreifaltigkeit gipfelt.

Vor der Kapelle der Friedensmadonna (**Cappella della Madonna della Pace**) steht das Monument der Dogen aus dem Geschlecht der Valier: ein gigantisches, von Andrea Tirali entworfenes Barockgrabmal (18. Jh.), an dem die damals bekanntesten Bildhauer der Stadt gearbeitet haben. Es ist das letzte Dogengrabmal der Geschichte der Republik. Die späteren Dogen ließen sich unter Grabplatten am Boden bestatten.

Die Friedenskapelle birgt eine byzantinische Ikone (12.-13. Jh.) sowie Werke von Leandro da Bassano (links), Aliense (1556-1629) (rechts) und Palma Giovane (Gewölbe).

Vor der Barockkapelle des Seligen Giacomo Salomoni (**Cappella del Beato Giacomo Salomoni**) liegt der Grabstein des 1466 verstorbenen Dezemvir Diedo, ein schönes Beispiel der Niello-Kunst der Frührenaissance.

In der nächsten Kapelle befindet sich der ***Flügelaltar des hl. Vicentius Ferrerius*** (**15**), ein Meisterwerk von Giovanni Bellini (um 1426-1516). In der Mitte steht der 1419 verstorbene spanische Heilige vor einem Himmel mit schwarzen Cherubinen. Die beiden vor einer niedrigen Landschaft dargestellten Figuren an seiner Seite sind der hl. Christopherus und der hl. Sebastian. Als große Neuerung in der Kunst beleuchtete Bellini die Szenerie von unten her. Auf den oberen Bildtafeln sieht man einen wundervollen, in weiches Licht getauchten Erzengel Gabriel, der sich im Profil von einem dunklen marmorierten Grund abhebt, einen ergreifenden, von zwei Engeln gestützten Schmerzensmann in der Mitte und eine jugendliche, von einem Ausdruck glutvoller Frömmigkeit erfüllte Verkündigungsmadonna. Die Bilder auf der Predella berichten in lebhaften kleinen Szenen von den fünf Wundern des hl. Vincentius.

Man kommt nun zu der Urne, die die Haut des ruhmbedeckten Verteidigers von Famagusta, Marcantonio Bragadin, umschließen soll. Der venezianische Held hatte sich den Türken erst nach 22 Monaten erbitterten Widerstands ergeben. Die Belagerer straften ihn dafür, indem sie ihn am 17. August 1571 – kurz vor der siegreichen Schlacht bei Lepanto – bei lebendigem Leib häuteten. Seine Haut wurde einbalsamiert und nach Konstantinopel gebracht, wo sie einer der wenigen Überlebenden von Famagusta 1580 entwendete und in seine Heimat zurückbrachte.

★ **Scuola Grande di San Marco** (**F GU**) – Die im Jahre 1260 gegründete Laienbruderschaft von San Marco siedelte 1438 von ihrem ursprünglichen Sitz in Santa Croce in ein Gebäude am Campo di San Zanipòlo über, welches jedoch 1485 einem schrecklichen Feuer zum Opfer fiel. Mit dem Wiederaufbau wurde **Pietro Lombardo** (1435-1515) betraut, dem dabei seine Söhne Antonio und Tullio zur Hand gingen. Die Fassadenbekrönung aus nebeneinander angeordneten Halbkreisgiebeln mit Gesimsfiguren und Vasen und dem geflügelten Markuslöwen im Zentrum des mittleren, erhöhten Bogens stammt jedoch von **Mauro Codussi** (um 1440-1504).

SAN ZANIPÒLO

Zu Beginn des 19. Jh.s wurde die Scuola in ein Militärhospital umgewandelt, und noch heute gehört sie zum Stadtkrankenhaus von Venedig.
Die **Fassade** ist mit Trompe-l'œil-Verzierungen überzogen, die durch ihren dekorativen Reichtum vom Bauwerk als solchem ablenken, seine Volumen geradezu aufzulösen scheinen. Man beachte die Löwen seitlich des linken Portals und die beiden um den hl. Markus und den hl. Anianas angeordneten Figurengruppen zur Rechten.

Innenräume ⓥ – In der **Sala dell'Albergo**, der Herberge und heutigen medizinischen Bibliothek, befinden sich zwei Werke des ungefähr zwischen 1485 und 1526 in Venedig tätigen Giovanni Mansueti: drei Szenen aus dem Leben des hl. Markus und *Die Heilung des Anianas durch den hl. Markus* (linke Wand). Gegenüber dem Eingang hängt *Der hl. Markus besänftigt ein Gewitter* von Palma Vecchio (um 1480-1528) und Paris Bordone (1500-1575). An der rechten Wand sieht man die *Erscheinung des hl. Markus*, ein Gemeinschaftswerk von Tintoretto (1518-1594) und seinem Sohn Domenico (um 1560-1635). Die Eingangswand schmückt das *Martyrium des hl. Markus* von Vettor Belliniano (1456-1529). Neben der Tür wacht einer der venezianischen Löwen mit dem geschlossenen Evangelium.
Die Decke des **Kapitelsaals**, auch Markussaal genannt, ist in Blau- und Goldtönen gehalten und mit den Symbolen der Zünfte verziert. In der Mitte steht wieder der Löwe, diesmal jedoch mit geöffnetem Evangelium. Auf dem Altaraufsatz hat Palma Giovane (1548-1628) den hl. Markus im Glorienschein dargestellt. Die Gemälde beiderseits des Altars, die *Ankunft des Schiffes in Venedig* und die *Bergung der Gebeine des Evangelisten auf dem Schiff*, sind von Tintoretto und seinem Sohn Domenico. Auch der *Hl. Markus* an der Wand gegenüber, der die Inseln der Lagune segnet, stammt von Vater und Sohn Tintoretto.
Der Temperaturunterschied zwischen den beiden Sälen dient dem Schutz der ausgestellten Werke: Im ersten Saal werden nämlich neben alten medizinischen Instrumenten auch kostbare Schriften aus dem 16. Jh., einige sogar mit Illustrationen von Tizian, verwahrt.

Der hl. Markus, Schutzpatron vieler Zünfte
Der hl. Markus, der nach Alexandria gekommen war, um dort das Christentum zu verkünden, begab sich gleich nach seiner Ankunft zu einem Schuster, weil seine Schuhe dringend besohlt werden mußten. Der Schuhflicker verletzte sich dabei mit seiner Ahle, wurde aber von dem Heiligen auf wundersame Weise geheilt. Daher haben sich die Schuster ihn zum Schutzheiligen erwählt. Die Glaser, die sich bei ihrer Arbeit oft verletzten, taten es ihnen gleich, ebenso die Gerber.
Auch Schreiber und Notare stellten sich unter den Schutz des Evangelisten, der ja wie sie seine Feder benutzte und auch die Berichte seines Weggefährten Petrus niederschrieb.
Und zu guter Letzt berufen sich auch die Korbmacher auf Markus Evangelista, weil seine Gebeine angeblich in einem Korb von Alexandria nach Venedig geschmuggelt wurden.

SPAZIERGANG DURCH CANNAREGIO

Hinter dem Rio dei Mendicanti endet Castello und beginnt Cannaregio. Hier herrscht zunächst viel Trubel, vor allem in der Nähe von Santa Maria dei Miracoli und dem Campo dei Santi Apostoli. In Richtung Fondamenta Nuove führt der Weg jedoch wieder durch stille Wohnviertel, in die sich nur selten Touristen verirren.
Durch die Calle Larga Giacinto Gallina zum Campo Santa Maria Nova gehen.

Dort bietet sich ein schöner Blick auf den Chor von Santa Maria dei Miracoli, jenem Meisterwerk der sakralen Baukunst der Renaissance.

★ **Santa Maria dei Miracoli** (**4** **FU**) – Die schöne, mit Marmorinkrustationen verzierte Fassade des Gotteshauses, die am Ufer eines Kanals aufragt, ist toskanischen Vorbildern des 14. Jh.s nachempfunden. Sie wurde zwischen 1482 und 1489 von Pietro Lombardo erbaut und ist eines der ersten architektonischen Werke der Renaissance in Venedig. Und was in Venedig sehr selten ist: Sie wurde in der Folgezeit nie umgebaut.
Das Gotteshaus wurde zu Ehren eines als wundertätig geltenden Marienbildes von Niccolò di Pietro (1409) erbaut. Der Unbefleckten Empfängnis wurde es 1489 geweiht, zwölf Jahre nach der Verkündigung dieses Dogmas durch den Papst. Noch heute machen hier gerne Hochzeiten zelebriert.
Fassade – Die ganz mit Marmortafeln und Medaillons und Kreuzen aus rotem und grünem Porphyr überzogene Vorderfront ist durch Gesimse in drei Wandzonen aufgeteilt. Der untere Teil ist mit sechs Pilastern mit Laubkapitellen geschmückt; auf dem Bogenfeld des Portals ist eine Maria mit dem Kind dargestellt. Die sechs Pilaster des mittleren Bereichs sind kanneliert und tragen Halbkreisbögen, zwischen

denen Heiligenköpfe angeordnet sind; die Ecken sind mit Engeln verziert. Über einem wunderschönen, stark vorkragenden und mit Blumen- und Tiermotiven verzierten Gesims erhebt sich der elegante halbkreisförmige Giebel mit den drei Gesimsfiguren. Er ist von einem großen, zentralen Rundfenster und drei bogenförmig um es herum angeordneten kleineren Rundfenstern durchbrochen, die mit kreisförmigen Arabesken abwechseln. Diese Schmuckmotive, die man auch am Ca' Dario bewundern kann, sind typisch für den Stil der Lombardos.

Innenraum – Der von einem Tonnengewölbe überspannte, kleine, aber um so harmonischere Innenraum, ein wahrer Schrein der Renaissancekunst, ist ebenfalls mit Marmortafeln in sanften Pastelltönen und Porphyrinkrustationen

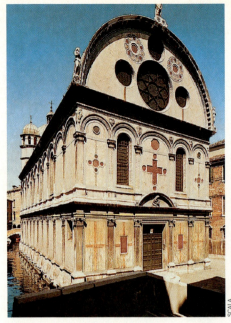

Wunderwerk der Renaissance: Santa Maria dei Miracoli

überzogen. Auch der Boden ist ganz aus Marmor. Entlang der Wände verlaufen fein gearbeitete Gesimse. Der einschiffige Kirchenraum mit dem erhöhten Chor ist in warmes Licht getaucht, das durch die Seitenfenster, die Rundfester im Giebel und die Kuppellaternen einfällt.

In den 50 vergoldeten Kassettenfeldern des Deckengewölbes aus dem 16. Jh. sind Propheten und Patriarchen dargestellt (mit dem den Besuchern zur Verfügung gestellten Spiegel kann man sie gut sehen).

Eine eindrucksvolle Treppe führt auf die mit Figuren von Tullio Lombardo geschmückte Empore.

Das Gemälde von Niccolò di Pietro befindet sich über dem Altar.

Über die Brücke zum Campiello Santa Maria Nova, an der Kirche (San Cancian) vorbei und geradeaus weiter. Beim Campiello del Cason in die Calle del Manganer.

Campo dei Santi Apostoli (4 FT) – Siehe unter RIALTO, S. 167

Hinter der Chiesa dei Santi Apostoli in den gleichnamigen Rio Terrà einbiegen und geradeaus weiter.

Der Weg zur Jesuitenkirche führt durch einige jener einsamen Gassen von Cannaregio, in denen die Stadt ihren melancholischen Charme, ihre „Poesie des Alltags", entfaltet.

★ **I Gesuiti** (4 FT) – Eindrucksvoll ragt die weiße Barockfassade des Gotteshauses über dem stillen Platz auf. Die marmorne Schauseite ist reich mit Figurenschmuck überzogen; den Ehrenplatz nimmt die Himmelfahrtsmaria über dem Portal ein, der die Kirche geweiht ist. Die Jesuitenkirche wurde zwischen 1715 und 1729 anstelle der 1150 errichteten Chiesa Santa Maria dei Crociferi erbaut.

Im Inneren fällt die ungewöhnliche Dekoration aus grünem und weißem Marmor auf, die sich zum Altar hin in weitausladenden Draperien entfaltet. Und als sei dies allein der Pracht noch nicht genug, wurde auch die Decke mit weißem und goldenem Stuck verziert. Die mittleren Felder des Deckengewölbes wurden von Francesco Fontebasso (1709-1769) ausgeschmückt.

Über dem ersten Altar zur Linken befindet sich ein Bild von Tizian (1490-1576), das *Martyrium des hl. Laurentius*. Im linken Querhausarm zieht die *Mariä Himmelfahrt* von Tintoretto (1518-1594) die Blicke auf sich.

In der Sakristei hängt ein Bilderzyklus von Palma Giovane (1548-1628), der Szenen aus dem Alten Testament *(Mannaregen)* und der Thematik des Kreuzes *(Die Auffindung des Kreuzes durch die hl. Helena)* gewidmet ist.

In der vorletzten Kapelle des rechten Seitenschiffs steht eine *Hl. Barbara* von Morlaiter (1699-1781); ebenfalls sehenswert: das Gemälde von Palma Giovane *Tobias, der Erzengel Raphael und die Schutzengel*.

Schräg gegenüber der Jesuitenkirche steht das Oratorium der Kreuzträger.

Oratorio dei Crociferi ⓥ (**4 FT**) – Gegen Mitte des 12. Jh.s war der Campo dei Gesuiti von einer Kirche, einem Kloster und einem Hospiz umgeben; alle drei unterstanden dem Orden der Kreuzträger. Im Hospiz fanden die Überlebenden der Kreuzzüge Obdach. 1414 wurde das Hospiz in ein Hospital umgewandelt, in dem alte pflegebedürftige Frauen aufgenommen wurden.

Mit der Innenausschmückung der Betkapelle des Hospizes wurde Palma Giovane betraut, der von 1583 bis 1592 daran arbeitete.

Die Gemälde erzählen die Geschichte des Kreuzträgerordens, seines venezianischen Hospizes, seiner Betkapelle und seiner liturgischen Mission. An der hinteren Wand sieht man eine *Majestas Domini*, ein Bildnis des von 1253 bis 1268 regierenden Dogen Renier Zen, welcher ein großer Wohltäter des Hospizes war, die *Dogengemahlin und die Prokuratoren von San Marco* und eine *Gruppe von Kreuzträgermönchen mit den Frauen aus dem Hospiz*. Die beiden Gemälde neben dem Altar berichten von der Gründung des Ordens durch Papst Anaklet (78-88) und seiner Bestätigung durch Papst Paul IV. (1555-1556). Bei den drei Gemälden an der rechten Wand handelt es sich um ein Porträt von Pasquale Cicogna, Prokurator von San Marco und Doge von 1585 bis 1595, eine *Geißelung* und eine *Grablegung* (über den beiden Türen). An der Decke ist zu Ehren der Hl. Jungfrau, der die Kapelle geweiht ist, eine *Mariä Himmelfahrt* dargestellt.

In Richtung Lagune weitergehen.

Fondamenta Nuove (**4 5 FHT**) – An diesem im späten 16. Jh. erbauten, nicht sonderlich sehenswerten Uferkai legen heute die Vaporettos zu den Inseln der Lagune, nach San Michele, Murano, Burano und Torcello an. Hier gibt es Zeitungskioske und einige Bars, in denen man auf das nächste Vaporetto warten kann (was, vor allem wenn man nach Torcello will, recht lange dauern kann). Gleich in der Nähe, bei der Sacca della Misericordia, befindet sich das Teatro Fondamenta Nuove.

ISOLA DI SAN MICHELE

Auf die Friedhofsinsel San Michele gelangt man im Vaporetto ab der Fondamenta Nuove.

San Michele in Isola (**5 HS**) – Das von Mauro Codussi (um 1440-1504) entworfene Gotteshaus aus weißem istrischem Stein, das sofort ins Auge sticht, wenn man sich der Insel nähert, ist die erste Renaissancekirche Venedigs. In der schlichten Fassade mit Rustikamauerwerk im Sockelbereich, das an die Florentiner Paläste der Rucellai und der Medicis erinnert, spiegelt sich der Innenaufbau der Kirche wider. Seitlich des eleganten, von einem Bogenfeld, einer Marienfigur und einem Rundfenster überragten Portals sind Rundbogenfenster angeordnet. Um die geometrische Strenge der Fassade zu durchbrechen, entschied sich Codussi gegen einen perfekt halbkreisförmigen Giebel und lockerte ihn durch seitliche Muschelornamente auf. Alle Elemente sind zum Fluchtpunkt der Fassade, dem Portal, ausgerichtet.

Unter der Empore des dreischiffigen Innenraums befindet sich ein *Hl. Hieronymus* des flämischen Bildhauers Juste Le Court (1627-1679). Das Langhaus wird nach oben von einer herrlichen Kassettendecke abgeschlossen.

Die Rokokodecke der Sakristei stammt von Romualdo Mauro (1720/25-1768).

Die **Cappella Emiliani** links der Kirche ist ein Werk des Guglielmo de' Grigi, genannt Il Bergamasco, der zwischen 1515 und 1530 in Venedig tätig war.

Cimitero (Friedhof) ⓥ (**5 GHS**) – *Lageplan am Eingang erhältlich.* Hier ruhen u. a. der amerikanische Dichter **Ezra Pound** (1885-1972), der Komponist **Igor Strawinsky** (1882-1971), der russische Ballettimpresario **Sergei Diaghilew** (1872-1929) und der amerikanische Schriftsteller russischer Abstammung **Joseph Brodsky** (1940-1996).

Ezra Pound, der Autor der „Cantos", wurde 1945 wegen antiamerikanischer Propagandareden, die er während des Zweiten Weltkrieges im italienischen Rundfunk gehalten hatte, inhaftiert und kam danach in eine amerikanische Heilanstalt, aus der er erst 1958 entlassen wurde. Anschließend kehrte er nach Italien zurück. Er ruht im evangelischen Bereich des Friedhofs, links vom Eingang zwischen der Mittelallee und der Umfassungsmauer an der Kreuzung zweier Alleen.

In diesem Bereich hat auch Joseph Brodsky seine letzte Ruhestätte gefunden. Der Nobelpreisträger des Jahres 1987 hat seine Liebe zu Venedig 1991 in „Ufer der Verlorenen" zu Papier gebracht.

Igor Strawinsky, dem wir u. a. die Musik so bedeutender Ballette wie „Der Feuervogel", „Petruschka" und „Sacre de Printemps" verdanken, liegt im griechisch-orthodoxen Bereich des Friedhofs begraben, in unmittelbarer Nähe von Sergei Diaghilew, dem Impresario des „Balletts russes", für die Strawinsky diese Werke komponierte.

Auf der Friedhofsinsel wurden auch der venezianische Komponist **Luigi Nono** (1924-1990) und der Goldoni-Schauspieler **Cesco Baseggio** (1897-1971) beigesetzt.

Spaziergänge in der Umgebung s. unter RIALTO und CA' D'ORO.

Die Inseln der Lagune

BURANO★★

Übersichtsplan S. 11, 12, Vaporetto-Plan S. 28, 29

Rundgang: ca. 2 Std. (inklusive Besichtigungen)

Der Weg nach Burano führt an mehreren kleinen Barenen vorbei, jenen flachen Bodenerhebungen aus Treibsand, Schilf und allerlei Strandgewächsen, die bei hohem Wasserstand fast kaum mehr zu sehen sind. Die Insel selbst erkennt man schon von weitem: Bunt ragen die Häuser und der spitze, schiefe Kirchturm über dem silbrigen Graublau der Lagune auf. Der pittoreske Fischerort liegt Torcello gegenüber; vom benachbarten Mazzorbo ist er durch einen breiten Kanal getrennt, über den eine Holzbrücke führt.

Burano ist die farbenfrohste Insel der Lagune. Ihre Häuser sind in allen Farben des Regenbogens getüncht. An den Fenstern oder vor den Haustüren sieht man die Fischersfrauen sitzen und an feiner Nadel- oder Klöppelspitze arbeiten. Und überall trifft man auf Händler, die eifrig bemüht sind, Abnehmer für diese Spitzentücher und andere mehr oder minder feine Textilien zu finden.

Anfahrt

Ungefähr 45 Minuten dauert die Fahrt nach Burano mit dem Vaporetto Nr. 12, das an der Fondamente Nuove ablegt. Das letzte Stück der Strecke führt durch den Canale di Mazzorbo, über den sich die Holzbrücke zwischen Burano und Mazzorbo spannt.

Farbenfrohes Burano

KUNST, MUSIK UND FEINE SPITZEN

Die Kunst, vertreten durch die Maler der Schule von Burano *(s. Kapitel zur Malerei in der Einleitung)*, die Musik in Gestalt der lebensfrohen Partituren des Baldassarre Galuppi und die jahrhundertealte Spitzenherstellung sind die drei großen Themen der Insel.

Burano, die Insel der Spitzenstickerinnen – Die Spitzenstickerei ist in Europa seit dem 16. Jh. heimisch. Burano wurde schon früh eines der Zentren dieses Handwerks. Die geklöppelte oder mit der Nadel gestickte Spitze aus Burano ist für ihre besondere Zartheit und ihren ornamentalen Reichtum berühmt: Überschwengliche Pflanzengirlanden winden sich zwischen unglaublich fein gearbeiteten Blumensträußen zu erstaunlichen textilen Kunstwerken.

BURANO

Fischer und Spitzenstickerin auf Burano

Der Schleier der Meerjungfrau — Wie zu so vielen Eigenheiten der Lagune gibt es auch zur venezianischen Spitze eine Legende: Ein junger Mann aus Burano, der mit einem Mädchen aus seiner Nachbarschaft verlobt war, fuhr zur See. Nach langer Irrfahrt soll sein Schiff in eine Region gelangt sein, in der Meerjungfrauen lebten. Wie Odysseus und seine Gefährten ließ sich die Besatzung an den Schiffsplanken festbinden, um sich nicht vom betörenden Gesang der Sirenen in die Fluten ziehen zu lassen. Allein der junge Mann aus Burano hielt diese Vorsichtsmaßnahme für überflüssig: Seine Liebe für die Verlobte war so stark, daß er auch ohne Seile den Sirenen zu widerstehen wußte. Die Königin der Meerjungfrauen war von seiner Treue so beeindruckt, daß sie ihm ein Geschenk machen wollte. Sie schlug mit der Schwanzflosse gegen den Rumpf des Schiffes und nahm die Gischt, die sie so aufgewirbelt hatte, zwischen ihre Hände und verwandelte sie in einen unendlich feinen Schleier. Bei seiner Heimkehr beschenkte der junge Mann damit seine Verlobte, die den Schleier bei ihrer Hochzeit trug und damit große Bewunderung erntete. Die Frauen von Burano wurden neidisch und versuchten, auch solche feinen Schleier zu fertigen: So sei die Spitze erfunden worden – heißt es zumindest auf Burano.

Blick in die Geschichte — Sicher ist nur, daß die vornehmen Damen in den venezianischen Adelshäusern im 16. Jh. begannen, sich die Zeit mit Spitzenstickereien zu vertreiben. Aus dem Zeitvertreib wurde mit der Zeit ein Broterwerb, mit dem sich die Mädchen und Frauen in Venedigs Waisenhäusern und Hospizen ihr Aufenthaltsrecht verdienten. Katharina von Medici, die großen Gefallen an der luftigen Kunst der Spitzenstickerinnen von Burano fand, machte dieses Handwerk in Frankreich bekannt. Von dort aus eroberte die Spitze schon bald ganz Europa. So kam es, daß sich Burano bereits im 17. Jh. starker Konkurrenz ausgesetzt sah. Erschwerend kam hinzu, daß die besten Spitzenstickerinnen der Insel von Colbert, dem Oberintendanten Ludwigs XIV., nach Frankreich gelockt worden waren, um dort die jungen Mädchen in ihrer Kunst zu unterweisen. Um dem Niedergang des Handwerks auf Burano entgegenzuwirken, gründete die Republik Venedig Spitzenmanufakturen, die sie mit besonderen Privilegien ausstattete. Eine davon war das berühmte Haus Ranieri e Gabrieli. Allerdings wurde dort nur die leichter anzufertigende Klöppelspitze hergestellt. Gegen Ende des 18. und im 19. Jh. flaute das Interesse an Spitzen als Kleiderschmuck langsam ab. Im Jahre 1820 gab es in der Lagune nur noch zwei Spitzenmanufakturen, eine in Venedig, die andere auf Burano. Doch in den Fischerhäusern der Insel erlebte die Nadelspitze eine neue Blüte. 1872 begannen die Spitzenstickerinnen aus Burano sich genossenschaftlich zu organisieren, um ihr Handwerk zu verteidigen.

Baldassarre Galuppi, genannt Buranello (1706-1785) — Der aus Burano stammende und nach seinem Geburtsort benannte Musiker leitete die Chöre des Ospedale dei Mendicanti, des „Hospizes der Bettler", und war Kapellmeister an San Marco. Er machte sich auch auf dem Gebiet der Opera buffa einen großen Namen, denn er vertonte nicht weniger als zwanzig Libretti seines Landsmannes Goldoni, darunter *Il Filosofo di campagna*.

Sehr interessant in ihrer zarten, spielerisch-rhythmischen Melodik sind Galuppis 51 Cembalosonaten.

Wie viele italienische Komponisten seiner Zeit reiste Galuppi quer durch Europa und wirkte u. a. in London, Petersburg und in Stuttgart.

BURANO

Cao di Rio a Destra (Fond. di)	3
Cao di Rio a Sinistra (Fond. di)	5
Cao Moleca (Fondamenta)	7
Cavanella (Fondamenta)	9
Corte Comare (Strada di)	12
Galuppi (Viaz B.)	14
Giudecca (Fond della)	16
Marcello (Via A.)	19
Novello (Corte)	21
Pescheria (Fondamenta)	24
Pizzo (Rio Terà del)	25
Pontinello Destra (Fond.)	26
Pontinello Sinistra (Fondamenta)	28
Saladi (calle dei)	31
S. Mauro (Strada)	33
Scarpariola (Via)	35
Squeri (Fond. dei)	37
Terranova (Fond di)	42
Vigna (Via di)	44

BESICHTIGUNG

Die niedrigen, zwei-, maximal dreigeschossigen Fassaden der Insel sind schmucklos, dafür aber um so malerischer: Sie leuchten in vielen bunten Farben, mit denen die Bewohner ihren Besitz von dem des Nachbarn abgrenzen wollten. Die viereckigen Fenster und schmalen Türen sind weiß umrandet; aus dem Meer der Ziegeldächer lugen zwischen den unzähligen Schornsteinen hier und da kleine, lukarnenähnliche Aufbauten hervor. Über die Kanäle, in denen sich die bunten Fassaden spiegeln, führen kleine Holzbrücken. Überall liegen Fischerboote vor Anker.

Von der Vaporetto-Anlegestelle aus gelangt man in wenigen Minuten zur Via Galuppi (**14**). Sie führt zum gleichnamigen Platz, auf dem das Denkmal des Komponisten steht.

San Martino – Der Eingang der im 16. Jh. erbauten Kirche ist unscheinbar, um so auffälliger ist jedoch der hohe Turm von Andrea Tirali (um 1657-1737), der um ganze 1,85 m geneigt ist.

Im linken Seitenschiff befindet sich eine Kreuzigung von Tiepolo (1696-1770).

Der große Sarkophag links vom Chor soll vom Meer angeschwemmt worden sein; so berichtet zumindest die Legende, die hinzufügt, daß niemand in der Lage gewesen sein soll, ihn an Land zu ziehen – niemand, außer ein paar Kindern. Erklärt wird dieses Wunder, von dem das Gemälde von Alessandro Zanchi (1631-1722) berichtet, durch die Fürsprache der drei Heiligen Alban, Dominikus und Ursus, deren Reliquien sich in dem Sarkophag befunden haben sollen. Diesen Heiligen soll es auch zu verdanken gewesen sein, daß Burano und Torcello von der großen Pestepidemie verschont blieben, die im Jahre 1630 Venedig heimsuchte. Die Gebeine der Heiligen werden über dem Altar verwahrt, unter dem sich der Sarkophag befindet.

Im rechten Seitenschiff ist eine Anbetung der Hirten von Francesco Fontebasso (1709-1769) zu sehen.

An der Piazza Baldassarre Galuppi steht das Museum der Buraner Spitzenstickerinnen.

Museo del Consorzio Merletti di Burano ⓥ – In diesem Museum ist eine Sammlung mit Spitzenkrägelchen, Tischdecken, Sonnenschirmen, Bettüberwürfen, Zierdeckchen, Taschentüchern und dergleichen mehr ausgestellt. Darüber hinaus wird der Besucher mit den verschiedenen Etappen der Arbeit der Spitzenstickerinnen und den unterschiedlichen, sehr aufwendigen Zierstichen – insbesondere dem berühmten *punto in aria*, dem „Luftstich" – vertraut gemacht. Die Spitzenstickerinnen arbeiten auf einer auf grünem Grund gezeichneten Vorlage. Das Grün soll entspannend auf die Augen wirken, die diese minutiöse Arbeit sehr anstrengt.

Von Burano aus kann man die Nachbarinseln Torcello und San Francesco del Deserto besuchen (s. dort).

CHIOGGIA

Übersichtsplan S. 11, 12, Michelin-Karte Nr. 429 – G 18

Rundgang: ca. 2 Std.

Bei der Fahrt mit dem Vaporetto von Pellestrina nach Chioggia hat man einen schönen Blick auf die stets von einem Dunst- oder Nebelschleier bedeckte Lagune, aus deren stillem Wasser vereinzelt kleine Inseln auftauchen. Der Weg führt durch den Südteil der Lagune, die sog. Laguna Viva. Fast noch schöner ist die Rückfahrt am Abend, wenn das Wasser der Lagune im Schein der untergehenden Sonne rötlich schimmert.

Chioggia ist eigentlich keine richtige Laguneninsel; der Ort erstreckt sich über zwei nebeneinanderliegende, direkt dem Festland vorgelagerte und mit diesem über eine lange Brücke verbundene Landstreifen.

Zierliche Zwillingsfenster und andere architektonische Details erinnern an Venedig, doch ist die Atmosphäre hier eine ganz andere: In Chioggia sind nämlich nicht nur Fußgänger unterwegs, sondern auch Motorräder und Autos. Die rege Fisch- und Hafenindustrie mit Italiens größtem überdachtem Fischmarkt bringt Leben in die kleine Stadt, deren Fischer über Jahrhunderte hinweg als die geschicktesten und wagemutigsten der ganzen Adria galten.

Anfahrt

Mit dem Auto ist man schnell da... Auf der Strada Statale 309, von der sich hier und da schöne Blicke auf die Lagune bieten, gelangt man mit dem Auto in kurzer Zeit nach Chioggia.

Man kann auch den Bus nehmen, der von der Piazzale Roma in Venedig alle halbe Stunde nach Chioggia-Sottomaria abfährt (Fahrtdauer: 1 Std.).

Auskunft erteilt das **Ufficio informazione** in Sottomarina, am Lungomare Adriatico, ☎ (041) 40 10 68.

Blick zurück – Einer der Mündungsarme der Brenta hieß früher Fossa Clodia. Er hat Chioggia, das sich in der Antike Clodia nannte, seinen Namen gegeben. Im 1. Jh. v. Chr. bauten die Römer dort einen Hafen. Neun Jahrhunderte später wurde er von Pippin, dem Sohn Karls des Großen, zerstört. Im 11. und 12. Jh. erlebte Chioggia dank seiner Salinen eine Zeit großen Wohlstands. Zwischen 1378 und 1381 geriet die Stadt zwischen die Fronten der rivalisierenden Seemächte Venedig und Genua. Venedig siegte, doch Chioggia wurde in Schutt und Asche gelegt. Ein ganzes Jahrhundert dauerte es, bis die Stadt wiederaufgebaut war. Venedig wollte nun in Chioggia einen Vorposten zur Verteidigung der Lagune einrichten. Am Corso del Popolo und am Canale della Vela wurde bereits gebaut. Doch dann trat die Brenta, deren Lauf man umzuleiten begonnen hatte, über die Ufer und schwemmte so viel Schlamm an, daß die Hafenrinne für Hochseeschiffe nicht mehr passierbar war. Die Bauarbeiten mußten abgebrochen werden. Um die Stadt trotzdem vor feindlichen Übergriffen zu schützen, wurde zwischen Chioggia und dem Festland ein Kanal gegraben.

Erst im 20. Jh. wurde Chioggia durch einen Hafen wieder mit dem Festland verbunden. Chioggia ist der Geburtsort von **Rosalba Carriera** (1675-1757), die sich mit ihren reizvollen Pastellzeichnungen großen Ruhm erwarb *(s. unter ACCADEMIA).*

Die Weiber von Chioggia – In dem Fischerort, in dem **Goldoni** eine Zeitlang lebte, spielt eine seiner berühmtesten Komödien, *Baruffe Chioggiotte* (dt. „Skandal in Chioggia"). Sie berichtet humorvoll vom Alltagsleben seiner Einwohner: Während die Männer auf See fahren, sitzen die Frauen daheim und wissen nichts Besseres anzufangen, als zu tratschen und sich zu zanken. Goethe, der 1786 im Teatro San Luca einer Aufführung des Stücks beiwohnte, fand großen Gefallen daran. In seiner „Italienischen Reise" schreibt er: *„Das gewöhnliche Geschrei dieser Leute im Guten und Bösen, ihre Händel, ihre Plattheit, Witz, Humor und ungezwungene Manieren, alles ist gar brav nachgeahmt. (...) Großes Lob gebührt dem Verfasser, der aus nichts den angenehmsten Zeitvertreib gebildet hat."*

SPAZIERGANG DURCH CHIOGGIA

Auf der parallel zum Canale della Vela (der ehem. Fossa Clodia) verlaufenden Hauptverkehrsader, dem **Corso del Popolo**, stehen die Stände der Fischhändler. Der Corso führt zur Piazzetta Vigo, wo die gleichnamige Steinbrücke (1685) über den Kanal führt und ein geflügelter Löwe auf einer Säule das Ende des früheren Mündungsarms der Brenta markiert. Am Corso del Popolo stehen eine Kathedrale (Duomo) und mehrere Kirchen: **Sant'Andrea** mit ihrem quadratischen Turm aus der Romanik (11. Jh.), die im 18. Jh. wiederaufgebaute **Chiesa San Giacomo** und die aus dem 15. Jh. stammende, aber ebenfalls im 18. Jh. umgebaute **Chiesa San Francesco delle Muneghette** („Franziskuskirche der kleinen Schwestern").

CHIOGGIA

★ **Duomo** – Die der Himmelfahrtsmaria geweihte Kathedrale geht auf das 11. Jh. zurück. Nach einem Brand wurde sie 1633 von Longhena neu aufgebaut, wobei ihr Grundriß völlig verändert wurde und der Chor die Seiten wechselte; der Turm (14. Jh.) stammt noch vom Vorgängerbau.

Am anderen Ufer der Ponte Vigo kann man durch die Calle di Santa Croce zur **Isola San Domenico** weitergehen. In der dortigen Kirche befindet sich ein Paulusbild von Carpaccio (um 1465-um 1526); der Kirchturm stammt aus dem 13. Jh.

LIDO

Übersichtsplan S. 11, 12, Vaporetto-Plan S. 28, 29

Rundgang: ca. 2 Std.

Vom Lido, dem Strand der Venezianer, dem einst vornehmen Ferienort, geht noch immer ein Hauch nobler Dekadenz aus – jene Atmosphäre, die Luchino Visconti so genial in seinem Film „Tod in Venedig", der z. T. im Hôtel des Bains gedreht wurde, eingefangen hat. Emblematisch für das „dekadente" Ambiente des Lido ist auch das Hotel Excelsior, dessen überschwengliche Architektur entfernt an die Schlösser Ludwigs II. von Bayern erinnert.

Im Sommer hat am Lido Venedigs Kasino seinen Sitz; im September strömen Schauspieler, Filmemacher, Kritiker, illustre Persönlichkeiten und in deren Gefolge unzählige Schaulustige auf die Insel, um das berühmte Filmfestival mitzuerleben.

(Fast) alle Wege führen zum Lido

... zumindest, was die Wasserwege anbelangt: Vom Markusplatz aus fahren die Vaporetto-Linien Nr. 1, 82 und N zum Lido; die Fahrt dauert eine halbe Stunde. Auskunft erteilt das **Ufficio informazione** in der Gran Viale Santa Maria Elisabetta 6, ☎ (041) 52 65 721.

Mostra Internazionale del Cinema – Die ersten Filmfestspiele der Welt fanden 1932 auf Anregung des Conte Volpi di Misurata und des damaligen Leiters des Internationalen Filmpädagogischen Instituts, Luciano De Feo, im Hotel Excelsior statt. Damals war das Ambiente dort noch wesentlich „kunstsinniger" als heute, schon allein deshalb, weil das Festival noch Teil der Biennale, Venedigs großer Kunstausstellung, war. Filmkomödien waren verpönt, Zensur gab es aber – zumindest in der Anfangszeit – nicht, und dies, obwohl Mussolini bereits an der Macht war.

Erinnerung an vergangenen Glanz: Badekabinen am Lido

Der Badeort – Die Boote, die über die Lagune zum Lido fahren, legen vor der **Piazzale Santa Maria Elisabetta** an. Von dort (Bus) führt die belebte, von Luxusboutiquen, Restaurants, Hotels und Villen gesäumte Gran Viale S. Maria Elisabetta über den an dieser Stelle 1 km breiten Sandstreifen zum **Piazzale Bucintoro** auf der Meerseite, wo der Blick von einer Aussichtsterrasse über den berühmten Adriastrand schweifen kann.

Beiderseits des Piazzale Bucintoro erstreckt sich die **Strandpromenade**. Rechter Hand, am Lungomare Guglielmo Marconi, reihen sich die berühmten Luxushotels aneinander, deren elegante Badekabinen das Bild des Strandes in aller Welt geprägt haben. Die Promenade führt am Hôtel des Bains, am modernen **Kasinogebäude** und am **Filmpalast** vorbei. Der Lungomare D'Annunzio zur Linken führt zum Ospizio Marino.

Von dort geht es links weiter durch die gleichnamige Viale und nochmals links durch die Via Cipro zu Venedigs altem jüdischem Friedhof, der auf das Jahr 1389 zurückgeht.

An der Riviera San Nicolò fällt der Blick wieder auf die Lagune. Rechts kann man den barocken Kirchturm von **San Nicolò del Lido** *(keine Besichtigung)* erspähen. Die im 17. Jh. neu aufgebaute Kirche wurde im Jahre 1044 von dem Dogen Domenico Contarini gestiftet und dem hl. Nikolaus von Myra, dem Schutzpatron der Seefahrer, geweiht. Dessen Gebeine waren von den Kreuzfahrern zusammen mit denen des hl. Theodor, des ursprünglichen Schutzheiligen Venedigs, nach der Eroberung von Myra nach Venedig gebracht worden. In San Nicolò wohnte der Doge der alljährlich im Anschluß an die „Sposalizio del mare" *(s. Kasten S. 45)* zelebrierten Messe bei. Bis 1770 gehörte zu der Kirche auch ein Kloster, die Mönche siedelten dann jedoch nach San Giorgio Maggiore über.

„Schon war die blaue See belebt von watenden Kindern, Schwimmern, bunten Gestalten, welche, die Arme unter dem Kopf verschränkt, auf den Sandbänken lagen. Andere ruderten in kleinen rot und blau gestrichenen Booten ohne Kiel und kenterten lachend. Vor der gedehnten Zeile der Capanen, auf deren Plattform man wie auf kleinen Veranden saß, gab es spielende Bewegung und träg hingestreckte Ruhe, Besuche und Geplauder, sorgfältige Morgeneleganz neben der Nacktheit, die keck-behaglich die Freiheiten des Ortes genoß."
Thomas Mann, „Der Tod in Venedig" (S. Fischer Verlag)

MURANO ★★

Übersichtsplan S. 11, 12, Vaporetto-Plan S. 28, 29

Rundgang: ca. 2 1/2 Std. (inklusive Besichtigungen)

Die größte Insel der Lagune liegt etwa einen Kilometer nördlich von Venedig und besteht eigentlich aus fünf kleineren Inseln. Wie Venedig ist Murano von einem breiten, hier Y-förmigen Kanal durchzogen, den zwar nur wenige Paläste – darunter der schöne Palazzo Da Mulà –, aber dafür reizvolle alte Häuser säumen. Seit dem 13. Jh. sind auf Murano Glasbläser ansässig. Im 15. Jh. wirkte hier die Malerschule der Vivarinis.

Von weitem hat man den Eindruck, die Insel sei von einer Befestigungsmauer umgeben. In Wirklichkeit handelt es sich um die lange Reihe der Glasbläsereien. Im allgemeinen wird der Besucher, sobald er aus dem Vaporetto steigt, sofort von Einheimischen umlagert, die ihn in die eine oder andere dieser Manufakturen locken wollen. Dieses allzu marktschreierische Gebaren wirkt zwar eher abschreckend, es lohnt sich aber dennoch, einen Blick auf die Wirkungsstätten der Glasbläser zu tun. Mehr über deren mühevolle Arbeit und die Geschichte der Glaskunst erfährt man im Glasmuseum.

Schade wäre es, wegen des vielen Glases und der unzähligen Souvenirläden, in denen es feilgeboten wird, die beiden schönen Kirchen der Insel zu übersehen, die ebenfalls einen Besuch wert sind.

Anfahrt

Auf die Glasbläserinsel Murano gelangt man mit den Vaporetto-Linien **12**, **13**, **41** und **42**, die alle in Venedig von der Fondamenta Nuove abfahren bzw. dort halten.

DIE INSEL DES GLASES

Gegen Ende des 13. Jh.s war die Glasherstellung in Venedig sehr weit verbreitet; überall in der Stadt standen große Schmelzöfen. Kam es dort zu einem Unfall, konnte sich die sowieso schon sehr brandgefährdete, da fast ganz aus Holz gebaute Stadt in Kürze in einen riesigen Scheiterhaufen verwandeln. Um dieser Gefahr vorzubeugen, beschloß der Große Rat, die Glasbläsereien nach Murano umzusiedeln, wo sie auch vor den Augen neugieriger Besucher geschützt waren, die in den Besitz des Fabrikationsgeheimnisses des venezianischen Glases gelangen wollten.

Die Geschichte der Glasherstellung – Unter den verschiedenen historischen Quellen, darunter Plinius d. Ä. (23-79), und den mehr oder weniger phantasievollen Legenden, die von der Erfindung des Glases berichten, erscheint jene am glaubwürdigsten, die die Entstehung dieser Kunst im Orient ansiedelt. Dort hätten Töpfer das Glas gewissermaßen per Zufall erfunden, indem sie besonders silikatreichen Sand brannten (Quarzsand, d. h. Siliciumdioxid, ist noch heute der Grundbestandteil des Glases, ihm wird Calciumoxid, Kalk, Marmor oder Kreide als Stabilisator und Natriumoxid, Soda oder Pottasche zur Herabsetzung des Schmelzpunktes beigegeben). Bereits die Bibel berichtet im Buch Hiob und im Buch der Sprichwörter vom Glas, und schon im 4. Jahrtausend v. Chr. fanden sich unter den Grabbeigaben der Ägypter kleine glasartige Gegenstände, denen durch Kobalt- und Kupferoxide eine bläuliche oder grünliche Färbung gegeben wurde. Die Blastechnik selbst ist jüngeren Datums, sie wurde von den Römern entwickelt.

Im Frühmittelalter geriet die Glaskunst in Europa in Vergessenheit, im Morgenland jedoch, in Griechenland, Byzanz und den islamischen Ländern, erlebte sie eine große Blüte. Nach der Eroberung Konstantinopels ließ die Serenissima die dortigen Glasblä-

`MURANO

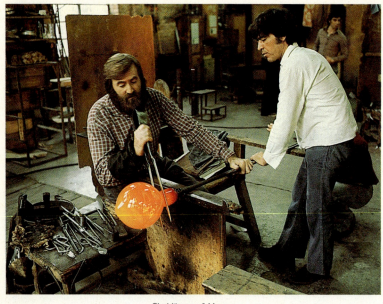

Glasbläser auf Murano

ser nach Venedig kommen, wo sie ihnen besondere Privilegien zusicherte. Sie mußten keine Steuern zahlen und bekamen den Status von Patriziern, was bedeutete, daß sie sogar für das höchste Amt der Stadt kandidieren durften. Die Söhne der venezianischen Adelsfamilien konnten die Töchter der Glasbläser heiraten, ohne dadurch ihren Stand einzubüßen (eine lohnende Angelegenheit, denn die jungen Damen brachten zumeist stattliche Mitgiften mit in die Ehe). Als Gegenleistung mußten sich die Glasbläser jedoch verpflichten, Venedig niemals zu verlassen: Darauf stand Verfolgung und Todesstrafe. Bis zum Ende des 16. Jh.s konnte Venedig seine Vormachtstellung in der Glasproduktion verteidigen. Im 17. Jh. jedoch gelangte Colbert (1643-1715), der umtriebige Oberintendant Ludwigs XIV., in den Besitz des eifersüchtig gehüteten Fabrikationsgeheimnisses des venezianischen Glases: Einem Glasbläser aus Murano, Giorgio Ballarin aus der Werkstatt des Agnolo Barovier, war die Flucht nach Frankreich gelungen. Venedig mußte sich nun dem Kampf mit einer gut organisierten, oft preisgünstigeren Konkurrenz stellen. Eines jedoch hatte die Konkurrenz nicht: den besonderen Sand der Lagune, dem das Glas aus Murano seine einzigartige Qualität verdanken soll. Und trotz der harten Konkurrenz genießen die Glasbläser aus Murano noch heute solches Ansehen, daß ein Teil ihrer Arbeiten als kleine Kunstwerke für teures Geld verkauft wird. In den letzten Jahren begann sich der internationale Antiquitätenhandel für das Glas aus Murano zu interessieren, mit dem bei Versteigerungen inzwischen manchmal Preise erzielt werden, die früher nur für Kreationen von Lalique, Gallé oder Daum gezahlt wurden. Allerdings sind die Glasarbeiten aus Murano nicht signiert, so daß Fälscher ein leichtes Spiel haben: Vermutlich sind weit mehr Imitate als echtes, mundgeblasenes Muranoglas im Handel – ganz zu schweigen von den Massenprodukten, die in den vielen Souvenirläden angeboten werden.

Die Glasherstellung – Die Schönheit des Originalglases aus Murano ist der außerordentlichen Geschicklichkeit der Glasbläser zu verdanken, die ihre Kunstwerke nur mit wenigen traditionellen Werkzeugen fertigen: Sie befestigen die erforderliche Menge an Glasmasse auf einem Kupferrohr, der Glasmacherpfeife, und halten sie dann in den Ofen, bis das Glas durchsichtig und zähflüssig wird. Dann blasen sie in das Rohr und geben ihrem Werk, indem sie es mit Zangen strecken, drehen oder biegen, seine endgültige Form. So entstehen Amphoren, Schalen, Kelche, Flaschen, Tierfiguren usw. Neben großen Glasgegenständen werden auf Murano aber auch kleine, zauberhaft-phantasievolle Glasperlen gefertigt, die **Murrine**, aus denen vor allem Modeschmuck gemacht wird. Um sie herzustellen, werden feine farbige Glasstreifen übereinandergelegt, gerollt und gestreckt und schließlich quer durchgeschnitten.

Fischgerichte

Wer eine einfache Trattoria sucht, in der Fischgerichte angeboten werden, ist bei *Ai Frati*, an der Fondamenta Venier 4, an der richtigen Adresse.

MURANO

BESICHTIGUNG

Von der Vaporetto-Anlegestelle Colonna führt der Weg über die lange, nach den Glasbläsern benannte Fondamente Vetrai zum „Canal Grande" von Murano. Kurz davor steht links die Kirche San Pietro Martire.

San Pietro Martire – Die Kirche ist dem dritten Gründervater des Dominikanerordens (nach Dominikus von Guzman und Thomas von Aquino) geweiht; der 1205 in Verona geborene Petrus Martyr wird häufig mit der klaffenden Scheitelwunde dargestellt, an der er unter dem Schwert der Katharer, gegen die er mit seinen Predigten zu Felde zog, gestorben sein soll.

Mit dem Bau der Kirche wurde 1363 begonnen, geweiht wurde sie jedoch erst 1417. In der Renaissance wurde sie nach einem Brand neu aufgebaut. Die späteren Restaurierungsarbeiten waren leider nicht immer sehr gelungen.

Vor dem Ziegelbau erhebt sich ein Renaissanceportal mit einem Fenster darüber, das aus kleinen runden Glasscheiben, den für Murano typischen *Rui*, gefertigt ist.

Innenraum – Wie so oft in venezianischen Kirchen der Gotik hat die Holzdecke von San Pietro Martire die Form eines umgekehrten Schiffsrumpfes. Der dreischiffige Innenraum birgt **Werke★** bedeutender Künstler. Im linken Seitenschiff sind die *Kreuzabnahme* von Salviati (1520/1525-1575), die durch den dynamischen Bildaufbau und die schöne Lichtführung besticht, die *Hl. Agathe im Kerker mit Petrus und einem Engel* von Veronese (1528-1588) – man beachte die besondere Behandlung der prachtvollen Stoffe – und der *Hl. Hieronymus*, ebenfalls von Veronese, sehenswert.

Im rechten Seitenschiff verdienen neben der sehr bewegten *Taufe Christi*, die Tintoretto zugeschrieben wird, zwei Altarbilder von Giovanni Bellini (um 1426-1516) Aufmerksamkeit: die *Mariä Himmelfahrt* und eine *Sacra Conversatione*, der sog. **Barbarigo-Altar** (1488). Dieses Votivbild zeigt die Hl. Jungfrau, wie ihr der Hl. Markus den Dogen Agostino Barbarigo zum Schutz anempfiehlt. Der Doge wird von seinem Namenspatron, dem hl. Augustinus, begleitet. Seinen besonderen Zauber bezieht das Gemälde aus den schönen Rot- und Blautönen des Dämmerlichts, das die Szene im Vordergrund mit der Berg- und Schloßlandschaft im Hintergrund verbindet. Es hing im 15. Jh. im Palast des Dogen in Venedig, wurde dann dem Kloster der Kamaldulenserinnen auf San Michele zum Geschenk gemacht und gelangte schließlich auf Umwegen nach Murano.

Die Brücke über Muranos Canal Grande überqueren und auf der Fondamenta rechts weiter zum Glasmuseum.

MURANO

Artigiano (Calle dell') 3	Di Odoardo (Calle) 15	San Donato (Ponte) 33
Barovier (Via) 5	Garibaldi Giuseppe (Viale)... 16	San Giovanni dei Battuti (Fond.) 35
Bertolini (Calle) 7	Miotti (Calle) 18	San Giuseppe (Calle) 36
Colleoni (Fond. Antonio) 10	Molador (Calle d.) 21	San Salvador (Campo) 39
Cristo (Calle d.) 12	Paradiso (Calle) 25	Santo Stefano (Campo) 41
Dal Mistro (Calle) 14	San Bernardo (Calle) 28	Sébastiano Santi (Fond.) 43
	San Cipriano (Calle) 30	Vivarini Bartolomeo (Ponte) . 46
	San Cipriano (Ramo) 31	

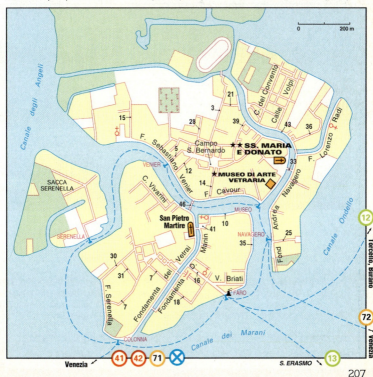

MURANO

★ **Museo di Arte Vetraria** ⓥ – Das im schönen Palazzo Giustinian untergebrachte Museum informiert über die Entwicklung der Glaskunst im Laufe der Jahrhunderte. Im archäologischen Saal ist eine Sammlung mit Vasen, Schalen, Gerätschaften und Schmuck ausgestellt. Im 1. Stock dokumentieren Leuchttafeln und Materialproben die verschiedenen Etappen der Herstellung und Einfärbung des Glases. Anschließend erfährt der Besucher mehr über die Entwicklung der Glaskunst vom 15. bis zum 18. Jh. Unter den Werken des 15. Jh.s verdient die reizvolle Hochzeitsschale, nach ihrem Schöpfer Coppa Barovier genannt, besondere Aufmerksamkeit. Das Museum verfügt auch über eine Sammlung mit zeitgenössischen Werken.

Unweit des Glasmuseums steht die Kirche Santa Maria e Santo Donato.

★★ **Santi Maria e Donato** – Die schöne Kirche, deren Geschichte auf das 7. Jh. zurückreichen soll, wendet dem Kanal nicht wie sonst üblich ihr Portal, sondern das prachtvolle Chorhaupt zu, dem sie ihre Berühmtheit verdankt. Ursprünglich war sie nur der Heiligen Jungfrau geweiht, im 12. Jh. wurde jedoch die Reliquie des hl. Donatus aus Cephalonien hierhergebracht. Zusammen mit den Gebeinen des Heiligen kamen auch die des Drachen an, den er getötet haben soll (sie befinden sich hinter dem Altar). Noch im selben Jahrhundert wurde die Kirche neu gebaut.

Das **Chorhaupt**, ein Meisterwerk des venezianisch-byzantinischen Baustils, überrascht durch den Reichtum der Schmuckmotive. Ihm sind zwei Bogenreihen vorgeblendet, die auf weißen Zwillingssäulen mit Blatt- und Palmettenkapitellen ruhen. Der untere Bereich ist wie ein Portikus von tiefen Nischen mit mehreren Bogenläufen durchbrochen; den oberen Bereich schmückt eine zierliche Balustrade, die den Laufgang säumt. Zwischen den beiden Bogenreihen verläuft ein doppelter Zackenfries mit Marmorinkrustationen.

Der Boden des durch zwei Säulenreihen mit byzantinischen Kapitellen gegliederten Innenraumes ist mit prachtvollen, an Symbolen, Ornamenten und Tierfiguren reichen **Mosaiken**★★ gepflastert, die an jene von San Marco erinnern und 1411 fertiggestellt wurden. Besonders amüsant ist die Szene zwischen der zweiten und der dritten Säule rechts, die vom Sieg der Vorsicht über List und Tücke – dargestellt durch zwei Hähne, die sich einen Fuchs schnappen – berichtet.

Das Chorhaupt von Santi Maria e Donato

Einsam im goldenen Licht der Apsis steht eine schöne **Maria Orans**, eine betende Maria aus dem 12. Jh.

Im linken Seitenschiff befindet sich der Schnitzaltar des hl. Donatus, der Paolo Veneziano (um 1290-um 1362) zugeschrieben wird. Das Bogenfeld über der Sakristeitür stammt von Lazzaro Bastiani (15./16. Jh.) und zeigt eine *Thronende Madonna* mit Heiligen und dem Stifter des Werkes, Giovanni degli Angeli.

Die Holzdecke ist auch hier wie ein umgekehrter Schiffsrumpf gewölbt.

Spaziergänge auf dem Hin- oder Rückweg s. unter SAN ZANIPÒLO.

SAN FRANCESCO DEL DESERTO*

Übersichtsplan S. 11, 12

Rundgang: ca. 1 Std.

Die abgeschiedene kleine Insel südlich von Burano ist der ideale Ort, will man dem Trubel, der im Sommer überall in der Lagune herrscht, wenigstens für kurze Zeit entkommen: Sie ist ganz erfüllt von der klösterlichen Stille der hier lebenden Franziskanergemeinschaft.

Praktische Hinweise

Noch heute fährt nur ein kleines Boot auf die Insel, an der einst der hl. Franz von Assisi an Land ging. Es liegt in Burano vor Anker, an der Mündung des an der Piazza Galuppi vorbeifließenden Kanals, unweit von San Martino. Bevor man das Boot besteigt, sollte man sich über den Fahrpreis erkundigen: Der Bootsmann läßt sich nicht nur die Fahrt hin und zurück (ca. 10 Min.), sondern auch seine Wartezeit während der Besichtigung der Insel (1 Std.) bezahlen.
Der Besucher wird von den Mönchen über die Insel geführt, die dort gelegentlich Meditationsseminare anbieten (Auskunft im Kloster unter ☎ (041) 528 6 8 63).

Convento — Als der **hl. Franz von Assisi** nach seiner Rückkehr aus dem Heiligen Land auf der Insel ankam, die damals bereits der von ihm gegründeten Ordensgemeinschaft gehörte, hieß diese noch Isola delle Due Vigne, „Insel der zwei Rebstöcke". Der Heilige verbrachte dort einen Monat. Zum Gedenken daran trägt die Insel seitdem seinen Namen. 1224 wurde dort ein Noviziat gegründet. Der Beiname Deserto, „Wüste", soll angeblich daran erinnern, daß die Insel später einmal eine verlassene Einöde wurde, weil die Mönche vor der Malaria flüchten mußten.
Bernardin von Siena (1380-1444), ein anderer Heiliger der Franziskaner, soll das Kloster viermal besucht haben. Ihm sei die Entdeckung des Brunnens zu verdanken, der die Insel mit Trinkwasser versorgt.
An der Klostermauer befindet sich ein Relief aus dem 13. Jh., das den ausgestreckten Arm Christi zeigt, der sich mit dem des „Poverello" Franz von Assisi kreuzt, der am Ärmel seiner Kutte zu erkennen ist.
Im Kloster berichten Gemälde von der Ankunft des hl. Franz auf der „Insel der zwei Rebstöcke" und davon, wie er den Vögeln gebot, ihr Gezwitscher zu unterbrechen, um seine Predigt nicht zu stören.
Unter einer Falltür verbergen sich interessante Überreste aus sehr früher Zeit, darunter eine Zisterne.
Sehr reizvoll ist der große **Park**, der mit seinem üppigen Grün in der Lagune ein ungewöhnliches Bild bietet. Von dort hat man einen schönen Blick auf Burano.
Ausflüge in die Umgebung s. unter BURANO und TORCELLO.

SAN LAZZARO DEGLI ARMENI*

Übersichtsplan S. 11, 12

Rundgang: ca. 1 Std.

Einst wurden die Leprakranken der Lagune auf die kleine Insel zwischen Venedig und dem Lido gebracht.
Im 18. Jh. schenkte die Serenissima San Lazzaro einer Gruppe armenischer Mönche, die vor den Türken nach Venedig geflüchtet waren. Sie gründeten dort ein Kloster, das schon bald eines der Zentren des armenischen Geisteslebens wurde.
Während seines Venedigaufenthaltes kam **Lord Byron** (1788-1824) des öfteren die Mönche auf San Lazzaro besuchen; er fand bei ihnen die Stille, die geistige Ruhe, die er als Ausgleich zu dem zügellosen Leben brauchte, das er in Venedig führte. In nur sechs Monaten erlernte er die armenische Sprache; er arbeitete sogar an einem englisch-armenischen Lexikon und einer Grammatik mit. Der englische Dichter, der sich gerne für unterdrückte Völker einsetzte, interessierte sich selbstverständlich auch für das Schicksal der Armenier. Auf der Klosterinsel, auf die er gelegentlich nicht mit dem Schiff, sondern kraft seiner Arme, d. h. schwimmend, gelangte, entstand der vierte Canto von „Ritter Harold's Pilgerfahrt".
Der heutige Besucher wird bei seiner Ankunft mit dem Vaporetto von liebenswürdigen Mönchen empfangen, die ihn über die friedliche grüne Insel geleiten, auf der die Erinnerung an das armenische Kulturgut lebendig gehalten wird.

SAN LAZZARO DEGLI ARMENI

> **Praktische Hinweise**
>
> In 1/2 Std. gelangt man an Bord der Vaporetto-Linie Nr. 20 von der Riva degli Schiavoni (San Zaccaria) auf die Isola di San Lazzaro degli Armeni. Die Besichtigung der Insel ist dem Fahrplan des Vaporettos unterworfen und beschränkt sich auf die Klosterführung, die gleich nach der Ankunft des Bootes, das in Venedig um 14.55 Uhr abfährt, beginnt: Viel Zeit, um auf eigene Faust über die Insel zu schlendern, bleibt da nicht.

Zufluchtsort der Leprakranken und Bettler – Im 12. Jh. brachten die Handelsschiffe aus Palästina und Syrien die Lepra, eine damals im Orient weitverbreitete Krankheit, nach Venedig. Da die Lepra sehr ansteckend war, isolierte man die Kranken in einem Hospiz in San Trovaso. Doch bereits im Jahre 1185 hatte die Epidemie derart um sich gegriffen, daß die vielen Aussätzigen dort keinen Platz mehr fanden. Deshalb wurden sie auf die kleine Insel nahe dem Lido umgesiedelt, auf der sich bereits im 10. Jh. Benediktinermönche niedergelassen hatten. Man baute dort eine Kirche, ein Hospiz und ein paar Häuser. Die Insel wurde nach dem armen Lazarus, dem Aussätzigen aus der Bibel, auf den Namen Lazzaro getauft. Gegen Ende des 15. Jh.s war die Lepra so gut wie ausgerottet. Bettler zogen nun in das Hospiz und die Häuser der Insel ein. Dort hatten sie zwar ein Dach über dem Kopf, aber keine Möglichkeit, ihrem „Broterwerb" nachzugehen. So kehrten sie schon bald nach Venedig zurück, wo sie sich in der Nähe von San Zanipòlo, an dem ihretwegen Rio dei Mendicanti genannten Kanal niederließen. Die Insel war daraufhin zwei Jahrhunderte lang nicht mehr bewohnt.

Hort der armenischen Kultur – Armenien war bereits im 4. Jh. christianisiert; im 5. Jh. schuf der Mönch und Missionar Mesrop zusammen mit dem Katholikos Sahak, dem religiösen Oberhaupt des Volkes, die noch heute gebräuchliche Schrift der Armenier und legte damit den Grundstein der armenischen Kultur. Noch im selben Jahrhundert spaltete sich die armenische Kirche von Byzanz ab.
Gegen Ende des 17. Jh.s lebte in Sebaste (dem heutigen Sivas in der Türkei) ein Armenier namens Peter Manuk (1676-1749); er wurde Priester und ließ sich von da an **Mchitar**, „Tröster", nennen. Er predigte in Kleinasien und Palästina, verbreitete dort den katholischen Glauben und setzte sich für eine Annäherung an Rom ein. 1700 ließ er sich in Konstantinopel nieder, wo er eine geheime Religionsgemeinschaft, die zugleich eine literarische Gesellschaft war, gründete und die Buchdruckerkunst und die Buchbinderei erlernte. Um seinen Traum von einer universellen Kirche zu verwirklichen, stellte er Kontakte zwischen der armenischen und der römisch-katholischen Kirche her. (Die armenischen und die römischen Katholiken vertreten in Fragen der Hierarchie entgegengesetzte Ansichten – die Armenier erkennen die Vormachtstellung des Papstes und das Unfehlbarkeitsdogma nicht an – und feiern auch die heiligen Sakramente nicht in derselben Weise.) Mchitar stieß jedoch mit seinen Ideen bei seinen Glaubensgenossen auf Ablehnung: Sie verrieten ihn an die Türken, und er mußte aus Konstantinopel flüchten.
Die venezianische Kolonie Morea (Peloponnes) wurde ihm zur neuen Heimat. Dort baute er ein Kloster und gründete den Orden der **Mechitaristen**, der als armenisch-unierter Orden unter der Benediktregel den Segen Papst Clemens' XI. erhielt.
Als Morea 1715 in die Hände der Türken zu fallen drohte, bat Mchitar für seine Mönche um Asyl in Venedig, wo bereits seit dem 13. Jh. bei San Zulian eine armenische Gemeinde lebte. Die Serenissima brachte die Mechitaristen zuerst in San Martino unter; 1717 schenkte sie ihnen die Insel San Lazzaro. Mchitar ließ dort nach eigenen Plänen die Kirche und das Kloster wieder aufbauen; die Bauarbeiten dauerten dreißig Jahre. Da Mchitar seinen Orden auch mit dem Ziel gegründet hatte, sein Volk aus dem Bildungsverfall der damaligen Zeit

> **Die Armenier**
>
> Die Armenier sind ein sehr altes Volk, dessen Geschichte auf die Arche Noah zurückgehen soll: Die ist schließlich, so berichtet die Bibel, am Berg Ararat gestrandet. Das Reich der Armenier erstreckte sich einst vom Schwarzen Meer bis nach Mesopotamien; die heutige Republik Armenien ist ein kleines Land zwischen der Türkei, Georgien, Aserbaidschan und dem Iran.
> Im Laufe der Jahrhunderte wurde die Heimat der Armenier immer wieder von fremden Mächten besetzt: von Arabern, Mongolen, Tartaren, Persern, Osmanen und später Türken. Während und nach dem Ersten Weltkrieg wurden die Armenier Opfer eines grausamen Völkermordes durch die neu an die Macht gekommenen Jungtürken. Der Österreicher Franz Werfel (1890-1945) berichtet davon in seinem Roman „Die vierzig Tage des Musa Dagh". Heute lebt ein großer Teil der armenischen Diaspora in den USA.

SAN LAZZARO DEGLI ARMENI

herauszuführen, veröffentlichte er eine Grammatik, ein Lexikon der armenischen Sprache und eine Bibel in Armenisch. 1789 wurde auf der Insel eine Druckerei gegründet, in der alle Lettern der orientalischen Sprachen zur Verfügung standen.

Noch heute beschäftigen sich die Mechitaristen mit der historischen und philologischen Erforschung der altarmenischen Literatur.

Ihr Kloster gehörte zu den wenigen venezianischen Ordensgemeinschaften, die nicht von Napoleon abgeschafft wurden: Der französische Kaiser betrachtete das Kloster als literarische Gesellschaft.

KLOSTER ⓥ

Durch den bescheidenen, aber schön gepflegten Kreuzgang gelangt man in das Kloster, in dem wertvolle Zeugnisse aus der Geschichte der Armenier und anderer Völker, mit denen sie in Kontakt standen, verwahrt werden.

Die **Kirche** war ursprünglich ein romanischer Bau, wurde aber von den Benediktinern im Stil der Gotik neu errichtet. Als Mchitar sich 1717 mit seinen Mönchen auf der Insel niederließ, wurde die inzwischen verfallene Kirche in anderer Form wieder aufgebaut. Der Boden wurde erhöht, Spitzbögen wurden eingezogen und das Deckengewölbe mit einem Sternenhimmel verziert. Manchmal machen sich die Mönche, wenn sie die Besucher durch die Kirche führen, einen Spaß daraus, zu erzählen, daß sich dieser Himmel gelegentlich auch bedecke – und zwar wegen der vielen Weihrauchwolken, die bei den armenischen Messen aufsteigen. Vor dem Altar hat der Ordensgründer und erste Abt des Klosters, Mchitar, seine letzte Ruhestätte gefunden.

Im **Refektorium** nehmen die Mönche und Seminaristen schweigend ihre Mahlzeiten ein, während die Heilige Schrift in klassischem Armenisch verlesen wird.

Armenische Stele

Das Treppenhaus zieren schöne Reliefs aus Sienaerde (1400) sowie ein Gemälde von Palma Giovane (1548-1628), das *Martyrium der hl. Katharina*; es ist allerdings nicht vollständig, der Mittelteil des Werkes befindet sich in Petersburg.

Im Besitz des Klosters, das zugleich ein armenisches Kulturzentrum ist, befinden sich u. a. Gemälde armenischer Künstler, griechische, phönizische, assyrische und babylonische Fundstücke, armenische Töpferwaren, eine ägyptische Mumie aus dem 10. Jh. v. Chr. sowie ein indischer Papyrus in Pali, der in einer Bustrophedon genannten Schreibweise (bei der eine Zeile von rechts nach links und die nächste von links nach rechts geschrieben wird) beschriftet ist. Ebenfalls zu sehen sind verschiedene Kunstwerke aus aller Welt, darunter flämische Wandteppiche, eine Figur von Canova (1757-1822) – sie stellt Napoleons Sohn, den „König von Rom", dar –, ein Tiepolo-Gemälde *(Gerechtigkeit und Frieden)* sowie der Thron des Statthalters von Dehli (14. Jh.). Letzterer befindet sich in dem Saal, der den Besuchen Lord Byrons auf der Insel gewidmet ist.

Darüber hinaus verfügt das Kloster natürlich über eine umfangreiche Bibliothek mit unzähligen in vielen Sprachen verfaßten Werken. Einer der Höhepunkte der Besichtigung ist das **Archiv**, ein kreisförmiger moderner Saal, in dem rund 4 000 Handschriften verwahrt werden.

TORCELLO ★★
Übersichtsplan S. 11, 12

Rundgang; ca. 1 1/2 Std. (inklusive Besichtigungen)

Es scheint fast unvorstellbar, daß sich auf dieser verlassenen Insel, auf der das Land bereits mit dem von Schilfrohr bedeckten Wasser verschwimmt, im 7. Jh. eine mächtige Stadt erhob, Sitz eines direkt Ravenna unterstellten Bischofs. Im Laufe der Jahrhunderte verwandelten sich infolge klimatischer Veränderungen weite Teile der Insel in Sumpfgebiete; die Malaria brach aus und vertrieb die Einwohner.

Wer heute in Torcello aus dem Vaporetto steigt und auf den Fondamenta dei Borgognoni am Kanal entlanggeht, kann sich schwerlich der eigenartigen, zumindest außerhalb der Hauptreisezeit erstaunlich friedlichen Atmosphäre entziehen, die von dieser „Geisterinsel" ausgeht, auf der nur noch einige wenige Baudenkmäler an den Ruhm vergangener Zeiten erinnern. George Sand, der es die urwüchsige Schönheit von Torcello angetan hatte, war beeindruckt von der „unfaßbaren Stille" der Insel. John Ruskin behauptete, von einer befremdlichen, mit Angst gemischten Form von Melancholie ergriffen worden zu sein, als er vom hohen Campanile aus über die fast ausgestorbene Insel blickte. Hemingway, der von der Locanda Cipriani aus zur Entenjagd aufbrach, liebte die wilde Schönheit Torcellos.

Ausflug nach Torcello

Anfahrt – Die Vaporetto-Linie Nr. 12 fährt von der Fondamenta Nuove über Burano nach Torcello.

Verpflegung – Die Insel ist zwar relativ verlassen, doch auf dem Weg vom Landesteg zu den Sehenswürdigkeiten ist dennoch dafür gesorgt, daß die Besucher nicht verhungern. Außerdem gibt es unweit von Santa Fosca immer noch die **Locanda Cipriani**, wo man nicht nur auf Hemingways Spuren wandeln, sondern auch sehr gut essen kann.

Die Geschichte der Insel – Am Ende der Völkerwanderungszeit mußten die in Aquileia, Padua, Altino und Oderzo ansässigen byzantinischen Gefolgsleute vor den Langobarden flüchten (6.- 8. Jh.). Der Bischof und die Bürger von Altino sollen daraufhin nach Torcello übergesiedelt sein, wo 639 die Kirche gebaut wurde. Etwa zur gleichen Zeit entstand vermutlich auch ein Befestigungsring mit kleinen Türmen *(torcelli)*, nach dem die Insel benannt wurde.

Zuvor hatten hier bereits die Römer eine Kolonie gegründet, die vom Fischfang und der Glasherstellung lebte.

Der Niedergang der Insel setzte im 10. Jh. ein, zur gleichen Zeit, als das benachbarte Venedig seine stets wachsende Anziehungskraft auszuüben begann. Da die Malaria in den Sumpfgebieten der Lagune immer verheerender um sich griff, kehrten nach und nach auch die letzten Einwohner Torcello den Rücken und zogen nach Murano oder Venedig. Heute leben nur noch ein paar Dutzend Menschen auf Torcello.

SEHENSWÜRDIGKEITEN

Von der Vaporetto-Anlegestelle aus führt der Weg auf der von wenigen Häusern und Obst- und Weingärten gesäumten Fondamenta dei Borgognoni am Kanal vorbei, über den sich eine der beiden berühmten noch immer geländerlosen Brücken der Lagune spannt, die **Ponte del Diavolo**, die „Teufelsbrücke". Die Fondamenta endet bei einem grasbewachsenen Platz, dem einstigen Zentrum der Stadt, in der – noch bevor Venedig die Augen der Welt auf sich zog – bereits Tausende von Männern und Frauen lebten. Geblieben sind nur ein paar alte Bauten und spärliche Überreste römischer Anlagen; alles andere ist unter Gras und Gebüsch verschwunden. Auf der Sedia di Attila nahm einst der Bischof oder der Vorsitzende des Gerichtes Platz. Zwischen der Taufkapelle (7. Jh.), der Kirche Santa Fosca und zwei gotischen Palästen ragt still die Kathedrale der Insel, Santa Maria Assunta, auf und gemahnt an längst vergangene Zeiten. Die Anordnung der Bauten ist typisch für frühchristliche Anlagen: Vor der Kathedrale hatte eine Taufkapelle zu stehen, daneben eine Märtyrerkirche – Santa Fosca – um so das ganze Leben und Leiden Christi, von der Geburt bis zum Kreuztod, zu umspannen.

Santa Maria Assunta – Einer alten Inschrift links vom Altar zufolge wurde die Kathedrale im Jahre 639 errichtet; im 9. und 11. Jh. wurde sie umgebaut. Der von Säulen getragene Portikus entstand im 14. Jh.; er verbindet die Kathedrale mit Santa Fosca. Vor der schlichten, nur mit Lisenen gegliederten Backsteinfassade erheben sich die Überreste der **Taufkapelle** aus dem 7. Jh.

An der rechten Seite der Kirche *(durch ein kleines Tor hindurchgehen)* fallen die eigenartigen, aus istrischem Stein gehauenen Fensterläden auf; selbst die Fensterangeln sind aus Stein.

Über dem von kleineren Kapellen umgebenen Chor ragt der massive und doch elegante **Campanile** auf, ein Werk im venezianisch-byzantinischen Stil des 11. Jh.s

TORCELLO

Innenraum ⓥ – Der durch Säulenreihen in drei Schiffe unterteilte Innenraum der Kathedrale ist zwar im Aufbau äußerst schlicht, doch reich an Schmuckwerk. Das Bodenpflaster stammt aus dem 11. Jh.

Eine **Ikonostase** trennt den Chor vom Kirchenschiff: ein wunderschönes Werk im byzantinischen Stil (15. Jh.), das die zwölf Apostel mit der Hl. Jungfrau und dem Kind in ihrer Mitte zeigt. Darüber erhebt sich ein Kruzifix, ebenfalls aus dem 15. Jh. Zwischen den schmalen Säulchen befinden sich Marmortafeln: Umgeben von reichen Rankenornamenten sieht man darauf zwei Pfauen, Symbole der Unsterb-

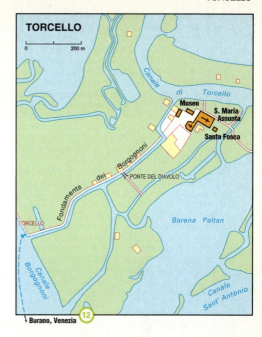

lichkeit, die Weintrauben aus einem Kelch picken, der wiederum die Eucharistie versinnbildlicht, sowie zwei Löwen, die von den Enten der Lagune begleitet werden, die stellvertretend für die Ketzer Blätter und Hasen verschlingen. Die Marmortafeln sind wie byzantinische Elfenbeinschnitzereien gearbeitet.

Der römische Sarkophag nahe dem Hochaltar umschließt die Gebeine des hl. Heliodor, des ersten Bischofs von Altino und Freundes des Kirchenvaters Hieronymus.

Glanzpunkt des Kircheninneren sind die strahlenden, prachtvollen **Mosaiken**★★. Auf dem Chorbogen ist eine Verkündigung dargestellt, auf der man die Jungfrau arbeitend, mit einer Klöppelspule in der Hand, sieht. Die Halbkuppel der Apsis bedeckt ein Bild Marias mit dem Kind (13. Jh.). Das nach Osten gerichtete Fenster versinnbildlicht den Heiland. Die lateinische Inschrift läßt sich folgendermaßen übersetzen: „Maria, Inbegriff der Tugend, Stern des Meeres, Tor zum Heil, erlöst mit ihrem Sohn jene, die Eva mit ihrem Gatten in Sünde gestürzt hat." Seitlich darüber steht eine griechische Abkürzung, die „Muttergottes" bedeutet. Gemäß dem byzantinischen Bilderkanon ist die Hl. Jungfrau in einem nur angedeuteten Kniefall dargestellt; in der linken Hand hält sie das Schweißtuch Christi, während das Jesuskind die Gesetzesrolle trägt. Längs des Bogens steht geschrieben: „Ich bin Gott und Mensch, Abbild des Vaters und der Mutter; dem Sünder bin ich nicht fern, doch nahe stehe ich dem Reuigen."

Die Apostel (12. Jh.) rechts und links des Fensters gehen durch ein rot blühendes Mohnfeld, eine typische Landschaft der Lagune. Das Mosaik mit dem hl. Heliodor wurde in jüngerer Zeit erneuert.

Der Thronende Christus mit den Erzengeln Michael und Gabriel in der rechten Apsis entstand zwischen dem 12. und 13. Jh. Der Bildstreifen darunter zeigt drei der lateinischen Kirchenväter – Augustinus, Ambrosius und Gregor den Großen – mit dem hl. Martin (Dritter von rechts). Auch hier blüht Mohn im Hintergrund. Die Inschrift bekundet, daß Gott sich in drei Gestalten offenbart hat, im Wesen jedoch Einer ist (Dreieinigkeit) und daß er es ist, der „die Erde mit Gras bedeckt, die Ozeane füllt und den Himmel erstrahlen läßt."

Die vier Engel mit dem Opferlamm im Kreuzrippengewölbe der rechten Apsis erinnern an die berühmten Mosaiken in Ravenna. Aus den Pflanzenornamenten des Gesimses entspringen die vier Paradiesflüsse, die mit Blumen-, Obst- und Traubengirlanden dargestellt sind. Zwischen den Pflanzenmotiven tauchen die gleichen Tierfiguren auf wie in Ravenna (San Vitale): Möwe, Adler, Löwe, Stier und Pfau. Die Mosaiken in Ravenna stammen aus dem 6. Jh., diese hier, auf Torcello, können nicht sehr viel später entstanden sein, denn am Bau von Santa Maria Assunta wirkten Mosaizisten aus Ravenna mit.

An der Westwand berichten sechs Bildreihen vom **Jüngsten Gericht**; sie entstanden im 12. und 13. Jh. Sie müssen von oben nach unter „gelesen" werden und sind in zwei Themenbereiche gegliedert: das eigentliche Jüngste Gericht im unteren Teil und Tod und Auferstehung Christi im oberen Teil.

TORCELLO

Auf die Kreuzigung folgt die Höllenfahrt: Jesus zertritt die Höllenketten und einen winzig kleinen Teufel und hält dabei Adam fest bei der Hand; dahinter sieht man Eva in ehrfürchtiger Haltung; rechts steht Johannes der Täufer, der an seinem Bart und seinem Mantel aus Kamelfell zu erkennen ist, gefolgt von den Propheten; links erscheinen zwei Gestalten mit Glorienschein: die Könige David und Salomo. Die Erzengel Gabriel zur Rechten und Michael zur Linken rahmen das Geschehen.

Im Zentrum des mittleren dritten Bildstreifens thront Jesus mit den Passionswerkzeugen in der Mandorla als Symbol der Menschwerdung Gottes. Er ist von der Hl. Jungfrau, Johannes dem Täufer und zwei Engeln umgeben. Zwei andere Engel halten die Mandorla, von der ein Fluß aus Feuer in die Hölle strömt. Beiderseits dieser Szene sind die Apostel angeordnet; die der Mandorla mit dem Herrn am nächsten stehenden sind Petrus zur Linken und Paulus mit den Episteln zur Rechten (Paulus, der nicht zu den zwölf Jüngern gehörte, wird ebenso wie Barnabas oft dem Kreis der Apostel zugeordnet).

Der Bildstreifen darunter zeugt mit der Lanze, dem in Essig getränkten Schwamm, der Dornenkrone und dem Buch des Lebens vom Triumph des Kreuzes. Zu Füßen des Kreuzes flehen Adam und Eva um Vergebung. Engel blasen die Posaune, um die Toten zu rufen, die zur Rechten aus den Eingeweiden der Erde und zur Linken aus den Tiefen des Ozeans – der auch durch eine Frau mit Armbändern versinnbildlicht wird – aufsteigen. Man beachte den Engel, der den Himmel wie eine Buchrolle zusammenrollt, auf daß er verschwinde und die Sterne herabfallen.

Im fünften Bildstreifen ist der Erzengel Michael mit der Seelenwaage dargestellt, der die Spreu vom Weizen, die Verdammten von den Erwählten trennt. Zwei Teufel versuchen, die Waage zu ihren Gunsten ausschlagen zu lassen, indem sie Säcke voller Sünden in die Schale werfen. Die Erwählten – Bischöfe, Märtyrer, Mönche, fromme Weiber – sind zur Linken, die Verdammten zur Rechten dargestellt.

Santa Fosca

Sieben kleine Teufel versinnbildlichen die sieben Todsünden: Stolz, Geiz, Wollust, Zorn, Völlerei, Neid und Faulheit. Die Hauptfigur ist hier Luzifer, der gefallene Engel; er sitzt auf Leviathan, der „gewundenen Schlange, dem Drachen im Meer", von dem Jesaja berichtet; auf seinem Schoß hält er den Antichrist.

Die makabre Darstellung der Bestrafung der Verdammten im untersten Bildstreifen ist von der Symbolik des Mittelalters geprägt. Die Stolzen werden ins glühende Feuer gestürzt. Die Gierigen sind ihrer Kleider entledigt und kauen verzweifelt an ihren Fingernägeln, die Zornigen werden in Eiswasser gestoßen, Würmer fressen den Neidischen die Augen aus, die Geizigen werden geköpft, den Faulen werden Schädel, Hände und Füße abgeschlagen.

Unterhalb der Schar der Erwählten ist das Paradies dargestellt, in dem wiederum Mohn blüht. Man sieht dort Petrus mit dem Himmelsschlüssel und den Erzengel Michael. Ein Cherub, ein Engel mit augenbesäten Flügeln, wacht über das Himmelstor. Links steht der gute Schächer mit dem Kreuz in der Hand. Er ist von einer Frau, vielleicht der Hl. Jungfrau, und den Erwählten umgeben, die auf Abraham mit dem Heiland im Arm zugehen.

Das Bogenfeld über dem Portal zeigt die Maria Orans als Fürbitterin.

TORCELLO

Campanile ⓥ – Hinter der Basilika ragt der alte Campanile aus dem 11. Jh. auf. Er war lange Zeit gesperrt, kann heute aber wieder bestiegen werden: Von oben bietet sich ein herrlicher **Blick**★★ auf die Lagune, der die (geringen) Mühen des Aufstiegs vergessen macht.

Santa Fosca – Die kleine achteckige Kirche über der Grundform eines griechischen Kreuzes entstand im 11. und 12. Jh. Der elegante Portikus wird von gestelzten Bögen im byzantinischen Stil getragen, die auf schlanken Marmorsäulen mit schönen skulptierten Kapitellen ruhen. Ein Säulengang verbindet ihn mit der Kathedrale. Am Sockel des Portikus sind zwischen einigen der Säulen noch die ornamentierten Marmortafeln zu sehen, die sich früher in allen Säulenzwischenräumen befanden; einige gehen sogar noch auf das 6. Jh. zurück.
Über dem strengen Innenraum erhebt sich ein kreisrunder, hölzernen Tambour. Sehr schön sind auch die Säulen aus griechischem Marmor mit ihren prächtigen Laubkapitellen.

Museo ⓥ – Die zwei Stockwerke des Museums dokumentieren anhand von teilweise auf das 9. Jh. zurückgehenden Exponaten die Geschichte Torcellos. Ein großer Teil der interessanten Sammlung besteht aus Bauskulptur (Kapitelle, Marmortafeln, Fragmente von Mosaiken aus der Kathedrale, Trasennen). Ebenfalls zu sehen sind eine geschnitzte Pietà (venezianische Schule, Mitte 15. Jh.), in Veroneses Atelier entstandene Gemälde aus der einstigen Kirche Sant'Antonio di Torcello, Bücher, Handschriften und Urkunden, die von der Geschichte der Insel berichten, Zunftstatuten *(mariegole)* und Reste venezianischer Töpferwaren.

Im Land der Brenta

DIE VILLEN DER BRENTA**

Übersichtsplan S. 11, 12 und Michelin-Karte Nr. 429 – F 18

Der Naviglio Brenta, über den ein Teil des Wassers der Brenta in die Lagune fließt, windet sich durch eine idyllische Landschaft, in der sich einst die Dogen ihre Landsitze erbauen ließen und in der noch heute einige vornehme venezianische Familien ihre Wochenend- bzw. Ferienresidenzen haben. Zwischen Padua und der Lagune, wo sich die reizvollen Villen im Flußwasser spiegeln, umfängt den Reisenden – auf dem Schiff, im Auto oder auf dem Fahrrad – etwas von der Atmosphäre vergangener Zeiten, als Venedigs sinnenfreudige Patrizier hierher in die Sommerfrische fuhren.

Anfahrt

Der Naviglio Brenta, die einstige Schiffsverbindung zwischen Venedig und Padua, ist von beiden Städten aus leicht mit dem Auto zu erreichen. Kommt man von Westen auf der A 4, empfiehlt es sich, die Ausfahrt Padua Est zu nehmen und von dort weiter auf der Via Noventana und der Strada Statale 11 (Richtung Stra) zu fahren.
Von Venedig/Mestre aus sollte man den Hinweisschildern Riviera del Brenta und Malcontenta folgen (SS 11).

Wege durch die Brenta-Gegend: Mit dem Schiff oder auf dem Fahrrad – Wer sich in die Welt des 18. Jh.s zurückversetzen lassen will, sollte die Fahrt durch das Tal des Naviglio Brenta im *Burchiello* ⊙ machen; dieses Schiff stammt zwar aus neuerer Zeit, doch es folgt derselben Route, die schon sein illustrer Vorgänger dort nahm (*s. nächste Seite*).
Längs des Flusses weisen gelbe Schilder mit einem Fahrrad auf die Radwege hin. Die Routen sind thematisch aufgebaut: *Civiltà del Brenta* (Kulturgeschichte in der Brenta-Gegend), *Per Canali e barene* (Kanäle und Barene), *Incroci acquei* (Kreuzwege des Wassers), *Angoli di Artisti* (Von Künstlern geschätzte Orte), *Il trionfo della Villa* (Der Triumpf der Villa), *Sulle orme di Galileo* (Auf Galileos Spuren), *Veneto urbano* (Urbanes Venetien), *Il graticolato romano* (Die Brenta der Römer).
Auskunft erteilt die **Azienda di Promozione Turistica** in Mira Porte, 26 Via don Minzoni, ☏ (041) 42 49 73.

Die Geschichte der Brenta – In der Römerzeit hatte die Brenta zwei Flußarme, die sich bei Ponte di Brenta gabelten: den *Medoacus maior* und den *Medoacus minor*. Ihre Namen sind längst vergessen, am Ufer des *Medoacus minor* begann jedoch die bewegte Geschichte des Mündungsarms der Brenta, den sich ab dem frühen 12. Jh. Venedig und Padua streitig machten. Seit dieser Zeit mühten sich die beiden rivalisierenden Städte, den Flußlauf umzuleiten, mal um die Verbindung zwischen Venedig und seinem Hinterland besser zugänglich zu machen, mal um feindliche Übergriffe zu verhindern.
Ab 1500 wurden neue Kanäle gegraben, um die Überschwemmungen der Brenta einzudämmen. Nach einer besonders schweren Hochwasserkatastrophe wurde 1840 beschlossen, die Flußmündung nach Chioggia umzuleiten. Allerdings mußten dazu Teile der Lagune zugeschüttet werden, was sich als so gut wie unmöglich erwies. Letztendlich wurde die Mündung nach Brondolo umgelegt, wo sie sich noch heute befindet.

Sommerfrische an der Brenta

Heute vermitteln die Ufer des Naviglio Brenta ein Gefühl friedlicher Heiterkeit und Sorglosigkeit; von den großen Mühen, unter denen diese Region über Jahrhunderte hinweg bewirtschaftet wurde, ist nichts mehr zu spüren. Nur in alten Chroniken ist noch von den Streitigkeiten zwischen Venedig und Padua zu lesen, von den gewaltigen Anstrengungen, die nötig waren, um die Gegend vor Überschwemmungen zu schützen, und von den vielen Mühlen, die mit dem Wasser des Flusses angetrieben wurden.
Heute ist der Naviglio Brenta vor allem für seine schöne Landschaft und die eleganten Villen an seinem Ufer bekannt.
1409 hatte Venedig Padua annektiert und sich damit endgültig die Vorherrschaft über den Fluß gesichert. Nun begann die Republik Venedig an seinem Ufer weitläufige Güter anzulegen. Ab dem frühen 16. Jh. ließen sich die venezianischen Patrizier dort luxuriöse, von großen Parks umgebene Landsitze erbauen.

Die Villen – Die in unmittelbarer Nähe der Felder erbauten Villen bestanden im allgemeinen aus einem Haupttrakt und den sich daran anschließenden *barchesse*. Dabei handelte es sich um eine Art besserer Schuppen, in denen bis zum 17. Jh. das Korn gelagert wurde und die Boote, die *barche*, untergestellt wurden (es war verboten, die Boote am Ufer zu vertäuen).
Im Laufe des 17. Jh.s wurden diese Schuppen nach und nach in elegante Gästehäuser umgebaut; denn inzwischen wurden am Ufer des Naviglio Brenta rauschende, oft mehrere Tage dauernde Feste gefeiert, deren Gäste standesgemäß untergebracht werden mußten.

DIE VILLEN DER BRENTA

Die Villen, die ursprünglich dazu dienten, bei Gelegenheit ein Auge auf die Arbeit der Bauern, die in den Landgütern beschäftigt waren, werfen zu können, verwandelten sich so in feudale Ferienresidenzen; die Überwachung der Feldarbeiten war nur noch ein Vorwand, um angenehme Tage auf dem Land zu verleben. Die Begeisterung, mit der sich die venezianischen Patrizier den Freuden des Landlebens – Nichtstun und Festefeiern – hingaben, wuchs mit jedem Tag, mit dem der Niedergang der Republik näher rückte.

Sie begaben sich vorzugsweise im Juni und Juli, aber auch im Oktober und November auf ihre Landsitze in der Brenta-Gegend.

Nur wenige der Architekten, die ihre Villen bauten, sind namentlich bekannt. Die Eleganz der Bauwerke zeugt davon, wie weitverbreitet und ausgereift das Gespür für Schönheit in der venezianischen Gesellschaft damals war. In der Inneneinrichtung spiegelte sich die venezianische Freude an edlen Materialien, phantasievollem Schmuckwerk und malerischen Details wider.

Das Burchiello – Im 18. Jh. gab es zwei Möglichkeiten, um von Padua nach Venedig zu gelangen: entweder mit der Kutsche oder mit dem Schiff. Die Schiffsreise war eine beschwerliche, langwierige Angelegenheit, bei der man noch dazu oft in „übler" Gesellschaft war. Um hier Abhilfe zu schaffen, wurde in Padua das Burchiello gebaut, die mit Holzintarsien verzierte Luxusausgabe des *Burchio*, des Schleppkahns, der Venedig mit den benötigten Viktualien aus dem Hinterland versorgte. Die Reisenden konnten nunmehr komfortabel an Tischen Platz nehmen und waren vor der Sonne durch einen mit Draperien geschmückten Baldachin geschützt.

An Bord des Burchiello zu reisen, war daher wohl bereits eine Erholung. Auch Goethe war von diesem Verkehrsmittel recht angetan; er schrieb dazu in der „Italienischen Reise": *„Die Fahrt auf der Brenta, mit dem öffentlichen Schiffe in gesitteter Gesellschaft, da die Italiener sich vor einander in acht nehmen, ist anständig und angenehm."* Von Venedig nach Padua fuhr das Schiff gegen den Strom, weshalb es von Pferden am Ufer gezogen werden mußte.

Dem eleganten Reisegefährt war jedoch nur eine kurze Lebensdauer beschieden; nach dem Fall der Republik mußte die kostspielige Schiffsverbindung eingestellt werden.

Bericht eines venezianischen Adligen

Wir gingen in das größte Hotel, um dort zu speisen. Bei Einbruch der Nacht stiegen wir wieder in unsere mit Lampions beleuchteten Boote und fuhren unter lautem Lachen und Gesang weiter in Richtung Mira, wo wir die Nacht im Casino dei Nobili mit Spielen zu verbringen gedachten. Als wir jedoch in der Höhe der Villa des Senators Giambattista Corner ankamen, sahen wir, daß sie hell erleuchtet war: In den Fenstern und Loggien brannten Kerzen, neben den Figuren im Park und überall im Garten waren Fackeln angezündet.

Unser Orchester begann zu spielen. Ein anderes Orchester antwortete ihm aus dem Inneren der Villa. Wir beschlossen anzulegen. Der Hausherr kam gefolgt von der Schar seiner Gäste auf uns zu, und wir begannen zu tanzen. Das Fest dauerte bis zum frühen Morgen. Doch die Gastfreundschaft des Senators war damit noch nicht erschöpft. Er lud uns, meine fünfzig Gäste und mich, zum Mittagessen ein. Letztendlich blieben wir noch eine ganze Woche, während der die beiden Senatoren Corner und Gradenigo jeder sechs glanzvolle Bankette gaben.

Vergnügungen und Festlichkeiten am Ufer der Brenta – Die Adligen und das einfache Volk begeisterten sich gleichermaßen für Farcen. Die Puppenspieler fanden am Ufer des Naviglio Brenta immer ein dankbares Publikum für ihre kleinen Theater, über deren Bühnen Brighellas, Harlekine, Kolombinen und Pantalones sprangen. Die reichen Villenbesitzer ließen Komödianten kommen, damit sie in ihren Parks auftraten. Und kaum ein Venezianer vergaß, ein Buch mit einem seiner Lieblingsstücke mit in die Sommerfrische zu nehmen.

An Zerstreuungen fehlte es nicht. In den Dörfern fanden den ganzen Sommer über Volksfeste statt, und in den luxuriösen Sälen ihrer Villen gaben die venezianischen Patrizier glanzvolle Bälle, bei denen die ganze Nacht hindurch getanzt wurde.

Von Padua nach Fusina über Mirano

Reiseroute mit dem Auto: ca. 2 Tage (inklusive Besichtigung der Villen)

Die ersten Villen der von der Schuhindustrie geprägten Gegend hinter Padua stehen bei **Stra**; es handelt sich um die Villa Foscarini und die Villa Pisani.

Villa Foscarini ⊙ – Der sich vor der Villa öffnende Pronaos im griechischen Stil erinnert ein wenig an die Werke Palladios, die gestalterischen Prinzipien, die dem Bau zugrunde liegen, kamen in Wirklichkeit jedoch erst mehrere Jahrzehnte nach dem Tod des berühmten Baumeisters in Mode. Die Villa wurde im 19. Jh. umgebaut und ist dem Stil des Klassizismus dieser Zeit verpflichtet. Die benachbarte Barchessa ist älteren Datums. Über dem Dach ragen vier Ziertürmchen auf, die an die Obelisken der Ponte delle Guglie in Venedig *(s. unter GHETTO)* erinnern und dem Gesamtbild des Bauwerks die besondere Note geben.

DIE VILLEN DER BRENTA

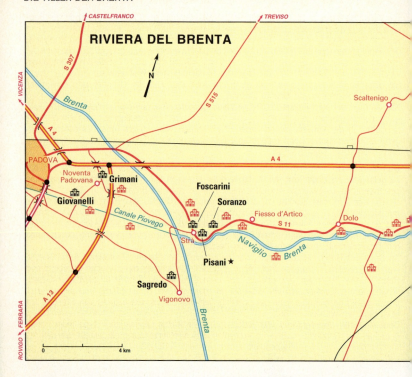

Die Villa war die Sommerresidenz des **Marco Foscarini**, der 1762 in das Dogenamt berufen wurde. Zu den Gästen, die er hier empfing, gehörte auch der Satiriker und Bühnenautor Gasparo Gozzi (1713-1786), der Herausgeber der ersten venezianischen Zeitung, der „Gazzetta Veneta".
Im Salon der Barchetta rahmen schöne Trompe-l'œil-Malereien allegorische Szenen. Hinter der Villa Foscarini bestimmt der Fluß das Landschaftsbild. Die durch gelbe Schilder gekennzeichneten Villen folgen im Wechsel mit einfacheren Häusern aufeinander.

★ **Villa Pisani** ⓥ – *Hinweisschild vor dem Parkplatz, der ca. 200 m hinter dem Eingang liegt.*

Drei Jahrhunderte europäischer Geschichte – Die Residenz des **Alvise Pisani**, der 1735 das Dogenamt antrat, ist ein majestätisches Bauwerk. Die Stallungen und der Park wurden von dem Paduaner Baumeister **Girolamo Frigimelica** (1653-1732) entworfen; von Frigimelica stammen auch die Pläne der Villa, sie wurden allerdings später von **Francesco Maria Preti** (1701-1774) umgearbeitet, weil sich ihre Ausführung als zu kostspielig erwies. Im Laufe des 18. Jh.s wurde die Villa immer wieder mit immer prächtigeren Skulpturen und Gemälden ausgeschmückt.
Nach dem Fall der Republik trat die Familie Pisani ihre Residenz an Napoleon ab, der sie seinem Stiefsohn Eugène de Beauharnais, dem Vizekönig von Italien, zum Geschenk machte.
Während der Zeit der österreichischen Besatzung (ab 1814) logierten viele illustre Gäste in der Villa Pisani, darunter Kaiser Franz Joseph, dessen Bruder, der Erzherzog Maximilian von Österreich, dem 1857-59 die Verwaltung des Königreichs Lombardo-Venetien oblag, Anna Maria von Savoyen, König Gustav III. von Schweden und König Karl IV. von Spanien. Kurz nach der italienischen Einigung ist auch die Villa wieder „italienisch" geworden. Heute befindet sie sich in Staatsbesitz.

Die allegorischen Malereien in den Villen an der Brenta

Im 17. und 18. Jh., als es galt, die prunkvollen Säle der Villen angemessen auszuschmücken, standen mythologische Themen hoch im Kurs; sie schienen am ehesten geeignet, das neue, von Vergnügungssucht, Luxus und Überfluß geprägte Lebensgefühl des venezianischen Adels auszudrücken: Als die schweren Kämpfe um den Festlandsbesitz der Serenissima durchgestanden waren, schien es den wohlhabenden Venezianern an der Zeit, endlich die Freuden des Lebens zu genießen.

DIE VILLEN DER BRENTA

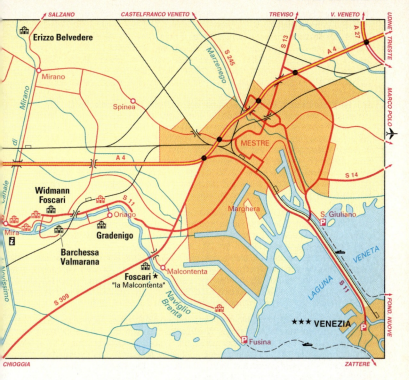

Gesamtbild – Die Gestaltung des weitläufigen Parks unterstreicht die horizontale Ausrichtung der Fassade. Der Mittelteil ist durch einen Risalit mit Frontispiz im palladianischen Stil hervorgehoben. Den Eingang rahmen vier feierliche Atlanten. An den Seiten wird die mit Gesimsfiguren und Pinakeln geschmückte Fassade von zwei weiteren Risaliten mit Ziergiebeln abgeschlossen.

Hinter dem Eingang gelangt der Besucher zu einer Art säulengetragener Galerie, von der sich ein herrlicher Blick auf die Wasserfläche und die Stallungen bietet. Die Stallungen sind um einen zentralen Pronaos im palladianischen Stil angeordnet; davor stehen Figuren von **Giovanni Bonazza** (1654-1736) und seinem Sohn Tommaso (um 1696-1775), Zephyros und Flora darstellend.

Park – Der weitläufige Park umgibt ein langes Bassin, das zwar erst zu Beginn des 20. Jh.s angelegt wurde, sich aber perfekt in die Umgebung einfügt. Es wurde 1911 im Auftrag der Universität Padua erbaut, um die Bewegungen der Gezeiten zu untersuchen. Im Westen befindet sich das Portal des Belvederes mit den um zwei Säulen herum angeordneten Stufen.

Der Ostteil ist der lebhafteste Teil des Parks. Auf einem kleinen Hügel, der den Eiskeller barg, erholten sich die Gäste der Villa in dem von einem Graben umgebenen „Kaffeehaus". In Richtung Ausgang gelangt man zur Säulenhalle; auf einer Seite kann man in den oberen Teil hinaufsteigen, um den herrlichen Blick über die Villenanlage und den Park zu genießen.

Das nahegelegene Labyrinth ist eines der wenigen, die die Jahrhunderte überdauert haben; in der Renaissance waren solche Labyrinthe in den Gärten französischer und italienischer Anwesen weit verbreitet.

Innenräume – Nicht weniger als 114 Räume hat die Villa, die sich Alvise Pisani, der 114. Doge in der Geschichte Venedigs, erbauen ließ. Der berühmteste Sohn des Hauses Pisani verbrachte dort die Zeit zwischen Juni und Oktober, um die Getreide- und Weinernte zu überwachen.

Die Treppe links des Eingangs ist mit Schnitzfiguren geschmückt, die Andrea Brustolon (1660-1732) zugeschrieben werden. Der Besichtigungsrundgang beginnt im Saal des Triumphs der Künste, der nach dem Deckengemälde von Giovan Battista Crosato (um 1685-1758) benannt ist. Ein Teil der Landschaftsdarstellungen an den Wänden stammt vermutlich von Andrea Celesti (1637-1712) und Francesco Zuccarelli (1702-1788), dem Hauptvertreter der venezianischen Landschaftsmalerei des Rokoko.

Der nächste Saal ist Bacchus gewidmet. Die Fresken, mit denen er ausgeschmückt ist, wurden 1770 von Jacopo Guarana gemalt: Man beachte den reichlich wirklichkeitsfremden Elefanten an der Eingangswand; er stammt aus einer Zeit, in der die Menschen in Europa nur eine sehr vage Vorstellung vom Aussehen dieses Tieres hatten. Gegenüber den Fenstern ist ein *casone*, das für die Brenta-Gegend typische Haus der armen Leute, abgebildet.

DIE VILLEN DER BRENTA

Im nächsten Saal legten Hitler und Mussolini 1934 den Grundstein für ihre unheilvolle Zusammenarbeit.

In den Beauharnais-Sälen überrascht das kurze Bett die heutigen Besucher: Die Menschen der damaligen Zeit schliefen so gut wie im Sitzen.

In der Hauskapelle befindet sich ein Altar von der Hand Jacopo Sansovinos (1486-1570), den Napoleon hierherschaffen ließ, nachdem er die San-Gimignano-Kirche am Markusplatz, in der dieser Altar ursprünglich stand, hatte abreißen lassen.

Am interessantesten ist zweifelsohne der Ballsaal **(Salone delle Feste)**. Die Orchesterempore vermittelt einen Eindruck vom Glanz der Feste, die hier gefeiert wurden. Die Decke ist mit dem letzten von Tiepolo (1696-1770) in Italien gemalten Fresko ausgeschmückt: Es lobpreist die Familie Pisani, der Allegorien der Künste und der Wissenschaften zur Seite gestellt sind. Wenn man aufmerksam die rechte Ecke zwischen Decke und Eingangswand betrachtet, kann man den Papageien sehen, mit dem Tiepolo seine Werke zu „unterzeichnen" pflegte. Auf dem Weg zum Ausgang sollte man den Blick auf die Figur mit dem hängenden Bein richten, die langsam ihre Stellung zu ändern scheint.

Fiesso – Hier soll sich einst der Medoacus gegabelt haben, worauf auch der Name der Ortes hindeuten könnte: Fiesso kommt vermutlich vom lateinischen *flexus*, Biegung. In der Nähe von Fiesso stand einer der größten Villen der ganzen Region, die Villa Grimani. Sie wurde jedoch im 19. Jh. abgerissen.

Von der Strada Statale 11 bietet sich ein schöner Blick auf die **Villa Soranzo**. Ihre Fassade wurde von Benedetto Caliari (1538-1598), dem Bruder Veroneses, mit Fresken ausgeschmückt. Es handelt sich um interessante Trompe-l'œil-Malereien, auf denen eine Balustrade, monochrome Gestalten, die aus Nischen hervorschauen, und natürlich die üblichen mythologischen Figuren zu sehen sind.

Dolo – In dem Städtchen Dolo herrschte immer schon reges Leben; zu Zeiten Goldonis sorgten die Schleuse und das Werftbecken, in dem die Schiffe kalfatert wurden, die Mühlen und der Getreidemarkt für Trubel. Goldoni erzählt, daß er Dolo schon von weitem am Geräusch seiner Schleuse erkannte. Das (inzwischen zugeschüttete) Schleusenbecken aus dem 17. Jh. und die Kalfaterei kann man noch heute sehen, ebenso eine der Mühlen aus dem 16. Jh., allerdings wird sie inzwischen mit Strom und nicht mehr mit Wasserkraft angetrieben.

Anscheinend waren kleine Betrügereien früher in Dolo an der Tagesordnung; zumindest läßt sich dies aus einer Verordnung schließen, die den Beamten, die bei den Schiffen den Wegzoll kassierten, für den Fall, daß sie einen für die eigene Tasche bestimmten Aufschlag berechneten, mit „Gefängnis, Galgen, Verbannung oder Galeerenhaft" drohte.

Mirano – Von Mira aus kann man am Ufer des Musone, eines kleinen Kanals, ins 7 km entfernte Mirano fahren.

Mit seinen Mühlen und aneinandergereihten Häusern und Villen wirkt Mirano wie eine Kleinausgabe des Brenta-Ufers: Architektur und Landschaft des Ortes verströmen eine ähnliche Atmosphäre wie die berühmte Sommerfrische des venezianischen Adels.

Die **Villa Erizzo Belvedere** (17. Jh.) umgibt ein großer **Park**.

Mira und Mira Porte – Vor den Häusern von Mira Porte, dem wohl reizvollsten Teil von Mira, beschreibt der Naviglio Brenta einen Bogen; früher wurde hier der Flußlauf durch eine Schleuse reguliert. Der für das Veneto typische Platz ist von Cafés gesäumt, in denen man z. B. ein *crostini al baccalà mantecato* (Toast mit Dorschcreme) bestellen kann.

Gleich in der Nähe, am Fluß, befindet sich das Fremdenverkehrsamt, die Azienda di Promozione Turistica della Riviera del Brenta.

Von hier aus gelangt man schnell zur 2 km entfernten Villa Widmann Foscari und zur Barchessa Valmarana. Wer sich etwas die Füße vertreten will, kann sie auch auf einem Spaziergang erreichen.

Villa Widmann Foscari ⊙ – Die im 18. Jh. erbaute Villa konnte berühmte Persönlichkeiten wie Goldoni, Gabriele d'Annunzio, den venezianischen Komponisten Malipiero sowie dessen weit bedeutenderen russischen Kollegen Strawinsky zu ihren Gästen zählen. Das Portal und die kleinen Balkone kündigen bereits das verspielte Rokokodekor an, das den Besucher im Inneren empfängt. Besonders interessant ist der Ballsaal, der von Giuseppe Angeli (1709-1798) gestaltet wurde. Wie damals üblich, ehrt der Gemäldeschmuck die Hausherren: Die auf der Decke dargestellte Familie Widmann erhält durch die mythologischen Szenen daneben – *Das Opfer der Iphigenie* und *Der Raub der Helena* – die rechte Weihe.

Barchessa Valmarana ⊙ – Dieser Anbau ist der einzige Überrest der im 18. Jh. erbauten, von zwei Barchessen flankierten Villa Valmarana. Den Haupttrakt ließ die Familie Valmarana im 19. Jh. abreißen, um die hohen, für Luxusgüter dieser Art zu zahlenden Steuern zu sparen. Die linke Barchessa wurde unter sechs Parteien aufgeteilt und vollkommen umgebaut.

DIE VILLEN DER BRENTA

Barchessa Valmarana

Die in ihrem Originalzustand belassene rechte Barchessa ist ein gedrungenes Bauwerk. Sie ist von einem mit schönen Rosen bepflanzten Garten im italienischen Stil umgeben. An der Vorderfront befindet sich ein von dorischen Zwillingssäulen getragenes Vordach, das sich über die ganze Länge des Bauwerks erstreckt. Am Portal in der Mitte imitieren breite Pilaster und ein Architrav die Architektur antiker Tempel.

Auch hier ließ sich die Familie des Hausherrn an der Decke des großen Salons ehren. Die Fresken, die in der zweiten Hälfte des 18. Jh.s entstanden, werden Michelangelo Schiavoni zugeschrieben, der aus Chioggia stammte (weshalb er auch Chioggiotto genannt wurde) und im Atelier von Tiepolo beschäftigt war. Das Wasser, das aus dem Krug fließt, soll die Brenta versinnbildlichen; die Frau mit der Weizengarbe auf dem Rücken ist eine allegorische Darstellung der Landwirtschaft, die zusammen mit dem Weinbau die wichtigste Erwerbsquelle der Region war. Die Darstellung des Löwen ist etwas wirklichkeitsfremd, was wieder daran liegt, daß Tiere ferner Länder damals nur aus Reiseberichten bekannt waren.

Auch die Barchessa Valmarana huldigt der damaligen Mode der Trompe-l'œil-Malereien: Über den Türen sieht man Figuren, die neugierig auf kunstvolle Balkone zu treten scheinen.

Der große Salon liegt zwischen dem Saal der Künste (mit Allegorien der Malerei, der Bildhauerkunst, der Musik und der Literatur) und dem Saal der Capriccios, der seinen Namen den Medaillons mit den eklektizistischen Ton-in-Ton-Malereien verdankt.

Oriago – Im 14. Jh., als Dante im Gesang V des *Purgatorio* von Oriago (Oriaco) berichtete, war dieses Gebiet noch Sumpfland. Seuchen breiteten sich hier schnell aus. Anfang des 15. Jh.s ging der Ort in den Besitz der Serenissima über, zuvor lag er genau an der Grenze zwischen Venedig, Treviso und Padua.

Eine der vier Säulen, die 1375 den Ort begrenzten, steht noch heute und erinnert an diese bewegten Zeiten. Das verfallene Relikt befindet sich an einer Hausecke am Flußufer und verblüfft durch seine ungewöhnliche Form.

Am anderen Ufer des Flusses, über den eine Drehbrücke führt, stehen die **Villa Mocenigo** aus dem 18. Jh. und die berühmte Villa Gradenigo.

Villa Gradenigo ⊙ – Die Villa der Gradenigos war eine der ersten, die am Ufer der Brenta erbaut wurden. Sie weist den für das 16. Jh. typischen quadratischen Grundriß auf.

Die dem Park zugewandte Fassade ist mit – leider kaum noch zu erkennenden – Fresken geschmückt. Sie werden Benedetto Caliari (1538-1598), dem Bruder von Paolo Caliari, besser bekannt unter dem Namen Veronese (1528-1588), zugeschrieben.

Die Fresken im Inneren der Villa sind etwas besser erhalten; auch ihre Urheberschaft ist eher gesichert. Im 19. Jh. wurde die Villa in Wohnungen aufgeteilt. Bei den damaligen Umbauarbeiten wurden einige der Fresken zerstört. Zu Beginn des 20. Jh.s zog eine Wäscherei in die Villa ein; durch den Wasserdampf nahmen die bereits stark in Mitleidenschaft gezogenen Fresken nochmals großen Schaden. Heute befindet sich die Villa in Privatbesitz.

Im Gartensaal im Erdgeschoß wurden die Gäste empfangen. An den Wänden hat Benedetto Caliari den *Schwur des römischen Sagenhelden Mucius Scaevola* und die *Großmut Alexanders des Großen* dargestellt. Es handelt sich nicht um echte Fresken, da die Farbe auf den bereits trockenen Putz aufgetragen wurde. Den Saal schmücken zudem illusionistische Architekturdarstellungen und Obst- und Blumengirlanden, beides Schmuckformen, die Veronese in den Villen am Brenta-Ufer einführte.

Weiter auf der Strada Statale 11. An der Kreuzung die Straße nach Venedig verlassen und rechts in Richtung Malcontenta abbiegen.

★ **La Malcontenta** ⓥ – Das Herz des kleinen Dorfes ist die Villa Foscari. Sie ragt über dem Flußufer auf und wird ebenfalls La Malcontenta (wörtlich übersetzt: die Unzufriedene) genannt.

Es heißt, daß dieser ungewöhnliche Name an das Schicksal einer leichtlebigen jungen Dame aus dem Hause Foscari erinnere, die von ihrer Familie hierher verbannt wurde und an der Abgeschiedenheit der Villa wenig Gefallen fand. Aller Wahrscheinlichkeit nach geht der Name aber in Wirklichkeit auf einen Kanal zurück, dessen Bau nicht jedermanns Zustimmung fand und deshalb „Graben der Unzufriedenen" genannt wurde. Dieser Name ging wohl später auf den Ort über, der mindestens seit 1458 La Malcontenta heißt.

Seit dem 16. Jh. stiegen in der Villa immer wieder bedeutende Persönlichkeiten ab, darunter auch König Heinrich III. von Frankreich. Während des Ersten Weltkrieges diente die Villa als Kriegslazarett. Später kehrte sie in den Besitz der Familie Foscari zurück, die dort noch immer den Sommer verbringt.

Ein Stück altes Rom am Ufer der Brenta – Die Foscaris beauftragten keinen Geringeren als **Andrea Palladio** (1508-1580) mit dem Bau ihrer Villa. Bei seinem Entwurf ließ sich Palladio vom Vorbild antiker Bauten inspirieren, weshalb die Villa einen quadratischen Grundriß hat und sich zum Fluß hin in einer Säulenhalle, einem Pronaos mit ionischen Kapitellen, öffnet. Die strenge Fassade ist aus Buckelquadern gemauert.

> **Pythagoras und Palladio**
> Bei seinen Plänen für die Villa Foscari soll sich Palladio von den Theorien des berühmten griechischen Mathematikers Pythagoras haben leiten lassen, der die Harmonien der Musik und später auch des Kosmos als Ganzem anhand von Zahlenordnungen zu erklären suchte. Seine Lehre gründete sich auf die Zahlen 1, 2, 3 und 4, deren Summe die symbolische – heilige – Zahl 10 ergibt. Die bildliche Darstellung der 10 ist laut Pythagoras das Dreieck *(tetracyts)*.

Das Geschoß mit den vornehmen Empfangssälen ist etwas erhöht, wodurch es vor den an der Brenta häufigen Überschwemmungen geschützt war. Darunter lagen die Küche und die Lagerräume.

Die Südfassade, die auf den Garten hinausgeht, ist weniger feierlich als die Eingangsfront, dafür aber reicher mit Ziergiebeln, Bögen und eleganten Fensteröffnungen geschmückt. Hier finden sich auch die für Palladio typischen, halbkreisförmigen Thermenfenster, die Venedigs berühmtester Baumeister der Architektur antiker Badeanlagen entlehnt hat.

Bei der Ausarbeitung seiner Pläne trieb Palladio die rechnerische Genauigkeit fast bis zur Besessenheit: Alle Maßeinheiten seiner Bauten mußten sich auf die Zahl Vier gründen, die in allen Formen durchdekliniert wurde.

Pastellfarbene Pracht – Gleich hinter der Türschwelle gelangt man in den Salon der Villa Foscari, der sich mit seinem kreuzförmigen Grundriß zu den anderen Räumen hin öffnet.

Die Fresken an den Wänden, in die die dorischen Säulen einbezogen sind, stammen von **Giambattista Zelotti** (um 1526-1578), dessen Werke Ähnlichkeit mit denen Veroneses aufweisen, aber wesentlich manieristischer, „abstrakter" sind und eher dem damals in Mittelitalien üblichen Stil verpflichtet sind.

Im Laufe der Jahrhunderte etwas verblaßte mythologische Figuren erfüllen diese Fresken mit Leben.

Das Deckengewölbe ist in der Mitte mit den Allegorien der Tugenden geschmückt, die zu den vier sie umgebenden ovalen Bildern überleiten; auf ihnen sieht man Astrea, die Jupiter in die irdischen Freuden einweiht, zwei Frauen, die Janus Weihrauch darbieten, Jupiter auf dem Adler in Begleitung von Merkur und den sprichwörtlich dummen König Midas, der zwischen Mißgunst und Streit thront.

Das Bild über dem Eingang berichtet vom *Gastmahl der Baucis*, links und rechts davon sieht man die Götter Jupiter und Merkur, wie sie den Mord an einem Reisenden beobachten und wie sie den Tempel, zu dem sie die Hütte von Baucis und Philemon gemacht haben, der Obhut ihrer Gastgeber anvertrauen, um wieder gen Himmel zu entschwinden.

Das im Nordwesten gelegene Zimmer der Morgenröte (Stanza dell'Aurora) mit dem Erntebild soll die schöne Venezianerin beherbergt haben, die als die „Unzufriedene" in die Legende eingegangen ist.

Der benachbarte Raum ist Bacchus und Venus gewidmet. Das Nordostzimmer ist nach Kako und Prometheus benannt. An der Decke sieht man Prometheus, der das Feuer, das er im Himmel entwendet hat, zur Erde zurückbringt; an den Wänden sind Phaethon, der von Jupiter mit einem Blitz erschlagen wird, und Kako beim Raub der Herden des Herkules dargestellt.

Im daneben gelegenen Saal der Giganten (Stanza dei Giganti) erwartet den Besucher eine gewaltige Szenerie, in der Riesen unter noch riesigeren Steinblöcken erdrückt werden; die friedliche Landschaft, die sie umgibt, steht in heftigem Kontrast zur Dramatik des dargestellten Geschehens. Gemalt wurden diese Fresken von **Battista Franco** (1498-1561), dessen manieristische Kunst an die Titanenfresken Giulio Romanos im Palazzo Té in Mantua erinnert. Franca konnte sie nicht mehr selbst fertigstellen, den letzten Schliff gab ihnen Zelotti.

Fusina – Hinter Malcontenta wird die idyllische Landschaft mehr und mehr von Industrieansiedlungen verdrängt. Je näher man der Stelle kommt, an der der Naviglio Brenta in die Lagune mündet, um so deutlicher zeichnen sich am Horizont die Fabrikschornsteine von Marghera ab. Die Straße endet am Parkplatz von Fusina, von wo aus man mit dem Schiff nach Venedig fahren kann.

Etwas abseits gelegene Villen

Noventa Padovana – Von Stra aus führen die Via Oltre Brenta und die Via Noventana nach Noventa Padovana, das am Piovego liegt, dem Kanal, der Padua mit der Brenta verbindet.

Dort lohnt sich die Besichtigung der weitläufigen **Villa Grimani** ⊙, die im 15. Jh. auf den Grundmauern einer mittelalterlichen Burg erbaut wurde, sowie der **Villa Giovanelli** ⊙, in die sich die Patriarchen von Venedig zur Erholung zurückzogen.

Vigonovo – *Ab Stra in Richtung Noventa, hinter den Brücken über die Brenta und den Piovego links nach Vigonovo-Saonar. Bei der Unterführung rechts abbiegen und weiter auf der Via Don Sturzo und der Via Sagredo.*

Die **Villa Sagredo** ⊙ war die Residenz des Giovanni Sagredo (1617-1682), eines Freundes Galileos und Sohns des Mitgliedes des Zehnerrates Giovan Francesco Sagredo (1571-1620), der seinerseits an der Universität Padua bei Galileo Unterricht hatte.

Fahrt auf der Brenta nach Venedig im 18. Jh.

„Die Ufer sind mit Gärten und Lusthäusern geschmückt, kleine Ortschaften treten bis ans Wasser, teilweise geht die belebte Landstraße daran hin. Da man schleusenweis den Fluß hinabsteigt, gibt es öfters einen kleinen Aufenthalt, den man nutzen kann, sich auf dem Lande umzusehen und die reichlich angebotenen Früchte zu genießen. Nun steigt man wieder ein und bewegt sich durch die bewegte Welt voll Fruchtbarkeit und Leben. (...)
So unterhalten, waren wir die schöne Brenta herunter gekommen, manchen herrlichen Garten, manchen herrlichen Palast hinter uns lassend, wohlhabende, belebte Ortschaften an der Küste mit flüchtigem Blick beschauend."

Johann Wolfgang von Goethe, „Italienische Reise", 28. September 1786

Praktische Hinweise

Vor der Abreise

Nützliche Adressen

Fremdenverkehrsämter

Um sich vorab zu informieren, die entsprechende Dokumentation einzuholen und die Reise in aller Ruhe vorzubereiten, wende man sich zuerst an die Vertretungen des italienischen Fremdenverkehrsamtes **ENIT (Ente Nazionale Italiano per il Turismo)** im Heimatland:

In Deutschland

Kaiserstr. 65, 60329 Frankfurt a. M., ☏ (069) 23 74 34
Karl-Liebknecht-Str. 34, 10178 Berlin, ☏ (030) 247 83 97
Goethestr. 20, 80336 München, ☏ (089) 53 13 17
Für die Bestellung von Informationsmaterial gilt die landesweite Servicenummer (0190) 79 90 90.

In der Schweiz

Uraniastr. 32, 8001 Zürich, ☏ (01) 211 36 33

In Österreich

Kärntnerring 4, 1010 Wien, ☏ (01) 505 16 30 oder 505 16 39
Darüber hinaus können auch die Zweigstellen der **C.I.T.** Auskünfte erteilen. Im deutschsprachigen Raum befindet sich ein Büro in 50667 Köln, Komödienstraße 49, ☏ (0221) 20 70 90.

Botschaften

Bundesrepublik Deutschland: Rom, Via Po 25/C, ☏ (06) 88 47 41
Österreich: Rom, Via Pergolesi 3, ☏ (06) 85 58 241
Schweiz: Rom, Via Barnaba Oriani 61, ☏ (06) 80 83 642

Konsulate in Venedig

Deutschland: Cannaregio 4201, ☏ (041) 523 76 75
Österreich: Palazzo Condolmer, Fondamenta Condolmer 251, ☏ (041) 524 05 56
Schweiz: Campo Sant'Agnese, 810 Dorsoduro, ☏ (041) 522 59 96

Anreise

Mit dem Auto

Anfahrt – Abgesehen von der Einreise über Menton/Ventimiglia an der Côte d'Azur und, aus Österreich kommend, über Klagenfurt und Villach, führen die Anfahrtsstrecken nach Italien über Pässe bzw. durch Tunnel. Von Deutschland aus gelangt man z. B. über Nürnberg, München, die Brennerautobahn und Verona nach Venedig. Von der Schweiz bieten sich drei Anfahrtsstrecken an: über den Großen St. Bernhard, über den Simplon und über den St. Gotthard, von wo die Fahrt durch das Tessin und an den Oberitalienischen Seen vorbei nach Mailand weitergeht.
In Italien angelangt, erreicht man Venedig auf der A 4 Turin-Triest (über Mailand, Bergamo und Brescia). Ab der Ausfahrt Mestre führt die Strada Statale 11 über die 222 Bögen der Ponte della Libertà zur Piazzale Roma, wo sich die Parkplätze befinden (die Lagunenstadt ist bekanntlich für Autos nicht zugänglich). Weitere Parkmöglichkeiten finden sich insbesondere auf dem Tronchetto *(s. unten: Parken in Venedig)*.
Um die genaue Fahrtroute von Deutschland, Österreich und der Schweiz aus auszuarbeiten, empfehlen sich die **MICHELIN-Karten** dieser Länder, die Italienkarte Nr. 988 im Maßstab 1 : 1 000 000 sowie die Karte für den Nordosten Italiens Nr. 429 im Maßstab 1 : 400 000. Detaillierte Informationen über Strecken und Entfernungen sowie weitere nützliche Hinweise, wie z. B. auf Hotels und Restaurants an der Strecke, bietet der Michelin-Informationsdienst für Autofahrer im Internet **(www.michelin-travel.com)**.

Unterwegs in Italien – Bei der Fahrt durch Italien sind folgende Punkte zu beachten:

– **Sicherheitsgurt:** Auf den Vorder- und Rücksitzen besteht Gurtanlegepflicht.

– **Geschwindigkeitsbeschränkungen:** Die zulässige Höchstgeschwindigkeit auf den italienischen Autobahnen hängt vom Hubraum des Autos ab: Sie variiert zwischen 90 km/h (600 cm^3) und 110-130 km/h (über 1 000 cm^3). Auf den Landstraßen ist die Geschwindigkeit – für alle Fahrzeuge – auf 90 km/h begrenzt.

– **Verkehrshinweise:** *Für die häufigsten Verkehrshinweise s. Wörterverzeichnis S. 248.*

– **Kraftstoff:**

Super = Super
Senza piombo = Super bleifrei (Oktanzahl 95)
Super Plus bzw. Euro plus = Super plus bleifrei (Oktanzahl 98).

Die **Tankstellen** an den Landstraßen sind mittags im allgemeinen von 12.30 bis 15 Uhr, abends nach 19 Uhr sowie an Sonn- und Feiertagen geschlossen. An den Autobahnen sind sie zumeist rund um die Uhr geöffnet.

Parken in Venedig – Das Parkhaus ASM am Piazzale Roma veranschlagt einen Einheitstarif von 30 000 Lire für 24 Std.; Auskunft unter ☎ (041) 272 73 01/2. Die Preise des ebenfalls am Piazzale Roma gelegenen Parkhauses Garage San Marco hängen von den Abmessungen des Autos ab und belaufen sich auf 27 000 bzw. 37 000 Lire für 12 Std. und 35 000 bzw. 48 000 Lire für 24 Std.; verläßt man das Parkhaus an einem Feiertag oder nachts, wird ein Aufschlag von 2 000 Lire berechnet; Auskunft unter ☎ (041) 523 22 13.

Im Parkhaus am Tronchetto finden nicht nur Pkw, sondern auch Wohnwagen und Wohnmobile Aufnahme; für Pkw werden 25 000 Lire für 24 Std. berechnet (im Sommer kosten die ersten 24 Std. 28 000 Lire), für Wohnwagen und Wohnmobile 30 000 Lire für 12 Std.; Auskunft unter ☎ (041) 520 75 55.

Mit dem Zug – Die Ankunft in Venedig ist im Zug wesentlich angenehmer als im Auto, zumal das leidige Parkproblem damit entfällt. Besonders schön ist die Ankunft im Nachtzug, der den Reisenden morgens in einer Welt ohne Autos und fast ohne moderne Bauten (vom Bahnhof selbst einmal abgesehen) aufwachen läßt. Aus allen deutschen Großstädten gibt es günstige Verbindungen nach München, wo um 23.40 Uhr der Nachtzug nach Venedig abfährt; Ankunft in Venedig morgens um 8.44 Uhr im Bahnhof Santa Lucia, am Ufer des Canal Grande, nur wenige Meter von der nächsten Vaporetto-Anlegestelle entfernt (von wo aus man direkt zum Markusplatz gelangt). Auch von den großen Städten Österreichs und der Schweiz gibt es selbstverständlich günstige Eisenbahnverbindungen. Sehr reizvoll, wenn auch etwas langwieriger und kostspieliger, ist die Fahrt im historischen Simplon Orient-Express von 1883, der mit seinen eleganten blau-goldenen Schlafwagen von London über Paris, Basel, Zürich, Innsbruck und Verona nach Venedig fährt, wo er abends nach 18 Uhr ankommt; er verkehrt allerdings nicht das ganze Jahr über (Auskunft im Reisebüro oder bei der C.I.T).

Mit dem Flugzeug – Die Lufthansa, Austrian Airlines, Swissair und Alitalia bieten von mehreren deutschen, Schweizer und österreichischen Städten Direktflüge nach Venedig an.

Vom internationalen Flughafen Marco Polo in Tessera bringt die Buslinie Nr. 5 der A.C.T.V. den Reisenden in den historischen Stadtkern (der Preis beträgt nur 1 500 Lire, dafür muß man allerdings mehrere Stops zwischen dem Flughafen und der Piazzale Roma in Kauf nehmen); die Busse der A.T.V.O. fahren ohne Zwischenstation direkt zur Piazzale Roma (5 000 Lire). Eine weitere Transportmöglichkeit ist das *motoscafo* der ALIGUNA, das über die Lagune mit Stops in Murano, am Lido, beim Arsenale und am Markusplatz bis zu den Zattere fährt (17 000 Lire). Man kann natürlich auch ein Wassertaxi nehmen, das kommt allerdings wesentlich teurer (*s. S. 236, Verkehrswege auf dem Wasser*).

Reise im Orient-Express

Formalitäten

Ausweispapiere – Dauert der Aufenthalt in Italien nicht länger als drei Monate, brauchen Angehörige der EU nur einen gültigen Personalausweis oder einen Reisepaß (der zur Not auch seit maximal fünf Jahren abgelaufen sein darf). Kinder unter 16 Jahren benötigen einen Kinderausweis oder müssen im Reisepaß der Eltern eingetragen sein.

Wagenpapiere – Für Kraftfahrzeuge, inklusive Wohn- und Gepäckanhänger, benötigt man dieselben Papiere wie im Heimatland; die grüne Versicherungskarte sollte man jedoch unbedingt auch mitnehmen, denn sie erleichtert im Schadensfall die Abwicklung (wenden Sie sich an Ihre Versicherung).

Kranken- und Unfallversicherung – Für EU-Angehörige gibt es einen europäischen Krankenschein (Formular **E 111**). Er wird von der heimischen Krankenkasse ausgestellt und muß auf der Reise mitgeführt werden. Nach der Heimkehr kann er zusammen mit den vom italienischen Arzt bzw. Krankenhaus ausgestellten Papieren (Krankenschein, Rezept) der eigenen Krankenkasse vorgelegt werden, die dann die Kosten gemäß den geltenden Bestimmungen zurückerstattet. Privatversicherte können bei ihrer Krankenversicherung italienische Krankenscheine einreichen. Die Schweiz hat, da sie keine gesetzliche Krankenversicherung kennt, eine Konvention unterzeichnet, die ihren Bürgern bei Autounfällen Versicherungsschutz garantiert; Schweizer Staatsangehörige sollten daher ein Formular des **Europäischen Unfallprotokolls** mitführen.

Haustiere – Für die Einreise ist eine höchstens 10 Tage zuvor ausgestellte Impfbescheinigung vorzulegen, aus der hervorgeht, daß das mitreisende Haustier vor mindestens einem und maximal elf Monaten gegen Tollwut geimpft wurde. In vielen italienischen Hotels und auf vielen Campingplätzen sind Haustiere nicht zugelassen; der Rote Michelin Hotel- und Restaurantführer Italia informiert über Hotels, die auch Gäste mit Hunden willkommen heißen.

Fremdenverkehrsinformation in Venedig

Bei der Ankunft kann man sich direkt an das Informationsbüro im Bahnhof Santa Lucia wenden. In unmittelbarer Nähe des Markusplatzes, in der Calle Ascensione 71/f, befindet sich die Zentralstelle des Fremdenverkehrsamtes **(Ufficio turistico centralino)**; ☎ (041) 529 87 11.
Wer im Lido untergekommen ist (oder unterkommen will), erhält unter der Nummer ☎ (041) 526 57 21 Auskunft.

Venedig einmal anders

Restaurierungsarbeiten – Venedigreisende mit Erfahrung im Restaurieren können sich an das **Centro europeo di formazione degli artigiani per la conservazione del patrimonio architettonico** wenden, das auf der Isola di San Servolo Kurse im Bereich der Restaurierung von Kunstwerken und Baudenkmälern anbietet. Auskunft erteilt das Zentrum auf der Isola di San Servolo, Casella Postale 676, 30100 Venezia; ☎ (041) 526 85 46 oder 47, Fax (041) 276 02 11.

Klösterliche Abgeschiedenheit – Wer Ruhe und Erholung vom täglichen Streß sucht, kann an den Meditationsseminaren teilnehmen, die im Kloster San Francesco del Deserto angeboten werden. Die Mönche holen ihre Seminargäste auf vorherige Anmeldung in Burano mit dem Boot ab; ☎ (041) 528 68 63.

Venedig für junge Gäste – Wer das Glück hat, zwischen 14 und 29 Jahre alt zu sein, kann sich für 5 000 Lire den Urlaubsspaß **Rolling Venice** besorgen; er gewährt Anspruch auf Ermäßigungen in Hotels, **Jugendherbergen** (Ostello della Gioventù auf der Giudecca, ☎ (041) 523 82 11), auf Campingplätzen, in öffentlichen Verkehrsmitteln, Mensen, Museen, bei der Biennale sowie in einigen Geschäften.
Erhältlich ist dieser Urlaubsspaß bei folgenden Stellen (Personalausweis vorlegen):
– Im Bahnhof Santa Lucia bei der *Agenzia Transalpino*, ☎ (041) 524 13 34 (Montag bis Freitag 8.30 bis 12.30 Uhr und 15 bis 19 Uhr; samstags nur vormittags geöffnet) sowie von Juli bis September direkt bei *Rolling Venice Box* (tägl. 8-20 Uhr);
– beim *Assessorato alle Politiche giovanili* am Corte Contarina, San Marco 1529, ☎ (041) 274 76 45 (Montag bis Freitag 9.30 bis 13 Uhr, Dienstag und Donnerstag auch am Nachmittag 15 bis 17 Uhr geöffnet);
– in Dorsoduro, 3252, beim CTS, dem Centro Turistico Studentesco e Giovanile, ☎ (041) 520 56 60 (Montag bis Freitag 9.30 bis 13.30 und 15 bis 19 Uhr);
– bei der *Agenzia Arte e Storia* am Corte Canal 659, Santa Croce, ☎ (041) 524 92 32 (Montag bis Freitagvormittag 9 bis 13 Uhr und 15.30 bis 19 Uhr);
– bei der *Associazione Italiana Alberghi per la Gioventù*, Calle del Castelforte San Rocco 3101, San Polo, ☎ (041) 520 44 14 (Montag bis Samstag 8 bis 14 Uhr).
Für 10 000 Lire erhält man zusätzlich zum Urlaubsspaß auch einen Venedigführer und eine Broschüre mit nützlichen Adressen; für 15 000 Lire bekommt man dazu noch einen Notizkalender und/oder ein T-Shirt.

Unterkunft

Manchmal kann es ganz leicht sein, in Venedig ein Nachtquartier zu finden; allzuoft wird die Hotelsuche dort jedoch zu einer harten Prüfung für den Reisewilligen. Hotelzimmer und Ferienunterkünfte gibt es zwar in rauhen Mengen, doch die Preise sind zumeist alles andere als einladend. Es hat auch keinen Sinn, in Venedig in Kategorien wie „Haupt-" oder „Nebensaison" zu denken, denn im Hochsommer, wenn Hitze und Luftfeuchtigkeit den Venedigaufenthalt fast zur Tortur machen, leert sich die Lagunenstadt. Es empfiehlt sich grundsätzlich, **so früh wie möglich zu reservieren**.
Wir haben in den verschiedenen Vierteln eine Reihe von Hotels verschiedener Preisklassen für Sie ausgewählt. Die angegebenen Preise gelten für Doppelzimmer; wir raten Ihnen dringend, sie sich bei der Reservierung bestätigen zu lassen, denn die **Hotelpreise können in Venedig je nach Jahreszeit und Touristenandrang stark schwanken**. Bei unseren Preisangaben ist das Frühstück zumeist inbegriffen.
In unserer Liste haben wir vier Kategorien unterschieden: In der Rubrik „Gut und Preiswert" finden Sie Hinweise auf Unterkunftsmöglichkeiten, bei denen die Hoffnung besteht, nicht mehr als 150 000 Lire pro Nacht zahlen zu müssen; unter dem Titel „Unsere Empfehlung" sind Hotels und Pensionen aufgeführt, die zwischen 150 000 und 300 000 Lire pro Nacht veranschlagen; „Fürstlich logieren" können Sie in den exquisiten Hotels der dritten Kategorien, in denen der Aufenthalt nicht nur wegen des luxuriösen Ambientes, sondern auch wegen der besonderen Atmosphäre zu einem echten Erlebnis wird (der Preis darf dann allerdings keine Rolle spielen).
Damit Sie ohne größere Schwierigkeiten mit dem Vaporetto zu Ihrem Hotel gelangen, empfehlen wir Ihnen, einen Blick auf die Stadtpläne zu Beginn dieses Bandes zu werfen (für die meisten Hotels sind die Koordinaten des Planquadrats angegeben); auch der Plan, den Sie beim Fremdenverkehrsamt erhalten, kann hilfreich sein.

GUT UND PREISWERT

Einige religiöse Institutionen unterhalten Pensionen, in denen man für wenig Geld übernachten kann. Als Gegenleistung für die „christlichen" Preise wird von den Gästen allerdings erwartet, daß sie abends zu ebenso „christlichen" Zeiten, im allgemeinen spätestens um halb elf, zurückkommen.

Istituto San Giuseppe – In unmittelbarer Nähe von San Marco, bei Nr. 5402, ☎ (041) 522 53 52.
Ostello della Giudecca – Giudecca 86, ☎ (041) 523 82 11.
Casa Caburlotto – Santa Croce 316/8, ☎ (041) 522 59 30, Fax (041) 710 855.
Casa Capitanio – Santa Croce 561, ☎ (041) 522 39 75.
Casa Cardinal Piazza – Cannaregio 3539/A, ☎ (041) 721 388, Fax (041) 720 233.
Casa Murialdo-Circolo ANSPI – Cannaregio 3512, ☎ (041) 719 933, Fax (041) 720 002.
Domus Civica – San Polo 3082, ☎ (041) 721 103, (041) 524 04 16, Fax (041) 522 71 39.
Foresteria valdese – Castello 5170, ☎ und Fax (041) 528 67 97.
Istituto S. G. Falconieri-Suore Mantellate – Castello, Calle Buccari 10, ☎ (041) 522 08 29.
Istituto Solesin – Dorsoduro 624, ☎ (041) 522 43 56, Fax (041) 523 81 24.
Opera Pia Istituto Ciliota – San Marco 2976, ☎ (041) 520 48 88, Fax (041) 521 27 30.
Patronato Salesiano Leone XIII – Castello 1281, ☎ (041) 240 36 11, Fax (041) 528 51 89.
Santa Fosca – Cannaregio 2372, ☎ und Fax (041) 715 775.
Suore Salesie – Dorsoduro 108, ☎ (041) 522 36 91.

UNSERE EMPFEHLUNG

Pensione La Calcina (**7 DY**) – *Zattere 780, Vaporetto-Anlegestelle: Zattere, ☎ (041) 520 64 66, Fax (041) 522 70 45. 29 Zimmer mit Klimaanlage; Kreditkarten werden angenommen.*
An die alte *Locanda*, in der Ruskin 1876 logierte, erinnert nur noch ein Foto in der Eingangshalle. Das Hotel wurde inzwischen vollkommen neu gebaut, allerdings am Originalstandort, so daß der Gast noch immer den Charme der Terrassen auf dem Dach und über dem Wasser genießen kann; die Lage am Canale della Giudecca ist angenehm, und die Zimmer sind hell, was im engen Venedig Seltenheitswert hat.

Hotel Falier (**7 CV**) – *Salizzada San Pantalon 130, Vaporetto-Anlegestelle: San Tomà, ☎ (041) 710 882, Fax (041) 520 65 54. 19 Zimmer; Kreditkarten werden angenommen.*
Etwas abseits gelegenes Hotel in der Nähe der Frari-Kirche: die ideale Adresse für Reisende, die eine ruhige Unterkunft suchen; kleiner Garten.

Hotel Paganelli (**9 GX**) – *Riva degli Schiavoni 4182, Vaporetto-Anlegestelle: San Zaccaria, ☎ (041) 522 43 24, Fax (041) 523 92 67. 22 Zimmer, Klimaanlage; Kreditkarten werden angenommen.*

Familienpension am Hafenbecken von San Marco. Von einigen der im venezianischen Stil eingerichteten Zimmer fällt der Blick auf die Lagune; die Zimmer im Anbau gehen auf den Campo San Zaccaria hinaus.

Hotel Serenissima (**8 FV**) – *Calle Goldoni 4486, Vaporetto-Anlegestelle: Rialto od. San Marco, ☎ (041) 520 00 11, Fax (041) 522 32 92. 34 Zimmer, Klimaanlage, Restaurant; Kreditkarten werden angenommen.*
Einfaches, aber angenehmes Hotel in der Nähe von San Marco (an den Wänden hängen Werke moderner Künstler).

FÜRSTLICH LOGIEREN

Hotel Abbazia (**3 CT**) – *Calle Priuli 68, Vaporetto-Anlegestelle: Ferrovia, ☎ (041) 717 333, Fax (041) 717 949. 39 Zimmer, Klimaanlage; Kreditkarten werden angenommen.*
Das Hotel in Bahnhofsnähe bezieht seinen Charme aus der schlichten Eleganz der Einrichtung und seinem ungewöhnlichen Rahmen: Es befindet sich in einem früheren Karmelitenkloster (das ehemalige Refektorium dient heute als Hotelbar).

Hotel Cipriani (**9 GY**) – *Giudecca, Vaporetto-Anlegestelle: Zitelle, ☎ (041) 520 77 44, Fax (041) 520 39 30. 12 Suiten (davon 7 im Palazzo Vendramin), Klimaanlage, Garten, Schwimmbad, Restaurant; Kreditkarten werden angenommen.*
Das Wahrzeichen der echten, d. h. maßvollen venezianischen Eleganz, die Heimstätte des guten Geschmacks. Bereits die Lage, etwas abseits der Touristenströme, spricht Bände. Von den Suiten im Palazzo Vendramin fällt der Blick auf den Markusplatz.

Hotel Danieli (**9 GX**) – *Riva degli Schiavoni 4196, Vaporetto-Anlegestelle: San Zaccaria – ☎ (041) 522 64 80, Fax (041) 520 02 08. 221 Zimmer und 9 Suiten, Klimaanlage, Restaurant; Kreditkarten werden angenommen.*
Der Traum von Venedig als einer in Nebel gehüllten, der Wirklichkeit entrückten Stadt, von deren Palästen eine dekadente, literarisch verklärte Atmosphäre ausgeht, scheint im Palazzo Dandolo, in dem seit 1822 das Hotel Danieli seinen Sitz hat, Gestalt anzunehmen: Säulen, Treppengeländer, Galerien und marmorne Pracht schaffen dort ein Dekor, das in seiner Überschwenglichkeit entfernt an Neuschwanstein erinnert und das bereits Dickens, Wagner, Balzac, Proust, George Sand und Alfred de Musset in seinen Bann gezogen hat.

Hôtel des Bains, *Lido, Lungomare Marconi 17 – ☎ (041) 526 59 21, Fax (041) 526 01 13. 190 Zimmer, Klimaanlage, Restaurant, Schwimmbad; Kreditkarten werden angenommen.*
Das „Belle-Époque"-Ambiente der Veranda und der hellen, klassizisitischen Speisezimmer, der Salon im Liberty-Stil und der große Privatstrand rufen unweigerlich die Visconti-Verfilmung von Thomas Manns „Der Tod in Venedig" in Erinnerung.

Hotel Flora (**8 EX**) – *Calle larga XXII Marzo 2283/A, Vaporetto-Anlegestelle: San Marco od. Santa Maria del Giglio, ☎ (041) 520 58 44, Fax (041) 522 82 17. 44 Zimmer, Klimaanlage; Kreditkarten werden angenommen.*
Ein kunstsinniges Ambiente wie zu Beginn des 20. Jh.s umfängt den Gast in diesem gepflegten Hotel mit geschmackvoll eingerichteten Zimmern, einer eleganten Treppe aus den 20er Jahren und einem ruhigen Garten.

Hotel Gritti Palace (**8 EX**) – *Campo Santa Maria del Giglio 2467, Vaporetto-Anlegestelle: Santa Maria del Giglio, ☎ (041) 794 611, Fax (041) 520 09 42. 87 Zimmer und 6 Suiten, Restaurant; Kreditkarten werden angenommen.*
Hier kann man wahrhaft „leben wie im Doge in Venedig", schließlich beherbergte dieser Palazzo vor fünf Jahrhunderten tatsächlich den Dogen Gritti. In neuerer Zeit ist er durch die Filmstars berühmt geworden, die sich während der Mostra auf der Hotelterrasse mit Blick auf den Canal Grande und die Salute-Kirche den Kameras der Journalisten stellen. In den prachtvollen Innenräumen ist der Glanz der Serenissima intakt geblieben.

Im jährlich aktualisierten **Michelin Hotel- und Restaurantführer Italia** finden Sie ebenfalls eine gute Auswahl vor Ort geprüfter Hotels mit Informationen über Komfort, Preise, Lage, akzeptierte Kreditkarten sowie Telefon- und Faxnummern.

VENEDIG FÜR CAMPER

Wer mit Zelt, Wohnwagen oder Wohnmobil unterwegs ist, dem bieten sich etwas abseits des historischen Stadtkerns viele Unterkunftsmöglichkeiten: Am Littoral reihen sich die Campingplätze aneinander. Auskunft erteilt **Assocampings** in der Via Fausta in Ponte Cavallino – 30013 Cavallino, ☎ (041) 968 071 – oder das **Consorzio Lido Ca' di Valle**, Corso Italia 10 – 30013 Cavallino, ☎ (041) 968 148.

Ruhige Nächte in Venedig

Im allgemeinen kann der Reisende, wenn er in einem venezianischen Hotel untergebracht ist, ganz gleich, ob es an einem Campo oder einem Rio liegt, ruhige Nächte genießen. Nach Anbruch der Nacht ist in Venedig, außer in einigen Bars, nicht mehr viel los – was Nachtschwärmer beklagen, Erholungsbedürftige jedoch begrüßen dürften. Autolärm und Mofaknattern gibt es hier nicht; gewiß: ein Paar Stimmen wird man wohl hören, doch wenn man sich von den Glocken der Kirchtürme und dem Plätschern des Wassers nicht stören läßt, kann man in der Lagunenstadt gut schlafen.

Essen und Trinken

Auf der Suche nach einem Restaurant (oder Bàcaro)

Bei der Suche nach einem Restaurant leistet der Rote **Michelin Hotel- und Restaurantführer Italia** gute Dienste; er enthält eine breitgefächerte Auswahl an Restaurants, die auch lokale Spezialitäten anbieten.

Falls Ihnen die Lust mehr nach einem kleinen Imbiß, einer Pizza oder einem typisch venezianischen *cicheto* steht oder Sie einen *Spritz* zum Aperitif trinken wollen, können Sie einen Blick auf die Rubrik „Tips und Adressen" am Anfang der einzelnen Kapitel werfen; in den dort genannten *bàcari* (typisch venezianischen Kneipen), Trattorias, Osterias und Konditoreien kann man einfache, volkstümliche Gerichte und kulinarische Besonderheiten der Lagunenstadt kennenlernen.

In der folgenden Liste sind die in den einzelnen Kapiteln dieses Führers empfohlenen Gaststätten noch einmal nach Vierteln geordnet aufgeführt:

San Marco
Antica Carbonera (Rialto)
Devil's Forest (San Giorgio degli Schiavoni)
Caffé Florian (Piazza San Marco)
Leon Bianco (Rialto)
Caffé Quadri (Piazza San Marco)
Al Volto (La Fenice)
A la Campana (Rialto)
Ai Do Ladroni (Rialto)
Harry's Bar (Piazza San Marco)
Piero e Mauro (Piazza San Marco)
Ai Rusteghi (Rialto)
Da Zorzi (Rialto)

Dorsoduro
Il Caffé (Carmini)
Cantinone (Accademia)
Linea d'ombra (la Salute)
Ai Pugni (Carmini)
Dona Onesta (San Rocco)
Da Montin (Accademia)
San Trovaso (Accademia)

Santa Croce
Al Ponte (Frari)
Vecio Fritoin (Rialto)
Ai Postali (Frari)
Alla Zucca (Frari)

Cannaregio
Antiche Cantine Ardenghi (San Zanipòlo)
The Fiddler's Elbow (Ca' d'Oro)
Gam-Gam (Ghetto)
Al Paradiso Perduto (Ca' d'Oro)
Ai Promessi Sposi (Ca' d'Oro)
Alla Bomba (Ca' d'Oro)
Alla Fontana (Ghetto)
Algiubagiò (San Zanipòlo)
La Perla (San Zanipòlo)
Alla Vedova-Ca' d'Oro (Ca' d'Oro)

San Polo
Antico Dolo (Rialto)
Ai Nomboli (San Rocco)
Da Pinto (Rialto)
All'Arco (Rialto)
Alla Palatina (San Rocco)
Vivaldi (San Rocco)

Castello (et Sant'Elena)
All'Acciugheta (San Giorgio degli Schiavoni)
Da Dante (Arsenale)
Mascaròn (San Zaccaria)
Dal Pampo (Sant'Elena e San Pietro)
Da Sergio (Rialto)
Dai Tosi (Sant'Elena e San Pietro)
Birreria Forst (San Giorgio degli Schiavoni)
Didovich (San Zaccaria)
L'Olandese volante (Rialto)
Rivetta (San Giorgio degli Schiavoni)
Alle Testiere (Rialto)

Giudecca
Harry's Dolci (Giudecca)

Damit Sie die venezianische Küche in vollen Zügen (und ohne böse Überraschungen) genießen können, gehen wir hier auf einige Eigenheiten der italienischen Gastronomie ein. Mehr über die Besonderheiten der venezianischen Küche erfahren Sie im entsprechenden Kapitel der Einleitung.

„Menu turistico"

Die sog. Touristenmenüs bieten komplette Mahlzeiten zu einem festen Preis an. Es ist allerdings nicht leicht, ihre Preise zu vergleichen, da sie nicht immer das Gleiche beinhalten und der italienische Aufschlag fürs Servieren *(coperto)* gelegentlich noch hinzukommt. Manchmal gehört zu einem solchen Menü auch ein Getränk, doch meistens muß dafür extra bezahlt werden, oft ist dafür der Nachtisch und/oder der Kaffee nach dem Essen inbegriffen.

Zusammensetzung einer italienischen Mahlzeit

Die traditionelle italienische Mahlzeit besteht aus einer Vorspeise *(antipasto)*, z. B. Rohkost, Trockenfleisch, eingelegtem und/oder frittiertem Gemüse, einem sättigenden ersten Gang *(primo* bzw. *primo piatto)*, im allgemeinen ein Nudel- oder Reisgericht, und einem nicht sehr umfangreichen zweiten Gang *(secondo)*: Fleisch oder Fisch mit einer Beilage *(contorno)* aus Gemüse oder Salat. Nach dem Käse *(formaggio)* gibt es Obst *(frutta)* oder einen anderen Nachtisch, z. B. Törtchen, Gebäck *(dolce)*, Eis *(gelato)* oder Halbgefrorenes *(semifreddo)*.

Getränke

Eine Flasche **Mineralwasser** erhält man in Italien, wenn man ein „acqua minerale" bestellt; dabei sollte man erwähnen, ob man Wasser ohne Kohlensäure *(non gassata)* oder mit Kohlensäure *(gassata)* will. Wenn man diese Ausgabe unbedingt einsparen will, kann man auch einen Krug Leitungswasser verlangen *(acqua naturale)*. **Wein** wird zumeist in Flaschen angeboten und auf der Karte ausgewählt; nicht wenige Gaststätten halten für ihre Gäste aber auch einen offenen Hauswein parat, der in Karaffen serviert wird („vino della casa", „in caraffa", **„vino sfuso"**); man kann dann einen viertel Liter *(un quartino)* oder einen halben Liter *(mezzo litro)* bestellen. **Bier** gibt es vom Faß *(alla spina)* oder in der Flasche; die bekanntesten italienischen Marken sind Moretti, Forst und Peroni.

Kleines Pasta-ABC

Cannelloni: Nudelrollen mit Fleischfüllung in Soße

Farfalle: Nudeln in Schmetterlingsform

Fettuccine: römische Tagliatelle (etwas dünner als die üblichen Tagliatelle)

Fusilli: kleine, spiralförmige Nudeln

Lasagne: abwechselnd mit Hackfleischtomaten- und Béchamelsoße gefüllte und im Ofen überbackene Teigschichten

Maccheroni: Nudeln in Röhrchenform

Ravioli: kleine Teigtaschen mit Gemüse-, Fleisch- und/oder Käsefüllung

Spaghetti: der große Klassiker unter den Nudeln, eine Beschreibung erübrigt sich

Tagliatelle: schmale, lange Nudelbänder

Tortellini: kleine runde Teigwaren mit Fleisch- oder Käsefüllung, die in Sahnesoße oder Fleischbrühe serviert werden

Kaffee

Die große Spezialität der Italiener, die den Kaffee wesentlich stärker rösten als in deutschen Landen üblich, wird zu jeder Tageszeit getrunken. Der *espresso* ist dem eingedeutschten Espresso in etwa vergleichbar: Er ist ausgesprochen stark und bedeckt gerade den Boden der Tasse. Will man einen etwas weniger starken Kaffee, empfiehlt es sich, einen *caffè lungo* (einen „gestreckten" Kaffee) zu bestellen. Der *caffè corretto* ist mit Schnaps „korrigiert". Der *caffelatte* ist ein großer Milchkaffee, im Unterschied zum *macchiato*, der in einer kleinen Tasse serviert wird und sozusagen nur mit Milch „bekleckst" ist. Der *cappuccino* (bzw. *cappuccio*) ist ein Kaffee mit schaumig geschlagener und mit Kakao bestreuter Milch.

Würfelzucker wird in Italien nur selten verwendet. Man sollte sich also nicht wundern, wenn man statt der vertrauten eingewickelten Würfelchen nur eine Dose mit Streuzucker auf dem Tresen findet, aus der sich die Gäste mit einem langstieligen Löffel bedienen können.

Im allgemeinen bezahlt man in den Bars sein Getränk zuerst an der Kasse und holt es sich dann, mit dem entsprechenden Bon ausgestattet, beim Kellner am Tresen.

Eis

Die italienischen Eis- und Sorbetspezialitäten sind zurecht in aller Welt berühmt. Neben den vielen Sorbets aus Fruchtsaft und den klassischen Milcheissorten gibt es z. B. **Stracciatella**, ein Milcheis mit kleinen Schokoladenstückchen, **Gianduia**, das nach den gleichnamigen zarten Nugatstückchen schmeckt, **Bacio** mit Milchschokoladengeschmack, **Fior di latte** bzw. **Panna** aus Sahne, **Cassata**, zumeist Vanilleeis mit kandierten Früchten, **Crema**, ein gelbliches, wie der Name schon sagt cremiges Eis mit Vanillegeschmack und **Tiramisù**, das dem gleichnamigen Mascarpone-Café-Dessert nachempfunden ist.
Besonders gutes Eis gibt es in Venedig bei Paolin am Campo Santo Stefano *(s. unter La FENICE)*.

Sandwiches

Beim Belegen von Broten und Brötchen scheinen der Phantasie in Italien keine Grenzen gesetzt. Die anderenorts übliche Butter wird hier vorteilhaft durch etwas Olivenöl ersetzt. Gerne werden die Sandwiches mit einer Scheibe rohen oder gekochten Schinken (*prosciutto crudo* bzw. *cotto*) belegt, die z. B. durch Artischockenherzen, Tomaten, Pilze oder Spinatblätter ergänzt wird. Sehr beliebt ist auch die Mortadella. Oft versteckt sich zwischen den Brotscheiben ein Frischkäse wie Mozzarella oder Stracchino. Nehmen Sie sich also bei der Auswahl der zumeist in einer Vitrine ausgestellten, bereits fertig vorbereiteten oder auch nach Wunsch belegten Sandwiches ruhig Zeit.
Auch bei den Brotarten herrscht in Italien Vielfalt; die bekanntesten Sandwich-Variationen sind:
– **Schiacciata**: Sandwich aus weichem, mit Öl beträufeltem, leicht gesalzenem Fladenbrot, das die Form eines Tortenstücks hat;
– **Tramezzino**: dreieckiges Sandwich aus diagonal durchgeschnittenen Weißbrotscheiben;
– **Panino**: aus einem runden oder länglichen Brötchen zubereitetes, zumeist geröstetes Sandwich, inzwischen international bekannt.

Eine gute Idee für Zwischendurch ist das ***taglio di pizza***, eine Portion Pizza. Pizza wird in den Bars nämlich oft auf großen Blechen zubereitet und stückweise (d. h. als *taglio*) verkauft.

Venezianische Verkehrsmittel

Es versteht sich von selbst, daß in Venedig alle Verkehrsmittel über das Wasser fahren. Da die Vaporettos jedoch wegen des hohen Verkehrsaufkommens auf dem Canal Grande relativ langsam fahren, sich die Anlegestellen selten in direkter Nähe des Ortes befinden, an den man will, und man dort noch dazu oft lange warten muß, kommt man im allgemeinen zu Fuß schneller voran als auf dem (motorisierten) Wasserweg.
Schwierig wird dies jedoch, wenn man mit Gepäck (oder Einkaufstaschen) beladen ist. Die Lust auf eine solche „Wanderung" vergeht einem zumeist schon beim Anblick der besonders steilen Treppe, die über die erste Brücke führt, die einen am Bahnhofsausgang erwartet, die Ponte degli Scalzi. Und nach einem Tag treppauf, treppab über Venedigs Brücken bekommen selbst durchtrainierte Wanderer müde Beine.

Vaporetto-Anlegestelle vor der Scalzi-Brücke

Vaporetto

Um die Beine in der autofreien Stadt nicht zu überanstrengen, nimmt der Venedigbesucher ebenso wie der Einheimische daher oft – und auch gerne – das Vaporetto. In der Folge sind die beiden wichtigsten Vaporetto-Verbindungen beschrieben. Einen Gesamtüberblick über Venedigs Vaporetto-Netz finden Sie auf dem Plan auf S. 28, 29.
– **Linie 1:** Dieses „Bummelboot", das über die Piazzale Roma, den Bahnhof und San Marco bis zum Lido fährt, hält an allen Stationen am Ufer des Canal Grande.
– **Linie 82:** Mit weitaus weniger Stops ist die 82 die schnellste Vaporetto-Verbindung; sie hält am Tronchetto, an der Piazzale Roma, an der Giudecca, an San Giorgio, San Marco und fährt dann ebenfalls zum Lido.

Fahrpreise – Eine einfache Fahrt kostet 6 000 Lire, die Hin- und Rückfahrt 10 000 Lire. Für 18 000 Lire erhält man eine Tageskarte und für 35 000 Lire eine Dreitageskarte (beide müssen beim Antritt der ersten Fahrt entwertet werden und sind dann 24 bzw. 72 Std. gültig). Eine Wochenkarte kostet 60 000 Lire.

Wassertaxis

Wenn Sie ein venezianisches Taxi nehmen wollen, empfehlen wir Ihnen, sich zu vergewissern, daß sich auf der Seite des Bootes das gelbe Schild mit der Bootsnummer und dem schwarzen Zeichen der Stadtverwaltung befindet, daß der Zähler gut sichtbar ist und der Preis auch wirklich darauf angezeigt wird. Im allgemeinen muß für eine Fahrt im Stadtinneren, die nicht länger als 7 Min. dauert, ein Pauschalpreis von 27 000 Lire gerechnet werden, alle weiteren 15 Sekunden erhöht er sich um 500 Lire. Zudem sollte man wissen, daß:
– man einen Aufschlag zahlen muß, wenn man ein Taxi bestellt; er beläuft sich im Stadtinneren auf 8 000 Lire und außerhalb auf 10 000 Lire;
– bei Nachtfahrten (zwischen 22 und 7 Uhr) ein Zuschlag von 8 500 Lire berechnet wird;

- für jedes Gepäckstück, das länger als 50 cm ist, eine Gebühr von 2 200 Lire verlangt wird;
- die Fahrt an Feiertagen 9 000 Lire mehr kostet;
- bei mehr als vier Fahrgästen ein Aufschlag von 3 100 Lire für jeden zusätzlichen Passagier verlangt wird.

Es empfiehlt sich, den Pauschalpreis abzulehnen, den die Taxichauffeure schwerbeladenen Touristen gerne anbieten.

Das Fremdenverkehrsamt von Venedig *(Azienda di Promozione Turistica)* rät den Urlaubern, die Nummer des Taxis, das Datum sowie die genaue Uhrzeit der Fahrt zu notieren und eine Quittung mit Angabe der Fahrtroute und des Fahrpreises zu verlangen, falls sie die berechnete Summe anfechten möchten. Des weiteren wird dringend davon abgeraten, auf die Dienste eines der „privaten" Bootsleute zurückzugreifen, die am Bahnhof, bei den Parkhäusern oder am Flughafen auf nicht ortskundige Touristen warten.

Taxirufnummern

Radio Taxi – ☎ 522 23 03 od. 72 31 12
Ferrovia – ☎ 71 62 86
Piazzale Roma (Santa Chiara) – ☎ 71 69 22
Rialto – ☎ 523 05 75 od. 72 31 12
San Marco (Molo) – ☎ 522 97 50
Lido – ☎ 526 00 59
Aeroporto Marco Polo – ☎ 541 50 84
Cooperativa San Marco – ☎ 522 23 03 od. 523 57 75

Cooperativa Veneziana – ☎ 71 61 24
Cooperativa Serenissima – ☎ 522 12 65 od. 522 85 38
Società Narduzzi Solemar – ☎ 520 08 38
Società Marco Polo – ☎ 96 61 70
Società Sotoriva – ☎ 520 95 86
Società Serenissima – ☎ 522 42 81
Venezia Taxi – ☎ 72 30 09

Gondeln und Traghetti

Eine gute Nachricht für alle, die sich entschlossen haben, Venedig zu Fuß zu erobern: Zusätzlich zu den nur drei Brücken über den „Großen Kanal" (Scalzi, Rialto, Accademia) besteht die Möglichkeit, den Canal Grande mit einem ***traghetto*** zu überqueren. Die kurze Gondelfahrt kostet nur 700 Lire (außer während der Ausstellungen im Palazzo Gritti, wo die Überfahrt bei San Samuele 1 000 Lire kostet). Will man es allerdings richtig, d. h. so wie die Venezianer machen, muß man die Fahrt im Stehen absolvieren, wobei ein guter Gleichgewichtssinn gefragt ist. Es gibt am Canal Grande insgesamt acht Traghetto-Fährstellen, am Bahnhof *(Stazione)*, bei Santa Marcuola, Santa Sofia, Al Carbon, San Tomà, San Samuele, Santa Maria del Giglio und an der Dogana. *Siehe Stadtplan S. 17-27 und Plan im Kapitel CANAL GRANDE.*

Gondelfahrten – Wenn man eine richtige Gondelfahrt machen will, muß man tiefer in die Tasche greifen. Der offizielle Preis für eine 50minütige Fahrt durch Kanäle und Rii beläuft sich auf 120 000 Lire; die musikalische Begleitung ist natürlich nicht inbegriffen. Nach 20 Uhr muß im allgemeinen ein Aufschlag bezahlt werden. Für alle weiteren 25 Min. müssen dem Grundpreis je 60 000 Lire hinzugerechnet werden. Nächtliche Gondelfahrten sind zwar besonders romantisch, aber dafür noch teurer: Zwischen 20 und 8 Uhr kosten die ersten 50 Min. 150 000 Lire und alle weiteren 25 Min. 75 000 Lire zusätzlich. Maximal sechs Personen können auf einer Gondel mitfahren, der Pro-Kopf-Preis reduziert sich entsprechend, allerdings ist es dann mit der Romantik oft nicht mehr weit her.

Die Fahrtroute können Sie, so Sie wollen, selbst bestimmen. Wir raten Ihnen, Routen durch stille Viertel abseits der großen Touristenströme und vor allem durch Kanäle auszusuchen, die zu Fuß nicht zugänglich sind, weil sie z. B. keinen „Bürgersteig" haben. Es ist daher nicht empfehlenswert, eine Gondel bei San Marco zu nehmen, von wo man erst eine lange Strecke zurücklegen muß, bevor man in die stilleren Viertel gelangt.

Auskunft erteilt die Istituzione per la Conservazione della Gondola e la Tutela del Gondoliere, ☎ (041) 528 50 75.

Bootsverleih

Man kann natürlich auch auf eigene Faust durch die Lagune und durch Venedigs Kanäle schippern; bei Brussa – Cannaregio, 331, ☎ (041) 715 787 od. 720 550 – können Boote ausgeliehen werden.

„Venedig ist mit anderem Wort ein Ort, wo man die greifbare Wirklichkeit nur in kleinen Dosen zu sich nimmt. Es gibt zu viele Barken, als daß man hier Persönlichkeiten schaffen könnte, die dem Tod die Stirn bieten. Das flache Wasser, das weiße Licht sowie die Stille und Langsamkeit, mit der alle Welt sich hier bewegen muß, garantieren irgendwie ein Jenseits, in dem es keine Geisterstunde gibt. Man hält sich am Vorhandenen schadlos, und zwar mit einer Routine der Genußfähigkeit, die sich auch bei den kleinsten Gelegenheiten bewährt."

Jean Giono, „In Italien um glücklich zu sein" (S. Fischer Verlag, 1953)

Tägliches Leben

Öffnungszeiten

Winter- und Sommerzeit – In Italien gilt die mitteleuropäische Zeit, und wie in Deutschland, Österreich und der Schweiz wird hier – zu den gleichen Daten – von Sommer- auf Winterzeit und umgekehrt umgestellt; die Sommerzeit nennen die Italiener die „gesetzliche Zeit" *(ora legale)* und die Winterzeit die „Sonnenzeit" *(ora solare)*; sie beziehen sich gerne auf das Datum der Umstellung auf die Sommerzeit bzw. die Winterzeit, um das Jahr in zwei Abschnitte zu teilen: Diese Einteilung ist oft auch für die Öffnungszeiten der Museen und Sehenswürdigkeiten ausschlaggebend.

Gesetzliche Feiertage – 1. und 6. Januar, Ostersonntag und Ostermontag („Lunedì dell'Angelo"), 25. April (Kriegsende 1945 und Markustag), 1. Mai, 15. August („Ferragosto"), 1. November (Waffenstillstand 1918), 8. Dezember (Unbefleckte Empfängnis), 25. und 26. Dezember.

Post und Telefon

Die **Postämter** sind von 8.30 bis 14 Uhr geöffnet (samstags und am letzten Tag jedes Monats nur bis 12 Uhr). Venedigs Hauptpost *(Poste Centrali)* befindet sich in der Fondaco dei Tedeschi nahe dem Rialto (Eingang beim Campo San Bartolomeo, **4** **FU**). Eine weitere Zentralstelle der Post wurde in unmittelbarer Nähe des Markusplatzes hinter der Ala Napoleonica (Museo Correr) eingerichtet (**8** **FX**).
In den Zweigstellen der **Telecom Italia** stehen Telefonzellen zur Verfügung; das Gespräch kann dort an der Kasse bezahlt werden. Die Zentralstelle befindet sich ebenfalls in der Fondaco dei Tedeschi (**4** **FU**).
Zusätzlich zu den **Münzfernsprechern** (manche funktionieren tatsächlich noch mit *gettoni*) gibt es inzwischen auch immer mehr Kartentelefone. Die Telefonkarten zu 5 000, 10 000 und 15 000 Lire sind bei den Zweigstellen der CIT sowie in den am weißen T auf schwarzem Grund zu erkennenden Tabakläden erhältlich.
Ein Tip: Wenn Sie in Venedig ein Ferngespräch führen wollen, vermeiden Sie besser die einzelstehenden Kabinen am Ufer eines Rii, denn die Ruhe kann dort jeder Zeit durch ein vorbeiknatterndes Motorboot gestört werden.

Auslands- und Inlandsgespräche

Von Italien ins Heimatland – Nach Deutschland: 00 49 + Nummer des Fernsprechteilnehmers ohne die erste Null der Vorwahl; nach Österreich: 00 43 + Nummer des Fernsprechteilnehmers ohne die erste Null der Vorwahl; in die Schweiz: 00 41 + Nummer des Fernsprechteilnehmers ohne die erste Null der Vorwahl.
Aus dem Heimatland nach Italien – 00 39 + Nummer des Fernsprechteilnehmers ohne die erste Null der Vorwahl (für Venedig 41).

Venezianischer Alltag

Inlandsgespräche – Befindet sich der andere Fernsprechteilnehmer in derselben Stadt oder der näheren Umgebung, kann man die Vorwahl weglassen. Für Gespräche in andere Städte muß jedoch selbstverständlich die entsprechende Vorwahl – inklusive der ersten Null – gewählt werden (für Venedig 041).

Nützliche Telefonnummern

12 – Auskunft

15 – R-Gespräch

112 – Polizeinotruf (Carabinieri)

113 – Notruf Polizei, Rotes Kreuz, Notarzt

115 – Feuerwehr

116 – Pannenhilfe des italienischen Automobilclubs A.C.I.

(Vorwahl Rom 06 +) 4212 – Fremdsprachliche Informationen für Ferienreisende in Italien (Wetter, Schneefall, Autobahngebühren, Rechtsschutz, Krankenhäuser, Ärzte usw.)

In Italien ist das Telefonieren ab 18.30 Uhr billiger.

Geld und Bankgeschäfte

Währung – Die Währungseinheit in Italien ist die Lira (ITL); 1 000 Lire kosten 1,01 DM.

Banken – Die Geschäftsstellen der Banken sind im allgemeinen von 8.30 bis 13.30 und von 15 bis 16 Uhr geöffnet; samstags sowie an Sonn- und Feiertagen sind sie geschlossen.
Geld kann man auch auf der Post (keine Reiseschecks) und in Wechselstuben umtauschen.
Beim Geldwechsel wird grundsätzlich eine Gebühr verlangt.

Kreditkarten – Das Zahlen mit Kreditkarten verbreitet sich auch in Italien immer mehr; viele Geschäfte und Hotels, vor allem in den größeren Städten, sind inzwischen mit den entsprechenden Geräten ausgerüstet. Im Roten Michelin Hotel- und Restaurantführer Italia sind für die ausgewählten Hotels und Gaststätten auch die dort in Zahlung genommenen Kreditkarten angegeben.
An einigen Geldautomaten kann Geld gewechselt werden.

Apotheken

Die Apotheken („farmacia") sind durch ein rot-weißes Kreuz gekennzeichnet; an den Türen geschlossener Apotheken sind zumeist die Adressen der nächsten geöffneten Apotheken sowie der diensthabenden Ärzte angeschlagen.

Elektrogeräte

Die Spannung beträgt 220 V; für den Fall, daß der Stecker nicht paßt, sind im Handel Adapter erhältlich *(adattatore)*.

Einkaufen

Öffnungszeiten der Geschäfte – Die Geschäfte sind in Italien im allgemeinen zwischen 9 und 12 Uhr und 15.30 und 19.30 Uhr geöffnet.

Damenoberbekleidung und Schuhe – Die italienischen Kleidergrößen entsprechen nicht den deutschen: Um die gewünschte Größe zu finden, muß man drei Nummern abziehen (eine italienische 44 entspricht einer deutschen 38). Bei den Schuhgrößen gibt es keine Unterschiede.

Theater und Konzerte

Theater und Musik waren schon immer Teil der Lebenskunst der Venezianer. In der Lagunenstadt gibt es zwei große Theaterhäuser, das dritte, die Fenice, ist leider im Januar 1996 abgebrannt. In vielen Kirchen, wie der Pietà, der Frari-Kirche und Santo Stefano, finden regelmäßig Konzerte statt. Informationen über das laufende Programm finden sich im Veranstaltungsteil des *Gazzettino*.

Gran Teatro La Fenice – Bis das traditionsreiche Opernhaus wieder aufgebaut ist, finden die Veranstaltungen im PalaFenice auf der Isola del Tronchetto statt. Überall in der Stadt hängen Plakate, die auf das Programm des Theaters hinweisen. Weitere Informationen erhält man unter ☎ (041) 786 537 (8-14 Uhr).

Teatro Goldoni – Das in der Calle del Teatro gelegene Haus bietet ein vielseitiges Programm an Theatervorstellungen und Konzerten; ☎ (041) 520 54 22.

Teatro a l'Avogaria – Calle Avogaria, Dorsoduro 1617; ☎ (041) 520 61 30.

Teatro Fontamenta Nuove – In dem an der gleichnamigen *fondamenta* in der Nähe der Sacca della Misericordia gelegenen Haus (Cannaregio 5013) finden abwechselnd Theater-, Konzert- und Ballettveranstaltungen statt. Auskunft unter ☎ (041) 522 44 98.

Buchtips

Allgemeine Reiseliteratur

Pino Agostino: **Zu Gast in Venedig**. Kultur der venezianischen Küche. Heyne Verlag, München
C. Chiellino: **Kleines Italien-Lexikon**. Beck Verlag, München
Gerda Rob: **Unbekannter Nachbar Italien**. AT-Verlag, Aarau
Christoph Wagner: **Venezia – Ein kulinarisch-musikalisches Stadtporträt** (mit CD). Mosaik Verlag

Geschichte

Felix Gilbert: **Venedig, der Papst und sein Bankier**. Fischer TB, Frankfurt/Main
Gerhard Rösch: **Venedig – Geschichte einer Seerepublik**. Kohlhammer Verlag, Stuttgart
Michael Seidlmeyer: **Geschichte Italiens**. Kröner Verlag, Stuttgart
Johannes Schwarzkopf: **Italien-Ploetz**. Ploetz Verlag, Freiburg
Venedig im Spätmittelalter. Kollektion BildGeschichte, Ploetz, Freiburg

Kunst und Architektur

Gerda Bödefeld/Berthold Hinz: **Die Villen im Veneto**. DuMont Verlag, Köln
Patricia Fortini-Brown: **Renaissance in Venedig**. DuMont Verlag, Köln
Norbert Huse/Wolfgang Wolters: **Venedig, die Kunst der Renaissance**. Beck Verlag, München
H. Keller: **Die Kunstlandschaften Italiens**. Insel Verlag, Frankfurt/Main
Guiseppe Mazzariol: **Paläste in Venedig**. Taschen Verlag, Berlin
Giandomenico Romanelli: **Venedig: Kunst und Architektur**. Könemann Verlag
Stefan Schrammel: **Architektur und Farbe in Venedig**. Mann Verlag

Bildbände

Giancarlo Gasponi: **Zauberhaftes Venedig**. ESV Verlag
Mario Grasso: **Venedig, anders gesehen**. Reinhardt Verlag
Fulvio Roiter: **Venedig**. Schroll Verlag, München

Literatur, Reisebeschreibungen, Erinnerungen

Alfred Andersch: **Die Rote**. Diogenes Verlag, Zürich
Joseph Brodsky: **Ufer der Verlorenen**. Hanser Verlag, München
Harold Brodkey: **Profane Freundschaft** und **Venedig** (Textesammlung, Hrsg: Angela Praesent). Rowohlt, Hamburg
Carlo Fruttero, Franco Lucentini: **Der Liebhaber ohne festen Wohnsitz**. Piper, München
Johann Wolfgang von Goethe: **Italienische Reise**. dtv-Verlag, München
Ludwig Grothe: **Albrecht Dürer, Reisen nach Venedig**. Prestel Verlag, München
Patricia Highsmith: **Venedig kann sehr kalt sein**. Diogenes Verlag, Zürich
Donna Leon: Die Fälle des Commissario Brunetti – **Venezianisches Finale, Endstation Venedig, Venezianische Scharade, Vendetta, Acqua Alta, Sanft entschlafen**. Diogenes Verlag, Zürich
Thomas Mann: **Der Tod in Venedig**. Fischer Verlag, Frankfurt/Main
Doris Maurer: **Literarischer Führer durch Italien**. Insel-Verlag, Frankfurt/Main
Lothar Müller (Hrsg.): **Casanovas Venedig**. Ein Reiselesebuch. Wagenbach Verlag
Marcel Proust: **Auf der Suche nach der verlorenen Zeit. Die Entflohene**. Suhrkamp Verlag, Frankfurt/Main
Peter Rosei: **Wer war Edgar Allan?** Klett-Cotta, Stuttgart

Veranstaltungskalender

6. Januar	*Regata della Befana* – Dreikönigsregatta: Wettfahrt auf dem Canal Grande, an der Männer reifen Alters teilnehmen, die sich als *Befana* verkleiden (die Befana ist in der italienischen Volkstradition eine alte Frau, die den Kindern in der Dreikönigsnacht Geschenke bringt).
10 Tage vor Aschermittwoch	Karneval
März	*Su e zo per i ponti* („Die Brücken hinauf und hinunter"): Volkslauf durch Venedigs Gassen
Gründonnerstag	*Benedizione del Fuoco* – Feuersegen in der Markusbasilika; das Feuer wird im Atrium angezündet und dann in einer Prozession durch die ganze Kirche getragen, um alle ihre Kerzen anzuzünden.
25. April	Am Markustag schenken die Venezianer ihrer Herzliebsten eine rote Rosenknospe, die in Venedig *bòcolo* (Knopf) genannt wird.
Mai	*Vogalonga:* Die am großen Rudermarathon teilnehmenden Boote fahren von San Marco aus um die Inseln der Lagune herum und durch den Canal Grande wieder dorthin zurück.
Himmelfahrt	Die *Sensa* erinnert an die einst alljährlich am Himmelfahrtstag von den Dogen zelebrierte Vermählung Venedigs mit dem Meer.
Woche des 29. Juni	An St.-Peter-und-Paul Volksfest vor San Pietro di Castello *(s. unter SANT'ELENA e SAN PIETRO)*
3. Sonntag im Juli	Festa del Redentore *(s. unter GIUDECCA)*
1. Sonntag im September	*Regata storica* – historische Regatta; eigentlich sind es vier Regatten, die an diesem Tag auf dem Canal Grande stattfinden: eine Regatta der jungen Männer, eine der Frauen, eine auf den sog. *Caorline* (sechssitzige Ruderboote aus Caorle, einem Fischerort östlich von Jesolo) und eine auf den *Gondolini* (kleinen Gondeln); Höhepunkt des Festes ist ein großer Umzug in historischen Kostümen, an dem auch ein Doge und eine Dogaressa teilnehmen.
3. Sonntag im September	Fischerfest auf Burano, wo man sich an Fisch mit Polenta und Weißwein laben und einer Regatta zuschauen kann.
21. November	Festa della Salute *(s. unter La SALUTE)*

Historische Regatta auf dem Canal Grande

Besichtigungsbedingungen

Die Sehenswürdigkeiten, deren Öffnungszeiten und Eintrittspreise auf den folgenden Seiten angegeben sind, wurden im Hauptteil durch das Zeichen ⊙ gekennzeichnet. Sie erscheinen hier in derselben Reihenfolge wie im Hauptteil.

Da sich Eintrittspreise und Öffnungszeiten immer wieder ändern, ist es uns trotz regelmäßiger Aktualisierungen nicht möglich, hundertprozentig zuverlässige Angaben zu machen. Für etwaige Unstimmigkeiten bitten wir daher um Verständnis.

Eintrittspreise – Soweit nichts anderes vermerkt ist, gelten die angegebenen Preise für Einzelbesucher, die keine Ermäßigung in Anspruch nehmen können. Für Gruppen können im allgemeinen nach Voranmeldung besondere Bedingungen vereinbart werden.

Öffnungszeiten – Wegen der vielen sich oft über mehrere Jahre hinziehenden Restaurierungsarbeiten kann es vorkommen, daß die Sehenswürdigkeiten mehr oder weniger vorübergehend geschlossen sind, ohne daß dies lange zuvor angekündigt wurde. Zudem schließen manche Museen zeitweise wegen Personalmangel. Wenn Sie kein Risiko eingehen wollen, sollten Sie zum Telefonhörer greifen oder beim Fremdenverkehrsamt anfragen, ob die Sehenswürdigkeiten, die Sie besichtigen wollen, auch wirklich geöffnet sind.

Telefon – Die Telefonnummern sind mit der Vorwahl (in Klammern) angegeben; bei Anrufen aus dem Ausland entfällt die erste Null.

Kirchen – Der Großteil der Kunstschätze der Lagunenstadt befindet sich in ihren unzähligen Kirchen; für die Besichtigung der bekanntesten unter ihnen müssen 3 000 Lire Eintritt bezahlt werden. Für 15 000 Lire erhält man eine Sechstageskarte, mit der man sechs Kirchen besichtigen kann. Beim Fremdenverkehrsamt ist eine Liste mit den ungefähren Öffnungszeiten der wichtigsten Kirchen erhältlich.

Die Kirchen öffnen im allgemeinen morgens zur ersten Messe, schließen zur Mittagszeit mindestens für zwei bis drei Stunden und öffnen erst wieder am Nachmittag. Kleinere Kirchen sind oft nur am Sonntag geöffnet.

Während des Gottesdienstes sollte man von der Besichtigung der Kirchen absehen.

ACCADEMIA

Gallerie dell'Accademia – Geöffnet: Im Sommer Dienstag bis Freitag 9-21 Uhr, Samstag 9-23 Uhr, Sonntag 9-20 Uhr und Montag 9-14 Uhr; sonst Dienstag bis Samstag 9-19 Uhr, Sonntag und Montag 9-14 Uhr. Geschlossen: 1. Jan., 1. Mai und an Weihnachten. 15 000 L, Eintritt frei für EU-Bürger unter 18 und über 60 Jahren. ☎ (041) 522 22 47.

ARSENALE

Museo Storico Navale – Geöffnet: Montag bis Freitag 8.45-13.30 (Samstag nur bis 13 Uhr). Geschlossen: An Sonn- und Feiertagen sowie am 21. Nov. 3 000 L. ☎ (041) 520 02 76.

CA' D'ORO

Galleria Franchetti – Geöffnet: 9-14 Uhr (letzter Einlaß 13.30 Uhr). Geschlossen: 1. Jan., 1. Mai und an Weihnachten. Führungen (1 Std.), Audioführer. 6 000 L, Eintritt frei für EU-Bürger unter 18 und über 60 Jahren. ☎ (041) 522 23 49.

CANAL GRANDE

Palais Vendramin Calerghi: Sala Richard Wagner – Nur Führungen (auf italienisch, englisch, deutsch und französisch, 1 Std.): Samstag 10.30 bis 11.30 nach vorheriger Anmeldung per Fax oder Telefon bis spätestens Freitag um 12 Uhr. Geschlossen: Weihnachten und Ostern. Spende erwünscht. Auskunft bei Associazione Richard Wagner, Palazzo Albrizzi, 4118, 30131 Venezia. ☎ (041) 523 25 44, Fax (041) 524 52 75.

I CARMINI

Scuola Grande dei Carmini – Geöffnet: März bis Sept. 9-18 Uhr, an Sonn- und Feiertagen nur bis 13 Uhr; sonst 9-16 Uhr, an Sonn- und Feiertagen nur bis 13 Uhr. 8 000 L, ermäßigt 6 000 L. ☎ (041) 528 94 20.

San Sebastiano – Geöffnet: 10-17 Uhr, Sonntag 15-17 Uhr. 3 000 L. ☎ (041) 275 04 62. www.chorus-ve.org

Museo del Settecento Veneziano – Wegen Restaurierungsarbeiten geschlossen. ☎ (041) 520 40 36 (Ca' Rezzonico), (041) 522 56 25 (Museumsdirektion).

La FENICE

Scuola di San Fantin – Besichtigung nach vorheriger Anmeldung 10-12 und 16-18 Uhr. Geschlossen: Samstag und an Feiertagen, Aug., 23. Dez. bis 7. Jan, Faschingsdonnerstag bis Faschingsdienstag, Karfreitag bis Dienstag nach Ostern und 21. Nov. Auskunft bei Clara Bordignon 10-12 Uhr, ☎ (041) 522 44 59.

Palazzo Fortuny: Museo – Wegen Restaurierungsarbeiten geschlossen.

Scala del Bovolo – Geöffnet: April bis Okt. 10-18 Uhr (letzter Einlaß 17.30 Uhr). Führungen (20 Min.). Geschlossen: Nov. bis März. 3 000 L. ☎ (041) 270 24 64. www.provinzia.venezia.it/asap

I FRARI

Santa Maria Gloriosa dei Frari – Geöffnet: 9-18 Uhr, an Sonn- und Feiertagen 13-18 Uhr. 3 000 L. Chorus Associazione Chiese di Venezia, ☎ (041) 275 04 62.

Scuola di San Giovanni Evangelista – Geöffnet: Sonntag und Montag 10-17 Uhr. 5 000 L. ☎ (041) 718 234.

Museo di Storia Naturale – Wegen Restaurierungsarbeiten geschlossen.

GHETTO

Museo Ebraico und Synagogen – Führungen (1 Std.) auf italienisch und englisch (u. U. auch auf deutsch, spanisch oder französisch): Juni bis Sept. 10-19 Uhr, Okt. bis Mai 10-16.30 Uhr. Geschlossen: Samstag und an jüdischen Feiertagen, 1. Jan., 1. Mai und an Weihnachten. Die letzte Führung am Freitagabend kann entfallen oder verkürzt werden. 12 000 L Museum und Synagogen, 5 000 L nur Museum (Kinder 9 000 bzw. 3 000 L). Bar, Restaurant, Buchhandlung. ☎ (041) 715 359.

Palazzo Labia – Besichtigung nach vorheriger Anmeldung unter ☎ (041) 524 28 12.

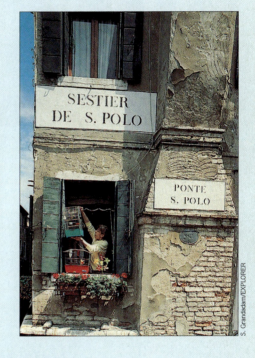

PIAZZA SAN MARCO
Basilica di San Marco

Mosaiken – Führung „Presentazione Biblica dei Mosaici" (1 Std.): April bis Juni und Sept. bis Okt. tägl. außer Samstag und Sonntag um 11 Uhr; Juli und Aug. tägl. 10.30-11.30 und 14.30-16 Uhr alle halbe Stunde.

Galleria e Museo Marciano – Geöffnet: 16. Mai bis 29. Sept. 9.45-17 Uhr; 30. Sept. bis 15. März 9.45-16 Uhr. 3 000 L, Kinder 1 500 L. ☎ (041) 522 52 05.

Pala d'Oro – Geöffnet: 16. Mai bis 29. Sept. Montag bis Samstag 9.45-17 Uhr, an Sonn- und Feiertagen 14-17 Uhr; 30. Sept. bis 15. März Montag bis Samstag 9.45-16 Uhr, an Sonn- und Feiertagen 14-16 Uhr. 3 000 L, Kinder 1 500 L. ☎ (041) 522 52 05.

Tesoro (Kirchenschatz) – Geöffnet: 16. Mai bis 29. Sept. Montag bis Samstag 9.45-17 Uhr, an Sonn- und Feiertagen 14-17 Uhr; 30. Sept. bis 15. März Montag bis Samstag 9.45-16 Uhr, an Sonn- und Feiertagen 14-16 Uhr. Audioführer. 4 000 L, Kinder 2 000 L. ☎ (041) 522 22 05.

Battistero – Geöffnet: 9.30-16.30 Uhr, an Sonn- und Feiertagen 14-17 Uhr. ☎ (041) 522 52 05.

Campanile

Geöffnet: April bis Okt. 9.30-18 Uhr; Febr. bis April 9.30-16 Uhr; Okt. bis Dez. 9.30-16 Uhr. Im Jan. geschlossen. 8 000 L. ☎ (041) 522 52 05.

PIAZZA SAN MARCO

Tausendundeine Nacht in Venedig

Palazzo Ducale

Innenräume – Geöffnet: April bis Okt. 9-19 Uhr (letzter Einlaß um 17.30 Uhr); sonst 9-17 Uhr (letzter Einlaß um 15.30 Uhr). Geschlossen: Weihnachten und 1. Jan. Audioführer. 18 000 L (Sammelbillett „Musei di Piazza San Marco" inkl. Museo Correr, Museo Archeologico, Biblioteca Nazionale Marciana, Palazzo Mocenigo, Museo Vetrario, Murano, und Museo del Merletto, Burano), Studenten (15-29 Jahre) 10 000 L, Kinder (6-14 Jahre) 6 000 L, Eintritt frei für Kinder unter 6 Jahren. ☏ (041) 522 49 51.

Itinerari segreti (Geheimgänge) – Führungen nach vorheriger Anmeldung auf italienisch um 10 und 12 Uhr (im Sommer statt um 12 um 11 Uhr) und auf englisch um 10.30 Uhr. 24 000 L, Studenten (15-29 Jahre) 14 000 L, Kinder (6-14 Jahre) 8 000 L.

Sonstige Sehenswürdigkeiten

Museo Correr – Siehe unter Palazzo Ducale.

Biblioteca Marciana – Geöffnet: April bis Okt. 9-19 Uhr; sonst 9-17 Uhr. Die Besichtigung der Prunksäle der Bibliothek ist im Eintrittspreis des Dogenpalastes inbegriffen (Sammelbillett „Musei di Piazza San Marco").
Lesesaal: Montag bis Freitag 9-19 Uhr, Samstag 9-13.30 Uhr (Benutzerausweis gegen Vorlage des Personalausweises bzw. Reisepasses beim Ufficio Orientamento erhältlich). Die Bibliothek schließt im allgemeinen im Aug. für zwei Wochen.

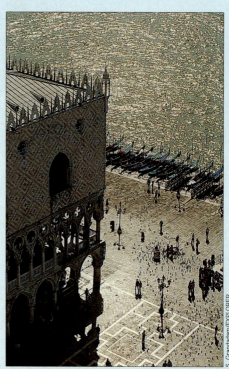

Dogenpalast und Piazzetta im Silberglanz

PIAZZA DAN MARCO

Die kostbaren Manuskripte, Landkarten und Drucke der Bibliothek können von 9-13.30 Uhr eingesehen werden.

Museo Archeologico – Geöffnet: April bis Okt. 9-19 Uhr, sonst 9-17 Uhr. Geschlossen: Jan. und Weihnachten. 18 000 L (Sammelbillett „Musei di Piazza San Marco"), Kinder unter 14 Jahren 6 000 L. Cafeteria, Buchhandlung. ☏ (041) 522 59 78.

Torre dell'Orologio – Wegen Restaurierungsarbeiten geschlossen.

Museo Diocesano di Arte Sacra – Geöffnet: 10.30-12.30 Uhr. Geschlossen: An Sonn- und Feiertagen. Eintritt frei. ☏ (041) 522 91 66.

RIALTO

Museo d'Arte Orientale – Geöffnet: 9-14 Uhr. Geschlossen: Montag, 1. Jan, 1. Mai und an Weihnachten. 4 000 L, Eintritt frei für Besucher unter 18 oder über 60 Jahren. ☏ (041) 524 11 73.

Galleria Internazionale di Arte Moderna – Wegen Restaurierungsarbeiten geschlossen. ☏ (041) 721 127.

Palazzo Mocenigo: Museo – Geöffnet: 8.30-13.30 Uhr. Geschlossen: Sonntag, 1. Jan., 1. Mai und an Weihnachten. 8 000 L, Jugendliche (14-18 Jahre) 5 000 Lire, Eintritt frei für Kinder unter 14 und italienische Staatsangehörige über 60 Jahren. ☏ (041) 72 17 98.

La SALUTE

Collezione Peggy Guggenheim – Geöffnet: 11-18 Uhr. Geschlossen: Dienstag und an Weihnachten. Audioführer. Bar, Restaurant. 12 000 L, Studenten 8 000 L, Eintritt frei für Kinder unter 10 Jahren. ☏ (041) 240 54 11.

SAN GIORGIO MAGGIORE

Campanile – Der Aufzug ist während der Öffnungszeiten der Kirche in Betrieb, d. h. normalerweise 9-12 und 14.30-18 Uhr im Sommer, 10-12 und 14.30-16.30 Uhr im Winter. 3 000 L.

Fondazione Giorgio Cini: Bibliothek und Kreuzgang – ♿ (teilweise zugänglich). Nur Führungen (3/4 Std., auf italienisch, englisch und französisch): 9-17 Uhr (letzter Einlaß 16 Uhr) auf Anmeldung bei der Fondazione Giorgio Cini, Isola di San Giorgio Maggiore, ☏ (041) 528 99 00 (spätestens 1 Woche im voraus). Geschlossen: Samstag und an Feiertagen, Faschingsdienstag, 25. April, 1. Mai, in der Woche um Mariä Himmelfahrt (15. Aug.), 21. Nov. und von Heiligabend bis zum 6. Jan. www.cini.it

SAN GIORGIO degli SCHIAVONI

Scuola di San Giorgio degli Schiavoni – Geöffnet: April bis Okt. 9.30-12.30 und 15.30-18.30 Uhr, Sonntag nur vormittags; sonst 10-12.30 und 15-18 Uhr, Sonntag nur vormittags. Letzter Einlaß jeweils 20 Min. vor Besichtigungsschluß. Geschlossen: Montag, an auf Werktage fallenden Feiertagen, 1. Jan., 1. Mai, 15. Aug. und an Weihnachten. Die Scuola kann gelegentlich auch ohne vorherige Ankündigung wegen Veranstaltungen der Bruderschaft geschlossen sein. 5 000 L, unter 18 Jahren 3 000 L. ☏ (041) 522 88 28.

San Giorgio dei Greci – Geöffnet: 9.30-13 und 14-16.30 Uhr (gelegentlich nur bis 15.30 Uhr), Samstag 9.30-13 und 15-19 Uhr (gelegentlich nur bis 15.30 Uhr), an Sonn- und Feiertagen 9-13 Uhr. Besichtigung und Führungen nur außerhalb der Gottesdienstzeiten, d. h. nicht am Samstag um 17 Uhr und am Sonntag um 9.30 und 10.30 Uhr. Dienstag im allgemeinen geschlossen. Nur nach vorheriger Anmeldung bei Padre Nicola oder Padre Policarpo. Spende erwünscht. Auskunft unter ☏ (041) 523 95 69, 528 53 91 od. 522 70 16. www.ortodossia.it

Museo di Icone Bizantine-Postbizantine – Geöffnet: 9-12.30 und 13.30-16.30 Uhr; an Sonn- und Feiertagen 10-17 Uhr. 7 000 L, Kinder 4 000 L. Buchhandlung. ☏ (041) 522 65 81.

SAN ROCCO

Scuola Grande di San Rocco – Geöffnet: 28. März bis 2. Nov. 9-17.30 Uhr; Nov., 26. Dez. bis 6. Jan., in der Faschingswoche und im März 10-16 Uhr; Dez. bis Febr. Montag bis Freitag 10-13 Uhr, Samstag sowie an Sonn- und Feiertagen 10-16 Uhr (letzter Einlaß jeweils 1/2 Std. früher). Geschlossen: 1. Jan, Ostern und Weihnachten. Audioführer. 9 000 L, Studenten (18-26 Jahre) 6 000 L, Minderjährige in Begleitung der Eltern Eintritt frei; am 16. Aug., dem Tag des hl. Rochus, Eintritt frei für alle. ☏ (041) 523 48 64.

Casa di Goldoni – Wegen Restaurierungsarbeiten geschlossen.

SAN ZACCARIA

San Zaccaria: Cappella del Coro – 2 000 L.

Fondazione Querini Stampalia – Geöffnet: Dienstag bis Donnerstag 10-13 und 15-18 Uhr; Freitag und Samstag 10-13 und 15-22 Uhr (Konzerte um 17 und 20.30 Uhr); an Sonn- und Feiertagen 10-13 und 15-18 Uhr. Geschlossen: Montag. 12 000 L, Studenten und Besucher über 60 Jahren 8 000 L. ☎ (041) 271 14 11.

SAN ZANIPÒLO

Scuola Grande di San Marco – Die Biblioteca di San Marco ist tägl. außer an Sonn- und Feiertagen 8.30-13 Uhr geöffnet. Den braunen Hinweisschildern „Biblioteca di San Marco" folgen (hinten im ersten Saal nach rechts, Treppe hinaufgehen und klingeln).

Oratorio dei Crociferi – Geöffnet: April bis Okt. Freitag, Samstag und Sonntag 10-13 Uhr. 3 000 L.

San Michele in Isola: Friedhof – Geöffnet: Während der Sommerzeit 7.30-18 Uhr, während der Winterzeit 7.30-16 Uhr.

Die Lagune vor San Marco bei Nacht

AUF DEN INSELN DER LAGUNE

BURANO

Museo del Consorzio Merletti di Burano – Geöffnet: April bis Okt. 10-17 Uhr, sonst nur bis 16 Uhr. Geschlossen: Dienstag. 8 000 L, Kinder 5 000 L. ☎ (041) 730 034.

MURANO

Museo di Arte Vetraria – Geöffnet: Während der Sommerzeit 10-17 Uhr, während der Winterzeit 10-16 Uhr (letzter Einlaß jeweils eine halbe Stunde früher). Geschlossen: Mittwoch, 1. Jan., 1. Mai und an Weihnachten. Eintritt s. unter Palazzo Ducale. ☎ (041) 739 586.

S. LAZZARO degli ARMENI

Monastero – Besichtigung mit einem armenischen Padre. 10 000 L, Kinder, Studenten 5 000 L. ☎ (041) 526 01 04.

TORCELLO

Santa Maria Assunta – Geöffnet: April bis Okt. 10.30-17.30 Uhr, sonst 10-12.30 und 14-17.30 Uhr (letzter Einlaß jeweils eine halbe Stunde früher). 5 000 L, von April bis Okt. ist der Verleih der Audioführer im Eintrittspreis inbegriffen (Italienisch, Englisch, Französisch, Deutsch, Spanisch). ☎ (041) 270 24 64.

Campanile – Nur Führungen (1/2 Std., auf italienisch, englisch, französisch und deutsch): Juni bis Aug. 10.30-17.30 Uhr (letzter Einlaß um 17 Uhr), April und Mai 11.30-15.30 Uhr (letzter Einlaß um 15 Uhr). Geschlossen: Nov. bis März. 3 000 L, ☎ (041) 270 24 64.

Museo – Geöffnet: April bis Sept. 10-12.30 und 14-17.30 Uhr, sonst 10.30-12.30 und 14-16 Uhr (während dieser Zeit ist die archäologische Abteilung nur von Freitag bis Sonntag geöffnet). Geschlossen: Montag, an nationalen Feiertagen und am 21. Nov. 3 000 L. ☎ (041) 529 05 89 (Bürozeiten) oder (041) 730 761 (Öffnungszeiten des Museums). www.provincia.venezia.it/beniculturali

DIE VILLEN AN DER BRENTA

Fahrt im Burchiello – Ende März bis Ende Okt. Abfahrt in Padua am Piazzale Boschetti Mittwoch, Freitag und Sonntag um 8.15 Uhr; Ankunft in Venedig, Piazza San Marco, am Spätnachmittag; Besichtigung der Villa Pisani, der Villa Widmann, der Barchessa Valmarana und der Villa Foscari („La Malcontenta").
Abfahrt in Venedig Dienstag, Donnerstag und Samstag um 9 Uhr vom Pontile della Pietà; Ankunft in Padua am Spätnachmittag; selbes Besichtigungsprogramm wie ab Padua, nur in umgekehrter Reihenfolge.
120 000 L, 6-17 Jahre 70 000 L, Kinder unter 6 Jahren fahren umsonst. Auskunft bei New Siamic Express, ☎ (049) 660 944.

Stra, Villa Foscarini – Geöffnet: Dienstag bis Freitag 9-12 und 14.30-18 Uhr, Samstag sowie an Sonn- und Feiertagen 10-18 Uhr. Geschlossen: Montag, Weihnachten bis 6. Jan., Ostern und in den drei ersten Augustwochen. 6 000 L (inklusive Schuhmuseum), Kinder und Besucher über 60 Jahren 4 000 L. ☎ (049) 980 10 91

Villa Pisani – Geöffnet: Während der Sommerzeit 9-18 Uhr, während der Winterzeit 9-16 Uhr. Geschlossen: 1. Jan, 1. Mai und an Weihnachten. Besichtigung des Parks 5 000 L, Villa und Park 10 000 L; Eintritt frei für Besucher unter 18 und über 60 Jahren. ☎ (049) 502 074.

Villa Widmann Foscari – Geöffnet: Juni bis Sept. 10-18 Uhr, im Mai und Okt. 10-17 Uhr, an Feiertagen jeweils eine Stunde länger. Geschlossen: Montag. ☎ (041) 42 41 56 od. (041) 560 93 50.

Barchessa Valmarana – Geöffnet: 20. März bis 3. Nov. 9.30-12 und 14.30-18 Uhr; Führungen auf italienisch, englisch, französisch und deutsch. Geschlossen: Montag. 8 000 L, Kinder 4 000 L. Cafeteria, Buchhandlung. ☎ (041) 416 63 87.

Villa Gradenigo – Besichtigung nach telefonischer Anmeldung beim Eigentümer der Villa, Dottore Bellemo. ☎ (041) 429 631.

Villa Foscari, La Malcontenta – Geöffnet: April bis Mitte Nov. Dienstag und Samstag 9-12 Uhr. Geschlossen: Montag. 12 000 L. An den anderen Tagen Besichtigung (15 000 L) nach vorheriger Vereinbarung unter ☎ (041) 520 39 66, Fax (041) 277 02 04.

Villa Grimani – Auskunft in der Villa, ☎ (049) 625 299.

Villa Giovanelli – Besichtigung auf Anfrage unter ☎ (049) 625 066.

Villa Sagredo – Besichtigung nach vorheriger telefonischer Vereinbarung, Dienstag bis Freitag 18-22 Uhr, am Wochenende 14-22 Uhr. Geschlossen: Montag, in der 1. Januarhälfte und in der Woche um Mariä Himmelfahrt (15. Aug.). ☎ (049) 503 174.

Wörterverzeichnis

AUF DER STRASSE, IN DER STADT

A destra,	rechts,	lavori in corso	Bauarbeiten
a sinistra	links	neve	Schnee
banchina	Randstreifen	passaggio a livello	Bahnübergang
binario	Bahnsteig	passo	Paß
corso	breite Straße	pericolo	Gefahr
discesa	Gefälle	piazza	Platz
dogana	Zoll	piazzale	(kleiner) Platz, Esplanade
fermata (d'autobus)	(Bus-) Haltestelle	stazione	Bahnhof
fiume	Fluß	stretto	eng, schmal
frana	Erdsturz, Steinschlag	uscita	Ausgang
ingresso	Eingang	via	Straße
largo	breite Straße	vietato	verboten

NATUR, SEHENSWÜRDIGKEITEN

abbazia	Abtei	mercato	Markt
affresco	Fresko	navata	Schiff
aperto	geöffnet	palazzo	Palast
cappella	Kapelle	passeggiata	Spazierweg, -gang
casa	Haus	piano	Stockwerk
castello	Schloß, Burg	quadro	Gemälde
chiesa	Kirche	(in) restauro	Restaurierungsarbeiten
chiostro	Kreuzgang		
chiuso	geschlossen	rivolgersi a...	Man wende sich an ...
città	Stadt	rovine, ruderi	Ruine
convento	Kloster	sagrestia	Sakristei
cortile	Hof	scala	Treppe
dintorni	Umgebung	scavi	Ausgrabung
duomo	Kathedrale, Dom	spiaggia	Strand
funivia	Seilbahn	tesoro	Kirchenschatz
giardini	Grünanlage	torre	Turm
lungomare	Strandpromenade	traghetto	Gondelfahrt, Gondelfähre

ALLGEMEINES

ja, nein	sì, no	viel	molto
Herr	signore	wenig	poco
Frau	signora	mehr	più
Fräulein	signorina	weniger	meno
gestern	ieri	teuer	caro
heute	oggi	Was kostet das?	quanto costa?
morgen	domani	groß	grande
(der) Morgen	mattina	klein	piccolo
(der) Abend	sera	Die Straße nach ...?	la strada per...?
(der) Nachmittag	pomeriggio	Wo?	dove?
bitte	per favore	Wann?	quando?
danke	grazie	Wo ist ...?	dov'è...?
Entschuldigung	scusi	Kann man besichtigen?	si può visitare?
genug	basta		
Guten Tag	buon giorno	Wieviel Uhr ist es?	che ore sono?
Guten Abend	buona sera	Ich verstehe nicht	non capisco
Auf Wiedersehen	arrivederci	alle	tutto, tutti

ZAHLEN UND NUMMERN

0	zero	10	dieci	20	venti
1	uno	11	undici	30	trenta
2	due	12	dodici	40	quaranta
3	tre	13	tredici	50	cinquanta
4	quattro	14	quattordici	60	sessanta
5	cinque	15	quindici	70	settanta
6	sei	16	sedici	80	ottanta
7	sette	17	diciassette	90	novanta
8	otto	18	diciotto	100	cento
9	nove	19	diciannove	1000	mille

Register

Ca' d'Oro .... Sehenswürdigkeiten, Orte
Vivaldi, Antonio .... Persönlichkeiten od. Begriffe, die näher erläutert werden

Die **Plätze** sind mit Ausnahme des Markusplatzes unter *Campo* aufgeführt; die **Kirchen** sind unter *Chiesa*, die Museen unter *Museo*, die Paläste unter *Palazzo* und die **Brücken** unter *Ponte* aufgeführt. Auch andere Sehenswürdigkeiten, wie die *Scuole*, sind nicht nach ihrem Eigen-, sondern nach ihrem Gattungsnamen geordnet.

A

Accademia, Gallerie dell'	92
Acqua alta	34
Albinoni, Tomaso	75
Alexander III. (Papst)	45
Alexios I. Komnenos	44
Altana	54, 82
A.M.A.V.	36
Anafesto, Paoluccio	43
Andersch, Alfred	80
Archivio Storico delle Arti Contemporanee	169
Aretino, Pietro	78, 127
Armenier	210
Arsenale	99
Arsenalotti	100
Aspetti, Tiziano	64
Assisi, Franz von	209

B

Bacalà	89
Bacaro	81
Balduin I. von Flandern	46
Banco del Giro	49, 168
Banco della Piazza	49
Bandiera, Attilio und Emilio	52
Barbarossa, Friedrich	45
Barchessa	218
Barena	32, 81
Basaiti, Marco	68
Baseggio, Cesco	197
Bassano, Jacopo	72
Baùta	81, 86
Bella, Gabriele	190
Bellini, Gentile	68, 96, 142
Bellini, Giovanni	68, 93
Bellotto, Bernardo	74
Bembo, Pietro	78
Bergamasco, Gugliemo de' Grigi	63
Bassarion, Kardinal	182
Biblioteca Marciana	162
Biennale	52, 176
Bleikammern	s. unter Piombi
Bocche di leone	47
Bocche di porto	32
Boccioni, Umberto	74
Bombelli, Sebastiano	72
Bon, Bartolomeo	150, 162
Bon, Bartolomeo und Giovanni	60, 103
Bonazza, Giovanni	142
Bordone, Paris	72
Bovolo, Scala del	126
Bragadin, Marcantonio	49, 194
Bregno, Lorenzo	64
Brenta	218
Bricola	32, 34, 40, 81
Brodsky, Joseph	197
Browning, Robert	119
Bruno, Giordano	114
Bucintoro	45, 101
Burano	200
Burano, Schule von	74
Burchiello	219
Byron, Lord	114, 209

C

Ca' Corner della Regina	113, 169
Ca' Dario	115
Ca' Foscari	115, 121
Ca' da Mosto	112
Ca' d'Oro	103, 112
Ca' Pesaro	113, 170
Ca' Rezzonico	115, 119
Caffè Florian	142
Caffè Quadri	142
Callido, Gaetano	76
Cambrai, Liga von	48
Campagna, Girolamo	64
Campanile di San Marco	150
Campo/Platz	54, 82
Abbazia	105
Bandiera e Moro	102
Beccarie	168
Ghetto Nuovo	136
Manin	126
Mori	107
Pescaria	168
San Barnaba	119
San Bartolomeo	127
San Luca	127
San Maurizio	124
San Polo	187
San Tomà	187
San Zaccaria	188
Sant'Angelo	126
Santa Margherita	116
Santa Maria Formosa	188
Santi Giovanni e Paolo	191
Santo Stefano	124
Campoformio, Frieden von	52
Canal Grande	109
Canaletto, Antonio Canal	74
Candiano, Pietro IV.	44
Cannaregio	82, 195
Canova, Antonio	66, 159
Carmini	116

249

Carpaccio, Vittore 68, 97, 180
Carriera, Rosalba 72, 96
Casa-fondaco 58
Casanova, Giacomo 80, 158
Casorati, Felice 74
Cassa di Risparmio 126
Castello 82, 174
Centro previsioni e
   segnalazione maree 36
Cesarotti, Melchiorre 80
Chiesa/Kirche :
  Angelo Raffaele 118
  Carmini 117
  Gesuati 98
  Gesuiti 196
  Madonna dell'Orto 105
  Pietà 182
  Redentore 139
  San Cassiano 169
  San Fantin 123
  San Felice 105
  San Francesco della Vigna 101
  San Geremia e Santa Lucia 112, 137
  San Giacomo dall'Orio 132
  San Giacomo di Rialto 168
  San Giobbe 138
  San Giorgio dei Greci 183
  San Giorgio Maggiore 178
  San Giovanni in Bràgora 102
  San Giovanni Grisostomo 166
  San Giuseppe 176
  San Luca 127
  San Marco 143
  San Marcuola 112, 138
  San Martino 202
  San Marziale 107
  San Michele in Isola 197
  San Moisè 124
  San Nicolò del Lido 205
  San Nicolò dei Mendicoli 118
  San Pantalon 186
  San Pietro di Castello 176
  San Pietro Martire 207
  San Polo 187
  San Rocco 186
  San Salvador 127
  San Sebastiano 118
  San Simeon Grando 132
  San Simeon Piccolo 113
  San Stae 113
  San Trovaso 97
  San Zaccaria 188
  San Zan Degolà 133
  San Zanipòlo
  (Santi Giovanni e Paolo)
        s. unter Santi Giovanni e Paolo
  San Zulian 166
  Sant'Alvise 107
  Sant'Antonin 102, 183
  Sant'Elena 175
  Sant'Eufemia 140
  Santa Fosca di Torcello 215
  Santa Maria Assunta di Torcello 212
  Santa Maria Formosa 189
  Santa Maria Gloriosa dei Frari ... 58, 128
  Santa Maria Materdomini 170
  Santa Maria dei Miracoli 195
  Santa Maria della Misericordia/
    Santa Maria Valverde 105
  Santa Maria della Salute 115, 171
  Santa Maria Zobenigo 124
  Santi Apostoli 167
  Santi Giovanni e Paolo 58, 192
  Santi Maria e Donato 208
  Santo Stefano 124
  Scalzi 112, 136
  Spirito Santo 172
  Visitazione 98
  Zitelle 139
Chioggia 203
Cima da Conegliano 68
Cimarosa, Domenico 77
Cimitero 197
Cini, Vittorio 179
Clemens V. (Papst) 46
Codussi, Mauro 62, 188
Colleoni, Bartolomeo 191
Consiglio dei Dieci 47, 155
Consiglio dei Savi 44
Cornaro, Caterina 169
Curzola 46

D

D'Amadio, Marco 60
D'Annunzio, Gabriele 164
Da Ponte, Antonio 165
Da Ponte, Lorenzo 80
Dadaismus 174
*Dalle Masegne, Jacobello und
  Pier Paolo* 60
Dame 40
Dandolo, Enrico 45
De' Barbari, Jacopo 48, 162
Diaghilew, Sergei 197
Dogana da Mar 115, 172
Doge 43, 156
Dogenpalast   s. unter Palazzo Ducale
Dolo 222
Dorsoduro 82
Duomo di Chioggia 204

E

Emo, Angelo 51
Erosion 37
Eustatische Schwankungen 37
Exarch 56

F

Fabbriche Nuove 113, 168
Fabbriche Vecchie 113, 168
Falier, Marino 47
Felze 39, 81
Fenice 122
Ferro 40
Fiesso 222
Fondaco del Megio 113
Fondaco dei Tedeschi 112, 127
Fondaco dei Turchi 113, 133
Fondamenta 83
  Nuove 197
  Tette 169
  Zattere 172
Fondazione Giorgio Cini 179
Forcola 40
Fornovo 48
Fortuny y Madrazo, Mariano 126
Foscari, Francesco 48
Foscarini, Antonio 50
Foscarini, Marco 220
Foscolo, Ugo 80
Fragiacomo, Pietro 74
Franchetti, Giorgio 103
Franco, Battista 225
Frari 128
Frigimelica, Girolamo 220
Fusina 225

G

Gabrieli, Andrea	75
Gabrieli, Giovanni	75
Galilei, Galileo	50, 150
Galuppi, Baldassarre	75, 201
Gaspari, Antonio	64
Gentile da Fabriano	67
Georg, Heiliger	180
Gezeiten	33
Ghebi	32
Ghetto	134
Giamboni, Michele	67
Giardino Publico	176
Giorgione	70, 94
Giovanni d'Allemagna	68
Giudecca	139
Giustinian, Lorenzo	43
Glas	205
Goethe, Johann Wolfgang von	80
Golddukaten	46
Goldenes Buch	s. unter Libro d'Oro
Goldoni, Carlo	79, 187, 203
Gondel	39
Gozzi, Gasparo	79, 220
Großer Rat	s. unter Maggior Consiglio
Guardi, Francesco	74
Guariento	67
Guggenheim, Peggy	173

H – I

Habe, Hans	80
Hausnummern	82
Hemingway, Ernest	80, 89
Heraklea	43
Herling, Gustaw	80
Hieronymus, Heiliger	182
Ikonostase	56
Inquisitori di Stato	49
Insula, Insel	37
Internationaler Stil	67

J – K

Jacobello del Fiore	67
Johannes Komnenos	44
Johannes Paul I.	52
Johannes XXIII. (Papst)	52
Kahn, Louis	52
Kanal	39
Karlowitz, Frieden von	51
Kirchenbann	46
Konklave	178
Konstantinopel	45
Kreuzzug, Vierter	45

L

Laguna Veneta	32
Laguna Viva, Laguna Morta	33
Lazzarini, Gregorio	72
Le Corbusier	52
Le Court, Justus	64
Lepanto	50
Liberi, Pietro	72
Libreria Sansoviniana	s. unter Biblioteca Marciana
Libro d'Oro	51
Lido	204
Lista	83
Litorale	32
Lodi, Frieden von	48
Lodoli, Carlo	66
Loeben, Vorfrieden von	51
Loggetta Sansoviniana	151
Lombardo, Antonio, Pietro und Tullio	62
Longhena, Baldassarre	64
Longhi, Alesssandro	72
Longhi, Pietro	72, 190
Lotto, Lorenzo	70, 95

M

Maderna, Bruno	77
Maffei, Francesco	72
Magazzini del Sale	172
Maggior Consiglio	44, 155
Manin, Daniele	52, 126
Manin, Ludovico	51
Mann, Thomas	80
Mantegna, Andrea	68, 103
Manutius, Aldus	48, 60, 78
Marcello, Alessandro und Benedetto	75
Marghera, Porto	52
Mariegola	117
Markus- und Theodorsäule	162
Markusdom	s. unter San Marco, Basilica di
Markusplatz	s. unter San Marco, Piazza
Martini, Arturo	66
Massari, Giorgio	64, 66
Mchitar	210
Mechitaristen	210
Medoacus	218
Mercerie	166
Messina, Antonello da	68
Michelozzo di Bartolomeo	177
Michiel, Domenico	44
Michiel, Vitale II.	45
Mira	222
Mirano	222
Monteverdi, Claudio	75, 77, 130
Moro, Cristoforo	138
Morosini, Francesco	51
Mosaiken	67, 147, 213
Mo.S.E	37
Mostra Internazionale del Cinema	84, 204
Mozart, Wolfgang Amadeus	123
Mulino Stucky	140
Murano	205
Murazzi	51
Murrine	206
Museo/Museum:	
Accademia	92
Archeologico	163
Arte Orientale	170
Arte Vetraria	208
Consortio Merletti di Burano	202
Correr	158
Diocesano di Arte Sacra	164
Ebraico	135
Galleria Franchetti	103

Galleria Internazionale di
   Arte Moderna 170
Galleria e Museo Marciano 146
Guggenheim 173
Icone Bizantine-postbizantine 183
Palazzo Mocenigo 170
Querini Stampalia 190
Risorgimento 161
Settecento Veneziano 119
Storia Naturale 134
Storico Navale 100

N

Napoleon Bonaparte 51
Negroponte, Antonio da 102
Nervi, Pierluigi 126
Nono, Luigi 77
Noventa Padovana 225

O

Olivolo 43, 176
Oratorio dell'Annunciata 126
Oratorio dei Crociferi 197
Oriago 223
Orseolo, Pietro I. 44
Orseolo, Pietro II. 44
Ospedale degli Incurabili 172
Ospedali Grandi 76

P

Pactum Lotharii 44
Pala d'Oro 148
Palaiologos, Michael 46
Palazzo 54, 58
   Balbi 113
   Barbarigo 115
   Bernardo 113
   Cavalli Franchetti 114
   Contarini del Bovolo 126
   Corner della Ca' Granda 114
   Corner Mocenigo 187
   Dei Camerlenghi 113
   Ducale 151
   Duodo 126
   Falier 167
   Fortuny 126
   Grassi 114
   Gritti 101
   Labia 112, 137
   Lando Corner Spinelli 112
   Loredan 112, 124
   Loredan dell'Ambasciatore 115
   Mastelli del Cammello 105
   Mocenigo 114, 170
   Moro 115
   Morosini 124
   Pisani 124
   Pisani Moretta 113
   Salviati 115
   Soranzo 187
   Tiepolo Maffetti 187
   Vendramin Calergi 112
   Venier dei Leoni 115, 173
   Zane 170
Paline 40
Palladio, Andrea 63, 139, 177, 224
Palma Giovane 72, 132
Palma Vecchio 70
Pantagana 36

Paratoie 38
Parco delle Rimembranze 176
Partecipazio, Agnello 44, 151, 165
Passowitz, Frieden von 51
Pax Nicephori 44
Pellegrini, Giovanni Antonio 72
Pellico, Silvio 80
Pescheria 113
Pest 47, 50
Piazza San Marco   s. unter San Marco,
                                                   Piazza
Piazzetta, Giambattista 72
Piazzetta dei Leoncini 164
Piazzetta San Marco 162
Pietra del Bando 144
Pietro, Niccolò di 67
Pilastri Acritani 144
Piombi 158
Piranesi, Giovanni Battista 66
Pisanello, Antonio Pisano 67
Pisani, Alvise 220
Polo, Marco 46, 78
Ponte/Brücke :
   Accademia 92, 115
   Chiodo 105
   Diavolo 212
   Guglie 138
   Pugni 119
   Rialto 112, 165
   Scalzi 112
   Sospiri 152
   Tre Archi 138
Pordenone 72
Porta della Carta 152
Portego 54
Pound, Ezra 197
Pozzi 158
Pregadi 46, 154
Preßburg, Frieden von 52
Preti, Francesco Maria 220
Procuratie Nuove 158
Procuratie Vecchie 162
Proust, Marcel 80

Q

Quadriga 146
Quarantaun 46
Quarantia (Rat der Vierzig) 46

R

Rat der Weisen   s. unter Consiglio
                                              dei Savi
Rat der Zehn   s. unter Consiglio
                                              dei Dieci
Ravenna 56
Raverti, Matteo 60, 103
Redentore 139
Rialto 164
Ricci, Sebastiano 72
Riccio, Andrea 64
Rimmonim 135
Rio, Rii 39
Rio Terrà 83
Rizzo, Antonio 62, 153
Rochus, Heiliger 184
Rossi, Domenico 64
Ruskin, John 80
Ruzzante, Angelo Beolco 78

S

Sacca della Misericordia 105
Sacra Conversazione 92
Salizzada 83
Salute 171
San Domenico, Isola 204
San Francesco del Deserto 209
San Giorgio Maggiore 177
San Giorgio degli Schiavoni 180
San Lazzaro degli Armeni 209
San Marco, Basilica di 143
San Marco, Piazza 141
San Marco, Republik von 52
San Michele 197
San Pietro di Castello, Isola di 176
San Rocco 183
San Zaccaria 188
San Zanipòlo 190
Sanmicheli, Michele 63
*Sansovino
(Jacopo Tatti)* 63, 142, 162
Sant'Elena, Isola di 175
Sant'Elena e San Pietro 174
Saòr 88
Sardi, Giuseppe 64
Sarpi, Paolo 50, 107
Scalfarotto, Giovanni 66
Scamozzi, Vicenzo 63, 158
Scarpagnino 63
Schiavone, Andrea 72
Schnitzler, Arthur 80
Scuola 117
  Carmini 116
  Mercanti 106
  Nuova della Misericordia 105
  San Fantin 123
  San Giorgio degli Schiavoni 180
  San Giovanni Evangelista 131
  San Marco 194
  San Rocco 183
  Vecchia della Misericordia 105
Selva, Giannantonio 122
Senat 46
Serliana 166
Serrata del Maggior Consiglio 46
Sestiere 45, 82, 83
Seufzerbrücke s. unter Ponte dei Sospiri
Shakespeare, William 115
Sinopoli, Giuseppe 77
Sottoportego 83
Spatolato 74
Spavento 63
Spinalonga 139
Spitze 200
Sposalizio del Mare 45
Squero 39
Squero di San Trovaso 98
Strawinsky, Igor 197
Stazione di Santa Lucia 112
Stra 219
Strada Nuova 108
Surrealismus 174
Synagogen 135

T

Teatro Goldoni 127
Tektonische Bewegungen 37
Temanza, Tomaso 66
Termignon, Alessandro 124
Terra ferma 32
Tetrarchen 144
Thyphonus, Heiliger 181
Tiepolo, Baiamonte 47
Tiepolo, Giambattista 72, 137
Tiepolo, Gian Domenico 74
Tiepolo, Lorenzo 46
Tintoretto, Domenico 70
Tintoretto,
  Jacopo Robusti 70, 95, 105, 184
Tirali, Andrea 66, 142
Tizian 70, 130
Tommaseo, Niccolò 52, 124
Torcello 212
Torre dell'Orologio 163
Trasenne 56
Tienter Konzil 132
Tron, Andrea 51

U – V

Usoken 50
Valle da Pesca 33, 36
Vedute 74
Velme 32
Veneter 43
Venexiana 78
Venezia Nuova
  (Industriekonsortium) 38
Veneziano, Lorenzo 67
Veneziano, Paolo 67
Venier, Sebastiano 50
Vera da pozzo 54
Verlandung 33
Veronese 72, 95, 118
Verrocchio, Andrea 192
Via Garibaldi 177
Vicentino, Andrea 72
Vigonovo 225
Ville del Brenta 218
  Barchessa Valmarana 222
  Erizzo Belvedere 222
  Foscarini 219
  Giovanelli 225
  Gradenigo 223
  Grimani 225
  Malcontenta 224
  Mocenigo 223
  Pisani 220
  Sagredo 225
  Soranzo 222
  Widman Foscari 222
Visconti, Lucchino 84
Vittoria, Alessandro 64
Vivaldi, Antonio 76
Vivarini, Alvise,
  Antonio und Bartolomeo 68

W – Z

Wagner, Richard 77
Wasserverschmutzung 33, 37
Willaert, Adrian 75
Wolf-Ferrari, Ermanno 77
Wright, Frank Lloyd 52
Zandomenighe, Federico 74
Zattere 172
Zecca 162
Zecchino 46
Zelotti, Giambattista 224
Ziani, Sebastiano 45